Christoph Ulf, Erich Kistler
Die Entstehung Griechenlands

Oldenbourg
Grundriss der Geschichte

—

Herausgegeben von Karl-Joachim Hölkeskamp, Achim Landwehr, Steffen Patzold und Benedikt Stuchtey

Band 46

Christoph Ulf, Erich Kistler

Die Entstehung Griechenlands

—

ISBN 978-3-486-52991-3
e-ISBN (PDF) 978-3-486-82438-4
e-ISBN (EPUB) 978-3-11-039857-1

Library of Congress Control Number: 2019943661

Bibliografische Information der Deutschen Nationalbibliothek
Die Deutsche Nationalbibliothek verzeichnet diese Publikation in der Deutschen
Nationalbibliografie; detaillierte bibliografische Daten sind im Internet über
http://dnb.dnb.de abrufbar.

© 2020 Walter de Gruyter GmbH, Berlin/Boston
Satz: Integra Software Services Pvt. Ltd.
Druck und Bindung: CPI books GmbH, Leck

www.degruyter.com

Vorwort der Herausgeber

Die Reihe *Oldenbourg Grundriss der Geschichte* dient seit 1978 als wichtiges Mittel der Orientierung, sowohl für Studierende wie für Lehrende. Sie löst seither ein, was ihr Titel verspricht: ein Grundriss zu sein, also einen Plan zur Verfügung zu stellen, der aus der Vogelschau Einsichten gewährt, die aus anderen Perspektiven schwerlich zu gewinnen wären.

Seit ihren Anfängen ist die Reihe bei ihren wesentlichen Anliegen geblieben. In einer bewährten Dreiteilung wollen ihre Bände in einem ersten Teil einen Überblick über den jeweiligen historischen Gegenstand geben. Ein zweiter Teil wird bestimmt durch einen ausgiebigen Forschungsüberblick, der nicht nur den Studierenden in einem historischen Forschungsgebiet eine Übersicht über gegenwärtige wie vergangene thematische Schwerpunkte und vor allem Debatten gibt. Denn angesichts der Komplexität, Internationalität sowie der zeitlichen Tiefe, die für solche Diskussionen kennzeichnend sind, stellt es auch für Wissenschaftler eine zunehmende Herausforderung dar, über die wesentlichen Bereiche einer Forschungsdebatte informiert zu bleiben. Hier leistet die Reihe eine wesentliche Hilfestellung – und hier lässt sich auch das Merkmal identifizieren, das sie von anderen Publikationsvorhaben dieser Art deutlich abhebt. Eine umfangreiche Bibliographie rundet als dritter Teil die jeweiligen Bände ab.

Im Laufe ihrer eigenen Historie hat der *Oldenbourg Grundriss der Geschichte* auf die Veränderungen in geschichtswissenschaftlichen Diskussionen und im Geschichtsstudium reagiert. Sie hat sich nach und nach neue Themenfelder erschlossen. Es geht der Reihe in ihrer Gesamtheit nicht mehr ausschließlich darum, in der griechisch-römischen Antike zu beginnen, um das europäische Mittelalter zu durchschreiten und schließlich in der Neuzeit als unserer erweiterten Gegenwart anzukommen. Dieser Gang durch die Chronologie der deutschen und europäischen Geschichte ist für die Orientierung im historischen Geschehen weiterhin grundlegend; er wird aber zunehmend erweitert durch Bände zu nicht europäischen Themen und zu thematischen Schwerpunkten. Die Reihe dokumentiert damit die inhaltlichen Veränderungen, die sich in den Geschichtswissenschaften international beständig vollziehen.

Mit diesen Inhalten wendet sich die Reihe einerseits an Studierende, die sich die Komplexität eines Themenfeldes nicht nur inhaltlich, sondern auch forschungsgeschichtlich erschließen wollen. Andererseits sollen Lehrende in ihrem Anliegen unterstützt werden, Themengebiete in Vorlesungen und Seminaren vermitteln zu können. Im Mittelpunkt steht aber immer der Versuch zu zeigen, wie Geschichte in ihren Ereignissen und Strukturen durch Wissenschaft gemacht wird und damit selbst historisch gewachsen ist.

Karl-Joachim Hölkeskamp
Achim Landwehr
Steffen Patzold
Benedikt Stuchtey

Vorwort

Die Veränderungen in der Geschichtswissenschaft in jüngerer Zeit haben die Herausgeber der Gesamtreihe veranlasst, den Blick stärker als bisher über die europäische Geschichte hinaus auf die Weltgeschichte zu richten und neue Themenfelder einzubinden. In diese Neuausrichtung spielen auch methodische Veränderungen in der Geschichtswissenschaft hinein, die von der Relativierung bisheriger methodischer Konzepte aufgrund ihrer wissenschaftsgeschichtlichen Verortung angestoßen wurden und mit der Aufnahme theoretischer Reflexionen in und außerhalb der Geschichtswissenschaften verbunden waren. Ein Teil dieser Art der Veränderungen besteht in der wachsenden Skepsis, Geschichte als ein Konglomerat von National-Geschichten darstellen zu können. Die Zweifel daran werden nicht zuletzt durch den vielfach erbrachten Nachweis genährt, dass jede als Volk oder Nation aufgefasste Einheit tatsächlich aus einer Vielzahl von nicht einfach zu einer Gesamtheit addierbaren Identitäten gebildet wird, die von einer ähnlichen Fülle an parallel laufenden, sich überschneidenden oder auch einander widersprechenden Diskursen begleitet werden. Zudem ist besonders durch den methodischen Ansatz der Ethnogenese klar geworden, dass Völker niemals – anders als im romantischen Bild vorausgesetzt – ‚von Anfang an' gegebene, primordiale Einheiten waren, sondern aufgrund bestimmter Interessenslagen und in komplexen Prozessen entwickelte Konstrukte. So tritt eine Komplexität als Völker sich gebender kultureller und/oder politischer Einheiten ans Tageslicht, die sich unabhängig davon, ob diese in der emischen oder etischen Perspektive als primordiale und geschlossene Gebilde wahrgenommen und auch präsentiert werden, nicht mehr in einer den Anspruch auf die Abbildung der ‚ganzen' historischen Realität erhebenden Meistererzählung wiedergeben lassen.

Dies hat Konsequenzen für die Behandlung des „Anfangs von Griechenland". Es kann nicht mehr einfach von der Vorstellung einer Einwanderung der Griechen bzw. ihrer ‚Stämme' ausgegangen werden, die seit dem 19. Jh. und zum Teil bis in die Gegenwart die Darstellungen der griechischen Geschichte dominiert hat. Die verschiedenen Versuche, den Nachweis für deren Existenz zu führen, mussten sich zudem auf schriftliche Quellen berufen, die erst Jahrhunderte später als die angenommene Einwanderung, frühestens ab dem 6. Jh. v.Chr., entstanden waren. Angesichts dieses Fehlens zeitgenössischer schriftlicher Quellen in den ca. vier, weil schriftlos, auch Dark Age genannten Jahrhunderten nach dem Kollaps der mykenischen Paläste und der Schwierigkeit, aus späten schriftlichen Quellen tragfähige Rückschlüsse auf den ‚Beginn' zu ziehen, rückt die Archäologie in den Vordergrund. Daraus ergibt sich die Besonderheit des vorliegenden Bandes, nämlich eine interdisziplinär fundierte Beschreibung des ‚Beginns', an der Archäologie und Geschichtswissenschaft als gleichberechtigte wissenschaftliche Disziplinen ihren Anteil haben.

Um das im Rahmen einer historischen Darstellung Realität werden lassen zu können, war es zwingend notwendig, die Präsentation der ungemein zahlreichen über die Archäologie gewonnenen neuen Informationen gleichsam in historische Sprache zu übersetzen – ohne Verlust an wissenschaftlicher Präzision, wohl aber der für Archäologen gewohnten umfangreichen Dokumentation. Die Verbindung zwischen den so gewonnenen archäologischen und historischen Texten wurde dadurch möglich, dass unabhängig voneinander die Ergebnisse ethnologisch-anthropologischer Forschungen als Analogien bzw. Bezugspunkte für die Interpretation und als argumentierte und modellhaft ausgeführte Alternative für die traditionelle Meistererzählung herangezogen wurden. Auf diese Weise konnte ein auf der erreichbar breitesten Quellengrundlage beruhendes Bild vom ‚Anfang Griechenlands' mit seinen vielfältigen Schattierungen entworfen werden, in dem sich die mannigfachen in diesem Zeitraum beobachtbaren gesellschaftlich-kulturellen Zustände und die Prozesse zur Ausbildung verschiedener Identitäten bis schließlich hin zu einer hellenischen Identität widerspiegeln.

Die Voraussetzung für das Gelingen dieses Vorhabens war die konstant vorhandene Bereitschaft des Gesprächs über die Grenzen der Disziplinen hinweg, aus dem die beiden Autoren wesentliche Vorteile für die Arbeit innerhalb der jeweils eigenen Arbeitsfelder gezogen haben. Dass das Vorhaben nach langer Dauer zu einem guten Ende gebracht werden konnte, ist der intellektuellen Offenheit und Persönlichkeit des Herausgebers der Bände zur Antike in der Reihe Oldenbourg Grundriss Geschichte, Karl-Joachim Hölkeskamp, zu verdanken. Dank gilt ebenso dem zuständigen Lektor im Oldenbourg Verlag, Florian Hoppe, der mit Kompetenz, Freundlichkeit und Geduld das Entstehen des Bandes bis zur Drucklegung begleitet hat. Für die kritische Diskussion des Manuskripts aus studentischer Sicht sei schließlich Ruth Irovec und Benjamin Wimmer gedankt, für die digitale Aufbereitung der Abbildungen Stephan Ludwig und für die intensive Unterstützung bei der Erstellung der Register Vera Maria Unterfrauner.

Christoph Ulf – Erich Kistler

Inhaltsverzeichnis

Vorwort der Herausgeber —— V

Vorwort —— VII

I	**Darstellung** —— 1	
1	Wo liegt der ‚Anfang'? —— 1	
	1.1	Zentrale Teile der „Meistererzählung" vom frühen Griechenland —— 1
	1.2	Die Alternative: Gesellschaften im Wandel und (ethno-)genetische Prozesse —— 11
2	Der ‚Anfang' Griechenlands und die Archäologie —— 21	
	2.1	Ein doppelter Anfang —— 21
	2.2	Bronzezeitliche Paläste —— 28
	2.3	Festlandsgriechische ‚Megaron'-Bauten als Herrensitze in der Nachpalastzeit —— 33
	2.4	Apsidial-Bauten, Compounds und Streusiedlungen in der Frühen Eisenzeit —— 38
	2.5	Gemeinschaftsarchitektur: Hekatompedos und Agora —— 43
	2.6	Der Wandel im Kontext —— 54
3	Die Lebenswelten ‚des Anfangs' im Spiegel von Homer und Hesiod —— 69	
	3.1	Urbane und andere Siedlungen in einer bäuerlichen Welt —— 73
	3.2	Öffentlichkeit und Agora: die Bestimmung des relational Besten —— 76
	3.3	Geschenke: Mittel der sozialen Bindung —— 79
	3.4	„Gabenfresser": auf dem Weg zur sozialen Abgrenzung —— 82
	3.5	Gewaltbereite Männer – gemeinschaftsorientierte Frauen? —— 87
	3.6	Formen von Mobilität —— 92
	3.7	Dichter als kluge Ratgeber: die Schaffung von Paradigmen —— 96
4	Die Formierung einer hellenischen Identität —— 100	
	4.1	Ethnische Projektionen —— 100
	4.2	Traditionen und Identitäten —— 104
	4.3	Wanderungen am ‚Anfang': die Begründung politischer Ansprüche —— 111

		4.4	Alteritätserfahrungen: Impulse zur Formierung einer hellenischen Identität —— 118
		4.5	Hellenische Ethnogenese – ein anhaltender Prozess —— 124

II Grundprobleme und Tendenzen der Forschung —— 133

1 Die Quellen —— 133
2 Wo liegt der ‚Anfang'? —— 136
    2.1 Zentrale Teile der „Meistererzählung" vom frühen Griechenland —— 137
    2.2 Die Alternative: Gesellschaften im Wandel und (ethno-)genetische Prozesse —— 152
3 Der ‚Anfang' Griechenlands und die Archäologie —— 156
    3.1 Kategorienbildung – Interpretation – historische Aussage —— 156
    3.2 Bronzezeitliche Paläste —— 162
    3.3 Festlandsgriechische ‚Megaron'-Bauten in der Nachpalastzeit —— 165
    3.4 Apsidial-Bauten, Compounds und Streusiedlungen in der Frühen Eisenzeit —— 168
    3.5 Gemeinschaftsarchitektur: Hekatompedos und Agora —— 173
    3.6 Der Wandel im Kontext —— 179
4 Die Lebenswelten des ‚Anfangs' im Spiegel von Homer und Hesiod —— 182
    4.1 Urbane Siedlungen in einer bäuerlichen Welt? —— 185
    4.2 Öffentlichkeit und Agora: die Bestimmung des relational Besten —— 188
    4.3 Geschenke: Mittel der sozialen Bindung —— 191
    4.4 „Gabenfresser": auf dem Weg zur sozialen Abgrenzung —— 193
    4.5 Gewaltbereite Anführer – gemeinschaftsorientierte Frauen? —— 197
    4.6 Formen von Mobilität —— 199
    4.7 Dichter als kluge Ratgeber: die Schaffung von Paradigmen —— 203
5 Die Formierung einer hellenischen Identität —— 207
    5.1 Ethnische Projektionen —— 209
    5.2 Traditionen und Identitäten —— 212
    5.3 Wanderungen am ‚Anfang': die Begründung politischer Ansprüche —— 218
    5.4 Alteritätserfahrungen: Impulse zur Formierung einer hellenischen Identität —— 222
    5.5 Hellenische Ethnogenese – ein anhaltender Prozess —— 227

III	**Quellen und Literatur** —— **239**	
1	Quellen und Überblicksdarstellungen —— 239	
	1.1	Quellen —— 239
	1.2	Historische Überblicksdarstellungen und häufig zitierte Sammelbände —— 239
2	Wo liegt der ‚Anfang'? —— 240	
	2.1	Zentrale Teile der „Meistererzählung" vom frühen Griechenland —— 240
	2.2	Die Alternative: Gesellschaften im Wandel und (ethno-)genetische Prozesse —— 244
3	Der ‚Anfang' Griechenlands und die Archäologie —— 245	
	3.1	Kategorienbildung – Interpretation – Historische Aussage —— 245
	3.2	Bronzezeitliche Paläste —— 246
	3.3	Festlandsgriechische ‚Megaron'-Bauten in der Nachpalastzeit —— 247
	3.4	Apsidialbauten, Compounds und Streusiedlungen in der Frühen Eisenzeit —— 247
	3.5	Gemeinschaftsarchitektur: Hekatompedos und Agora —— 248
	3.6	Der Wandel im Kontext —— 250
4	Die Lebenswelten des ‚Anfangs' im Spiegel von Homer und Hesiod —— 251	
	4.1	Urbane Siedlungen in einer bäuerlichen Welt? —— 251
	4.2	Öffentlichkeit und Agora: die Bestimmung des relational Besten —— 252
	4.3	Geschenke: Mittel der sozialen Bindung —— 253
	4.4	„Gabenfresser": auf dem Weg zur sozialen Abgrenzung —— 253
	4.5	Gewaltbereite Männer – gemeinschaftsorientierte Frauen? —— 254
	4.6	Formen von Mobilität —— 254
	4.7	Dichter als kluge Ratgeber: die Schaffung von Paradigmen —— 255
5	Die Formierung einer hellenischen Identität —— 256	
	5.1	Ethnische Projektionen —— 256
	5.2	Traditionen und Identitäten —— 257
	5.3	Wanderungen am ‚Anfang': die Begründung politischer Ansprüche —— 258
	5.4	Alteritätserfahrungen: Impulse zur Formierung einer hellenischen Identität —— 259
	5.5	Hellenische Ethnogenese – ein anhaltender Prozess —— 261

Abbildungen —— 265

Register —— 289

Oldenbourg Grundriss der Geschichte —— 311

I Darstellung

1 Wo liegt der ‚Anfang'?

Um zu wissen, wo im Ablauf der Geschichte ein ‚Anfang' anzusetzen ist, ist es notwendig, den zur Debatte stehenden (historischen) Gegenstand so gut zu kennen, dass seine Grenzen bestimmt werden können. Doch wie kann man sich angesichts der ungeheuren Vielfalt historischen Geschehens sicher sein, die Grenzen richtig zu setzen? So ist nicht aus Zufall schon der Titel des vorliegenden Buches „Der Anfang Griechenlands" mehrdeutig. Mit ihm kann sowohl der Anfang der Geschichte eines (geographischen) Raumes als auch der einer mehr oder weniger zusammengehörenden, größeren oder kleineren Anzahl von Menschen gemeint sein. Und was sind die Voraussetzungen, um diesen für sich nicht ganz eindeutigen historischen Gegenstand ‚Griechenland' abzugrenzen? Welche Merkmale sind ihm zuzuordnen, um ihn von anderen solchen ‚Gegenständen' abzuheben? Um Antworten auf diese Fragen zu erhalten, ist es nötig, einen Blick auf die hauptsächlichen Felder der Diskussionen um den Anfang Griechenlands zu werfen.

Definition des Anfangs

1.1 Zentrale Teile der „Meistererzählung" vom frühen Griechenland

Den Verlauf von vergangenem Geschehen organologisch, d. h. mit Vokabeln des Entstehens und Vergehens von Leben zu beschreiben, hat die Geschichtswissenschaft lange Zeit dominiert. Zentral ist dafür die Vorstellung, dass Geschichte durch das Wirken von essentialistisch, d. h. als unverwechselbare Wesen verstandenen Völkern und Kulturen bestimmt werde. Von einer solcher Voraussetzung ausgehend wurde auch der ‚Anfang Griechenlands' mit dem Erscheinen eines ‚Volkes' der ‚Griechen' gleichgesetzt. Dessen Existenz wurde aus einzelnen Äußerungen der schriftlichen und einer mit diesen verbundenen ethnischen Interpretation der archäologischen Quellen abgeleitet. Da jedoch keine Einigkeit darüber herrscht, wann ‚die Griechen' auf der südlichen Balkanhalbinsel und in der Ägäis zum ersten Mal aufgetreten sein sollen, bestehen nebeneinander und zum Teil auch konträr

Meistererzählung ‚Volk'

zueinander stehende Darstellungen über den ‚Anfang'. Da sie alle den Anspruch erheben, die maßgebende Deutung der Geschichte zu bieten, dürfen sie in die Kategorie der sog. „Meistererzählungen" eingereiht werden. Dennoch sind die Unterschiede gegenüber den sie verbindenden Grundanschauungen nicht so gravierend, dass sich die einzelnen Narrative nicht zu einer gemeinsamen ‚Meistererzählung' (mit Variationen) zusammenschließen ließen.

1.1.1 Imaginierte Völker in Konkurrenz um den Anfang: „Minoer" oder „Mykener"

Das mythische Seereich des Minos

Der Name der Minoer ist untrennbar mit dem britischen Ausgräber von Knossos, Arthur Evans, verbunden. Als er dort im Jahr 1900 mit den Ausgrabungen begann, sprach er unter dem Eindruck der durch Heinrich Schliemann schon früher begonnenen Ausgrabung von Mykene zuerst auch für Kreta von Mykenern. Doch mit Bezug auf einen viel später erzählten Mythos änderte er dann rasch seine Terminologie. In der *Ilias* Homers (Il. 13, 44) wurde erstmals ein Herrscher in Kreta mit dem Namen Minos genannt. Ein Seereich, das Evans als Anknüpfungspunkt für sein Konstrukt der ‚Minoer' diente, wurde Minos erst – nochmals ca. 200 Jahre später – im 5. Jh.[1] von Herodot (1, 171; 3, 22) und Thukydides (1, 41; 8, 2) zugeschrieben. Das geschah offensichtlich unter dem Eindruck der zur Zeit der beiden Historiographen in Griechenland entstandenen großen politischen Zusammenschlüsse. Mit Bezug auf diese Erzählungen über Minos wurde manchmal schon im 19. Jh. n. Chr. der Name Minoer für die auf Kreta lebenden Menschen verwendet. Doch erst durch Arthur Evans wurde er als Name eines regelrechten Volkes populär. Dieses angebliche Volk soll hinter der archäologisch nachweisbaren Hinterlassenschaft in Knossos, auf ganz Kreta und auch noch darüber hinaus auf vielen Inseln in der Ägäis gestanden haben.

Die Minoer – ein modernes Konstrukt

Inzwischen ist vielfach nachgewiesen worden, wie sehr Evans Vorstellungsmuster und Wünsche, die aus seiner Wahrnehmung und Beurteilung seiner eigenen Zeit stammten, in das von ihm erzeugte Konstrukt der Minoer einfließen ließ. Es ist zudem unbestritten, dass die archäologischen Befunde von Evans vielfach so zurechtgebogen wurden, dass sie sich diesem Konstrukt fügten.

---

[1] Alle Jahresangaben liegen vor der Zeitenwende, außer wenn anders angegeben.

Evans sah die Minoer in mehrfacher Parallele zu dem von ihm zum Idealbild erhobenen (viktorianischen) England des 19. Jahrhunderts. Die Minoer sollen ein Volk gewesen sein, das sich aus der Vermischung mehrerer Populationen (aus Libyen, Ägypten und Anatolien) gebildet hatte, so wie das auch bei den Engländern der Fall war. So wie das britische Empire hätten auch die Minoer über das Meer geherrscht.

Um sein Konstrukt abzusichern, unterdrückte Evans die ihm schon bekannten und in den 1980er und 1990er Jahren weiter belegten militärischen Befestigungen (in Ostkreta). Nur so konnte er das folgende eindrucksvolle Bild der Minoer zeichnen: Ein friedvolles Volk sei von einem Priesterkönig angeführt worden, in dem die Frauen den Männern gleichberechtigt gewesen seien. Dieses bis zu seinem Ende unbehelligt gebliebene friedvolle Paradies der Minoer ging nach Evans mit einem Schlag durch eine Naturkatastrophe unter, ohne dass die Ursache dafür genau geklärt werden könnte. Doch hätten die Minoer über dieses Ende hinweg in den von den Griechen erzählten sagenhaften Erzählungen weitergelebt und seien auch durch ihre Schrift bzw. Sprache mit diesen verbunden geblieben.

Ein minoisches Paradies

Mit diesen Merkmalen der Minoer und mit ihrer Geschichte lieferte Evans ein bis in die Gegenwart viele Sehnsüchte und Wünsche befriedigendes Bild einer frühen Kultur. Dessen unbestreitbare Wirkkraft erklärt sich aber auch daraus, dass er die Minoer als die erste europäische Zivilisation präsentierte, die weit älter war als die klassischen Griechen und daher mit den Ägyptern und den altmesopotamischen Kulturen und Reichen konkurrieren und diese wegen ihrer von ihm implizierten Vorbildlichkeit für die Gegenwart sogar übertreffen konnte.

Minoer – die ersten Europäer

Die von Evans erfundenen Minoer standen von Anfang an in bewusstem Kontrast und Gegensatz zu dem anderen wirkkräftigen Konstrukt, das Heinrich Schliemann mit seinen schon 1878 begonnenen Ausgrabungen in Mykene verbunden hatte. Ganz im Bann der romantischen Volksgeisttheorie verwandelte der begeisterte und zweifellos fähige, aber völlig mythengläubige Autodidakt die Ruinen von Mykene und Troia in die Schauplätze der in der *Ilias* Homers erzählten Geschehnisse. In Mykene sah er den Ort, wo Agamemnon Herrscher gewesen sei. Von Mykene aus soll er gemeinsam mit seinem Bruder Menelaos ein Heer, bestehend aus kleineren, aus verschiedenen Gegenden der südlichen Balkanhalbinsel stammenden Kontingenten, an die Nordwestecke Kleinasiens geführt haben,

Schliemanns Konstrukt der Mykener und Homer

um dort Troia zu belagern. Nach dessen Eroberung sei er – nach Mykene zurückgekehrt – von Aigisthos, dem Liebhaber seiner Frau Klytaimnestra, ermordet worden. So setzte Schliemann die Figuren Homers und der daran anknüpfenden Mythen mit den Menschen gleich, welche in den in der ausgehenden Bronzezeit zu Ruinen gewordenen Gebäuden lebten, um so den Mykenern eine – vorgebliche – historische Realität zu verleihen. Projizierte Evans Elemente des britischen Empire in die ‚minoische' Vergangenheit, so bildete Schliemann die – angeblichen – Herrscher von Mykene nach dem Vorbild der preußischen Monarchie. Das machte er nicht zuletzt deshalb, um damit dem 1830 in Griechenland neu gegründeten, ab 1832 unter der Herrschaft des bayrischen Prinzen Otto von Wittelsbach stehenden griechischen Staat Legitimität zu verleihen.

Das Vorbild der preußischen Monarchie

Als in den 1950er Jahren die in der letzten Phase von Mykene verwendete, Linear B bezeichnete Schrift als ein frühes Griechisch entziffert worden war, schien das von Schliemann gezeichnete Bild der Mykener als die ‚ersten' Griechen Bestätigung gefunden zu haben. In seinen Grundzügen zeigt es Auswirkungen bis auf aktuelle Darstellungen der griechischen Geschichte.

1.1.2 (Ein-)Wanderungen ‚der Griechen' bzw. ihrer ‚Stämme'

Herkunft der ‚Griechen' aus dem Norden

Die Existenz von Minoern und Mykenern vorausgesetzt, werden Erzählungen bei den Historikern des 5. Jh., von Herodot und Thukydides über Wanderungen in der mythischen Frühzeit vom südlichen Thessalien auf die Peloponnes bzw. von der westlichen Peloponnes nach Kleinasien häufig als Grundlage für die Annahme genommen, dass ‚die Griechen' vom Norden auf die südliche Balkanhalbinsel gekommen und später von dort nach Kleinasien weitergezogen seien. Über die antiken Erzählungen hinausgehend wird zudem noch angenommen, dass die ursprüngliche ‚Heimat' der Griechen viel weiter im Norden gelegen habe. Dafür beruft man sich hauptsächlich auf linguistische Überlegungen.

Stammbaum als Modell

In der am Beginn des 19. Jh. n. Chr. entstandenen historischen Sprachwissenschaft wurden schon früher beobachtete Übereinstimmungen zwischen den Sprachen in Europa, dem Iran und Indien nicht mehr wie bis dahin üblich in biblischer Tradition auf Japheth, einen der Söhne von Noah zurückgeführt. An die Stelle des biblisch-genealogischen Modells trat ein Stammbaum mit einer ‚Ursprache' als Wurzel. Diese Ursprache sei das aus den späteren Sprachen rekonstruierte Indogermanisch/Indoeuropäisch gewesen. Mit der Erkenntnis, dass es auch Sprachen ohne Korrespondenzen mit den indogermanischen Sprachen gibt, begann die Suche nach der Urheimat der Indogermanen. Man lokalisierte diese zuerst im nördlichen Europa, später kamen die Steppen Südrusslands und auch Anatolien ins Spiel. Mit dem Modell des Stammbaums war auch die Vorstellung verbunden, dass sich im Lauf der Zeit immer wieder einzelne Sprachen von der Ursprache lösen. Da man – ganz in biblischer Tradition – Sprache mit einem Volk gleichsetzte, nahm man an, dass ‚die Griechen' in einer oder mehreren Wanderungen in den Süden Europas gekommen seien. Dabei soll sich der von der indogermanischen ‚Ur- bzw. Proto-Sprache' angenommene Ablösungsprozess wiederholt haben. Es sollen sich durch die Abtrennung von einem Proto-Griechischen vier große – ebenfalls nur linguistisch rekonstruierte – Dialektgruppen, gebildet haben: das Proto-Westgriechische im Nordwesten Griechenlands, das Proto-Äolische in Thessalien, das Proto-Attisch-Ionische in Attika und im Westen der Peloponnes sowie das Proto-Arkado-Kyprische auf der Peloponnes.

‚Urheimat' der Indogermanen

Gleichsetzung von Sprache und Volk

Aus Knossos, Pylos, Theben, Mykene und einigen anderen Orten sind kurze Verwaltungstexte in der Silbenschrift des sogenannten Linear B erhalten, die in ihrer Hauptmasse aus der Zeit vom 13. bis zum 12. Jh. stammen. Diese Schrift wurde erst in den 1950er Jahren als Griechisch entziffert. Wegen ihres großen zeitlichen Abstands von einem halben Jahrtausend zu den ersten inschriftlichen Belegen für das Alphabet-Griechisch bereitet die präzise linguistische Einordnung dieses ‚Mykenisch' genannten Griechisch Probleme. Zudem verschwanden die Linear B-Texte mit dem Ende der ‚mykenischen' Paläste ab 1180 vollständig. Als Grund dafür wird häufig die sogenannte ‚dorische Wanderung' angeführt – als angeblich letzte Wanderung von Griechen nach dem Süden. Die Folge davon seien weitere sprachliche Veränderungen gewesen, die wiederum nach dem Modell des Stammbaums gezeichnet werden: Die Träger des Proto-Attisch-Ionischen seien aus der Peloponnes vertrieben worden und hätten über die Kykladen Kleinasien erreicht; die des Proto-Arkado-Kyprischen seien auf der Peloponnes ins Innere nach Arkadien abgedrängt worden bzw. nach Zypern abgewandert; die des Proto-Westgriechischen seien auf die Peloponnes vorgedrungen und hätten auch auf den südlichen Inseln der Ägäis gesiedelt; die des Proto-Äolischen hätten sich nach Böotien und über die Ägäis bis zur Insel Lesbos ausgebreitet.

Linear B – Schrift

‚Dorische Wanderung'

Archäologie und Wanderungen

Ohne auf die gravierenden Einwände gegen diese offensichtlich schematischen Konstruktionen einzugehen, wird versucht, die Vorstellung der Wanderung ‚der Griechen' dadurch als zutreffend zu erweisen, dass nach einem Niederschlag der auf die Wanderungen folgenden ‚Landnahmen' in den archäologischen Befunden gesucht wird. Allerdings herrscht keine Übereinstimmung darüber, zu welchen Zeitpunkten kulturelle Veränderungen und/oder Zerstörungshorizonte in diesem Sinn interpretiert werden dürfen. Daher werden verschiedene Daten vom 3. Jahrtausend bis ans Ende des 2. Jahrtausends dafür genannt – ein Problem, das zum Teil mit der Annahme von mehreren Wanderungen gelöst werden soll. Ziemlich isoliert stehen Angaben wie die Einwanderung von Indogermanen im 6. Jahrtausend oder das erste Auftreten der ‚Griechen' im ausgehenden 4. Jahrtausend. Ein häufig genannter Zeitpunkt liegt entweder am Ende des 3. Jahrtausends oder am Beginn des 2. Jahrtausends, um 2100 zwischen den archäologischen Zeitstufen Frühhelladisch (FH) II und FH III, oder am Ende von FH III um ca. 1950. In der hier angeblich zugewanderten Bevölkerung werden die Vorläufer der späteren Mykener gesehen, welche die Vorgängerbevölkerung absorbiert oder vertrieben haben sollen. Dagegen wird wegen der um 1600 erscheinenden Schachtgräber angenommen, dass die Mykener erst zu diesem Zeitpunkt eingewandert seien. Große Resonanz und gleichzeitig Kritik hat die Annahme gefunden, dass die letzte Welle der ‚Griechen' um 1200 aus Doriern bestanden habe und eventuell auch in Zusammenhang mit der Zerstörung der ‚mykenischen' Paläste gestanden sei.

1.1.3 Ein Krieg um Troia am Anfang der griechisch-europäischen Geschichte

Frauenraub als Kriegsgrund

Nach dem im 5. Jh. lebenden Historiographen Thukydides (1, 3–4) stand der troianische Krieg am Anfang der Geschichte in Griechenland – direkt auf eine dem mythischen Minos zugeschriebenen Herrschaft über das Meer (*Thalassokratie*) folgend. Diese Sicht war durch seinen Vorgänger Herodot (1, 1–5) grundsätzlich schon vorgegeben. Dieser listete zur Illustrierung der Bedeutung des Krieges der Perser gegen die Griechen am Beginn des 5. Jh. eine Reihe von Konflikten zwischen den Hellenen und Barbaren auf, die alle durch den Raub einer Frau hervorgerufen worden seien. Am Ende stand der Raub der Helena durch Paris, der zum ersten Mal einen regelrechten Krieg, eben die Belagerung der Stadt Troia ausgelöst haben soll. Dieser ‚troianische' Krieg wurde also nicht schon in der *Ilias* Homers, sondern erst vor dem Hintergrund der ungemein bedrohlichen Auseinandersetzung zwischen Griechen und Persern am Beginn des 5. Jh. als eine Auseinandersetzung zwischen Asien und Europa präsentiert.

Beide Termini dürfen nicht im modernen Sinn interpretiert werden. In der antiken zeitgenössischen Kartographie ging man zwar schematisch von drei großen Erdteilen aus: Asie, Libye und Europa, konnte jedoch deren Grenzen keineswegs überall exakt bestimmen. Zudem war mit Asie nur Kleinasien gemeint. Europa lag häufig nördlich von Griechenland/Hellas oder war gar nur eine Landschaft nördlich des Hellespont. Zu keinem Zeitpunkt in der Antike war das in der Gegenwart so geläufig gewordene Klischee vom Gegensatz zwischen Europa und Asien eine allgemein verbreitete Vorstellung. Erst über die komplizierte Rezeption der homerischen Epen vom Mittelalter bis in die Neuzeit wurde der troianische Krieg zu einem Ereignis der europäischen Geschichte.

Asien vs. Europa?

Die Verbindung wurde über die in der *Odyssee* erzählte Rückkehr der Belagerer Troias bzw. der Flucht der Troer nach der Eroberung von Troia hergestellt. Unter den vielen derartigen Erzählungen war die wirkkräftigste die von Vergil am Ende des 1. Jh. zur Zeit des Augustus in seinem Epos *Äneis* dargestellte Flucht des Äneas, die ihn nach etlichen Zwischenstationen schließlich in den Westen Italiens, nach Latium führte. Auf diese Weise konnte Äneas zum Vorfahren von Romulus und Remus, den mythischen Gründern Roms werden. Wer immer sich später als Nachfolger der römischen Kaiser definierte, konnte daran anknüpfen. Im Mittelalter und der Frühen Neuzeit wurden nicht nur die Herkunft sich formierender Ethnien bzw. politischer Gebilde (z. B. der Franken, der Normannen oder der Briten) oder von Herrscher- oder Adelsgeschlechtern (z. B. Valois oder Habsburger), sondern auch der Ursprung von Städten (z. B. Xanten, Bonn, Mainz, Augsburg) immer wieder auf Flüchtlinge aus Troia zurückgeführt. Ab dem 18. und 19. Jh. n. Chr. wurden die Epen Homers gemeinsam mit den griechischen Tragödien zu einem festen Teil des bürgerlichen Bildungsguts, *Ilias* und *Odyssee* dadurch zum Anfang einer nun als europäisch aufgefassten Literatur.

Wirkungsgeschichte

Das war die Voraussetzung für ein romantisch unterfüttertes Bedürfnis, zuerst den ‚Originalschauplatz' des troianischen Kriegs aufzusuchen und dann hier auch archäologische Forschungen

Suche nach dem ‚Originalschauplatz'

anzustellen. In dieser Tradition stand Heinrich Schliemann, der mit Hilfe der Archäologie den Nachweis für die historische Realität der in der *Ilias* dargestellten Personen und Handlungsstränge führen wollte. Die schon zu seiner Zeit geführte Diskussion darüber, ob das überhaupt möglich sei, hat bis in die Gegenwart nicht aufgehört. In dieser Debatte wurde der troianische Krieg von Anhängern der Auffassung, dass es eine direkte Verbindung zwischen der dichterischen Erzählung in der *Ilias* und historischer Realität gebe, zu einer Auseinandersetzung zwischen Europa und Asien stilisiert, zu einem gegen Ende des 2. Jtsd. stattgefundenen Krieg um eine an den Dardanellen gelegene wichtige Handelsstadt. Dabei verschob sich die Bedeutung Troias insofern, als der Ort in den Kontext ‚Anatoliens', d. h. der hethitischen Einflusssphäre gerückt wurde. In diesem Zusammenhang gewann die früher unter anderem Gesichtspunkt erörterte Frage neues Gewicht, ob sich im Krieg Troia als späthethitisches politisches Gebilde mit dem Namen Wiluša und die ‚mykenische' Welt gegenüberstanden. Neben der nicht völlig eindeutigen politischen Geographie Kleinasiens im 2. Jtsd. spielt in dieser historisch anachronistischen Fiktion eines Kampfes zwischen Europa und Asien bzw. Anatolien und Mykene der Name Aḫḫiyawa eine wichtige Rolle.

Kleinasien im 2. Jtsd.   Die Landkarte Kleinasiens wird für das 2. Jahrtausend aus Namen von Regionen bzw. ‚Kleinstaaten' erschlossen, die in Annalen, Briefen und Vertragstexten hethitischer Herrscher genannt wurden. Auf dieser Grundlage können die Regionen an der Südküste Kleinasiens für das 14. und 13. Jh. mit großer Wahrscheinlichkeit bestimmt werden. Wie die Gliederung der Westküste Kleinasiens aussah, ist weniger klar. Mira dürfte der Name einer Region im Mäandertal gewesen sein, Šeḫa scheint nördlich davon im Tal des Hermos *Aḫḫiyawa*   gelegen sein. Für den Herrscher von Aḫḫiyawa, der in Texten vom ausgehenden 15. bis zum 13. Jahrhundert mehrfach genannt wurde, fehlen eindeutige Angaben. Unter den dazu geäußerten Vermutungen ist wohl diejenige die wahrscheinlichste, dass mit Aḫḫiyawa die der Westküste Kleinasiens vorgelagerten Inseln gemeint waren. Unter dieser Voraussetzung wäre Aḫḫiyawa einer der verschiedenen, nebeneinander bestehenden ‚mykenische' Machtbereiche gewesen, ohne dass über seine Dimension, seine innere Struktur und seine Relation zu den anderen ‚mykenische' Regionen sichere Aussagen getroffen werden können.

Die Situierung von Aḫḫiyawa ist deswegen in der Diskussion von Bedeutung, weil der hethitische Landschaftsname Aḫḫiyawa mit dem griechischen Ethnikon Achaioi gleich gesetzt wurde. Achaioi/Achäer ist einer der drei Namen, neben Danaer und Argeier, die in der *Ilias* Homers für die Belagerer von Troia verwendet werden. Diese werden abwechselnd, je nach ihrem metrischen Wert in den Hexametern der Dichtung eingesetzt. Es ist daher nicht überzeugend, nur einen der drei Namen herauszugreifen, um von seiner angenommenen Verbindung mit Aḫḫiyawa einen Feldzug von ‚Mykenern' gegen Troia abzuleiten und darin den ‚historischen Kern' der *Ilias*-Erzählung zu sehen. Zudem ist die zeitliche Distanz zu bedenken, die zwischen der erstmaligen Erwähnung von Aḫḫiyawa in den hethitischen Quellen am Ende des 15. Jh. und derjenigen von Achäern, Danaern und Argivern in der im 7. Jh. schriftlich verfassten homerischen *Ilias* liegt.

Aḫḫiyawa und Achaioi

Die Willkürlichkeit, den Namen Achaioi/Achäer in den Vordergrund zu stellen, wird zudem daraus ersichtlich, dass parallel auch der Name der Danaer dazu benützt wird, um eine konkrete historische Verortung für die im homerischen Epos den Handlungsrahmen darstellende Belagerung von Troia vorzunehmen. Danaoi wird mit dem Toponym Danaja in Verbindung gebracht, das in den Annalen des ägyptischen Pharao Tutmosis III. (um 1450) und auf den Sockeln von Statuen im Totentempel des Amenophis III. (um 1360) einmal das Gebiet um die moderne Stadt Adana in Kilikien bezeichnet und dann einen Oberbegriff für die Großregion der Peloponnes darstellt. Es müsste daher nicht nur erklärt werden, in welchem Verhältnis die Namen Aḫḫiyawa und Danaja zueinander stehen, sondern auch, welche Bedeutung der in diesem chronologischen Kontext negierte dritte Name ‚Argeier' besitzt. Gerade weil es plausibel erscheint, dass die Ägypter des Neuen Reichs Kenntnis von der Topographie des südlichen Kleinasiens und der südlichen Balkanhalbinsel besaßen, eignen sich die Namen wegen ihrer offensichtlichen Mehrdeutigkeit nicht dazu, die Auffassung zu stützen, dass der in der *Ilias* dichterisch gestaltete Krieg ein mit der ‚mykenischen' Welt in Zusammenhang stehendes Ereignis gewesen war. Dennoch hält sich die Vorstellung, dass der troianische Krieg ein Ereignis am Anfang ‚Europas' gewesen sei, nicht nur in der ‚gebildeten Öffentlichkeit', sondern hat ihre Anhänger nach wie vor auch innerhalb der Altertumswissenschaften.

Danaer und Argeier

1.1.4 Ein Staat am Anfang der (griechischen) Geschichte

Von der Monarchie zum Adelsstaat

Mit der ‚mykenischen' Welt am Beginn der ‚griechischen Geschichte' wird bis in die Gegenwart häufig von einem Wandel von einer Monarchie in mykenischer Zeit zu kleineren, von einem Adel gelenkten Siedlungseinheiten in den ‚dunklen Jahrhunderten' (*Dark Ages*) bis an den Beginn der Archaik im 8. Jh. gesprochen. Das ist eine Abfolge von politischen Organisationsformen, die mit Berufung auf eine in antiken Quellen vorgenommene Gliederung der Vergangenheit als Grundmuster für die Darstellung der frühen griechischen Geschichte diente, noch ehe die ‚mykenische' Welt als solche archäologisch entdeckt worden war. Dabei wurde die wichtige Frage, wie viel Glaubwürdigkeit den antiken Vergangenheitskonstruktionen zukommt, nicht gestellt. Unter anderem, geschah das nicht, weil die in den Mythen und in der politischen Theorie in die Vergangenheit projizierte evolutionäre Abfolge der politischen Formen Monarchie und Adelsstaat die als entscheidend angesehene Grundlage boten, um die griechische Geschichte – und in der Folge auch die antike Geschichte insgesamt – der Welt der ‚Geschichte' im Gegensatz zu der ‚Vorgeschichte' zuzuordnen. Denn als Kriterium für diese Art der Abgrenzung zwischen unterschiedlichen Vergangenheitsräumen war es – herkommend von dem im 18. Jh. n. Chr. festgezurrten Schema von drei aufeinanderfolgenden Kulturstufen: Wildheit der Jäger und Sammler, bäuerliche Barbarei, Zivilisation staatlich organisierter Gesellschaften – üblich, auf das Fehlen bzw. die Existenz eines Staates zu verweisen. Die Vorgeschichte soll nur tribale Gesellschaften gekannt haben, denen nicht dieselbe historische Qualität zuzusprechen sei wie dem im eigentlichen Sinn von Staaten geprägten Raum der Geschichte. Der Staat mit seinen Institutionen besaß somit die Funktion, die Grenze zwischen dem Primitiven und dem Zivilisierten zu markieren.

Kulturentstehungstheorie

Abwehr von Analogien aus der Ethnologie

Das ist nicht nur ein im 19. Jh n. Chr. entwickeltes, dominantes Denkmuster, sondern es leitet in unterschiedlicher Ausprägung, implizit oder explizit, Darstellungen der griechischen Frühzeit bis in die jüngste Gegenwart. Von seiner Gültigkeit ausgehend wird es abgelehnt, dem Sinn archäologischer Befunde und schriftlicher Quellen mit Hilfe von Analogien aus der Ethnologie nachzuspüren, weil diese sich (nur) mit Ethnien, nicht mit Staaten beschäftige. Ohne zu bedenken, dass die Projektion eines Staatsbegriffs in die Vergangenheit, die Applizierung eines (modernen) Denkmodells auf die Geschichte insgesamt und auf die frühe griechische Geschichte im Besonderen bedeutet, wird es für methodisch verfehlt erklärt, Kategorien der Soziologie und Politikwissenschaft als Instrumente zur Interpretation der antiken Quellen zu verwenden. Denn das sei eine anachronistische Verwendung von Konzepten, die den Quellen nicht gerecht werde.

Diese Argumentation wirkt sich kaum auf die Interpretationen der ‚mykenischen' Befunde und Texte aus, weil die Entwicklung ‚der Griechen' weit weniger mit Mykene in Bezug gesetzt wird bzw. werden kann als mit der Zeit nach dem Kollaps der ‚mykenischen' Palastkultur. Entgegen den Ergebnissen vieler jüngerer Untersuchungen geht man häufig noch immer davon aus, dass die offenkundig ‚primitiveren' Siedlungsweisen und kulturellen Produkte in den *Dark Ages* mit dem Konzept eines Adelsstaates hinreichend zu erklären seien. Dies wird nicht zuletzt auch deswegen für plausibel gehalten, weil der Adelsstaat mit für die Ausbildung des für die griechische Entwicklung als charakteristisch angesehenen Stadtstaats (‚Polis') verantwortlich gemacht wird. Dabei werden zwei Dinge nicht beachtet: Das in den Quellen genannte griechische Wort *polis* ist mehrdeutig: städtisches Zentrum, Territorium, politische Gemeinschaft. Zudem wird keine hinreichende Unterscheidung zwischen der Siedlungsform ‚Stadt' und der sozio-politischen Organisation ‚Polis' vorgenommen. Gerade das macht jedoch die jüngeren Untersuchungen zur Siedlungsarchäologie unabdingbar. Die in den *Dark Ages* zu beobachtenden Veränderungen von Weilersiedlungen zu Streusiedlungen und zu Siedlungen mit einem Versammlungsplatz (*agora*) fügen sich gut zu der in der jüngeren Theorie überzeugend argumentierten Auflösung eines fest abgrenzbaren Staatsbegriffs. Es spricht vieles dafür, dass die Ausbildung der verschiedenen sozio-politischen Organisationsformen im Zeitraum zwischen dem 11. und dem 7. Jh. auf mehrere Prozesse zurückzuführen ist, die zum Teil unabhängig voneinander, zum Teil aber auch miteinander verzahnt abliefen.

Vom Adelsstaat zur Polis

Siedlungsarchäologie

1.2 Die Alternative: Gesellschaften im Wandel und (ethno-)genetische Prozesse

Eine gravierende Schwäche der skizzierten „Meistererzählung(en)" liegt darin, den Anfang Griechenlands als den Beginn einer in ihrem Kern stabilen Einheit – das ‚griechische Volk' bzw. dessen ‚Stämme', die ‚griechische Kultur' oder der ‚griechische Staat' – bestimmen zu wollen. An die Stelle dieses Blicks auf den Anfang muss der Versuch

Zwei unterschiedliche Perspektiven: „emisch" und „etisch"

treten, die Prozesse zu beschreiben, welche zu der Einheit hinführten, die man als „hellenisch", nicht als „griechisch" bezeichnen sollte. Hinter dieser Forderung steht eine Unterscheidung zwischen zwei Blickpunkten, durch welche die Prozesse selbst und ihre Komplexität erst hervortreten können. Es geht darum, einen Zugang zur Innensicht der historischen Akteure, der auch als „emisch" bezeichneten Perspektive zu gewinnen. In dieser ist von ‚hellenisch' und von ‚Hellenen' zu sprechen. An ihre Seite muss die Sicht von außen auf die Akteure und ihr Denken und Handeln, die „etisch" genannte Perspektive treten. Für diese sind ‚griechisch' bzw. ‚Griechen' die passenden Termini.

In der emischen Perspektive tendieren historische Akteure dazu, bei der Analyse ihres Umfelds verbindende Zusammenhänge und damit Einheitlichkeit gegenüber Trennendem zu favorisieren. In der etisch-analytischen Perspektive wird diesen oft weit geringere Bedeutung zugemessen. Stattdessen werden fehlende Abgrenzungen nach außen und innere Bruchlinien aufgedeckt. Will man Vergangenheit beschreiben, ist es daher nötig, beiden Perspektiven so gut wie möglich zu folgen. Die emische Perspektive als eine subjektive Realität von historischer Wirksamkeit ist in die Analyse einzubeziehen, gleichzeitig jedoch auch in ihrer Gültigkeit zu überprüfen.

1.2.1 Von Big Man-Gesellschaften zu Ethnos und Polis

Analogie als methodische Notwendigkeit

Die materiellen Befunde und die nur aus späterer Zeit erhaltenen schriftlichen Quellen geben keine ‚direkte' Auskunft über die Prozesse, die zu den in der archaischen Zeit ab dem 7. Jh. besser erkennbaren Formen sozio-politischer Organisation führten. Doch sie liefern einige Hinweise, die dann zu aussagekräftigen Indikatoren für die Rekonstruktion der gesellschaftlichen und politischen Verhältnisse werden können, wenn sie vor dem Hintergrund von Gesellschaften interpretiert werden, die sich nach möglichst klaren Kriterien voneinander abheben lassen. Von dieser methodischen Notwendigkeit eines solchen ‚Modells' gehen auch die oben skizzierten Meistererzählungen aus. Sie benützen aber vergleichsweise weit gefasste und daher zur Unterscheidung unterschiedlicher Gesellschaften nur wenig geeignete Kategorien wie Volk, Staat, Kultur. So besteht Einigkeit darüber, dass mit dem Kollaps der ‚mykenischen' Paläste größere politische Einheiten verschwanden.

Uneinigkeit zeigt sich jedoch darin, wie die neuen Formen soziopolitischer Organisation zu benennen sind. Es wird z. B. ohne nähere Definition von Königen gesprochen, es wird der alphabetgriechische Terminus für Anführer *basileus* im Sinn einer damit linguistisch in Verbindung gebrachten ‚mykenischen' lokalen Autorität (Linear B: *qa-si-re-u*) verwendet; es ist die Rede von Petty Chiefs oder Princes, aber auch von Big Men oder Chiefs. Die beiden letzteren Termini stammen aus Konzepten zur feineren Unterscheidung zwischen unterschiedlichen Formen sozio-politischer Organisation, die in der Ethnologie/Anthropologie herausgearbeitet wurden. Sie fanden vor allem in der Interpretation der homerischen Epen *Ilias* und *Odyssee* Anwendung, auch um die an den Begriffen wie König oder Fürst haftenden Assoziationen an das europäische Mittelalter zu vermeiden. Anthropologische Konzepte werden zunehmend auch in der Archäologie benützt und sind deswegen von besonderer Bedeutung, weil mit dem Kollaps der Paläste die Schrift bis ins 8. Jh. aus Griechenland verschwand. Somit beschäftigt sich die Archäologie mit den einzigen zeitgenössischen Quellen für diesen Zeitraum. Sie bereitet den Hintergrund auf, auf den die Vorstellungen über den Anfang Griechenlands zu beziehen sind, die in den erst ab dem 7. Jh. in dann steigender Zahl überlieferten alphabet-griechischen Quellen geäußert werden.

Typologie soziopolitischer Organisationsformen

Die in der Ethnologie beschriebenen, bis in die Gegenwart beobachtbaren Typen von Gesellschaften werden nach der Art ihrer Führungsposition benannt. Man spricht von Head Man- und Big Man-Gesellschaften, von Chiefdoms und frühen bzw. archaischen Staaten. In Head Man und einfachen Big Man-Gesellschaften dominiert die Familie als die grundlegende Organisationseinheit, besonders in nomadischen oder semi-nomadischen Gruppen. Diese ernähren sich innerhalb eines weithin offenen Territoriums über natürlich vorhandene Ressourcen (Sammeln, Jagd, Erntewirtschaft) bzw. Viehzucht (Transhumanz). Die so erwirtschafteten Erträge gelangen häufig in einen Pool, um alle Mitglieder der Gemeinschaft daraus zu versorgen. Nur aufgrund saisonal bedingter Veränderungen (z. B. Wasserverknappung) sammeln sich die einzelnen selbständigen Familien an einem günstig gelegenen Ort zur besseren Versorgung mit Nahrungsmitteln. Das bietet die Gelegenheit, durch soziale Aktivitäten die größere Gruppe zusammenzubinden; es werden die Jugendlichen in die Gemeinschaft der Erwachsenen aufgenommen (Initiationsfeiern) oder

Head Man-Gesellschaften

auch Heiraten geschlossen. Da in der Situation des saisonal notwendigen Zusammenlebens Konflikte nicht wie sonst durch räumliche Trennung vermieden bzw. gelöst werden können, besteht ein erhöhter Druck zur Kooperation. In solchen Fällen treten die als *Head Men* bezeichneten Personen in Erscheinung, indem sie Vorschläge zur Lösung der Konflikte machen. Sie erwerben sich damit zwar Respekt und Anerkennung, jedoch keinen Anspruch auf eine wie immer geartete abgehobene soziale Position.

Dorfgemeinschaften und Big Men

Ein hiervon nicht allzu weit entferntes Bild zeigen kleine Dorfgemeinschaften. In Weilern und Dörfern leben kleinere, aus Kernfamilien und erweiterten Familien sich zusammensetzende soziale Verbände. Sie definieren sich über eine häufig nur fiktive Verwandtschaft und können den Charakter von Clans annehmen. Die Bevölkerungsdichte ist gegenüber nomadischen Familiengesellschaften erhöht, weshalb der Aufwand für die Produktion der Nahrungsmittel steigt. Die Clans kontrollieren den Zugang zum Land. Die Nahrungsmittel werden durch Viehwirtschaft (Hirten) und/oder im Hackbau bzw. Gartenbau hergestellt. Für die für die tägliche Arbeit und das Zusammenleben nötige Kooperation sorgen die als *Big Man* bezeichneten Anführer. Von ihnen wird erwartet, dass sie die Clans nach innen (Reproduktion, Produktion, Problemlösung) organisieren und dass sie zur Absicherung und Stärkung der Gruppe – zumindest in Situationen der äußeren Bedrohung – Allianzen mit anderen Clans schließen. Das wesentliche Mittel zur Herstellung sozialer Bindungen sind möglichst großzügige Festmahle. Dafür müssen die Big Men selbst ein Surplus erwirtschaften, um über ein Festmahl (*Empowering Feast*) Unterstützer zur Steigerung der Nahrungsmittelproduktion zu gewinnen. Je größer diese Steigerung ausfällt, desto eher sind sie in der Lage, Allianzen mit anderen Clans auf dieselbe Weise schließen zu können. Ein wichtiges Mittel, um hier reüssieren zu können, sind aus der Ferne erworbene Güter, durch deren Zurschaustellung sich das eigene Prestige verbessert und die als besonderes Geschenk eingesetzt werden können. All das geschieht im Wettbewerb mit anderen ambitionierten Männern in den Dörfern und Clans, welche dieselbe soziale Position als Big Man anstreben. Dieser Anspruch muss sich hauptsächlich auf die persönlichen Qualitäten berufen und bleibt daher angesichts der Wettbewerbssituation immer prekär.

Hausgesellschaft

Insbesondere in der Archäologie wird inzwischen weitgehend parallel zum Big Man das Konzept der Hausgesellschaft (‚household society') verwendet. Dieses bindet direkt an die materielle Hinterlassenschaft an und erlaubt so die soziale Ausdeutung archäologisch nachweisbarer Befunde von Bauten. Das Haus wird als eine mit Absicht errichtete Struktur („compound') verstanden, als ein familiärer Mikrokosmos. Aus der Struktur des Hauses und der Relation der Häuser zueinander werden Rückschlüsse auf die soziale, die Familien umfassende Organisation gezogen. Die in den Häusern auffindbaren materiellen Güter (bes. Prestigegüter) können als Traditionsträger innerhalb des Hauses („Erbstücke') und als Indizien für die Herstellung sozialer Beziehungen interpretiert werden. Das Haus wird so zur Materialisierung der Gruppenidentität und repräsentiert die Kontinuität der sozialen Gruppe. Das Haus ist auch der Ort, an dem der Gastgeber bzw. seine Familie über Gastmähler und Geschenke soziale Beziehungen (Allianzen, Heirat) knüpft. Hier ist leicht erkennbar, dass das Konzept der Hausgesellschaft keinen Gegensatz, sondern eine methodische Erweiterung des Big Man-Konzeptes darstellt.

Big Man-Gesellschaften können auch eine deutlichere Binnengliederung aufweisen und heben sich dann von den Weiler- bzw. Dorfgesellschaften ab. Das sind klarer strukturierte Siedlungen und Siedlungsverbände, gegliedert nach größeren Clans und Subclans. Die wegen der höheren Bevölkerungszahl vergleichsweise komplexe Aufgabe der Organisation von Arbeit, der Kooperation der einzelnen Gruppen und der Kommunikation zwischen ihnen, aber auch der fallweise nötigen Verteidigung nach außen wird innerhalb der Clans bewerkstelligt. Die Anbauflächen werden permanent genützt, mit dem Pflug bearbeitet, wenn nötig auch terrassiert, bewässert oder entwässert. Der Anbau wird manchmal mit Viehhaltung oder Jagd und Fischerei kombiniert und erfordert einen hohen Arbeitseinsatz. Die dafür benötigten speziellen Arbeitsgeräte und Technologien befinden sich im Besitz bzw. in der Verfügungsgewalt der Anführer der Clans, und diese Big Men verfügen auch über das durch geplante Koordination der Arbeit möglich gewordene, vergleichsweise hohe Surplus. Sie stärken den Zusammenhalt nach innen u. a. durch die Veranstaltung von Festmahlen (*Work Feasts*) und transferieren über eine andere Art von Festmahlen (*Promotional Feasts*) die von ihren Unterstützern geleistete Arbeit in soziale Anerkennung. Sie erwerben sich Ansehen zudem durch eine aufgrund von Überzeugungskraft und Rhetorik erfolgreiche Mediation von Konflikten. Wegen der ihnen zugestandenen Privilegien können sich die Big Men zu einer Elite

Gegliederte Big Man-Gesellschaften

formieren, die bestrebt ist, den immer wieder von neuem zu bestätigenden sozialen Status möglichst gut abzusichern. Dafür dienen im Haus oder bei Festen öffentlich zur Schau gestellte Prestigegüter, die sie über weitreichende Handelspartnerschaften erworben haben.

Die Bedeutung von Verwandtschaft und Wettbewerb

Ein anderer Weg der Absicherung erfolgt über die Einbindung der eigenen Familie in Genealogien und die Demonstration der Stärke bei reich ausgestatteten Begräbnissen für Verstorbene aus der eigenen Familie. Dazu dienen auch vielfache Heiratsbeziehungen, mit denen dauerhafte Allianzen aufgebaut werden sollen. Feste an sakralen Orten, administriert durch religiöse Spezialisten, sind zur Kommunikation zwischen den Gruppen gedacht. Zwischen den Big Men herrscht intensiver Wettbewerb um die Erweiterung der eigenen Gefolgschaft durch die Gewinnung von Subclans und Einzelpersonen, die aufgrund von Konflikten aus der eigenen sozialen Gruppe ausgeschieden sind. Das latent vorhandene Wettbewerbsverhalten kann dabei in sportliche Wettbewerbe transformiert werden. Wenn die sozio-politische Kommunikation scheitert, drohen immer wieder gewaltsame Konflikte – auch das ein Feld der Bewährung für die Big Men.

Chiefdoms

Die Unterscheidung zwischen unterschiedlichen Formen von Big Man-Gesellschaften zeigt, dass die einzelnen Gesellschaftstypen nicht eindeutig abgrenzbar sind und dass es Zwischen- und Übergangsformen geben kann. Das trifft auch auf die sogenannten Chiefdoms zu. In diesen tendieren die Big Men zugeschriebenen Merkmale dazu, von persönlichen Qualitäten unabhängig zu werden. Dies hängt mit der höheren ökonomischen Absicherung der *Chiefs* und der sich daraus ergebenden persönlichen Macht zusammen. In weniger stark profilierten Chiefdoms können die einem Chief verpflichteten Anführer von Dörfern autonom agieren. Dieser Handlungsspielraum geht in ausgeprägten Chiefdoms verloren. Sie sind hier in ein organisiertes System zur Produktion eines möglichst hohen Surplus eingebunden. Der für den Anbau besonders geeignete Boden (Intensivackerbau) befindet sich in der Hand der aus dem Chief und den Sub-Chiefs gebildeten Elite aus der Verwandtschaft des Chief. Die Sub-Chiefs organisieren die wirtschaftliche Produktion. Sie verfügen über die wichtigen Produktionsmittel (Arbeitsgeräte, Bewässerungssysteme), tragen aber auch die Verantwortung für deren erfolgreichen Einsatz. Konflikte nach außen sind anders als in Big Man-Gesellschaften nicht vorwiegend vom

Bedürfnis nach Sicherheit bestimmt, sondern richten sich zudem auf die Inbesitznahme von fruchtbarem Land und die Gefangennahme der Unterlegenen. Wertvolle Güter zur Demonstration ökonomischer Potenz erhält der Chief auch durch den Fernhandel, an dem er führend beteiligt ist.

Das Surplus wird vom Chief dazu benützt, um über eine ausgefeilte Festkultur stabile Abhängigkeiten nach innen und möglichst viele Allianzen nach außen zu erzeugen. Dafür werden nach auf konkreten Fällen beruhenden Schätzungen 20–60 % der Gesamtproduktion aufgewendet. Die Bevölkerung wird mit Festmahlen (*Work Feasts*) zu zusätzlicher Arbeitsleistung motiviert; eine Steigerung der Produktion wird auch mit dem Einsatz von abhängigen Personen (Sklaven) angestrebt. In so genannten *Patron Role Feasts* übernimmt der Chief die stark formalisierte Rolle eines Gastgebers gegenüber den ihm untergeordneten Chiefs. Bei solchen Anlässen werden die asymmetrische Machtverteilung und die soziale Hierarchie z. B. durch die Verwendung von Speisegeschirr unterschiedlicher Qualität für die einzelnen Personen vorgeführt und verfestigt (*Diacritical Feasts*).

Feste als Mittel der sozialen Stabilisierung

Die offensichtlich einseitige Nutzung der Überschussproduktion zum Vorteil des Chief wird als legitim dargestellt. Der Chief lebt in einem monumental ausgestatteten (manchmal städtische Züge tragenden) Zentrum, von dem aus er alle ökonomischen, sozialen, religiös-ideologischen Abläufe steuert. Er unterbaut seinen Anspruch auf die Position durch ausgefeilte Familiengenealogien, mit denen gleichzeitig die sozialen Beziehungen festgeschrieben werden, durch die Veranstaltung luxuriöser Begräbnisse und manchmal auch durch die Vorgabe bzw. Fixierung des bäuerlichen Kalenders. Darüber hinaus ist ihm der Zugang zu den wichtigen Göttern vorbehalten; auf diesem Feld wird er von religiösen Spezialisten unterstützt. All das dient zu seiner Selbstpräsentation als *Great Provider*. Hierin liegt jedoch auch seine Schwäche: Ungeachtet der Verfestigung der sozio-politischen Struktur kann ein Chief, wenn er diesem umfassenden Anspruch nicht gerecht wird, von anderen Chiefs aus seiner Position verdrängt werden.

Strategien der Legitimierung

Chiefdoms, aber auch ausgeprägte Big Man-Gesellschaften überlappen sich in einigen Merkmalen mit einem Staat. Dies wird dann erkennbar, wenn der Staat nicht einfach über die bekannten Merkmale von Staatsvolk, Staatsterritorium und Staatsgewalt

Versuche der Definition von Staat

bestimmt wird. Diese iuridische Definition macht aus dem Begriff – angesichts des breiten Spektrums an menschlichen Gesellschaften (Stadtstaaten, Imperien, moderne Nationalstaaten), die mit dem Terminus Staat belegt werden – kein für die historische Analyse brauchbares Instrument. Die aus diesem Grund vorgenommene Suche nach konkreten Merkmalen hilft kaum aus dieser Schwierigkeit. Es werden z. B. städtische Zentren, Schrift, soziale Schichtung, stehende Armee, spezialisiertes und/oder unabhängiges Handwerk genannt oder auch eine zwei- oder mehrstufige Hierarchie von institutionalisierten Ebenen der politischen Integration. Daneben wird innerhalb der Kategorie ‚Staat' eine wenig ausgeprägte Form unter Bezeichnungen wie früher oder archaischer Staat, *Pristine* oder *Primary State* von einem ‚richtigen' oder einem *Secondary State* abgehoben.

„Staatlichkeit"   Das Problem lässt sich dann lösen, wenn der Staat als das niemals völlig gleich aussehende Ergebnis von (nicht prognostizierbaren) gesellschaftlichen Prozessen aufgefasst wird, die parallel zueinander, aber nicht im selben Tempo und in unterschiedlicher Intensität ablaufen. Die für einen Staat charakteristische in Institutionen gebündelte und von Personen unabhängige Entscheidungsmacht kann unterschiedlich ausgeprägt und in verschiedener Gestalt erscheinen. Die verschiedenen gesellschaftlichen, ökonomischen und kulturellen Felder können davon in ganz unterschiedlicher Weise und Intensität erfasst sein. Aus diesem Grund ist es sinnvoll, anstelle von Staat von Staatlichkeit zu sprechen, die in unterschiedlichem Maß vorhanden sein kann. Der Staat ist daher nicht einfach als die – linear-evolutionäre – Weiterbildung eines Chiefdoms anzusehen; er kann sich auch aus Big Man-Gesellschaften formieren. Beide Gesellschaftsformen enthalten die Voraussetzungen zur Bildung staatlicher Institutionen. Der Staat muss auch nicht monarchisch sein, sondern seine zentralen Institutionen können aus Kollektiven gebildet sein, die einer konstanten Kontrolle unterliegen. Mit einem solchen flexibel-prozessualen Staatsbegriff kann die Vielfalt historisch nachweisbarer Staaten in ihrer jeweiligen Eigenheit erfasst werden. Er kann auf die Organisation der Polis als eine nicht-monarchische politische Einheit ebenso angewandt werden wie auf die sogenannten Ethnos-Verbünde, die sich in nicht wenigen Gegenden Griechenlands neben und mit Poleis herausbildeten.

1.2.2 Ethnizität und Ethnogenese

Es ist ein nach wie vor weit verbreitetes Fehlurteil, dass das Bewusstsein ethnisch-biologischer Zusammengehörigkeit einer Gruppe etwas ‚Natürliches' sei. Diese Vorstellung ist die Folge des – sich nicht vor dem Aufkommen der Romantik am Ende des 18. Jh n. Chr. verfestigenden – Denkens, dass die Geschichte seit jeher durch ‚Völker' bestimmt worden sei. Das Denken in der Kategorie ‚Volk' hat einen klar benennbaren politischen Hintergrund. Es begann als Teil der beginnenden ‚Selbstbesinnung' des ‚Volks', präziser: des Bürgertums gegen die absolutistische Monarchie und setzte sich verwandelt fort im Aufbau der Nationalstaaten im Lauf des 19. Jh. n. Chr. Zur Begründung für die von Anfang an gegebene Existenz von Völkern wurden – angeblich in deren Anfangszeit zurückreichende – mündliche Traditionen ‚ausfindig' gemacht, die von Sängern ‚im Volk' tradiert worden seien, um schließlich in den ‚Volksgeist' repräsentierenden Epen schriftlich fixiert zu werden. Es ist bekannt, dass zum vorgeblichen Nachweis für die Gültigkeit dieser Hypothese solche Epen (z. B. Ossian, Kalevala) auch künstlich neu geschaffen wurden. Dieses Konstrukt – als historisch gegeben vorausgesetzt – steht im Hintergrund, wenn die Träger einer Sprache mit einer ethnischen Einheit, d. h. mit einem Volk gleichgesetzt und diesem spezifische kulturelle Eigenschaften wie eine ihm eigene Religion oder Kunst, aber auch ihm eigene ‚politische' Institutionen zugeschrieben werden.

Anders als in dieser historisch nicht kontrollierbaren primordialistischen Begründung für den ‚Anfang' behauptet, haben konkrete Untersuchungen ethnischen Selbstverständnisses im historischen Ablauf gezeigt, dass dieses nicht biologisch bestimmt ist, sondern in direkter Abhängigkeit zu der jeweiligen politischen Situation formuliert wurde. Von dieser hängt es ab, wer zur Gruppe gerechnet wird und welche (kulturellen, religiösen, sprachlichen, regionalen, physischen u. ä.) Charakteristika mit ihr verbunden werden. Dieses als Ethnizität bezeichnete Konstrukt bedeutet ein zu anderen Formen von Identität (wie Zugehörigkeit zur Familie, zu einer sozialen Schicht aber auch zu einem Staat) quer liegendes Gefühl von Zusammengehörigkeit. Es scheint in marginalisierten Gruppen innerhalb von Staaten zu entstehen, zudem dann, wenn Rangverhältnisse angesichts einer externen Bedrohung unter den sich dagegen zusammenschließenden Gruppen zu klären sind. Von solchen Situationen ist in der Zeit nach dem Kollaps der ‚mykenischen' Paläste bis ins 8. Jh. auszugehen, auf jeden Fall in der Zeit des eine existenzielle Bedrohung darstellenden

Romantik: Volk und „Volksgeist"

Mündliche Volkstradition

Ethnizität

Identitätskonstrukt

Angriffs der Perser am Beginn des 5. Jh. Deshalb muss an die Stelle der Feststellung von stabilen Merkmalen einer Gruppe die Suche danach treten, wie die unterschiedlichen Selbst(re)präsentationen und auf eine gemeinsame Vergangenheit und Merkmale rekurrierende Selbstdefinitionen, d. h. die Ethnizität einer Gruppe historisch zustande kamen und welchen Zwecken sie dienten. Derartige Prozesse aufzuzeigen, hilft das Konzept der Ethnogenese.

Ethnogenetische Prozesse

Ethnogenetische Prozesse werden durch eine konkrete Situation des Wandels oder der Bedrohung ausgelöst. Zur ihrer Bewältigung bildet sich aus kleineren Gruppen eine Einheit, die wegen ihres erfolgreichen Umgangs mit den Veränderungen Attraktivität ausstrahlt. Um den Zusammenhalt innerhalb der sich vergrößernden Gruppe zu sichern und die sich aus dem von ihr ausgeübten sozialen Druck zur Kooperation ergebenden Vorteile aufrecht zu erhalten, wird auf das bekannte Mittel der Genealogie zurückgegriffen.

Genealogien und Gründungsmythen

Mit flexibel gehandhabten, weitgehend fiktiven, aber nichtsdestoweniger als ‚real' ausgegebenen Genealogien kann ein alle Teile der Gruppe umfassender Vergangenheitsraum erzeugt werden, in dem ein Gründungsmythos situiert wird. In ihm wird eine manchmal auch sakrale Züge annehmende genealogische Verbindung zu einer (fiktiven) Ahnenfigur als dem (biologischen) Ursprung der Gruppe konstruiert. In der Positionierung der Teilgruppen in der Genealogie in unterschiedlicher Relation, d. h. in Nähe und Distanz zum Ahnen bilden sich die (Macht-)Beziehungen innerhalb der Gesamtgruppe ab. Welche Merkmale in der emischen Perspektive darüber hinaus zur Eigendefinition und zur Abgrenzung der Gruppe nach außen herangezogen werden, kann stark differieren. In der Regel spielen neben der (fiktiv-biologischen) Herkunft Sprache, Religion und kulturelle Verhaltensmuster eine wichtige Rolle.

Von diesem besonders für das frühe europäische Mittelalter (Germanen, Langobarden, Franken, Goten) gut belegten, darüber jedoch weit hinausreichenden Modell ausgehend ist die Frage des Anfangs von Griechenland nicht einfach mit einer Suche nach Traditionslinien aus der ‚mykenischen' Welt in die historisch-griechische des 1. Jahrtausends zu beantworten. Denn es geht nicht mehr darum die Herkunft der als solchen schon vorausgesetzten ‚Griechen' nachzuvollziehen, sondern darum zu klären, wie es dazu kam, dass sich die Menschen auf der südlichen Balkanhalbinsel als ‚Hellenen' zu fühlen begannen.

2 Der ‚Anfang' Griechenlands und die Archäologie

2.1 Ein doppelter Anfang

2.1.1 Herodot versus Mykenologie

In der Vorgeschichte der Perserkriege kam nach dem Geschichtsschreiber Herodot (1, 153) ein spartanischer Gesandter zum persischen Großkönig Kyros II. (590/80–530), um ihn davor zu warnen, Städte in Hellas anzugreifen. Kyros ließ sich von bei ihm anwesenden Hellenen beschreiben, wer die Spartaner und wie viele sie seien, und erklärte dann: „Noch niemals habe ich solche Leute gefürchtet, die mitten in ihrer Stadt (wörtlich: Polis) einen Platz haben, auf dem sie sich versammeln, Eide schwören und einander dennoch hintergehen." Herodot als der Erzähler fährt dann zur weiteren Stilisierung von Kyros als dem Begründer des persischen Großreiches fort: „Diese Worte stieß Kyros aus gegen alle Hellenen, weil diese solche Versammlungsplätze (wörtlich: Agorai) haben, wo sie einander bestechen und verraten. Die Perser selbst sind es dagegen nicht gewohnt, Agorai (respektive Versammlungen) abzuhalten und so gibt es bei ihnen überhaupt keine Agora".

Die Agora als Merkmal der Polis

Es ist hier nicht von Bedeutung, dass sich Kyros in dem Gefühl der Überlegenheit völlig irrte, weil seine Nachfolger Dareios und Xerxes in den Kriegen von 490 und 480–479 von den Hellenen besiegt wurden. Entscheidend ist, dass Herodot die offenen Plätze, die charakteristisch für die griechischen Städte (*Poleis*) der zweiten Hälfte des 1. Jahrtausends waren, als Merkmal gegen ‚die Perser' ausspielt. Oftmals waren sie an der Kreuzung von alten Wegen und sakralen Hauptachsen gelegen, in der Regel mit Altären, kleinen Heiligtümern für Heroen (*Heroa*) und kleinen Tempeln bebaut sowie häufig von Amtsgebäuden und Hallen mit Marktstuben umsäumt. Auf diesen Plätzen „mitten in der Polis" kam man aus verschiedensten Gründen zusammen: zum Güteraustausch und Handeln mit fremden Waren, aber auch zur Durchführung von Schiedsgerichten und zum gemeinsamen Feiern von religiösen Festen mit athletischen und musischen Wettkämpfen. Noch wichtiger als all dies war jedoch, dass auf diesen Plätzen die Männer der Polis zusammentraten, um Entscheidungen, die die Polis betrafen, im Einklang mit oder im Widerspruch zu ihren Anführern zu fällen und mit zu verantworten.

Funktionen der Agora

Der Anfang Griechenlands in emischer Perspektive

In der Eigensicht Herodots – ex negativo verlautbart durch die fingierte, persische Ethnizität evozierende Rede des Kyros – wurden also die Versammlungen der Männer und deren Versammlungsplätze mitten in der Polis, kurzum die Agorai, zum kennzeichnenden Merkmal ‚hellenischer' Kultur und somit zum kulturellen Marker der ‚Hellenen' gemacht. In dieser emischen Perspektive kann folglich der Anfang Griechenlands – als Beginn einer eigenen ‚hellenischen' Geschichte – nur in jenem historischen Moment begründet liegen, in dem sich die Agora als Basisprinzip der Lebensweise und der politischen Verfasstheit griechisch-sprechender Bevölkerungsgruppen herausgebildet hatte. Den Anfang Griechenlands – bzw. von ‚Hellas' – genauer zu bestimmen, hieße demnach, danach zu forschen, ab wann und weshalb es zur Zusammenlegung von zerstreuten Weilern und Dörfern zu Siedlungsgemeinschaften mit Agorai in ihrer sozio-politischen Mitte gekommen war. Dieser Prozess wird in der Forschung mehrheitlich im späten 8. und frühen 7. Jh. angesetzt und als epochale, erste architektonische Setzung der entstehenden Polis als neuer politischer Lebensform gewertet, die in den nachfolgenden Jahrhunderten der Archaik und Klassik eine urbane Ausgestaltung und Monumentalisierung erfahren hatte.

Die Außensicht der Mykenologie und bronzezeitlichen Archäologie

Ganz anders als in dieser Forschungsperspektive, die sich aus der von Herodot gezeichneten ‚hellenischen' Innensicht ergibt, stellt sich der Anfang Griechenlands aus der Außensicht der Mykenologie und der bronzezeitlichen Archäologie dar. Schon in den 1950er Jahren schien die Entzifferung der Linear-B-Schrift aufzuzeigen, dass die Paläste des 14. und 13. Jh. auf der südlichen Balkanhalbinsel nicht nur im geographischen Raum des späteren historischen Griechenland, sondern auch von griechisch-sprechenden Bauherren errichtet worden waren. Zudem hatten die Erbauer dieser Paläste, wie aus den neu entzifferten Täfelchen abgeleitet wurde, schon Götter mit Namen wie Artemis, Hermes oder Poseidon verehrt. Diese setzte man dann mit namensgleichen Gottheiten gleich, die über die Epen des 7. Jh. ihren festen Platz im Kosmos der olympischen Götter erhalten sollten. Aus dieser Namensgleichheit wurde sodann eine in die Bronzezeit zurückreichende Kontinuität in Kult und Religion abgeleitet. Man glaubte sich durch stratigraphische Abfolgen von kultischen Schichten darin bestätigt, die in zentralen Heiligtümern des historischen Griechenlands (Olympia, Samos, Kalapodi) anscheinend bis in die Bronzezeit zurückzuverfolgen waren. Siedlungskontinuitäten wie etwa in Athen kommen hinzu.

(Scheinbare) Kontinuitäten

‚Mykenische' Paläste am Beginn?

All diese (scheinbaren) Kontinuitäten, wie sie sich in der Außensicht der Mykenologie darstell(t)en, ließen es als sinnvoll erscheinen, die Geschichte Griechenlands bereits mit der Zeit der ‚mykenischen' Paläste beginnen zu lassen.

2.1.2 „Dunkle Jahrhunderte" zwischen Palästen und Agorai?

Ungeachtet all der angenommenen Kontinuitäten kann nicht übersehen werden, dass Paläste und Agorai ganz unterschiedliche Herrschafts- und Siedlungsformen verkörpern. Der Palast in der späten Bronzezeit steht für eine klare Hierarchisierung der Siedlungsstruktur und des dahinter hervortretenden Gesellschaftsgefüges, angezeigt durch eine Status determinierende Wegführung von der Unter- zur Oberstadt, von den Propyläen als rituellen Toranlagen zu immer tiefer im Herzen des Palastes gelegenen Innenhöfen, bis schließlich das ‚Megaron' mit seinem Herd- und Thronsaal im Zentrum der Oberstadt erreicht werden konnte (Abb. 1).

Der Palast als Hierarchisierungsprinzip

Dazu diametral entgegengesetzt funktioniert die Agora als architektonisches Prinzip (Abb. 2). Sie verschafft mit ihrer freien Zugänglichkeit allen Männern der Polis eine Anteilhabe am politischen Geschehen und damit an der Macht. Daraus resultieren bottom-up getragene Entscheidungen und eine Verteilung der Zentralgewalt auf mehrere oder gar viele Köpfe. So gesehen sind Agora und Palast zwar nicht gerade zwei sich gegenseitig ausschließende Herrschaftsformen oder Gesellschaftsmodelle. Aber sie weichen fraglos so stark voneinander ab, dass die häufig getroffene Annahme einer linearen Entwicklung vom Palast zur Agora keineswegs aus sich selbst heraus erklärend wäre – nicht zuletzt auch deshalb, weil zwischen dem Kollaps der Paläste um 1200 und dem Aufkommen der Agorai als kennzeichnendem Merkmal der Poleis um 700 mehr als 500 Jahre liegen.

Die Agora als Verteilung der Zentralgewalt

In dieser langen Zwischenzeit zwischen Palast und Agora kam es zu nachhaltigen Veränderungsprozessen, ausgelöst durch sozio-politische Instabilität, Bevölkerungsschwund bei gleichzeitiger Bevölkerungsverschiebung sowie durch Schriftverlust und Rückgang mittelmeerischer Kontakte. Dementsprechend wurde und wird diese Interimsphase als ein Zeitalter „Dunkler Jahrhunderte" aufgefasst, das mit der Reduktion ökonomischer Möglichkeiten und einer weniger komplexen gesellschaftlichen Organisation einherging. Die Bewertung als „Dunkle Jahrhunderte"

Die „Dunklen Jahrhunderte"

Die „Dunklen Jahrhunderte" als Rückfall in die ‚Primitivität' geht über die Feststellung dieses Sachverhalts jedoch hinaus, weil der Wandel auf der Grundlage evolutionärer und organologischer Erklärungsmodelle als Rückfall in die Kulturstufe der ‚Primitivität' beurteilt wird. In dieser Sicht wurde dieser Rückfall durch eine Invasion barbarischer (oder: ‚ursprünglicher') Bevölkerungsgruppen (wie der „Seevölker" und/oder der „Dorier") ausgelöst. Andererseits wird jedoch dieses Erklärungsmodell des Barbareneinfalls in seiner historischen Gültigkeit immer deutlicher in Frage gestellt. Zudem hellen archäologische Neufunde, wie etwa das ‚Heroon' von Lefkandi, die „Dunklen Jahrhunderte" immer stärker auf. Trotzdem ist man in der Forschung dabei geblieben, das eine Mal den Anfang Griechenlands vor die ‚dunkle' Zwischenzeit, das andere Mal an ihr Ende zu setzen.

Dieser doppelte Anfang hat zu zwei gleichzeitig vertretenen, aber einander gegenläufigen Perspektiven geführt. So wird auf der einen Seite – ausgehend von der Idee der griechischen Polis als Begründungsakt europäischer Zivilisation – nach deren Vorläufern in den „Dunklen Jahrhunderten" und in den noch früheren Jahrhunderten der Bronzezeit gesucht. Diesem Ansatz folgend glaubt man im epigraphischen Befund der Linear-B-Täfelchen Hinweise auf die Existenz der Polis in der älteren Bezeichnung „ptolis" zu finden. Folglich wird in der so gemutmaßten ‚Vor-Polis' der späten Bronzezeit eine Siedlungs- oder Organisationsform erkannt, die sich von den streng hierarchisch gegliederten Architekturen und Herrschaftssystemen der Paläste deutlich unterschieden habe. Lokalisiert werden diese „ptoleis" am Rande oder gar außerhalb des Einfluss- und Machtbereiches ‚mykenischer' Paläste. Dort hätten diese „ptoleis" als eine ältere ‚helladische' Tradition aus der Vorpalastzeit bis in die historische Zeit überdauert. Dieser Annahme liegt offenbar die Vorstellung eines griechischen Volkes (Griechen = Hellenen) zugrunde, welches durch seinen historischen (eigentlich: biologischen) Werdegang das „Helladikum" (bzw. die „hellenische" Bronzezeit) mit dem späteren „Hellas" verband und so die Wirren und Brüche während der „Dunklen Jahrhunderte" auf einer völkischen Meta-Ebene überbrückte.

Eine dazu umgekehrte Perspektive wird dagegen in Teilen der sog. Homerforschung eingenommen, wenn man versucht, das Vermächtnis der Welt der ‚mykenischen' Paläste als eine zivilisatorische Größe herauszustellen. Trotz aller Schrumpfprozesse während der „Dunklen Jahrhunderte" hätte dieses in seinem

Kern bis in die historische Zeit überlebt und dadurch Eingang in die Zeit der archaisch-klassischen Poleis gefunden. In dieser Perspektive interessieren vor allem kulturelle und handwerkliche Techniken sowie sozio-politische Einrichtungen aus der Zeit der ‚mykenischen' Paläste, die am Ende der „Dunklen Jahrhunderte" gewissermaßen eine ‚Renaissance' gefeiert hätten und so das „Homerische Zeitalter" als eine Vorstufe zur griechischen Polis hervorgebracht haben sollen. Vorausgesetzt wird dabei die Existenz eines ‚mykenisch-griechischen' Adels, der als solcher auch die „Dunklen Jahrhunderte" überstanden habe. Er sei der kulturelle Träger gewesen, der gesellschaftliche Werte und geschichtliches Wissen aus der Zeit der ‚mykenischen' Paläste über die „Dunklen Jahrhunderte" hinweg bewahrt und so bis in das „Homerische Zeitalter" (8./7. Jh.) am Leben erhalten habe.

So unterschiedlich die beiden teils gegenläufigen, teils einander ergänzenden Perspektiven zum Anfang Griechenlands auch sein mögen, beiden liegt die Vorannahme zugrunde, dass es sich bei den „Dunklen Jahrhunderten" um einen Rückfall in eine primitivere Lebensform handelt, was mit einem zivilisatorischen Rückschritt gleichzusetzen sei. Diese Prämisse stößt heute zunehmend auf Kritik und wird in ihrer historischen Validität durch ethnologische und anthropologische Forschungen immer stärker unterminiert. So konnte u.a. geltend gemacht werden, dass die Vereinfachung sozialer und kultureller Komplexität, wie sie während der „Dunklen Jahrhunderte" praktiziert worden war, eine zukunftsorientierte Strategie sein kann. Werden nämlich soziale Gruppen infolge einer sich verändernden Umwelt in ihrer gesellschaftlichen Strukturierung zu komplex, dann kann diese in ihrer sozio-ökonomischen Komplexität entsprechend reduziert und so in ihrer Reproduktion an die neuen, oftmals instabileren Umweltbedingungen angepasst werden.

Zweifellos verlief diese Vereinfachung und Anpassung der Gesellschaftsstruktur von Ort zu Ort und von Generation zu Generation unterschiedlich – mit der Konsequenz, dass die „Dunklen Jahrhunderte" nicht länger als eine gesamtgriechische Epoche begriffen werden können, sondern als ein bunter Flickenteppich heterogener und sicherlich zuweilen auch gegenläufiger Tendenzen und Entwicklungen zu sehen ist. So ist es etwa, um nur ein wichtiges Beispiel anzuführen, nach dem Ende der „Dunklen Jahrhunderte" in Teilen West-, Nord- und Mittelgriechenlands zu keiner

„Dunkle Jahrhunderte": Vereinfachung kultureller und sozialer Komplexität

Ethne und interregionale Heiligtümer

Ausbildung von urbanen Siedlungen mit Agorai gekommen – auch nicht in archaisch-klassischer Zeit. Stattdessen schlossen sich die zerstreuten Siedlungen dieser Landschaften zu regionalen Einheiten (*ethne*) zusammen. Und in deren Mittelpunkt standen keine urbanen Zentralorte, sondern interregionale Heiligtümer, die die politische Verfestigung und soziale Reproduktion dieser Einheiten als *ethne* gewährleisten sollten.

2.1.3 Die Auflösung: Siedlungsformen als Indikatoren für Gesellschaftsformen

Von Mikrogeschichten zu Synopsen

Angesichts der Regionalismen und der Heterogenitäten, welche die Prozesse gesellschaftlicher Formation und Transformation während der späten Bronze- und frühen Eisenzeit nachhaltig geprägt haben, kann eine übergreifende Darlegung der großen Zusammenhänge und Entwicklungen, die den beiden Phasen ihre je eigenen epochalen Signaturen aufgedrückt haben, kaum mehr gelingen. Eine Reaktion darauf sind archäologische Mikrogeschichten, um dem heterogenen und regionalen Charakter dieser Zeit gerecht zu werden. Erst unter Rückgriff auf Kategorien und Typen aus der Ethnologie werden sie zuweilen auf bestimmten thematischen Feldern wie „Feste", „Bestattungen", „Kriege" etc. zu dia- und synchronen Zusammenschauen gebündelt – mit dem Ziel, übergeordnete Einblicke in die kulturelle Vielfalt und soziale Komplexität der Zeit der Paläste, der „Dunklen Jahrhunderte" und der Welt der frühen Poleis zu verschaffen.

Eine diachrone Außenperspektive als Alternative

Eine geradezu gegenteilige Zielsetzung verfolgt der nachfolgende archäologische Überblick: Er soll zu einer diachronen Außenperspektive auf die südliche Balkanhalbinsel während der späten Bronze- und der frühen Eisenzeit verhelfen. So soll eine eindeutige Antwort darauf möglich werden, ob es trotz aller regionalen und zeitlichen Heterogenität dennoch so etwas wie eine kontinuierliche Entwicklung von der Bronze- zur Eisenzeit gegeben hatte, durch die ein proto-politisches oder wenigstens kulturelles Vermächtnis aus der Zeit der Paläste an die Poleis der archaisch-klassischen Zeit weitergegeben worden war. In diesem Fall gälte es den Anfang Griechenlands tatsächlich in der Bronzezeit respektive in der Zeit der Paläste anzusetzen. Kann jedoch in der archäologischen Außenperspektive keine solche Entwicklungslinie nachgezeichnet werden, dann waren die sozio-kulturellen und politischen

2 Der ‚Anfang' Griechenlands und die Archäologie — 27

Umbrüche während der „Dunklen Jahrhunderten" zu umfassend und zu tiefgreifend. Mit den Agorai und Poleis am Ende des 8. Jhs. wäre somit etwas ganz Neues aufgekommen, das sich aus der damaligen historischen Situation heraus ergeben hatte, um danach für das politische Zusammenleben während der gesamten griechischen Antike bestimmend zu bleiben. Ein solches Szenario würde freilich mit jener emischen Perspektive zusammengehen, wie sie von Herodot im angeblichen Ausspruch des persischen Großkönigs zu Beginn dieses Kapitels skizziert wurde.

Die erforderliche archäologische Außenperspektive soll durch einschlägige Fallbeispiele erarbeitet werden, die über den Fokus auf Siedlungs- und Bauformen auf spezifische Gesellschaftsformen rückschließen lassen, die während der Bronze- und frühen Eisenzeit auf der südlichen Balkanhalbinsel und in der Ägäis existiert haben. Denn wie schon anhand der beiden Konzepte „Palast" und „Agora" dargelegt, steht die Gestaltung einer Siedlung immer in einem wechselwirksamen Zusammenhang mit der Gesellschaft, welche sich hinter dieser verbirgt. Gegenstand der Betrachtung ist also in den nachfolgenden archäologischen Fallbeispielen vor allem die Struktur der Bebauung, die Gebäudetypologie und das System der Erschließung durch Wege, Straßen und Plätze. All dies strukturiert nämlich den Zugang oder Nichtzugang zu Räumen, Ressourcen, Politik oder Macht. Insofern sind für diesen Überblick auch nur Siedlungsgrabungen als Fallbeispiele von Interesse, bei denen die Struktur der Bebauung und deren Erschließungssystem schon soweit freigelegt wurden, dass Rückschlüsse auf das Siedlungsbild und auf die dahinter hervortretende Gesellschaftsstruktur möglich werden. Möchte man bei diesen interpretativen Rückschlüssen die Gefahr vermeiden, durch die Hintertür wieder auf griechisch-römische Vorstellungen und auf daraus abgeleitete ‚Meistererzählungen' zurückzugreifen, bedarf es einer von antiken Texten unabhängigen Folie. Mit deren Hilfe soll es möglich werden, die archäologisch überlieferten Siedlungs- und Gesellschaftsformen miteinander in Bezug zu setzten, ohne sich dabei – bewusst oder unbewusst – auf Paradigmen der antiken und modernen Historiographie abzustützen. Diese Art von Folie liefern die in der Ethnologie beschriebenen Typen von Gesellschaften, wie sie bereits im ersten Kapitel des Bandes als Alternative vorgestellt wurden. Sie sollen es ermöglichen, Momente epochaler Veränderungsprozesse während der Bronze- und frühen Eisenzeit nicht

Zusammenhang zwischen Gesellschafts- und Siedlungsform

Siedlungsgrabungen als Fallbeispiele

Ethnologische Gesellschaftstypen als Folie

als historische Entwicklungen, sondern als gesellschaftstypologische Dynamiken zu beschreiben, bei denen lokale Faktoren mit mittelmeerischen Verflechtungen als äußeren Katalysatoren in ein wechselwirksames Zusammenspiel getreten sind.

2.2 Bronzezeitliche Paläste

2.2.1 Kreta und die Zeit der „Neuen Paläste" (2000–1500)

„Alte Paläste" Ohne erkennbare Vorläufer entstanden in Knossos, Mallia und Phaistos um 2000 stattliche Gebäudekomplexe. Charakterisiert waren diese durch einen zentralen Hof, um den Kult-, Produktions-, Magazin- und Wohnräume gruppiert waren. Diese ausgedehnten Hof-Komplexe, die als die ersten Paläste Kretas gelten, sind in ihrer genaueren baulichen Ausgestaltung noch wenig bekannt. Lediglich in Phaistos hat sich etwas mehr von der Bausubstanz des „Alten Palastes" unter dem „Neuen Palast" erhalten (vgl. Abb. 3).

„Neue Paläste" Gegen 1800 kam es zu einer inselweiten Zerstörung der ersten Paläste. Über deren Ruinen errichtete man wie in Phaistos neue Paläste. Diese übertrafen ihre Vorgänger zwar an Größe und Ausstattung. Aber ihre Konzeption als Hof-Komplexe behielt man bei. Dabei war der zentrale Hof in aller Regel auf allen vier Seiten von teils zweigeschossigen Flügeln umgeben, in denen räumliche Flächen für kultische, repräsentative und wirtschaftliche Aktivitäten sowie zum Wohnen und Magazinieren untergebracht waren (Abb. 4). Lediglich die Größendimensionen sowie die Anordnung dieser Räume und Funktionsbereiche in der Grundrissdisposition waren von Palast zu Palast unterschiedlich.

Paläste als Umverteilungszentren So wie die „Alten" begründeten auch die „Neuen Paläste" politische und zeremonielle Zentren, welche die landwirtschaftliche und (kunst-)handwerkliche Produktion kontrollierten. Letztere setzten die Paläste zugunsten einer generösen Umverteilungs- und Geschenkpolitik ein, um so bis an die Peripherie ihres Einflussbereiches Verpflichtungen zu Gegenleistungen und sozialen Abhängigkeiten zu schaffen. Innerhalb dieses Umverteilungs- und

‚Villen' als palatiale Dependancen Geschenksystems spielten sog. Villen als palatiale Dependancen in den Städten und größeren Siedlungen des Umlandes eine zentrale Rolle. Dank dieses weitverzweigten Netzes palatialer Ordnung und Administration war vor allem zur Zeit der „Neuen Paläste" (1800–1500) eine starke Intensivierung der agrarwirtschaftlichen

Produktion möglich geworden, begleitet von der Einführung des vom Ochsen gezogenen Pfluges und der Düngung. Ferner wurde der Wein- und Olivenanbau durch umfangreiche Terrassierungen extensiviert und durch den Bau von Dämmen und Bewässerungssystemen intensiviert.

Zur administrativen Bewältigung all der hierfür erforderlichen Arbeiten, Abgaben, Lagerungen, Weitergaben und Geschenke waren neben der Verwendung des Siegels zwei Schriftsysteme entwickelt worden: zunächst eine hieroglyphische Schrift, dann die piktographische Linear A Schrift. Mithilfe der beiden Schriften ließ sich auch der Austausch und Handel mit fremden Herrschen in ‚Übersee' besser bewerkstelligen und nicht zuletzt der ägyptische und levantinische Import von Gold, Fayence-Objekten, Skarabäen, Steingefäßen etc. nach Kreta kontrollieren. Umgekehrt konnten hochwertige Erzeugnisse aus den kretischen Palästen als ‚diplomatische Geschenke' und Tauschobjekte dienen, gegen die in fernen Gegenden Rohstoffe und Prestigegüter eingehandelt wurden. Zur Optimierung dieses Fernhandels war es entlang der bekannten Schifffahrtswege gerade im östlichen Mittelmeerraum zu einer Reihe von kretischen Niederlassungen gekommen, die als Außenposten wohl ins Verwaltungssystem der Paläste eingebunden waren.

<small>Administration und Schrift</small>

<small>‚Diplomatische Geschenke' und Fernhandel</small>

Die „Neuen Paläste" waren erstaunlicherweise weder durch Mauern von der Siedlung getrennt noch durch eine natürliche oder künstliche Anhöhe über diese erhoben, wie dies etwa für Paläste in den Monarchien des Vorderen Orient typisch war. Vielmehr bildeten sie in sich gekehrte, isolierte Gebäudekomplexe mit einem großen Zentralhof als Ausgangspunkt aller Planung und späterer Binnenkommunikation. Geschlossene Außenfassaden riegelten die „Neuen Paläste" nach außen ab. Folglich öffnete sich der Palast nur jenen als beeindruckende und prunkvolle Architektur einer höheren Macht, die die relativ engen Eingänge und damit die streng regulierten Zugänge in das Palastinnere passieren konnten. Der Hof war damit nicht nur architektonisches Zentrum, sondern auch ein zentraler Schauplatz, auf dem bei zeremoniellen Groß-Events ritualisierte Wettkämpfe wie das ‚Stierspringen' stattfanden, zugleich aber auch Umverteilungsfeste in Form von Großbanketten durchgeführt wurden, bei denen über Getränke, Speisen und Mobiliar die Rangordnung unter den Bewohnern und Besuchern des Palastes festgelegt und kommuniziert wurde.

<small>Kretische Paläste als zentrale Hof-Komplexe</small>

Zerstörung der „Neuen Paläste"

Um 1550/1500 wurden die kretischen Paläste mit Ausnahme von Knossos zerstört. Ob infolge der klimatischen Veränderungen und sozialen Umwälzungen, welche die Naturkatastrophe des Vulkanausbruchs auf Thera nach sich zog, oder aufgrund einer Invasion durch die ‚Mykener', oder wegen beidem zusammen, muss noch genauer erforscht werden. Im 14. Jh. kam es schließlich auch zur Zerstörung des Palastes von Knossos. Ob infolge eines Aufstandes der Kreter gegen die festlandsgriechischen Invasoren oder wegen kriegerischer Konflikte unter den neuen ‚mykenischen' Machthabern selbst, ist noch unbekannt.

2.2.2 Burgähnliche Paläste auf dem Festland Griechenlands (1420–1190)

Paläste wie Burgen

Im Gegensatz zu den Palästen auf Kreta überragten die zeitlich jüngeren Paläste auf dem griechischen Festland wie Burgen die sie umgebenden Siedlungen. In der Argolis wurden sie sogar zusammen mit Teilen der umliegenden Siedlung (‚Unterburg') noch zusätzlich durch massive Befestigungsmauern vor feindlichen Übergriffen abgeschirmt. Außerhalb dieser ‚kyklopischen' Befestigungswerke kamen Hausbauten und teils größere architektonische Komplexe zutage, die man gerne als Hinweise auf zugehörige Unterstädte interpretiert (Abb. 1). Solche burgähnlichen Paläste des 14. und 13. Jhs. – wie sie sich in Mykene, Tiryns und Midea fanden – sind auch aus Böotien (Theben, Orchomenos) und Attika (Athen) bekannt. Noch unbefestigt war hingegen der bereits im 17. Jh. erbaute Proto-Palast (Mansion I) im Menelaion südöstlich von Sparta (Abb. 5). Dieser war in der festlandsgriechischen Tradition eines Korridorhauses angelegt, besaß aber bereits in seinem Kern einen eigenständigen Baukörper, bestehend aus einer Vorhalle mit zwei Säulen zwischen den Mauerköpfen, sowie einem Vor- und Hauptraum.

Das ‚Megaron' als Kernbau

Dieser dreifach gegliederte Kernbau avancierte dann ab dem ausgehenden 15. Jh. immer mehr zum kennzeichnenden Merkmal der festlandsgriechischen Paläste (Abb. 1). Da sein Hauptraum in aller Regel mit einer von vier Säulen umstandenen, zentralen Herdstelle ausgestattet war, verband man diesen Bautyp in der Forschung schon früh mit dem ‚Megaron', wie es in den homerischen Epen als Zentrum königlicher Residenzen beschrieben wird. Anders jedoch als in der epischen Dichtung waren die spätbronzezeitlichen ‚Megaron'-Bauten wiederholt über Korridore und Innenhöfe mit weiteren Gebäudegruppen verbunden, in denen auch Lager-, Service- und Werkräume untergebracht waren. Erst dieses Funktionieren als architektonische Gesamtkomplexe macht die Bedeutung der festlandsgriechischen Paläste als Zentren der Administration und Umverteilung des wirtschaftlichen Überschusses deutlich. Nicht zuletzt dokumentieren dies auch Tontäfelchen, auf denen in sogenannter Linear B Schrift verwaltungstechnische Informationen temporär zwischengespeichert worden waren. Dabei wurde vor allem über zwei ökonomische Transaktionen akribisch genau Buch geführt: einerseits über die Ausgaben des Palastes, in erster Linie über Rationen und die Verteilung von Rohstoffen an die Palastwerkstätten zur Weiterverarbeitung, sowie andererseits über die Inventare der in den Magazinen befindlichen palatialen Waren. Ferner wurde auf Listen auch festgehalten, wer von der Bevölkerung im Um- und Hinterland seine ökonomischen Verpflichtungen gegenüber dem Palast bereits erfüllt hatte.

<small>Zentren der Administration und Linear B Schrift</small>

Obwohl also die Linear-B-Täfelchen ausschließlich als Zwischenspeicher administrativer Belange dienten, lassen sich aus ihnen dennoch wichtige Informationen zur sozialen Architektur der festlandsgriechischen Paläste herausfiltern. So stand nach Auskunft der beschrifteten Tontäfelchen ein ‚wa-na-ka/wanax' genannter Anführer an der Spitze der palatialen Zentren. Dieser konnte eine direkte Kontrolle über das umliegende Land und die dort in Dörfern und Weilern lebenden Bauern und Handwerker ausüben oder diese indirekt über lokale Eliten kontrollieren lassen, die in sich hierarchisch gegliedert waren und entsprechend ihrer verschiedenen Funktionen in der Palastverwaltung Titel wie *lawagetas*, *heqeta*, *qa-si-re-u*, *koreter* etc. trugen. Diese in den jeweiligen Regionen vorhandenen lokalen Eliten und Titelträger waren mit dem Palast in einem symbiotischen Verhältnis verbunden, das durch vom Wanax organisierte Feste und rituelle Festmahle immer wieder von Neuem abgesichert werden musste. Vom Palast konnten auch Bauprogramme ausgehen: die Errichtung von Straßen, Drainagen und Anlagen zur Wasserversorgung.

<small>Soziale Struktur der festlandsgriechischen Paläste</small>

Beim Palast lag folglich die zentrale Machtgewalt, um das alltägliche Leben in seinem näheren und ferneren Umfeld zu organisieren und entsprechend zu regulieren. Dies widerspiegelt sich auch in seiner architektonischen Setzung, die nur einen Weg vom Umland und der ihn umgebenden Siedlung in sein Innerstes, in

<small>Palast als architektonische Setzung zentraler Macht</small>

Tiryns — das ‚Megaron' mit dem Herd- und Thronraum zulässt. Beispielhaft dafür steht die Wegführung in Tiryns am Ende des 13. Jhs.: Bereits nach dem Haupteingang zur sog. Oberburg wurde der Weg zum ‚Megaron' durch einen schmalen, entlang der äußeren Befestigungsmauer geführten Torweg stark kanalisiert (s. schwarze Pfeile auf Abb. 1). An dessen Ende weitete er sich wieder aus und führte zum äußeren Vorhof vor dem „Großen Propylon". Dieses monumentalisierte die Passage zu einem noch größeren Vorhof, der im Norden über ein zweites, kleineres Propylon mit dem Zentralhof als Versammlungsplatz vor dem „Großen Megaron" verbunden war.

Pylos — Ein derart gestaffeltes und hierarchisch abgestuftes Zugangsprinzip diktierte im 13. Jh. gleichfalls die bauliche Ausgestaltung des Palastes von Pylos – allein mit dem Unterschied, dass hier der große Vorplatz über eine verwinkelte Wegführung sowohl von Osten als auch von Westen erschlossen war (Abb. 6). Zweifellos formte und perpetuierte so gebaute Architektur eine Gesellschaft, die strikt ranghierarchisch gegliedert war. An deren Spitze standen zweifellos all jene, die Zugang zum ‚Megaron' hatten. Sie bildeten die engste Umgebung zum Herrscher und waren deshalb eingeweiht in all das, was im Zentrum der Macht, im Herdraum des ‚Megarons', geschah. Diese zum Herrscher Nächsten wohnten allem Anschein nicht im Palast, sondern residierten in stattlichen Korridorhäusern mit megaron-artigen Kernbauten in der Unterburg oder in der umliegen-

‚Kleine Paläste' im Umland — den Siedlung (Abb. 7). Wie bei den eigentlichen Palästen geht auch bei diesen ‚kleinen Palästen' die älteste Bausubstanz auf das beginnende 14. Jh. zurück, wodurch eine Gleichzeitigkeit zu Ersteren und damit ein gewisses kompetitives Element zu diesen zum Vorschein kommt. Spätestens aber im ausgehenden 13. Jh. waren diese Herrenhäuser zu Dependancen des Palastes geworden, die unmittelbar ins Redistributionssystem des Herrschers eingegliedert worden waren. Dies dokumentieren neben Prestigeobjekten aus Elfenbein und Halbedelsteinen vor allem Tonklumpen mit Linear B Zeichen, wie sie in den ‚kleinen Palästen' in Midea, Mykene und Tiryns zutage kamen.

Rangstufen: vom Kuppelgrab bis zur Erdbestattung — Höchstwahrscheinlich teilten sich die Familien dieser höchsten Rangpersonen zusammen mit der Familie des Herrschers das Privileg, ihre Angehörigen in monumentalen Kuppelgräbern (*Tholoi*) bestatten zu dürfen. Der Rangstufe jener, die noch Zugang zum Palast, aber nicht zum ‚Megaron' hatten, entsprach dagegen der diesen im Aufwand am nächsten stehende, jüngere Grabtyp gebauter Kammergräber. Jene, die gar keinen Zugang zum Palast hatten, scheinen ohne größere materielle Aufwendungen in Steinkisten oder einfachen Erdgruben zur letzten Ruhe gebettet worden zu sein. Architektur und ihre Verstetigung in Stein hat im Fall der festlandsgriechischen Machtzentren der späten Bronzezeit sowohl auf dem Feld des Wohnens und Residierens als auch auf jenem der Bestattung dauerhafte Formen und Möglichkeiten geschaffen, die Gesellschaft ranghierarchisch zu gliedern und den Herrscher als zentrale Redistributionsfigur an deren Spitze abzusichern.

2.3 Festlandsgriechische ‚Megaron'-Bauten als Herrensitze in der Nachpalastzeit

2.3.1 Kollaps der Paläste (1210–1190)

In den Dekaden vor und nach 1200 hat das ungünstige Zusammentreffen einer Reihe folgenschwerer Ereignisse zu einem zerstörerischen Domino-Effekt geführt. Es kam zu umfangreichen Bevölkerungsverschiebungen, und zentrale Ressourcen aus dem Nahen Osten wurden durch die aus ägyptischer Perspektive so bezeichneten „Seevölker" gekappt. Letztere bestanden aus vielen einzelnen Gruppen, deren Namen über die Zeit in den ägyptischen Quellen wechselten, die seit dem 14. Jh. aus dem Raum der Ägäis immer wieder Zypern und die Küsten der Levante und Ägyptens und das nähere Hinterland attackierten und plünderten. Dies führte zusammen mit den Folgen von Erdbeben, mit Seuchen und Klimawandel zu chaotischen Zuständen. Die Folge davon waren politische Instabilität und räuberische Kriegszüge – und einschneidende Einbrüche in der Umverteilungspolitik und Gabenökonomie der Paläste. Als Gegenmaßnahme ließ man massive ‚kyklopische' Verteidigungsringe um die Paläste und ihre Unterstädte anlegen sowie geheime Gänge zu unterirdischen Quellen einbauen, um wohl auch kurzfristige Einkesselungen durch gegnerische Heere überstehen zu können. All dies verweist auf eine Intensivierung des Krieges zur Aneignung von Beute, über welche die Verknappung landwirtschaftlicher Überschüsse und der Rohstoffzufuhr kompensiert werden sollte.

Domino-Effekt

‚Kyklopische' Verteidigungsringe

Offensichtlich ohne den erwünschten Erfolg: Bis auf Tiryns blieben die ‚mykenischen' Paläste und Machtzentren um 1200 zerstört am Boden liegen. Fortan gab es keine zentrale, durch schriftliche Verwaltung und militärischen Schutz abgesicherte

Ende der Paläste

Umverteilung mehr, welche zuvor die Abgaben- und Gabenökonomie der Paläste zur Reproduktion ihrer sozialen und architektonischen Textur in Gang gehalten hatte. In der Folge blieben die ehemaligen Machtzentren und ihre umliegenden Orte teils über Jahrhunderte unbesiedelt. Die Gesamtbevölkerung ging nach und nach zurück. Die landwirtschaftlichen Anbauflächen reduzierten sich immer mehr. Umfangreichere Bauprojekte waren mangels zentraler Rekrutierung und Organisation von Arbeitskräften immer schwieriger durchzuführen. Spezialisiertes Handwerk, das etwa zur Freskomalerei und Elfenbeinschnitzerei oder zur Herstellung von wertvollen Edelmetall-Gefäßen und Möbeln notwendig war, konnte immer weniger unterhalten werden.

2.3.2 Das nachpalatiale Tiryns (1200–1050)

Expansion der Siedlung nach 1200

In Tiryns kam das katastrophale Ende des Palastes überraschend. Noch kurz vor 1200 errichtete man einen mächtigen Damm, der die Unterstadt vor weiteren Überflutungen durch einen Wildbach schützen sollte. Das dadurch neugewonnene Bauland wurde jedoch erst nach der Zerstörung des Palastes bebaut. Schrumpften alle anderen Palastzentren nach ihrem Kollaps, oder wurden gar verlassen, so expandierte die Siedlung von Tiryns in der Zeit nach der Zerstörung seines Palastes bis zu einer Größe von 25 ha. In der Unterburg wurden unmittelbar nach der Katastrophe Ruinen wiederbewohnt oder in ihr neue Häuser einfacheren Typs errichtet. Schon nach wenigen Jahrzehnten wurden diese von einer dorfartigen Siedlung aus einstöckigen Häusern überbaut, die sich um mehrere kleinere Höfe gruppierten (Abb. 1).

‚Megaron'-Bauten und erweiterte Familienverbände

Dieses Schema von Gebäudegruppen, die um Höfe herum angeordnet und durch Wege miteinander verbunden waren, bestimmte auch das Wohnen in der Unterstadt der Nachpalastzeit. Offenbar hatte man im Verlauf des 12. Jh. das verdichtete Siedeln in kleineren Familien- und Nachbargruppen zugunsten eines Lebens in erweiterten Familienverbänden aufgegeben (Abb. 1). Dabei war der große Rechteckbau („Megaron W") im Südosten der Unterstadt der Sitz einer besonders mächtigen Familie (weitere derartige Bauten: Gebäude VIa, Raum 127.a.b und Raum 8/00). In ihrem Umfeld wurde weiterhin Metalle verarbeitet, aus Stein und Knochen Schmuck hergestellt, Textilien produziert und Keramik in Öfen gebrannt.

Auf der tirynthischen Oberburg wurde der zerstörte Palast mehrheitlich in seinem Zustand als Ruine belassen. Lediglich das Areal um das „Große Megaron" herum sowie den ehemals zugehörigen Vorhof und den vormaligen Zugangsweg hatte man vom Zerstörungsschutt freigeräumt (Abb. 8). Ins freigelegte „Große Megaron" wurde schließlich ein langer schmaler Antenbau hineingebaut und zwar so, dass der Thronplatz im „Großen Megaron" wiederverwendet werden konnte. Dabei wurde die Thronplattform an drei Seiten mit niedrigen Steinquadern umgeben. Der Antenbau selbst bestand aus einer Vorhalle und einem tiefen Hauptraum, der wie das „Megaron W" in der Unterstadt durch eine Reihe von Mittelstützen in zwei Raumhälften unterteilt war. Im vorgelagerten Hof wurde der palastzeitliche Rundaltar zu einem annähernd quadratischen Altar umgebaut. Die Trümmerhaufen der Mauern, die einstmals den Hof in der Palastzeit umschlossen hatten, wurden dagegen lediglich eingeebnet. Die Macht und Herrschaft generierende Umverteilungspolitik, die bei großen festlichen Events über das Opfern auf dem Altar effektvoll in Szene gesetzt wurde, war dadurch vom ehemals Innersten des Palastes, das nur dem Herrscher und den Ranghöchsten vorbehalten war, nach außen gekehrt und für alle einsehbar gemacht worden, die Zugang zur Festgemeinschaft auf dem freien Altarplatz hatten. Dementsprechend diente der nachpalastzeitliche Antenbau auch nicht mehr wie sein Vorgängerbau, das „Große Megaron", als Sitz und Residenz eines mächtigen Herrschers, sondern als ein Kult- und Versammlungshaus der neuen Oberhäupter des Ortes.

Worauf die Macht dieser neuen Oberhäupter beruhte, die ihre Residenz in der Unterburg und Unterstadt hatten, gibt noch die materielle Symbolik der Geräte, Gefäße und Waffen aus dem sog. Tirynther Schatz zu erkennen, der in unmittelbarer Nähe zum „Megaron W" gehoben wurde. Dieser enthielt neben Schmuck und religiösen Insignien aus der glorreichen Vergangenheit vor allem das nötige Equipment zur Durchführung von feierlichen Opferfesten, wie sie auf dem Altarplatz vor dem Antenbau durchgeführt worden waren: Ein eisernes Opfermesser, ferner zwei Feuerböcke, Kessel und Dreifüße zur Fleischzubereitung sowie Schüsseln, Becken, ein Becher und Kelch zum Konsum von Speisen und Getränken. Eher auf den Bereich des Krieges verweisen dagegen die beiden intentionell unbrauchbar

Nachpalatialer Antenbau als Kult- und Versammlungshaus

Neue Oberhäupter in Tiryns

gemachten Bronzeschwerter. Sie signalisieren wohl ein elitäres Schwertkriegertum, das sich im 12. und 11. Jh. ganz auf das Beutemachen und Beschaffen von schmuck- und wertvollen Objekten aus der Ferne spezialisiert hatte. Diese dingsymbolisch evozierten Bewährungsfelder erinnern an die Zeit der Paläste. Nur waren sie in der Nachpalastzeit nicht mehr von einem Herrscher monopolisiert. Auf diesen Feldern hatten sich nun die Oberhäupter mächtiger Familien als erfolgreiche Anführer zu beweisen, um Zugang zum Antenbau als Kult- und Versammlungshaus der mächtigsten Tirynther zu erhalten. Und es war wohl der jeweils zeitweilig Erfolgreichste unter ihnen, der den Vorsitz bei gemeinsamen Opferfesten und Beratungen auf dem Thron im Antenbau innehatte.

Ende der nachpalatialen Phase

Um die Mitte des 11. Jhs. endeten diese nachpalatiale Phase und Gesellschaft in Tiryns aus noch ungeklärten Gründen relativ abrupt: Der Antenbau auf der Oberburg wurde aufgelassen, die Unterburg wurde nicht mehr weiter besiedelt; die Sitte, verstorbene Angehörige außerhalb der Siedlung zu bestatten, wurde aufgegeben; an deren Stelle traten verstreute Cluster von Häusern mit jeweils eigenen Bestattungsplätzen; diese Häuser sind archäologisch fast nicht greifbar, was darauf hinweist, dass sie einst nur mehr aus organischen d. h. vergänglichen Baumaterialen bestanden hatten (Abb. 9). Kein Zweifel: Das erste Jahrhundert der beginnenden Eisenzeit (1050–900) war für Tiryns ein Jahrhundert tiefgreifender Veränderungen – nicht nur kulturell, wie etwa im Keramikstil im Wandel vom ‚mykenischen' zum ‚geometrischen' Dekor sichtbar wird, sondern auch gesellschaftlich durch eine viel stärkere Segmentierung und Fragmentierung der Tirynther Siedlungsgemeinschaft.

2.3.3 Der Golf von Euböa in der Endphase der Bronzezeit (1200–1050)

Lefkandi

Mit seiner insularen Lage an der Westküste Euböas befand sich Lefkandi schon zur Zeit der Paläste außerhalb deren Einflussbereiches. Wohl daher blieb diese Siedlung trotz ihrer Schlüsselposition und Kontrolle über den Schiffsverkehr im Golf von Euböa von den festlandsgriechischen Schwierigkeiten und Zerstörungen der Jahrzehnte um 1200 verschont. Mehr noch: Lefkandi gewann gerade in dieser Endphase der Bronzezeit an Bedeutung und baute rege Kontakte in den näheren und ferneren Ägäisraum auf. Zu jener Zeit erstreckte sich die Siedlung über die gesamte, der Küste vorgelagerte Landzunge (8–9 ha), die heute Xeropolis genannt wird (Abb. 10). Auf diesem Plateau erschlossen unregelmäßige und verwinkelte Straßenzüge Hofhäuser, die teils zweigeschossig waren. Eine doppelte, mächtige Mauer trennte die Siedlungszone von einer Zone, die für die Durchführung kultischer Handlungen reserviert war. In der Siedlung selbst lässt sich jedoch keine weitere Zonenplanung beobachten. Im Gegenteil: In ihr vorgenommene Körperbestattungen von Kindern, Jugendlichen und Erwachsenen machen ein großfamiliales Wohnen in hofartigen Clustern (Compounds) mit eigenen Grabstätten überaus wahrscheinlich.

<small>Die Siedlung in Xeropolis und großfamiliales Wohnen</small>

Unter den endbronzezeitlichen Wohnbauten der Siedlung fällt insbesondere der etwas größere Gebäudekomplex M in der Region I auf. Er setzte sich zusammen aus einem ‚Megaron' (5 m × 12 m), einem zusätzlichen Raum für die Vorratshaltung und Zubereitung von Speisen und Getränken sowie aus einem rechteckigen Annex (Abb. 11). Letzterer wurde in der ersten Nutzungsphase eher für kultische Zwecke, in der zweiten Phase dann gleichfalls für die Stapelung von Vorräten genutzt. Angesichts dieser Raumkapazitäten zur Akkumulation ökonomischen Kapitals und der megaron-artigen Struktur des Hauptgebäudes handelt es sich beim Gebäudekomplex M zweifellos um die Residenz einer reichen und mächtigen Familie. Deren herausragende Position innerhalb des Siedlungsgefüges kommt nicht zuletzt auch dadurch zum Ausdruck, dass sich die Ausrichtung ihrer Wohnstätte von den umliegenden Häusern und Gebäuden absetzte.

<small>‚Megron'-Bau M</small>

Das Siedlungsbild von Lefkandi wiederholt sich im endbronzezeitlichen Siedlungsbefund von Mitrou. Die Siedlung lag ebenfalls auf einer Landzunge (3,6 ha), am nördlichen Ende des euböischen Golfes. Zudem zeugen die erhaltenen Strukturen gleichfalls von einem Leben in mehrräumigen Rechteckhäusern (Abb. 12). Auch hier waren sie teils mit Innenhöfen ausgestattet und wurden durch geradlinig verlaufende Straßen erschlossen. Das Gebäude B nahm aufgrund seiner überragenden Größendimensionen (6 × 12 m) – wie das Gebäude M in Letkandi – eine leicht hervorgehobene Stellung im Siedlungsverband ein. Das Gebäude B diente offenbar während der letzten Jahrzehnte der Bronzezeit ebenfalls als Sitz einer herausragenden Familie.

<small>Mitrou</small>

2.4 Apsidial-Bauten, Compounds und Streusiedlungen in der Frühen Eisenzeit

2.4.1 Die Frühe Eisenzeit am Golf von Euböa (1050–850)

Lefkandi

Am Ende des 11. Jh. durchlief Lefkandi eine Phase wirtschaftlichen und demographischen Rückgangs. Dies hatte zwischenzeitlich eine deutlich ephemere und weniger dauerhafte Bauweise mit organischen Baumaterialien zur Folge. Selbst der endbronzezeitliche Gebäudekomplex M wurde einplaniert, um darauf ein neues Gebäude zu errichten, von dem sich nur noch Holzpfostenlöcher und Steinplatten (als Auflager für hölzerne Pfeiler) sowie Wandreste erhalten haben. Die Krise zog offenbar auch einen gesellschaftlichen Wandel nach sich, der zur Begründung eines neuen Gräberfeldes (Skoubris-Nekropole) außerhalb der Siedlung auf dem benachbarten Toumba-Hügel geführt hatte (Abb. 13).

Die Skoubris-Nekropole

Bezeichnenderweise enthielten die Gräber der ersten Generation keine Import- oder Prestigegüter. Erst nach 950 wurden solche den Verstorbenen wieder mit ins Grab gegeben. Offenbar konnten nach der Mitte des 10. Jh. die überseeischen Kontakte nach Zypern und an die Levante und dadurch die örtliche Prestigegüter-Ökonomie wieder belebt werden.

In dieser erneuten Phase des Aufschwungs errichtete man über dem Holzpfostenbau der ersten Hälfte des 10. Jhs. ein stattliches, 7,5 m breites Gebäude mit festgebauten Mauersockeln und einem aufgehenden Mauerwerk aus Lehmziegeln. Deutlich besser erhalten und daher in seiner Grundrissdisposition besser bekannt ist nach wie vor das sog. ‚Heroon' auf dem Toumba-Hügel, das gleichfalls um 950 errichtet worden war (Abb. 14). Dieses misst noch heute 13,5 m × 50 m und bestand aus einem Vestibül, Hauptraum und einer davon abgetrennten Apsis. Es scheint eigens zur Doppelbestattung eines überaus reichen und mächtigen Mannes und seiner Frau errichtet worden zu sein. Zumindest wurde es infolge dieser Doppelbestattung vor seiner eigentlichen Fertigstellung rituell aufgelassen und unter einem monumentalen Tumulus ‚begraben'. In der Folgezeit kam es am östlichen Fuße des über dem ‚Heroon' aufgeschütteten Grabhügels zu weiteren, reich ausgestatteten Begräbnissen. Demzufolge konnte der monumentale Apsidialbau auf dem Toumba-Hügel nicht Teil eines Weilers oder einer Streusiedlung gewesen sein. Das verleiht ihm den Charakter eines Mausoleums, das den mächtigen Apsidenbau auf dem Siedlungshügel Xeropolis nicht nur

Das ‚Heroon' auf dem Toumba-Hügel

Die Toumba-Nekropole als Begründung einer dominanten Abstammungslinie

nachbildete, sondern in der Größendimension sogar verdoppelte. Zu dieser architektonischen Setzung eines überragenden Machbarkeits- und Machtanspruches passt die rituelle Zerstörung dieses apsidialen Langhauses während des Totenfestes zu Ehren des darin Bestatteten. Daran sollte der Erdhügel, der über dem zerstörten ‚Heroon' mindestens 4 m hoch aufgeschüttet worden war, auch noch in den nachkommenden Generationen erinnern. Das bezeugen auch die Gräber, die in den nachfolgenden 125 Jahren am östlichen Kegel des Tumulus angelegt und auf die darunter befindliche Doppelbestattung ausgerichtet worden waren. Hier wurde in der beginnenden Eisenzeit ein die Generationen überdauernder Machtanspruch gesetzt, der alles Bisherige in der Siedlungsgeschichte Lefkandis übertraf. Im Gegensatz zur ausgehenden Bronzezeit gelang es der früheisenzeitlichen Bestattungs- und (teils fiktionalen) Abstammungsgruppe beim ‚Heroon' den Zugang zur lokalen Umverteilungspolitik zu monopolisieren. So sind die Dichte und Menge an Prestigegütern, Machtinsignien und Exotika, die man dort den Verstorbenen beigegeben hatte, für das Festland und die griechischen Inseln nicht nur für das 10. Jh. einmalig.

Einen grundsätzlich entsprechenden, wenngleich nicht ganz so drastischen Transformationsprozess wie Lefkandi durchlief auch die Siedlung Mitrou am Übergang von der Bronze- zur Eisenzeit. Über den teils einplanierten Ruinen der endbronzezeitlichen Siedlung mit rechtwinkligen Straßen und Gebäuden wurden freistehende Apsidialgebäude errichtet (Abb. 15). Auch über dem großen Gebäude B hatte man um 1050 ein stattliches Gebäude mit einer 4,5 m langen und 6,9 m breiten Apsis erbaut. Bei ihm handelte es sich offenbar um ein Herrenhaus. Denn die Scherben von 5 großen Krateren in der Apsis zusammen mit den vielen anderen Scherbenfunden von Trinkschalen, tiefen Schüsseln, Skyphoi, Kannen und Vorratsgefäßen übersteigen bei weitem die Bedürfnisse eines normalen Haushaltes und indizieren so einen Festgeber- und damit Umverteiler-Haushalt. Weitere apsidiale Gebäude in Mitrou sind bisher nur durch die geophysikalische Prospektion bekannt. Aber insgesamt machen sie deutlich, dass man auch in Mitrou nach dem Beginn der Eisenzeit nicht mehr wie noch wenige Jahrzehnte zuvor in rechteckigen Häusern in einem proto-urban anmutenden ‚Viertel' gewohnt hatte. Nun siedelte man in einem Weiler mit freistehenden Apsidialbauten, von denen der größte, das Gebäude A, als Sitz eines lokalen Anführers fungierte – umgeben von einem

Früheisenzeitliches Mitrou

Gräberfeld, auf dem dieser Weiler- und erweiterte Familienverband seine Angehörigen zu bestatten gepflegte.

2.4.2 Nichoria in Messenien (1050–700)

Spätbronzezeitliches Nichoria

Derselbe Übergang von einem verdichteten Wohnen in rechteckigen Häuserkonglomeraten zu einem Siedeln in Streusiedlungen und Weilern mit apsidialen Einzelraumhäusern kann für das 11. Jh. auch in Nichoria beobachtet werden, das während des 14. und 13. Jhs. noch zentraler Ableger der Palastherrschaft von Pylos im äußersten Südosten Messeniens war. Damals erstreckte sich die Siedlung noch über eine Fläche von 4 ha und war mit rechteckigen und sorgfältig gemauerten Häusern bebaut, die jeweils zwei bis drei Räume besaßen, gruppiert um einen gepflasterten Hof und erschlossen über Straßen mit teils steinernen Abwasserleitungen. Ein stattlicher Gebäudekomplex von rund 70 m² in der Unit IV-4A, der als einziger innerhalb der Siedlung eine megaron-artige Struktur aufweist, gibt wohl wie in Tiryns und Lefkandi die Residenz eines lokalen Anführers bereits zur Zeit der pylischen Herrschaft zu erkennen.

Früheisenzeitliches Nichoria

Nach der Zerstörung des Palastes in Pylos um 1200 kam es in Nichoria zu einer Siedlungsunterbrechung von rund 100 Jahren. Als man wieder begonnen hatte, über den spätbronzezeitlichen Ruinen in ortskonstanten, d. h. in festgebauten Häusern zu siedeln, lebte man jedoch wie im zeitgleichen Tiryns, Lefkandi und Mitrou in voneinander getrennten Weilern großfamilialer Verbände mit freistehenden, apsidialen Einraumhäusern. Dabei war gleichfalls in Nichoria über den Ruinen des ehemaligen bronzezeitlichen Herrenhauses ein früheisenzeitliches Zentralgebäude (8 × 15,9 m) erbaut worden (Abb. 16). Dieses war in seinem Grundriss zunächst noch rechteckig und erhielt erst in seiner zweiten Phase während des 10. Jhs. eine Apsis, wohl zur Steigerung der Hort- und Stapelkapazität des Haushalts. Symptomatisch für seine Funktion als neues Herrenhaus ist auch, dass sich um die Herdstelle seines Zentralraumes auffallend viele Scherben von Grob- und Feinkeramik fanden sowie ein runder Steinkranz, der wohl als steinerne Plattform zur Durchführung von Ritualen gedient hatte. Die herausgehobene Position dieses Haushaltes spiegelt sich ferner auch in dem Befund wider, dass nur in seiner unmittelbaren Umgebung Metallfunde zutage kamen.

Das Herrenhaus in der Unit IV-4A

2.4.3 Oropos in Nordattika (760–675)

Ein der Unit IV-4 von Nichoria entsprechender Weiler mit drei unterschiedlich großen Compounds ist ebenfalls in Oropos an der Nordost-Küste Attikas ans Tageslicht gekommen (Abb. 17). Wie schon im früheisenzeitlichen Tyrins, Lefkandi, Mitrou und Nichoria bestimmten apsidiale und kurvolineare Bauten das Aussehen der Weilersiedlung. Bisher am besten bekannt ist das großfamiliale Gehöft im „Central Quarter", das trotz seines relativ kurzen Bestehens von 760 bis 675 sieben Siedlungsphasen aufweist. Während der dritten bis fünften Phase (730–700/690) bildete das große Herdraumhaus Θ den Kern dieses Compounds. Dieses war zusammen mit dem Ovalhaus I-A, dem Rundbau ΣT und dem Rechteckanbau Z durch die Errichtung einer gemeinsamen Umfassungsmauer zu einem nach außen abgegrenzten Gehöft zusammengeführt worden. Im unmittelbaren Umfeld des Herdhauses Θ konnte ein Hortfund gehoben werden, der Gussabschläge, eisernes Werkzeug (Hackenspitzen, Messer), Waffen (vor allem Pfeilspitzen), aber auch filigranen Schmuck aus Bronze und Silber sowie Glas- und Fayence-Perlen enthielt. Wie aus diesen Funden deutlich hervorgeht, basierte die Potenz dieses Herrenhauses als Umverteiler offenbar vor allem auf der Kontrolle der Herstellung von Waffen und Geräten aus Eisen sowie auf dem Besitz von Prestigegütern. Hinzu kommt die Überwachung und Förderung der Keramikproduktion, durch welche die Verfügbarkeit von Geschirr zur Durchführung einer generösen Festpolitik sichergestellt werden sollte. Zumindest legen dies die Gebäude A, B/Γ und H nahe, die dem Gehöft des Herrenhauses Θ zugehörig und mit Töpferöfen ausgestattet waren.

Wohnen in großfamilialen Compounds

Herdraumhaus „theta" (Θ) als Herrenhaus

2.4.4 Zagora auf Andros (860–700)

Im Vergleich zu den großfamilialen Compounds und Streusiedlungen in Nichoria und Oropos muten die zeitgleichen Häuserkomplexe in Zagora auf Andros geradezu proto-urban an: Sie sind ganz aus Stein errichtet, mit Flachdächern aus Schieferplatten bedeckt und mit gestampften Lehmböden oder gar steinernen Plattenböden ausgestattet. Ferner weisen sie eine gemeinsame Orientierung auf, bestehen aus rechteckigen Räumen, haben kommunale Mauern, schaffen dadurch Gassen, teils entwässert durch Kanäle, und nutzen so in einer höchst sparenden Bauweise den Platz hinter der

Großfamiliale Häuserkonglomerate

langen Sperrmauer, die das ovale Siedlungsplateau auf einem zum Meer abfallenden Felsvorsprung vom Rest der Insel abschirmte (Abb. 18).

Auf den ersten Blick scheint in Zagora bereits im 8. Jh. bautechnologisch und siedlungsmorphologisch gegeben zu sein, was später im 7. und 6. Jh. das Siedlungsbild einer frühen Polis ausmachte. Bei genauerer Betrachtung zeigt sich allerdings, dass die Gassen in ihrer Linienführung nicht geplant waren. Sie waren nämlich durch die Fassaden der Häuserkomplexe definiert, die im Verlauf der Existenz der Siedlung durch An- und Zubauten zu immer größeren Konglomeraten angewachsen waren, wodurch die Straßen und Gassen ein immer verwinkelteres Erschließungssystem der Siedlung ergaben. Die dichte Bebauung, die sich nach Ausweis der Geophysik über die gesamte Siedlungsfläche von 6,7 ha erstreckte, resultierte demnach aus der stetigen Erweiterung von Raum- und Haushaltskomplexen, die in ihrem ursprünglichen Kern einstmals um einen freien Platz gruppiert waren, der den direkten Zugang zu den zentralen Versammlungsräumen mit Herdstellen, umlaufenden Bänken und teils darauf aufgestellten reliefierten Vorratsgefäßen genauso wie zu den einfacheren Räumen des alltäglichen, großfamilialen Lebens gewährleistete. Insofern bildeten diese Raumkomplexe gleichermaßen großfamiliale Wohneinheiten wie die ummauerten Gehöfte in Oropos. Nur waren sie in kykladischer Bautradition ganz in Stein errichtet und um freie Plätze agglutinierend zu Konglomeraten angeordnet worden, was ihnen einen proto-urbanen Anschein verleiht.

Führender Haushalt auf dem Areal D-H

In der letzten Siedlungsphase sind solche um freie Plätze angeordnete und stets erweiterte Raum- und Haushaltskomplexe in vereinzelten Fällen – wie auf dem Areal D-H – zu großen und mächtigen Wohneinheiten zusammengewachsen. So besaß der Haushalt D-H um 700 mehr als 30 Räume. Der nächstgrößere Haushalt im Areal J umfasste dagegen ‚nur' 17 Räume. Zudem war Haushalt D-H mit seinen zentralen Herd-, Versammlungs- und Stauräumen (H 19, 22 und 28) über den freien Platz H 21 zum angrenzenden Fest- und Opferplatz hin geöffnet, der zu dieser Zeit nur mit einem Altar ausgestattet war. Angesichts dieser prominenten Lage und seiner beeindruckenden Größe dürfte wohl der im Gebäudekomplex D-H residierende Haushalt der mächtigste Familienverband in Zagora gewesen sein, der die Führung über die restlichen Häuser- und Haushaltskomplexe innegehabt hatte.

2.5 Gemeinschaftsarchitektur: Hekatompedos und Agora

2.5.1 Eretria auf Euböa um 700: Anzeichen einer Agora

Wie Oropos bot auch Eretria, das im letzten Viertel des 9. Jhs. auf der gegenüberliegenden Küstenseite auf der Insel Euböa gegründet worden war, das Bild einer Streusiedlung mit Weilergehöften. Bisher sind drei solcher Gehöfte innerhalb des ummauerten Geländes der späteren klassischen Stadt bekannt; eines beim Westtor, ein zweites beim Hafenbezirk F/12 sowie ein drittes beim Heiligtum des Apollon Daphnephoros. Die drei Weiler bestanden wie in Oropos aus apsidialen und ovalen Einzelhäusern mit Mauersockeln, Lehmziegelwänden und Strohdächern (Abb. 19). Im letzten Viertel des 8. Jhs. waren sie wie in Oropos mit Umfassungsmauern umgeben worden. Das gibt ihren Charakter als relativ autarke Weilergehöfte von erweiterten Familienverbänden noch deutlicher zu erkennen. Möglicherweise bildete unter diesen Weilern jener mit dem apsidialen Herrenhaus Ed150 beim späteren archaischen Apollontempel bereits in der zweiten Hälfte des 8. Jhs. den Sitz der mächtigsten Großfamilie im eretrischen Siedlungs- und Sozialgefüge (Abb. 20). Jedenfalls wurde um 700, ca. 10 m nordöstlich des Herrenhauses Ed 150, ein 100 Fuß langes Apsiden-Gebäude (Ed2), ein sog. Hekatompedos, mit zentraler Herdstelle und Säulenreihe im Inneren errichtet. Allerdings ersetzte dieser ‚Hundertfüßer' nicht einfach den Herren- und Festgeberhaushalt Ed150, sondern war ab dem ausgehenden 8. Jh. zusammen mit diesem in Gebrauch. Zudem hatte man vor der Eingangsfront der beiden apsidialen Gebäude einen viereckigen Altar aus Steinblöcken (St12) gebaut, auf dem zahlreiche Anteile von Opfertieren verbrannt worden waren, wie entsprechende Knochenfunde aus dessen unmittelbarer Umgebung bezeugen. Im Zentrum der opferfeierlichen Redistribution stand folglich nicht mehr wie noch zuvor der Festgeber-Haushalt Ed 150, sondern der Altar St12 auf dem Festplatz, der den beiden Apsidialbauten Ed2 und Ed150 vorgelagert war.

Bei solchen opferfeierlichen und redistributiven Groß-Events diente schließlich der neue Hekatompedos Ed2 als Kult- und Versammlungshaus der Oberhäupter der umliegenden Weilergehöfte, in dem auch Wertgegenstände und Prestigegüter für wohl gemeinsame Belange thesauriert wurden. Über dieses Gremium und den Thesauros im Hekatompedos Ed2 konnten in Eretria auch weilerübergreifende Schutzmaßnahmen organisiert und bewerkstelligt

Marginalia:
- Streusiedlung mit Weilergehöften
- Herrenhaus Ed150
- Hekatompedos Ed2 als Kult- und Versammlungshaus
- Hekatompedos Ed2 als Thesauros

werden, wie etwa die Kanalisierung eines Wildbaches durch den Bau einer massiven und hohen Mauer beim späteren Westtor zum Schutz des dortigen Weilers vor weiteren Überschwemmungen.

<small>Altar- und Festplatz St12 als Zentrum einer ‚dritten' Instanz</small>

Mit dem Hektompedos erhielt dieses Gremium der eretrischen Weiler-Oberhäupter auch eine eigene bauliche Struktur, die aufgrund ihrer Monumentalität für die neu geschaffene soziale Einrichtung, die sie umhüllte, einen gewissen Anspruch auf Großartigkeit und Dauerhaftigkeit erhob. Dem Hekatompedos und der darin zusammenkommenden Gruppe von Weiler-Oberhäuptern – wohl unter dem Vorsitz des Festgeber-Haushaltes Ed150 – stand jedoch zugleich auf dem davor befindlichen Altar- und Festplatz (St12) eine zweite gesellschaftliche Form der Organisation gegenüber, deren Mitglieder sich dort bei opfergemeinschaftlichen Großanlässen und politischen Beratungen zu versammeln pflegten. Auch wenn dieser Versammlungsplatz noch keine eigene bauliche Struktur definierte, so begann sich auf ihm dennoch eine Art ‚dritter' Instanz herauszubilden, die sich aus all jenen rekrutierte, die zwar Zugang zum gemeinsamen Altar- und Festplatz im Zentrum der eretrischen Weilergemeinschaften hatten, denen aber der Sitz im Inneren des Hekatompedos verwehrt geblieben war. Religion, Redistribution und Politik waren dadurch insoweit zur ‚öffentlichen' Sache geworden, als sie nicht nur vor dem Gremium der Oberhäupter im Hekatompedos, sondern auch vor dem Kollektiv der Bewohner der eretrischen Weilersiedlungen auf dem davor liegenden Fest- und Altarplatz (St12) zu verhandeln und zu verantworten waren. Demnach war in Eretria die Agora – sowohl als politische Versammlung als auch als fest eingerichteter Versammlungsplatz – schon um 700 im Entstehen begriffen.

2.5.2 Megara Hyblaia auf Sizilien: Verstetigung der Agora (700–650)

<small>Pithekoussai und Naxos als ‚überseeische' Ableger von Weilersiedlungen</small>

Bemerkenswerterweise geben die beiden frühesten griechischen Niederlassungen in ‚Übersee' – Pithekoussai auf Ischia und Naxos auf Sizilien – weder eine Tendenz zur geplanten Siedlung noch Anzeichen zur Formierung einer Agora zu erkennen. Die eine wurde noch im zweiten, die andere im dritten Viertel des 8. Jhs. gegründet. Beide sind typische Ableger (Apoikien) ihrer Herkunftssiedlungen auf Euböa und Naxos. Wie dort hatten sich auch die Neusiedler im Westen in relativ autarken Weilergemeinschaften organisiert und in entsprechenden Compounds niedergelassen. Im Fall von Naxos sogar in unmittelbarer Nachbarschaft zu einem lokalen indigenen Weiler von Alteingesessenen. Selbst in Megara Hyblaia, das in den 730er Jahren rund 90 km südlich von Naxos gegründet worden war, lebte die erste Siedlergeneration anfänglich in Weilern auf einer sich wenige Meter über Meer erhebenden Kalksteinscholle (ca. 60 ha). Diese bestanden aus Hütten aus rein organischen Baumaterialen. Deshalb zeugen von ihrer ehemaligen Existenz lediglich noch zerstreute Gruppen von locker beieinanderliegenden Vorratssilos, die auf dem Nordplateau der Scholle bis zu 2,7 m in den anstehenden Felsen getrieben worden waren (vgl. Abb. 21).

<small>Megara Hyblaia als Streusiedlung</small>

Die Überreste des Erdwalls und des Weilers im Nordwesten des späteren Siedlungsplateaus entstammen dagegen der Steinzeit, waren aber bei der Ankunft der Griechen noch in Konturen sichtbar. Offenbar nahm diese neolithische Stätte bei der Niederlassung der griechischen Neuankömmlinge an diesem Ort eine besondere, sozio-religiöse Funktion ein, da sie noch im späteren 8. Jh. kultische Verehrung erfahren und den Ausgangspunkt für das spätere Haupttheiligtum der Apoikie gebildet hatte (Abb. 22).

<small>Steinzeitliche Überreste als Ausgangspunkt für das Haupttheiligtum</small>

Um 700 gaben die Neusiedler von Megara Hyblaia ihre Weiler auf, um fortan in einer Siedlung zu leben, die durch ein Straßenraster und durch einen Verteidigungswall nach unterschiedlichen funktionalen Bereichen (Haupttheiligtum, zentraler Versammlungsplatz, Wohnbereiche und extramurale Bestattungsfelder) durchstrukturiert war. Bei der Planung und Umsetzung des hierfür erforderlichen Straßenrasters als Gliederungs- und Erschließungsprinzip ging man schrittweise vor. In einem ersten Schritt nahm man die Ruinen des steinzeitlichen Weilers, der zum zentralen Kultort der Neusiedler geworden war, zum sakraltopographischen Ausgangspunkt der neuen Straßen- und Siedlungsplanung. An der südlichen Peripherie des neolithischen Erdwalles wurde die künftige, von West nach Ost verlaufende Hauptstraße A so angelegt, dass sie im nordöstlichen Bereich des Plateaus die Nordbegrenzung der Agora als neuen zentralen Versammlungsplatz der Siedlung fixierte. Dabei war die Nordostecke der neuen Agora durch die ehemalige Lage eines Weilers der ersten Siedlergeneration bestimmt worden, wie die dort vorgefundene Gruppe von ‚Silos' bezeugt. Aus welchen Gründen bzw. Überlegungen heraus die Nordsüd-Straße D1, welche die Hauptstraße A schneidet, mit der Nordsüd-Straße C1 am nordöstlichen Rand der Siedlung in einem spitzen Winkel zusam-

<small>Neue Plansiedlung</small>

<small>Straßenraster als Gliederungs- und Erschließungsprinzip</small>

menläuft, ist noch nicht geklärt. Jedenfalls wurde Letztere (C1) gleichfalls an einem früheren Weiler der Neusiedler als Fixpunkt vorbeigeführt. Dieser legte zugleich die Südwestecke eines unregelmäßigen Trapezes (120 m auf 130 m) fest, das durch die Ostwest-Straße B als Südbegrenzung, durch die beiden Nordsüd-Straßen C1 und D1 als West- und Ostbegrenzungen sowie durch die Hauptstraße A als Nordbegrenzung gebildet worden war. In einem weiteren Schritt hatte man dieses neue, trapezförmige Siedlungszentrum durch das Anlegen einer Mittelsenkrechten auf der Nordsüd-Straße D1 halbiert. Die südliche Hälfte wurde für Wohnbauten parzelliert, während die nördliche Hälfte den künftigen Freiplatz für die Agora mit ihren späteren kultischen und politischen Einrichtungen definierte.

Die Agora als zentraler Versammlungsplatz

Die Agora als „Versammlungsplatz der Männer" inmitten einer Siedlungsgemeinschaft war mit der Neuplanung der Apoikie von Megara Hyblaia um 700 erstmals in der Geschichte griechischsprechender Bevölkerungsgruppen systematisch konzipiert und siedlungsgestalterisch umgesetzt worden. Möglicherweise spielten dabei eigentümliche Steinkreise von 2 bis 3 m Durchmesser als praktische Hilfsmittel eine wichtige Rolle. Sie wurden auf der Insula 3 auf eingeebnetem Baugrund errichtet, mit Abfällen von Kultmählern verfüllt und mit einer Lage von Steinen versiegelt. Sie datieren ans Ende des 8. Jh., wurden aber von Mauerstrukturen der ersten Häuser überbaut. Ferner bestimmten zwei von ihnen auf der Insula 3 die Mittellinie, durch welche die Insula in zwei streifenartige Hälften unterteilt worden war. Der dritte Steinkreis scheint dagegen die Westbegrenzung der Insula 3 festzulegen.

Unregelmäßigkeiten beim Vermessen und Umsetzen der Plansiedlung

Einige Unregelmäßigkeiten beim Vermessen und Umsetzen des Straßen- und Siedlungsrasters im Gelände verraten, dass die Siedler von Megara Hyblaia mit der Neuplanung ihrer Apoikie um 700 als einer Plansiedlung regelrechtes Neuland betreten hatten (Abb. 2). So war man offensichtlich noch nicht imstande, über längere Distanzen – quer durch die neugeplante Siedlung – parallele Straßenzüge auszustecken, wie die beiden Hauptstraßen A und B belegen. Denn der Abstand zwischen ihnen verschmälert sich von West nach Ost von 180 m auf 110 m, ohne dass es dafür topographische Zwänge gäbe. Ferner sind die nordsüdlich verlaufenden Querstraßen zu diesen beiden Hauptstraßen sowie die zugehörigen Streifen für Wohnparzellen (*insulae*) unterschiedlich breit. Überhaupt ist kaum ein Winkel im Straßensystem rechtwinklig. Zweifellos gibt all dies mangelnde Erfahrung im Vermessungswesen zu erkennen – oder positiv formuliert: eine gewisse Experimentierfreudigkeit. Letzteres bezeugen insbesondere auch die beiden unterschiedlichen Lösungsansätze, die man zur Parzellierung der *insulae* östlich der Agora verfolgt hatte. Im einen Fall kam es zu trapeziodalen Grundstücken, im anderen zu mehrheitlich rechtwinkligen (Abb. 2).

Im Zentrum dieses siedlungsgestalterischen Experiments der zweiten Siedlergeneration von Megara Hyblaia stand zweifellos das Konzept der Agora als eines freien Platzes, der als Zentrum siedlungsgemeinschaftlicher Begegnung und Kommunikation fungieren sollte. Dementsprechend führten auch alle Wege und Straßen, direkt oder indirekt, zur Agora hin. Sie schufen damit ein wechselwirksames System von Zugängen und Verbindungen, die innerhalb der Siedlungsgemeinschaft für alle Wohnparzellen den Anschluss an die Umverteilung, Kommunikation und Politik auf der Agora gewährleisteten. Wie ausschließlich Agora-zentriert das Straßensystem im Fall von Megara Hyblaia war, spiegelt sich vor allem in der Tatsache, dass die Hauptstraße A gar nicht und die Hauptstraße B nur sehr beschränkt mit einem Tor im Befestigungswall der neuen Siedlungsanlage korrespondierte (Abb. 2). Eine direkte Verbindung der Agora mit der Welt außerhalb der Siedlung war in Megara Hyblaia um 700 offenbar noch kein Thema. Vielmehr war alles fokussiert auf die Anteilhabe aller Siedler an der Agora als neuem Basisprinzip der sozialen Organisation. Und die auf die Agora hinzielende Straßenführung war der Versuch, dieses neue Organisations- und Gemeinschaftsprinzips im Siedlungskörper von Megara Hyblaia für die kommenden Generationen festzuschreiben und zu verstetigen.

Die Agora als Basisprinzip der sozialen Organisation

Durch diese fest gebaute und über Generationen andauernde Siedlungsgestaltung mit der Agora im Zentrum, die nach der Neuplanung Megara Hyblaias relativ rasch für immer mehr griechische Siedlungsplanungen bestimmend geworden war, wurde jene ‚dritte' Instanz zunehmend institutionalisiert, die sich auch im ausgehenden 8. Jh. auf dem Altar- und Festplatz vor dem Hekatompedos Ed2 in Eretria zu formieren begonnen hatte (Abb. 20). Denn mit der Agora als von überall her erschlossenem, fest eingerichtetem Versammlungsplatz hatte diese ‚dritte' Instanz ihre adäquate baukörperliche Ausformung und Habitualisierung inmitten des Siedlungs- und Gemeinschaftsgefüges erfahren. Und Zugang zu dieser ‚dritten' Instanz hatten im Falle von Megara

Agora als ‚dritte' Instanz

Hyblaia alle Siedler und Grundstückseigner mit Straßenanschluss. Sie alle zusammen bildeten die Agora, die Versammlung der Siedler und Bürger auf der Agora als Versammlungsplatz. Und sie begründeten damit eine familienübergreifende, siedlungsgemeinschaftliche Institution, die sich den partikulären Machtinteressen und Kräften der Anführer mächtiger Familien- und Gefolgschaftsverbände kontrollierend und ausgleichend in den Weg stellte. Die Agora – als Versammlung wie als Platz – band auf diese Weise lokale Anführer in ein auf Heterarchie zielendes Machtgefüge ein, das soziale Spitzenpositionen nur mehr im Rotationssystem zuließ und so Alleinherrschaft zu unterbinden versuchte. Dazu wurden auch im 7. und 6. Jh. entsprechende Erlasse in Stein gemeißelt und wiederholt in Bauten am Rand der Agorai ‚öffentlich' aufgestellt.

2.5.3 Azoria auf Kreta: Polisgesellschaft ohne Agora

Rituelle Auflassung der früheren Siedlung

Die Siedlung Azoria auf Kreta bekrönt einen Hügel (365 m ü. M.) am Fuß des Dikti-Gebirges. Von ihm aus überblickt man den Golf von Mirabello und die heute noch sehr fruchtbare Ebene von Kavousi. Im späteren 7. Jh. wurde auf diesem eine ältere Höhensiedlung mit Herrenhaus-Komplex, Herdtempel und Tholosgrab aufgelassen, rituell zerstört und unter Verfüllungen und Schüttungen mit Kiesel und Feldsteinen ‚bestattet'. Offensichtlich wurde dadurch nicht nur Platz für eine neue Siedlung, sondern auch für eine neue Ordnung geschaffen. Dabei blieb aber die eigene Geschichte der Höhensiedlung ein zentraler identitärer Bezugspunkt, wie das obertägige Sichtbar-Belassen eines spätbronzezeitlichen Bankheiligtums und das Hantieren mit Erbstücken und Altstücken aus den spätbronzezeitlichen und früheisenzeitlichen Siedlungsschichten in rituellen Kontexten bezeugt.

Neugründung der Siedlung

Bei der Neugründung der Siedlung in Azoria wurde westlich und südlich der Hügelspitze eine ‚öffentliche' Zone eingerichtet, die von stattlichen Wohngebäuden umgeben war (Abb. 23). Doch vor dem Bau der ersten Häuser und ‚öffentlichen' Gebäude zwang die vorgegebene Siedlungstopographie zu einer ersten vorbereitenden Baumaßnahme, hinter der wohl so etwas wie eine siedlungsgemeinschaftliche Planung sichtbar wird. Entlang der Höhenlinien mussten nämlich zuerst überall dort quer zum Hang mächtige und lange Stütz- und Terrassierungsmauern angelegt werden, wo es galt, das nötige Baugelände zu schaffen, um in einer zweiten Etappe dann die geplanten Gebäudekomplexe und die sie verbindenden Straßen und

Rampen errichten zu können (Abb. 24). Auf den neu entstandenen Bauplätzen kam am Südhang das Hauptheiligtum der Siedlung in Gestalt eines mehrräumigen Kultgebäudes zu liegen. Nordwestlich von diesem wurde das „Communal Dining Building" erbaut, verteilt über zwei künstlich angelegte Terrassen. Neben Küchen für die Zubereitung von Speisen und Getränken sowie Vorratsräumen zur kurzzeitigen Lagerung von Nahrungsmitteln besaß dieser stattliche Gebäudekomplex mindestens vier Banketthallen von 27 bis 30 m², die jeweils etwa 25–30 Personen Platz boten. In diesen Banketthallen fanden sich neben Resten von Mahlzeiten und beachtlichen Mengen von Keramik auch Gegenstände aus Bronze, unter anderem Waffen. Dies erinnert unmittelbar an das „große Haus", an dessen Wänden Waffen aufgehängt waren, von dem in einem Gedicht (fr. 54 D/140 V) des Alkaios von Lesbos um 600 die Rede ist. Es diente mit großer Wahrscheinlichkeit als Club- und Bankethaus seiner Hetairie.

„Comunal Dining Building"

Auf einer weiteren, unter dem „Communal Dining Building" liegenden Terrasse errichtete man dagegen das „Monumental Civic Building" mit einer fast siebenmal so großen, überdachten Banketthalle von 200 m², die mit einer auf drei Seiten umlaufenden Sitzbank aus Stein ausgestattet war. An diese angebaut und mit ihr verbunden war ein zweiräumiger Gebäudekomplex mit Küche und Herdschrein. Möglicherweise gleichfalls zugehörig zu dieser großen Banketthalle war das unmittelbar südlich von dieser gelegene „Service Building", das Räume zur Kurzzeitlagerung und Nahrungsmittelzubereitung beherbergte. Auf der untersten Terrasse des Westhanges baute man dagegen einen mindestens achträumigen Gebäudekomplex, das sog. „West Building". Darin wurden später noch im frühen 5. Jh. unverarbeitete, landwirtschaftliche Erzeugnisse wie Trauben, Oliven, Mandeln, Hülsenfrüchte und Getreide eingelagert und zwar in einem Volumen von mindestens 31.000 Liter, wie aus den Scherbenfunden der dort vorgefundenen Vorratsgefäßen errechnet werden kann. Als Vergleich dazu fanden sich in den Vorratsräumen der umliegenden Wohnbaukomplexe Überreste von Pithoi mit einem Fassungsvermögen von 6.000 bis 8.000 Liter. Dadurch wird evident, dass im „West Building" ein siedlungsgemeinschaftlich erwirtschaftetes Surplus, das der landwirtschaftliche Anbau in der Ebene von Kavousi ergab, auf längere Zeit zwischengelagert wurde, bevor man es von dort aus zur Zubereitung ins „Service Building" brachte und in der Bankethalle des „Monumental Civic Building" umverteilte.

„Monumental Civic Building"

„Service Building"

„West Building"

In den schon angesprochenen Vorratsräumen der stattlichen Wohnbauten von Azoria wurde dagegen wohl die agrarische Überschusswirtschaft einzelner Abstammungsgruppen der Siedlung gesammelt und gestapelt. Es handelt sich bei ihnen offenbar um die Residenzen ihrer Anführer. Der Rest der Abstammungsgruppe lebte indes in der Ebene auf den Feldern, wo sie auch arbeiteten. Auf Basis dieses Surplus richteten dann die Anführer in den Clubhäusern und Banketthallen ihrer Abstammungsgruppen, die im Komplex des „Communal Building" untergebracht waren, Speisungen und Umverteilungsfeste aus.

Das „Monumental Civic Building" als Äquivalent zur Agora

Diesen abstammungsgemeinschaftlichen Banketthallen als zentrifugalen Segmenten der neu gegründeten Siedlungsgemeinschaft stand in Azoria die große Versammlungs- und Speisehalle des Monumental Civic Building gegenüber. Mit Platz für rund 200 Leute konnte in ihr eine Bürgerschaft der Größe zusammentreten, wie sie etwa auch für die kretische Kleinpolis und Höhensiedlung Dreros zu erschließen ist. Mit der Neuplanung und Neuorganisation der Siedlung in Azoria ist es demnach zur Entwicklung und Umsetzung eines neuen Bautyps gekommen, dessen Funktion offenbar allein darin bestand, der versammelten Bürgerschaft im politischen Zentrum der Siedlung eine fest gebaute, architektonische Hülle zu verleihen. Dieser Bau machte die Bürgerversammlung in Azoria gleichermaßen zu einer physischen Begebenheit wie zu einer politischen Institution, die bis zur Auflassung der Siedlung im frühen 5. Jh. einen festen Bestandteil innerhalb der räumlichen und gesellschaftlichen Organisation dieser kretischen Siedlungsgemeinschaft bildete. Insofern stellt die große Banketthalle des Monumental Civic Building das Äquivalent in einer Höhensiedlung zur Agora einer Flächensiedlung wie Megara Hyblaia dar. Folglich ist es in erster Linie die topographische Lage der Siedlung auf einer Hügelspitze sowie die daraus resultierende Kleinheit der zugehörigen Bürgergemeinschaft die bei der Neugründung Azoria's zu dieser Alternative einer Polisgesellschaft ohne Agora geführt hatte.

2.5.4 Hekatompedoi und Ethne: ‚regionale Agorai' und (k)ein dritter Anfang

Ethne als Alternative

Um alle Möglichkeiten zu erfassen, wie Hellenen zusammenlebten, nannte Herodot die Ethne als Alternative zur Agora und zur Polis (5, 2; 7, 8; 8, 108). In diesen Ethne, die sich parallel zu den frühen

Poleis formiert hatten, schlossen sich vor allem in Landschaften des festlandsgriechischen Binnenlandes (Arkananien, Arkadien, Aitolien, Achaia, Thessalien, Boiotien etc.) kleinräumige Abstammungsgruppen zu größeren Einheiten zusammen. In deren Zentren standen im Gegensatz zur Polis keine zu Zentralorten verdichtete Siedlungen, sondern Heiligtümer. Beispielhaft dafür ist das Apollon-Heiligtum in Thermos. Dieses liegt in der Ebene nördlich des Trichonischen Sees in Aitolien und war schon in der Bronzezeit ein wichtiger Kreuzungspunkt von Wegen durch das nähere und fernere Westgriechenland. Als die jeweils einen eigenen Namen tragenden Kleinregionen Aitoliens und einige andere in Mittel- und Nordgriechenland 367 den „Aitolischen Bund" gründeten, wurde Thermos zum kultischen und politischen Zentrum dieser neuen politischen Organisationsform (*koinon*) erhoben. Ab diesem Zeitpunkt fanden dort die alljährlichen Versammlungen des Bundes statt, in denen gemeinsame politische Belange verhandelt, Archonten (hohe Amtsträger) gewählt und athletische Wettkämpfe durchgeführt wurden.

<small>Thermos als kultisches und politisches Zentrum</small>

Dieser zentralen politischen Bedeutung des Apollonheiligtums in Thermos entspricht im 3. Jh. der Bau einer mächtigen Mauer um den sakralen Bezirk (*temenos*) mit rechteckigen und runden Türmen. Diese umschloss ein Areal von 6,8 ha, das mit drei monumentalen, langen Hallen, einem Bouleuterion (Rathaus), einem Brunnenhaus und einem Ringhallentempel dorischer Ordnung ausgestattet war (Abb. 25). Dabei geht der Tempel in seinem Kern, bestehend aus einem länglichen, schmalen Bau, auf das letzte Drittel des 7. Jh. zurück. Die Ringhalle wurde dagegen zur Steigerung seiner monumentalen Wirkung erst im 5 Jh. oder noch später angebaut. Der längliche Kernbau ist 100 Fuß respektive 32 m lang, durch eine Mittelreihe von Holzsäulen auf Steinplatten in zwei Hälften geteilt und wies bereits ein Tonziegeldach auf.

<small>Apollonheiligtum in Thermos</small>

Solche ‚Hundertfüßer' (bzw. Hekatompedoi), wie sie auch aus Siedlungen mit Agora bekannt sind, finden sind auch in anderen (über)regionalen Heiligtümern, die im Verlauf des 8. bis 6. Jh. außerhalb der neu gegründeten Siedlungs- und Polisgemeinschaften als interregionale Begegnungs- und Kommunikationsstätten eingerichtet worden waren (Ano Mazaraki: nahe Rakita, Isthmia: Poseidonheiligtum, Kalapodi, Naxos: Iria, Metropolis: nahe Volos, sowie Samos: Heraion). Diese Hekatompedoi waren

<small>Heiligtümer mit Hekatompedoi als interregionale Zentren</small>

Hekatompedoi als „Männerhäuser"

in aller Regel multifunktional. Neben der sicheren Verwahrung von Weihgeschenken konnten sie auch der Unterbringung eines Kultbildes dienen. Allerdings verhinderte eine innere Säulenstellung bei den meisten dieser Hekatompedoi den Blick auf ein allfälliges Kultbild. Ihre Konzeptualisierung als reine Kultbildschreine wie im Fall der späteren Tempel ist daher wenig wahrscheinlich. Dagegen sprechen auch die Herdstellen im Zentrum ihres Hauptraumes, umgeben von einer umlaufenden Sitzbank. Derartige Sitzbänke machen zusammen mit keramischen und knöchernen Abfällen von Banketten aus den Laufhorizonten einen Gebrauch der Hekatompedoi als „Männerhäuser" viel wahrscheinlicher. Diese boten 60 bis 80 lokalen und regionalen Sippen-Oberhäuptern Platz, um sich darin im Rahmen von gemeinsamen Kulten und Festmählern zu versammeln – nicht zuletzt um dabei auch über regionale Kooperationen zur Sicherung des täglichen Lebens zu beraten: etwa in Hinblick auf Transhumanz, gemeinsam betriebene Entwässerungsanlagen, den Bau und die Erhaltung von Verkehrswegen über die Grenzen unterschiedlicher Gemeinschaften hinweg und den Austausch von Waren und Rohstoffen. Um die dazu nötigen Übereinkünfte und Kompromisse zu erzielen, brauchte es jedoch ein bestimmtes Mindestmass an regionaler Zusammengehörigkeit und gemeinsamer Identität. Und dieses Mindestmaß an Gemeinsamkeit wurde in erster Linie bei den großen Zusammenkünften und Festen erzeugt, die in den (über)regionalen Heiligtümern mit ihren hekatompedos-artigen Versammlungshäusern in gemeinsamen festkalendarischen Zyklen stattgefunden hatten.

Hekatompedos in Thermos

Dementsprechend avancierte das Apollonheiligtum in Thermos bereits vor der Gründung des „Aitolischen Bundes" zu einem kultischen und politischen Zentrum überregionaler Reichweite unter den lokal-regionalen Einheiten West-, Mittel- und Nordgriechenlands. Von dieser vorhergehenden Bedeutung des Apollonheiligtums berichtet der bereits 620 erbaute Hekatompedos. Mit seiner tönernen Ziegelbedachung und den mit mythischen Szenen farbig bemalten Metopen aus Ton muss er überaus beeindruckend gewesen sein. Als solcher beherbergte er die regionalen Zusammenkünfte der herausragenden Anführer der verschiedenen lokalen und regionalen Einheiten des näheren und ferneren Umlandes zu gemeinsamen Opferfesten und Beratungen. Doch möglicherweise hatte das Heiligtum des Apollon Thermios schon vor der Errichtung des Hekatompedos eine derartige Funktion (über)regionaler Begegnung und Kommunikation inne. Denn es war bereits im späten 8. Jh. begründet worden und zwar auf den Ruinen einer bronze- und früheisenzeitlichen Siedlung, die am Beginn des 8. Jh. zerstört worden war (Abb. 26). Von diesen frühen Siedlungsresten hatte man nur gerade den Rückraum des „Megaron B", das einstmals als Residenz eines lokalen Anführers fungierte, wieder aufgebaut und neu als einen freistehenden Kultbau benutzt. Den Rest der Siedlungstrümmer versiegelte man bei der Einrichtung des Heiligtums mit einer festgestampften lehmigen Erdmasse. In unmittelbarer Nähe zum neuen Kultbau entstand ein Aschealtar, umgeben von einer schwarzen Schicht, die zahlreiche Abfälle von Opferfesten enthielt. Zu Beginn des 7. Jh. wurde schließlich der Aschealtar zusammen mit dem wiedererrichteten Rückraum des „Megaron B" in einer eliptischen Form von 18 Steinplatten eingefasst, auf denen einst kleine Steinmale oder Holzsäulen standen.

Transformation des „Megaron B" zum neuen Kultbau

Rückblickend kann es also an der Transformation der Ruinen einer spätbronze- und früheisenzeitlichen Siedlung in Thermos zu einem Heiligtum des Apollon Thermios keinen Zweifel geben. Bezeichnenderweise kam es mit der Begründung des Heiligtums in seiner näheren und ferneren Umgebung zu keiner neuen Siedlungstätigkeit mehr. Im Apollonheiligtum wurden dagegen ab dem späten 8. Jh. Votive in großer Zahl deponiert. Die Herkunft der Votive aus verschiedenen Regionen belegt ein offenbar von Beginn an überregionales Einzugsgebiet für dieses Heiligtum. Insofern stellt das am Ende der ‚Dunklen Jahrhunderte' begründete Apollonheiligtum in Thermos einen dritten Anfang jenseits der Paläste und Poleis dar. Dieser dritte Anfang resultierte vor allem aus der Topographie und Ökologie eines bergigen Binnenlandes. Diese machte eine soziale Organisation in Abstammungsgruppen und eine agro-pastorale Subsistenzweise in zerstreuten Weilerverbänden zur attraktiveren Option als ein Leben in Poleis mit monumental ausgestalteten Siedlungszentren, wie es parallel dazu für die Küstenebenen charakteristisch war. Folglich standen in ihrer politischen Mitte auch keine baulich ausgestalteten Agorai, sondern überregionale Heiligtümer mit Hekatompedoi. In ihnen stellten gemeinsame Kulte und Feste den sozialen Kitt zwischen den einzelnen Teilgruppen her und begründeten eine übergeordnete, abstammungsgemeinschaftliche Identität als Ethnos.

Thermos als überregionales Heiligtum

2.6 Der Wandel im Kontext

2.6.1 Mittelmeerische Verflechtungen als Indikatoren für Herrschaft und Gesellschaft

Kretische Paläste und Ägypten

Ohne intensive Kontakte und Wissenstransfers in den und mit dem nahöstlichen und ägyptischen Raum hätten die Herrscher auf Kreta zu Beginn des 2. Jahrtausends ihrem Machtanspruch nicht die nötige monumentale Geltung verschaffen können. Denn das Know-How, wie man quaderförmige Blöcke aus Sandsteinlagern bricht, ihnen zudem mit bronzenen Steinsägen einen feinen Zuschnitt verleiht und sie danach Fuge an Fuge zum isodomen Mauerwerk als Fassade ihrer Paläste verbauen kann, stammte zweifellos aus Ägypten, vermittelt über Spezialisten auf Kreta. Entsprechendes lässt sich für die ‚mykenischen' Zentren des 14. und 13. Jh. beobachten. Nur sind es diesmal hethitische Bauspezialisten, die dort zu einer schnellen und monumentalen Bauweise mit in Holz gerahmten Baumodulen angeleitet hatten. Im Gegenzug sandten die kretischen und festlandsgriechischen Palastherren ihre eigenen Spezialisten zu ihren Fernpartnern in Ägypten und im Vorderen Orient. Dies bezeugen beispielsweise die ‚knossischen' Freskenmalereien in Tell el-Dab'a (Ägypten), Tel Kabri (Israel), Qatra (Syrien) und Alalach (Türkei). Die hierzu nötigen Rahmenabkommen, um den Austausch eines solchen Spezialistentums zu ermöglichen, basierten auf diplomatischen Beziehungen und gastfreundschaftlichen Kontakten. Entlang der Linien solch persönlicher Verbindungen verlief auch die Beschaffung exotischer Prestigegüter und exklusiver Rohstoffe, die man zur eigenen Produktion von Luxusgütern benötigte. So gelangten kretische und festlandsgriechische Erzeugnisse (etwa tönerne und edelmetallene Gefäße) als begehrte Ware in den Vorderen Orient und nach Ägypten sowie umgekehrt sog. Aegyptiaca und Orientalia in die Ägäis und auf die südliche Balkanhalbinsel.

‚Mykenische' Paläste, Anatolien, Vorderer Orient und Ägypten

Geschenkdiplomatie, Prestigegüterökonomie und Rangordnung

Über Geschenkdiplomatie mit fremden Herrschern und eine gekonnt eingesetzte Prestigegüterökonomie verfügten die kretischen und festlandsgriechischen Herrscher über ein zentrales Instrument, um die Gesellschaft in und um ihre bronzezeitlichen Paläste ranghierarchisch zu gliedern. Dabei besetzten die dadurch geschaffenen mittleren und unteren Ränge die benötigen Spezialisten in Administration, Handwerk und Krieg. Den obersten Rängen blieb dagegen die Vermittlung und Aneignung jenes Wissens vorbehalten, das erforderlich war, um die palatiale Prestigegüter- und

Geschenkpolitik durch den Austausch und Handel mit fremdkulturellen Fernpartnern nach gemeinsamen Standards und Wertesystemen in Gang zu halten. Nicht von ungefähr fanden sich Handbalkenwaagen und ‚minoische' Gewichtsteine, die auf dem ägyptischen Qedet-System und dem altsyrischen Shekel beruhen, in ‚mykenischen' Schachtgräbern.

Als um 1200 die ‚mykenischen' Paläste zusammenbrachen, kollabierte auch die an sie gekoppelte Prestigegüterökonomie und Geschenkdiplomatie mit fremden und fernen Herrschern. Zwar kam es auch danach noch zu festlandsgriechischen Kontakten in den östlichen Mittelmeerraum. Aber die Prämissen, unter welchen solche zustande kamen, hatten sich im 12. und 11. Jh. tiefgreifend verändert. Fernbeziehungen, wie sie im Namen und unter dem Schutz der Paläste in den vorhergehenden Jahrhunderten geknüpft worden waren, wurden schwierig, weil mit den Palästen auch die von ihnen kontrollierten Außenposten in Übersee verloren gegangen waren. Das Reisen und Handeln in Etappen über eine Reihe von fremden Ankerplätzen war unumgänglich geworden. Dies machte die Beschaffung von fremden Rohstoffen und exotischen Gütern zur besonders risikohaften Unternehmung. Gefragt waren daher Männer, die im Stande waren, auf eigene Kosten zwanzig- bis fünfzigrudrige Schiffe von 25 bis 30 m Länge bauen zu lassen, diese mit einer entsprechenden Besatzung von Kriegern zu bemannen sowie mächtige Männer in Übersee durch großzügige Geschenke zur Gastfreundschaft zu verpflichten. Darüber berichten lebhaft die immer zahlreicher werdenden Abbildungen von Schiffen, Schiffskämpfen, kriegerischen Überfällen und opulenten Banketten auf Weinmischgefäßen der nachpalatialen Zeit.

Der nachpalastzeitliche, in Etappen ablaufende Fernhandel konnte nie mehr das Volumen und die Stabilität des Kultur- und Gütertransfers erreichen, wie dieser zur Zeit der Paläste gegeben war. Zudem schwand mit dem Zusammenbruch der Paläste auch das Bedürfnis nach monumentaler Architektur und anderweitigen kulturellen Markern sozialer Überlegenheit und überregionaler Autorität. Neu waren mit- und gegeneinander agierende ‚Herren-Häuser', die wie im nachpalastzeitlichen Tiryns um den Titel des obersten Anführers, sprich des Big Man miteinander wetteiferten. Zu diesem Zweck musste das in einem solchen Haus gestapelte, verderbliche landwirtschaftliche Surplus zu gewissen Anteilen in unverderbliche Äquivalente konvertiert werden, um Arbeitskräfte

Kollaps der palatialen Fernbeziehungen

Reisen in Etappen und ‚überseeische' Schiffsexpeditionen

De-Monumentalisierung

Konkurrierende ‚Herren-Häuser'

zu mobilisieren und abzugelten, soziale Bindungen durch Geschenke herzustellen, Infrastruktur durch wandernde Spezialisten zu erstellen und Allianzen für Außenkontakte zu schmieden. Dieses Bedürfnis der neuen Herren von Tiryns, Lefkandi, Mitrou etc., solche Äquivalente respektive Barter sich vorzugsweise in Gestalt edelmetallener Geräte, Bankettservices oder Schmuckstücke aus dem west- wie ostmediterranen Raum zu besorgen, erhielt folglich die mittelmeerische Verflechtung insel- und festlandsgriechischer Siedlungsgemeinschaften auch nach dem Verschwinden der Paläste bis ins mittlere 11. Jh. aufrecht.

Erst in den Jahrzehnten an der Wende des 2. zum 1. Jahrtausend ist es zum nahezu vollständigen Erliegen mittelmeerischer Fernkontakte gekommen. Für diese Zeit sind ägyptische und nahöstliche Importe weder auf den ägäischen Inseln noch auf der südlichen Balkanhalbinsel in einer nennenswerten Anzahl belegt. Und umgekehrt fanden sich fast keine festlandsgriechischen oder ägäischen Waren aus dieser Zeit außerhalb der Ägäis und der Südbalkanhalbinsel. Die mittelmeerischen Verflechtungen waren selbst an früheren Zentren wie Tiryns und Lefkandi an einem Nullpunkt angelangt. Hand in Hand mit diesem Nullpunkt ging schließlich eine drastische Änderung in der Wirtschafts- und Siedlungsweise. Man wohnte nun in Gehöften und Weilern mit apsidialen und ovalen Einraumbauten. Wie in Nichoria konnten diese zu Beginn allein aus organischen Baumaterialien erbaut sein, sodass sie archäologisch nahezu unsichtbar bleiben. Lediglich gehäufte Ansammlungen von Scherben geben noch die Lage früheisenzeitlicher Behausungen und damit lockere Siedlungsstrukturen mit Solitärbauten zu erkennen.

Eine solch ephemere, wenig dauerhafte Bau- und Siedlungsweise erfasste am Ende des 11. Jh. selbst Lefkandi. Vom Gebäude unmittelbar über den einplanierten Ruinen des nachpalastzeitlichen Baukomplexes M konnten nur noch Holzpfostenlöcher, Steinplatten als Auflager von hölzernen Pfeilern und Wandreste nachgewiesen werden. Im Gegensatz zur Repräsentativität und herausgehobenen Position seines Vorgängerbaus war dieser Neubau durch eine ausgeprägte Schlichtheit gekennzeichnet. Dementsprechend dürfte die Siedlung von Lefkandi während dieser Nullpunkt-Phase lediglich noch eine Dorfgemeinschaft (Village Society) ohne größere soziale und kulturelle Ausdifferenzierung dargestellt haben. Davon berichten auch die überaus schlicht ausgestatteten Gräber auf dem nahe gelegenen Skoubris-Gräberfeld, auf dem die Lefkandier im 11. und frühen 10. Jh. ihre Toten zu bestatten pflegten. Zwar konnte dort bei den Bestattungen der materielle Aufwand bei der Grabbeigabe durchaus variieren. Lediglich im Kontext einer der jüngsten Bestattungen, die kurz vor der Auflassung der Skoubris-Nekropole um 950 angelegt worden war, kam wieder ein erster nahöstlicher Import, ein syro-palästinischer Parfümflakon, zum Vorschein. Er symbolisiert gewissermaßen den Neustart zu überseeischen Kontakten und Schiffsexpeditionen, was in Lefkandi um 950 erneut Hierarchisierungs- und soziale Differenzierungsprozesse ausgelöst hatte. Allein in der neu eingerichteten Toumba-Nekropole am Fuß des über dem ‚Heroon' aufgetürmten Hügels kamen in Gräbern der zweiten Hälfte des 10. Jhs. über 960 Kleinodien aus Glas und Fayence ans Tageslicht. Die Spitze erreichte dieser erneute Trend zu ägyptischem und nahöstlichem „Glas und Tand" als sozialen Markern im 9. Jh., in dem allein in der Toumba-Nekropole mehr als 21.000 solcher Exotica in die Gräber mitgegeben worden waren. Hinzu kommt eine bemerkenswert hohe Anzahl an Gefäßen, Schmuckstücken und Gewandteilen aus Edelmetall. Mehr als ein Drittel all dieser Orientalia und Aegyptiaca stammen aus der Toumba-Nekropole, wohingegen im zeitgleichen Gräberfeld von Lefkandi, in der Palia-Perivolia-Nekropole, nur gerade bei einem Vierzehntel aller Bestattungen auch ein bis zwei solcher ‚exotischer' Raritäten zum Vorschein gekommen sind. Eine soziale Privilegierung der in der Toumba-Nekropole bestattenden Abstammungslinie gegenüber jenen, die in der Paria-Perivolia beigesetzt worden waren, ist augenscheinlich. Damit überein geht eine ungleich vorgenommene Waffenbeigabe, in der Toumba-Nekropole bei rund einem Neuntel aller Bestattungen, in der Palia-Perivolia-Nekropole dagegen nur bei einem Zwanzigstel. Der privilegierte Zugang zur Prestigegüterökonomie der in der Toumba-Nekropole bestatteten Abstammungslinie ging offenbar damit zusammen, dass diese in erster Linie die Krieger zur Bemannung der lefkandischen Schiffsexpeditionen in Übersee zu stellen hatte.

Neustart zu ‚überseeischen' Kontakten um 950

Exotica: Orientalia und Aegyptiaca

Soziale Privilegierung

Tatsächlich kam es mit den überseeischen Schiffsfahrten der Lefkandier ab der Mitte des 10. Jhs. auch wieder vermehrt zu Exporten euböischer und attischer Keramik in die Räume der Ägäis und Levante. Von besonders engen Verflechtungen und personellen Kontakten zeugen ferner die Aneignung von nahös-

Exporte euböischer und attischer Keramik

Aneignung nahöstlicher kultureller Techniken

Der Anführer der Lefkandier als Big Man

tlichen Gewichts- und Messsystemen zur Durchführung eines standardisierten Handels durch die lefkandischen Schiffsherren sowie die Übernahme und Abänderung des phönizischen ins euböisch-griechische Alphabet. Dieser doch beachtliche Grad an mittelmeerischer Verflechtung korrespondierte im früheisenzeitlichen Lefkandi mit einer erneuten Hierarchisierung der dortigen Siedlungsgemeinschaft. An deren Spitze stand wieder ein Anführer und Schiffsherr. Gestellt wurde dieser über Generationen hinweg von der in der Toumba-Nekropole bestattenden Abstammungsgruppe, die sich wohl weniger über das Blut als vielmehr über das Recht, sich dort bestatten zu lassen, in ihrem Zugang definierte. All jene dagegen, die in der Paria-Perivolia-Nekropole oder sogar auf eine nicht-formelle Weise bestattet worden waren, die keine Spuren im Erdreich hinterlassen hat, waren von der Zirkulation von Prestigegütern als Zeichen eines höheren Ranges in aller Regel ausgeschlossen. Diese klare hierarchische Struktur mit einer dominierenden Abstammungsgruppe machte den Anführer der lefkandischen Siedlungsgemeinschaft zwar noch zu keinem Chief. Aber er stellte zweifellos eine bereits sehr mächtige, zentrale Redistributionsfigur dar, wie es für komplexere Big Man-Systeme charakteristisch ist.

Abgeschiedenes Messenien

Das Beispiel Lefkandis als ein Neustart zu sozialer Komplexität und mittelmeerischer Vernetzung ist keineswegs charakteristisch für die frühe Eisenzeit, sobald man den Interaktionsradius der „Euböischen Koine" verlässt. Viel typischer war für das 10. bis mittlere 8. Jh. die Situation, wie sie etwa im früheisenzeitlichen Messenien vorherrschte. Aus dieser Region und Zeitspanne ist bisher nur ein einziger ostmediterraner Import bekannt. Es handelt sich um eine Bronzeschale aus einem Grab des 9./8. Jh. in Tragana. Sie stellt allerdings eher ein uraltes Erbstück dar, da sie eine neo-hethitische Inschrift trägt und somit wohl schon in der Palastzeit nach Messenien gelangt war. Von gewissen Rückbezügen auf die Vergangenheit der Palastzeit zeugt in Nichoria auch die früheisenzeitliche Keramik, sowohl in Hinblick auf ihr Dekor als auch hinsichtlich ihres Repertoires an Gefäßformen. Von einem Anknüpfen an die glorreiche Zeit des pylischen Palastes berichten ferner die Wiederbenutzung palastzeitlicher Tholosgräber und vor allem der Neubau eines solchen Tholosgrabes (975–850). Vor dem Hintergrund der einfachen zeitgenössischen Kistengräber und Pithosbestattungen geben diese Tholos-Bestattungen eine klare Hervorhebung einzelner Familien innerhalb der Siedlungsgemeinschaft von Nichoria zu erkennen.

Mit dieser Akzentuierung einer etwas hervorgehobenen Position innerhalb der lokalen Bestattungsgemeinschaft korrespondiert im Siedlungsbild das apsidiale Großhaus in der Unit-IV. Dieses diente als Wohnhaus und auch als Lokal zur Redistribution über die Ausrichtung von Banketten. Seine Funktion als Herrenhaus ist somit offensichtlich. Im Gegensatz zu den Big Men in Lefkandi pflegten jedoch die darin residierenden Oberhäupter keine überseeischen Fernkontakte zur Beschaffung von Orientalia und Aegyptiaca. Ihre Kontakte reichten lediglich bis in die Nachbarregionen, nach Lakonien, Achaia und Ithaka. An Stelle des Herrenhauses in Nichoria scheint vielmehr das Heiligtum in Volimmos, auf einem Bergpass zwischen Lakonien und Messenien, die Funktion eines überregionalen Kommunikations- und Austauschzentrums innegehabt zu haben. Über dieses wurden wohl die Zugänge zu Wasserstellen und Weiden ausgehandelt, was zur Organisation der in der frühen Eisenzeit extensivierten Rinderhaltung und Wanderweidewirtschaft mit Schafen und Ziegen unabdingbar war. Durch den Anbau von Hülsenfrüchten, Getreiden, Gemüsen, Oliven und Wein wurde die Selbstversorgung ergänzt. Charakteristisch für eine solch bäuerliche Subsistenzweise ist auch, dass metallene Werkzeuge und Waffen gleichfalls nur für den Eigenbedarf hergestellt werden.

Insgesamt bietet Nichoria in den ersten Jahrhunderten der Eisenzeit das Bild einer Dorfgemeinschaft (Village Society) stark bäuerlichen Charakters. Es war geprägt von einer lokalen Schlichtheit, in der es keinen abgehobenen Lebensstil mit exotischen Moden und fremden Gütern gab, durch den sich vermögendere Großfamilien wie in Lefkandi augenfällig von den übrigen Familien absetzen konnten. Offenbar war im früheisenzeitlichen Nichoria die Grenze zwischen einfachem Big Man und Head Man verschwindend gering.

In seinem bäuerlichen Erscheinungsbild stellt Nichoria keine Ausnahme dar. Sogar in Zagora auf der Insel Andros dominierte anstelle des vielbeschworenen Seehandels wie in Nichoria die Landwirtschaft. Dabei wäre Zagora aufgrund seiner Lage inmitten der Ägäis für weitreichende mittelmeerische Verflechtungen und ferne Schiffsexpeditionen geradezu prädestiniert gewesen. Aber erstaunlicherweise hatte es lediglich Kontakte zur umliegenden Inselwelt, wie aus entsprechenden Funden euböischer, attischer, korinthischer und etwas weniger kykladischer Keramik

Nichoria als Village Society

Bäuerliche Subsistenzweise

Nichoria zwischen Head Man und Big Man

Zagora und Oropos: Dorfgemeinschaften bäuerlichen Charakters

hervorgeht. Importe aus der Ferne sind nur durch ein Gefäß aus Kreta und einzelne Schmuckstücke aus dem nahöstlichen Raum belegt. So war es primär der selbst erzielte landwirtschaftliche Überschuss, der im Herrenhaus D-H von Zagora in riesigen Relief-Pithoi gehortet, zur Schau gestellt und bei Festen und Banketten vom Familienoberhaupt wieder an die Gemeinschaft umverteilt worden war. Wie im Fall von Nichoria kann dahinter lediglich eine familienübergreifende Redistributionsfigur vermutet werden, die im Gemeinschaftsgefüge maximal den Status eines einfachen Big Man innegehabt hatte.

Nicht viel anders als in Zagora verhält es sich in Oropos am euböischen Golf. In dieser früheisenzeitlichen Siedlung kamen ebenfalls fast keine Waren und Güter aus der Ferne zum Vorschein. Keramikfunde belegen lediglich Kontakte zu benachbarten Inseln und umliegenden Regionen. Auch hier basierte die familienübergreifende Macht jener Familie, die im apsidialen Herrenhaus Θ im Weiler der „central area" residierte, auf der Akkumulation landwirtschaftlicher Überschussproduktion, die in hauseigenen Speichern gestapelt wurde. Die Umverteilung dieses Surplus ermöglichte es dieser führenden Familie, eigene handwerkliche Spezialisten zu unterhalten, die zum einen metallene Werkzeuge und Geräte herstellten und zum anderen Gefäße töpferten, darunter auch Imitationen euböischen Geschirrs.

Flache Hierarchie

Wie Nichoria, Zagora und Oropos anzeigen, muss für die Siedlungen sowohl im festlandsgriechischen und als auch im ägäischen Raum während des 10. bis 8. Jh. vornehmlich von stark bäuerlich geprägten Village Societies ausgegangen werden. Die gesellschaftliche Ausdifferenzierung war folglich gering und die Hierarchie dementsprechend flach. Zu einem Familien und Weiler übergreifenden Führungsanspruch kam es nur, wenn es dank gestiegener Autorität sowie infolge einer erfolgreichen Gastfreundschafts- und Heiratspolitik einem Haushalt gelang, die umliegenden Haushalte und Weiler durch erbrachte Gefälligkeiten und Gaben an sich zu binden. Dazu brauchte es keine ausgeprägte Prestigegüterpolitik. Die seltenen Aegyptiaca und Orientalia fungierten in solchen Village Societies wie Zagora, Nichoria und Oropos viel eher als Barter. Unabhängig von ihrer früheren Funktion ließ sich über ihren sozialen Prestigewert das landwirtschaftliche Surplus in einen unverderblichen Wertträger konvertieren und in Form solcher Kleinodien in der hauseigenen Schatzkammer (*thesauros*)

Prestigegüter als Barter

anhäufen, um diese zur Ausrichtung von Festen wieder gegen Nahrungsmittel oder etwa in Notzeiten gegen Saatgut einzutauschen.

Von diesem eher schlichten Bild bäuerlicher Weiler- und Dorfgemeinschaften hebt sich Lefkandi mit seinen weitreichenden mittelmeerischen Verflechtungen, seiner ausgeprägten Prestigegüterökonomie und seiner führenden Bestattungs- und Abstammungsgruppe bei der Toumba-Nekropole als lokalem Elitemacher in aller Deutlichkeit ab. Wenngleich sich das Siedlungsbild in Lefkandi kaum von jenem zeitgleicher, eher bäuerlicher Siedlungen unterscheidet, so ist dort dennoch von einer etwas komplexeren Big Man Gesellschaft auszugehen. Innerhalb des von den Herren Lefkandis aufgebauten, transmediterranen Austausch- und Beziehungsnetzwerkes bildeten während des 10. und 9. Jh. Mitrou, Torone und Knossos weitere zentrale Knotenpunkte. Im 8. Jh. übernahm dann die Nachfolgersiedlung von Lefkandi, Eretria, die führende Rolle in diesem Netzwerk und richtete es auch stärker in den westlichen Mittelmeerraum aus. Athen und Eleutherna wurden darin zu immer wichtigeren Knotenpunkten. Als solche verfügten sie alle über die nötigen Beschaffungsmöglichkeiten von fremden Gütern, Moden und Technologien, um im lokalen Gesellschaftsgefüge eine immer stärkere soziale Ausdifferenzierung und eine immer komplexere kulturelle Distinktion voranzutreiben. Ob es dabei auch in allen Knotenpunkten wie in Lefkandi zur Herausbildung eines komplexen Big Man Systems gekommen war, müsste allerdings im Einzelfall noch genauer geprüft werden.

Mittelmeerische Verflechtungen und komplexe Big Man Gesellschaft in Lefkandi

Eretria als Nachfolger von Lefkandi

Athen und Eleutherna als Knotenpunkte

2.6.2 Umbrüche – gesellschaftstypologische Äquivalente – Neusetzungen

Erstaunlicherweise kamen die Kontakte und Verflechtungen der griechischen Inseln und der südlichen Balkanhalbinsel mit dem weiteren und ferneren Mittelmeerraum nicht nach dem Zusammenbruch der Paläste, sondern erst rund 150 Jahre später, in der Zeit zwischen 1040/30 und 980/70, fast vollständig zum Erliegen. Damit einher gingen tiefgreifende Umbrüche: Viele Siedlungsplätze wurden aufgelassen; solche, die besiedelt blieben, wirkten nicht mehr proto-urban; anstelle der vorgängigen mehrräumigen Hofhäuser und megaron-artigen Hauskomplexe traten ovale und apsidiale Einraumhäuser, die als Solitärbauten unorganisiert nebeneinander standen; eine strenge Ordnung herrschte nur noch

Tiefgreifende Umbrüche

im neu aufgekommenen, geometrischen Dekor auf den Vasen; neue Gefäßformen machen zudem neue Gewohnheiten beim Zubereiten und Konsumieren von Speisen und Getränken sehr wahrscheinlich; lediglich einzelne bronzezeitliche Leitformen wie der Krater hatten diese Umbruchsphase überdauert.

Nullpunkt- und Umbruchphase um 2000

Eine solche radikale Nullpunkt- und Umbruchphase hatte die nordöstliche Peloponnes schon einmal durchlaufen, nämlich 1000 Jahre zuvor, am Übergang vom Frühhelladikum zum Mittelhelladikum (2000). Die sozialen und kulturellen Auswirkungen, die dadurch ausgelöst wurden, waren nahezu identisch mit jenen der Nullpunktphase an der Wende vom 2. zum 1. Jahrtausend. Das

Wiederholung eines Systemkollaps um 1000

ist nun keineswegs Zufall, sondern in beiden Fällen eine Phase der Reaktion auf einen totalen Systemkollaps unter geographisch, ökologisch und sozio-kulturell nahezu gleichen Umständen.

Reaktionen auf den Systemkollaps

Dementsprechend reagierte man beide Male auf den eingetretenen ‚Nullpunkt' mit der Rückgewinnung subsistenzwirtschaftlicher Flexibilität und einer größtmöglichen Unabhängigkeit von Außenkontakten. Zugleich wurden die vormals proto-urban strukturierten Siedlungen aufgelöst zu Streusiedlungen mit großfamilialen Weilern und ephemeren Wohnbauten, die mit Familienangehörigen im Hauswerk (also ohne Bauspezialisten) errichtet werden konnten. Die Subsistenz der Dorfgemeinschaft wurde in beiden Umbruchsphasen an die einzelnen Weiler- und Familienverbände rücküberantwortet. Der Familienverband als erneutes Basisprinzip sozialer Organisation erlangte dadurch wieder eine verstärkte ökonomische und damit auch politische Autarkie. Die in früheren Jahrhunderten zentralisierten Umverteilungspolitiken wurden so dezentralisiert und wieder an die einzelnen Oberhäupter im Umfeld der von ihnen geführten Familienverbände rückgebunden. Vorgängige Autoritäten und zentrale Führungspositionen konnten

Von Hierarchie zu Heterarchie

so nicht überdauern. Alle Macht ging zurück an den Rat der Ältesten, der sich aus den angesehensten Oberhäuptern innerhalb einer Siedlungsgemeinschaft zusammensetzte. Mit dieser Dezentralisierung von Macht steigerte sich auch der soziale Druck, sich gegenüber den anderen nicht zu sehr hervorzukehren. Daraus ergab sich schließlich an beiden ‚Nullpunktphasen' ein Zwang zu sozialer, politischer, aber auch materieller Schlichtheit. Deshalb dominierte auch ein Dekorsystem in rein geometrischen Formen, da dieses eine bildfigürliche Individualisierung oder gar eine Glorifizierung von bestimmten Personen oder deren Vorfahren unmöglich machte.

Die Feststellung, dass die Reaktionen auf Nullpunktphasen in der mittleren und auslaufenden Bronzezeit im festlandsgriechischen Raum, nahezu identisch vonstattengegangen sind, gibt schließlich zu erkennen, dass das Leben in großfamilialen Weilern mit apsidialen und ovalen Einraumhäusern sowie die verstärkte Herdenhaltung von Rindern, Schafen und Ziegen keineswegs kulturelle Merkmale eines ‚helladischen' Volkssubstrats darstellen, das in ‚mykenischer' Zeit immer stärker von der Kultur der Paläste überlagert worden und mit dem graduellen ‚Niedergang' der Paläste und der ‚Mykener' dann wieder zunehmend zum Vorschein gekommen war. Vielmehr lassen sich die sozio-kulturellen Übereinstimmungen zwischen mittlerer und ausgehender Bronzezeit als Folgen einer gleichartigen Strategie erklären, mit der zweimal auf dieselbe Weise auf Nullpunktphasen reagiert wurde. Und diese bestand evidentermaßen darin, die soziale, ökonomische, politische und kulturelle Komplexität soweit als möglich auf das Substantielle herunterzufahren, um die Reproduktion der Siedlungsgemeinschaft auch in der Phase des ‚Nullpunkts' gewährleisten zu können. Folglich war in solchen krisenhaften Situationen für kulturelle Techniken wie Monumentalisierung, figürliche Repräsentationskunst, raumdifferenziertes Wohnen, Kunsthandwerk etc. kein Platz mehr. Mehr noch: Aufgrund des zu ihrer Umsetzung erforderlichen materiellen Aufwandes waren sie sogar zu existenzgefährdenden, kulturellen Äußerungsformen geworden, weil sie das Risiko mit sich brachten, eine Siedlungsgemeinschaft bis zu ihrer Unfähigkeit zur sozialen Reproduktion auszubluten.

<small>Reduktion von Komplexität als Zukunftsstrategie sozialer Reproduktion</small>

Dieser Strategie größtmöglicher Reduktion sozialer und politischer sowie ökonomischer und kultureller Komplexität folgten die Bewohner der Peloponnes nicht nur an der Wende vom 3. zum 2. Jahrtausend, sondern auch in der Nullpunktphase zwischen 1040/30 und 980/70: Die ehemals palastzeitliche Hierarchie wurde vollständig auf Transegalität und die einstmalige Kultur der Paläste auf eine bäuerliche Lebenskultur zurückgesetzt. Des Weiteren waren palast- und nachpalastzeitliche Kultur- und Gesellschaftsformen sowie Wert- und Orientierungssysteme in einer Lebenswelt unbrauchbar geworden. Man hatte sich dieses unnötigen ‚Kulturballasts' aus ‚mykenischer' Zeit soweit wie möglich entledigt.

‚Mykenisches Erbe' kam erst nach dieser Nullpunktphase wieder in Gebrauch, als zu Beginn der Eisenzeit an einzelnen Orten erneute Prozesse zu Hierarchiebildung und gesellschaftlicher

<small>‚Mykenisches Erbe' als „Altstücke"</small>

Ausdifferenzierung eingesetzt hatten. Allerdings handelt es sich bei diesem ‚Erbe', wie etwa im Fall des zyprischen Bronzekraters oder des bronzezeitlichen Schwerts vom Typ Naue II aus der Toumba-Nekropole von Lefkandi, weniger um Erbstücke, die an die ‚mykenischen' Paläste als einer eigenen Vergangenheit erinnern sollen. Vielmehr verlief der Kultur- und Wissenstransfers gerade in umgekehrter Richtung: Als „Altstücke" aus einem glorreichen, bronzenen Zeitalter verliehen sie in der beginnenden Eisenzeit neu etablierten Autoritäten und Traditionen die Aura eines hohen Alters, wodurch diese den Anschein einer chronologischen respektive ‚urgeschichtlichen' Tiefe erhielten.

Retrospektivische Rückbindungen an eine glanzvolle Heroenzeit

Gleichfalls mit einem solchen Anspruch auf eine seit alters gegebene Autorität sind auch die Wiederbenutzungen und Neubauten ‚mykenischer' Kuppelgräber im früheisenzeitlichen Nichoria zu verbinden. Die in ihnen beigesetzten ‚Mykener' wurden so retrospektiv zu den Ahnen und Vorfahren der neuen Oberhäupter und Herren Nichorias gemacht. Eine echte Rückerinnerung an die Erbauer dieser Tholosgräber ist dabei eher auszuschließen, mit Sicherheit im Fall der im 8. Jh. aufkommenden Ahnenkulte bei Gräbern der Bronzezeit. Zweifellos dienten auch diese der effektvollen Rückbindung neuer Anführer und Kultherren an die Vorfahren und Ahnen einer angeblich glanzvollen heroischen Vorzeit, welche über die Monumentalität und Altertümlichkeit dieser Gräber ihre geschichtliche Authentifizierung erfahren sollte.

All dies sollte nicht mit einer ‚Renaissance' der griechischen Zivilisation im 8. Jh. verwechselt werden, deren Beginn man in den Palästen der Bronzezeit zu erkennen glaubt. Denn Vergangenheit floss nicht in die Gegenwart, sondern die Gegenwart wurde auf die Relikte und Ruinen einer Vergangenheit zurückprojiziert, die in der (emischen) Sicht der daran Beteiligten als eine glanzvolle Zeit vorgestellt wurde. Die neuen Machtträger der frühen Eisenzeit verliehen so durch das Hantieren mit „Altstücken" vor den altehrwürdigen Kulissen der Bronzezeit ihren retrospektiv fingierten Abstammungslinien die benötigte geschichtliche Tiefe, um darüber ihre Machtansprüche in der damaligen Gegenwart der frühen Eisenzeit zu legitimieren.

‚Echte' Kontinuitäten in Kalapodi

‚Echte' Kontinuitäten zwischen der Bronze- und Eisenzeit scheint es somit nur in zentralen Heiligtümern gegeben zu haben. Unter der Voraussetzung einer (auf der ethnischen Prämisse beruhenden) inhaltlichen Kontinuität des Namens Apollon war etwa in

Kalapodi Apollon möglicherweise durchgehend die Schutzgottheit über dieses Heiligtum. Das ändert allerdings nichts an der Tatsache, dass Kalapodi im 13. Jh. als ein Heiligtum begründet worden war, das eine zentrale Funktion innerhalb der Religions- und Umverteilungspolitik des Palastes von Orchomenos innehatte. Diese Funktion musste verlorengehen, als der Palast um 1200 kollabierte. An deren Stelle trat die immer stärkere Nutzung Kalapodis als kultisches Begegnungs- und Kommunikations-Zentrum der ‚euböischen Koine' im 10. und 9. Jh. Von einer eigentlichen Kontinuität dieses Heiligtums kann man also nicht sprechen. Diese zumindest funktionalen Diskontinuitäten offenbart noch deutlicher das Apollonheiligtum in Thermos, das ja später in historischer Zeit zum kultischen Zentrum des Aitolischen Bundes werden sollte. Denn dessen zentraler Kultbau wurde bei seiner Neubegründung im 9. Jh. zunächst innerhalb und später auf den Ruinen des früheren Wohnsitzes eines örtlichen Anführers errichtet. Wiederum fließt Gegenwart zurück in die Vergangenheit und nicht umgekehrt. Dem neubegründeten Heiligtum sollte dadurch eine in die heroische Vergangenheit zurückreichende Geschichte gegeben werden, gerade deshalb, weil es keine solche Vergangenheit als Heiligtum besaß.

Funktionale Diskontinuitäten in Thermos

Insgesamt zeigt sich, dass es keine überzeugenden Argumente für die häufig getätigte Annahme von Traditionen und Rückerinnerungen gibt, die vom 8. Jh. bis ins 11. oder gar ins 14./13. Jh. zurückgereicht haben sollen. Hierzu waren die Nullpunkt- und Umbruchsphase sowie die Neuorganisation des Zusammenlebens in den Jahrzehnten um 1000 zu tiefgreifend und zu umfassend. Die Gesellschaftsstrukturen und kulturellen Merkmale aus der Zeit der Paläste und der nachpalastzeitlichen ‚Megaron'-Bauten waren nach dem endgültigen Systemzusammenbruch der ‚mykenischen' Welt viel zu komplex, als dass sie in den ersten Jahrhunderten der Eisenzeit hätten überleben können. Für das ‚mykenische Erbe' gab es weder den nötigen gesellschaftlichen Rahmen noch eine daraus resultierende kulturelle Notwendigkeit seiner Erhaltung. Doch genau diese Vereinfachung der Lebenswelt zur Village Society und Hausgesellschaft war die erfolgreiche Strategie zur sozialen Reproduktion lokaler Gruppen, bestens angepasst an die Lebensbedingungen, die in den „Dunklen Jahrhunderten" vorherrschten. Selbst dort, wo es zu einer komplexeren sozialen und kulturellen Ausdifferenzierung durch die Wiederaufnahme und Intensivierung mittelmeerischer Verflechtung gekommen

Keine echten Rückerinnerungen

Village Societies als Grundprinzip sozialer Organisation

war, blieb die Village Society mit ihren Weilergemeinschaften das Grundprinzip der sozialen Organisation. Das zeigt insbesondere auch der Fall Lefkandi. Trotz dem Übergang zu einer komplexeren Big Man-Gesellschaft erhielt sich bis zu seiner Auflassung im frühen 8. Jh. das dörfliche Siedlungsbild in zerstreuten Weilern mit apsidialen und ovalen Einraumhäusern. Weder dort noch anderswo ist es im insel- und festlandsgriechischen Raum in der frühen Eisenzeit zu neuen, familien- und weiler-übergreifenden Einrichtungen gekommen, die innerhalb von Siedlungsverbänden eine so große politische Bedeutung erlangt hätten, dass sie durch feste architektonische Hüllen im Sozialgefüge verstetigt und als neue Baukörper im typischen Siedlungsbild von Village Societies fest installiert worden wären.

Hekatompedoi als neue siedlungsgemeinschaftliche Bau und Gesellschaftskörper

Erst für die Zeit um 700 lässt sich in Eretria ein erster, solch neuer siedlungsgemeinschaftlicher Bau- und Gesellschaftskörper belegen. Es ist die Rede vom Hekatompedos Ed2 im Heiligtum des Apollon Daphnephoreios. In ihm kamen die Oberhäupter der eretrischen Weilerverbände zum Opfern, Festen und Beraten zusammen, was ihn funktional zu einem Vorgängermodell der Prytaneia respektive Ratshäuser der späteren archaischen Poleis machte. Die restlichen freien Männer der Siedlungsgemeinschaft von Eretria versammelten sich dagegen bei opferkultischen und politischen Großevents auf dem Fest- und Altarplatz vor dem Hekatompedos Ed2.

Versammlung der Männer als ‚Öffentlichkeit'

Durch diese Versammlung der Männer entstand gewissermaßen eine ‚Öffentlichkeit', welche die Vorgänge im und vor dem Hekatompedos beobachtete und somit zugleich überwachte. Dadurch ergab sich ein gewisser Grad an siedlungsgemeinschaftlichem Gemeinsinn, der sich dem Ehrgeiz der Oberhäupter im Hektatompedos, sich in der Siedlung noch mehr politische und ökonomische Vorteile zu verschaffen, entgegenstellen konnte. Aus dieser Spannung entsprang ein doppeltes Interesse, das auf dem gemeinsamen Versammlungsplatz in seinen teils konträren Zielsetzungen zum Wohl der gesamten Siedlungsgemeinschaft zu tragfähigen Kompromisslösungen austariert werden musste.

Die Agora als Versammlungsplatz in Eretria

Die Agora – sowohl als politische Einrichtung als auch als im Siedlungsbild fest eingeschriebener Versammlungsplatz – war folglich in Eretria das Resultat einer religiösen und politischen Fusion relativ autarker Weilerverbände, welche noch vor 700 lediglich Segmente einer nur lose verbundenen Village Society gebildet hatten.

Verallgemeinernd kann man auf Basis der Entwicklungen in Eretria Folgendes festhalten: Die Agora als Versammlungsplatz der Männer, die der Findung und Herausbildung eines politischen Gemeinsinns diente, war offenbar eine Innovation, die sich in den bäuerlich strukturierten Streusiedlungen der frühen Eisenzeit anbahnte, als im ausgehenden 8. Jh. der erneute Anstieg der mittelmeerischen Verflechtung und der Zuwachs an sozialer Komplexität auf einer bereiteren Ebene spürbar geworden war. Dies hatte schließlich an einzelnen Orten zum gemeinsamen Entschluss geführt, Familiengehöfte und Weiler zu familien-übergreifenden Siedlungsgemeinschaften zusammenzuführen, in deren Zentrum der Versammlungsplatz der Männer und das gemeinsame ‚Haus' der mächtigsten Familienoberhäupter stand. Letzteres bildete auch im lokalen Gemeinschaftsgefüge eine neue soziale Gruppe, die sich im Verlauf des 7. Jhs. durch die immer stärkere Aneignung orientalischer und orientalisierender Moden kulturell zunehmend vom Rest der versammelten Männergemeinschaft abgehoben hatte.

Die Entstehung der Agora in ihrem zeitgenössischen Kontext

All dies hatte bei der Neugründung von Megara Hyblaia um 700 zu einer ersten entsprechenden architektonischen Neusetzung geführt. Insofern stellt Megara Hyblaia mit seiner geplanten, Agora-zentrierten Straßenführung zweifellos die bisher früheste bekannte siedlungsplanerische Konzeption und Umsetzung einer Agora- bzw. Polisgesellschaft dar. Doch deshalb war Megara Hyblaia um 700 noch keine Stadt im eigentlichen Sinn. Dazu fehlte es der neugegründeten Plansiedlung an der nötigen Monumentalität. Der Vergleich mit früheisenzeitlichen Städten in der Levante, im neoassyrischen Reich oder im syro-anatolischen Raum macht dies sofort augenfällig. Dort verliehen gepflasterte Straßen, prunkvoll gesäumte Plätze, prächtige Tempel und Paläste sowie fest gebaute Verwaltungsgebäude den Siedlungen Urbanität. Dieses Gefühl von Städtisch-Sein konnte in Megara Hyblaia erst am Ende des 7. Jhs. aufkommen, als man begonnen hatte, beeindruckende Tempel, Säulenhallen, die die Agora begrenzten, und moderne Mehrraum-Häuser mit Vorhalle und Hof zu errichten, die ein nach Aktivitätszonen differenziertes Wohnen erlaubten.

Agora als neues siedlungsplanerisches Konzept

Im Verlauf des 7. und 6. Jh. war es auf Sizilien und der süditalischen Halbinsel zu weiteren solchen Plansiedlungen wie in Megara Hyblaia gekommen, die von Gruppen von griechischen Neusiedlern gemeinsam begründet worden waren. Diese Neuplanung des siedlungsgemeinschaftlichen Zusammenlebens als Agora-Gesellschaft

Plansiedlungen in der Magna Grecia

scheint dagegen auf dem griechischen Festland, den Inseln der Ägäis und an den Küsten Kleinasiens oder des Schwarzen Meeres während des 7. Jh. und 6. Jh. noch weitgehend ausgeblieben zu sein. Paradigmatisch für diesen von West nach Ost verlaufenden Retardierungsprozess der Plansiedlung steht etwa Milet an der Küste Kleinasiens. Erst um 525 ist es dort durch die Zusammenlegung von benachbarten Höhensiedlungen zur Neugründung als einer durchgeplanten Stadt mit Agora gekommen.

Die Plansiedlung als Charakteristikum von Neugründungen im 5. Jh.

Im 5. Jh. mehren sich schließlich die Neugründungen von Planstädten mit agora-zentrierten Straßenführungen im gesamten Raum der griechischen Oikumene. Auch die Agorai in gewachsenen Siedlungen wie Athen, Argos und Sparta wurden im Verlauf des 6. und vor allem des 5. Jhs. zunehmend monumental ausgestaltet. Die ideale Polis-Planung wurde deshalb auch schon im 5. Jh. Gegenstand philosophischer und utopischer Erörterungen. Solche siedlungsplanerische Diskurse wurden im späten 5. Jh. in Athen sogar auf die Bühne gebracht und ins Lächerliche gezogen. So ließ etwa Aristophanes in seiner Komödie „Die Vögel" einen gewissen Meton von Kolonos als Theoretiker in Vermessungswesen und Astronomie die Luft ausmessen, um die Polis „der Vögel" so planen und bauen zu können, dass sie einerseits in ihrer Grundform rund ist, aber andererseits in ihrer Mitte zugleich mit einer rechteckigen Agora ausgestattet ist, zu welcher geradlinige Straßen aus allen Richtungen des Umlandes hinführen sollen (Aristoph. Vögel, 999–1009).

Agorai in gewachsenen Städten

Agora und siedlungsplanerische Diskurse in Aristophanes' „Vögel"

Die Agora als Anfang Griechenlands

Die Agora war in der Eigensicht vieler Griechen längstens schon zum Wesensmerkmal ihres politischen Zusammenlebens in der Polis geworden. Damit schließt sich der Kreis zu Herodots Zitat und der sich daraus ergebenden Überlegungen zum Anfang Griechenlands zu Beginn dieses Kapitels, das zum Ziel hatte, eine archäologisch gesicherte Außenperspektive zu liefern. Diese gibt nun am Ende dieses Kapitels Folgendes zu erkennen: Ein siedlungsplanerischer Vorläufer zur Agora, der sich in die „Dunklen Jahrhunderte" der frühen Eisenzeit oder gar bis in die Bronzezeit zurückverfolgen lässt, kann archäologisch nicht nachgewiesen werden. Vielmehr weist die heute gegebene Befundlage darauf hin, dass das siedlungsgestalterische Konzept der Agora einer neuen Form der sozialen Organisation in familien- und weiler-übergreifenden Siedlungsverbänden am Übergang vom 8. ins 7. Jh. entsprang. Mit ihm wurde in der Siedlungsorganisation die politische Idee umgesetzt, über die Versammlung der Männer den mächtigen Familienoberhäuptern, die miteinander um den Status des Big Man wetteifern, den Gemeinsinn als gewissermassen eine ‚dritte' Instanz gegenüberzustellen. Im Idealfall konnten dadurch die Verwandlung der Heterarchie unter den lokalen Anführern in ein hierarchisches Verhältnis ausgehebelt, d. h. konkret die Etablierung einer alleinigen Führungsposition und damit einhergehende gewalttätige oder gar bewaffnete Konflikte innerhalb der Siedlungsgemeinschaft, verhindert werden. Im Verlauf des 7. Jh. erfuhr diese Idee und Strategie eines gemeinsinnigen Zusammenlebens ihre Konsolidierung in der Agora-zentrierten Siedlungsplanung, welche den späteren Poleis des 6. und 5. Jh. ihr typisches Merkmal verleihen sollte. Folglich steht aus archäologischer Sicht am Anfang Griechenlands die Agora, gleichermaßen als politisches als auch als bauliches Konzept.

3 Die Lebenswelten ‚des Anfangs' im Spiegel von Homer und Hesiod

Nur ca. hundert Jahre nach dem Auftreten der ersten Buchstaben und Inschriften in griechischem Alphabet im ersten Drittel des 8. Jh. wurden schon in der ersten Hälfte des 7. Jh. Texte von erstaunlichem Umfang, hoher literarischer Qualität und erzählerischer Komplexität verfasst. Es handelt sich um die Homer zugeschriebenen Epen *Ilias* und *Odyssee* und um die von Hesiod von Askra verfassten Epen *Theogonie* und *Werke und Tage* (griech.: *Erga kai Hemerai*). Jedes dieser Epen stellt ein selbständiges dichterisches Werk dar, keines ein direktes Abbild der eigenen Lebenswelt. Bezüge zum zeithistorischen Kontext, konkret zur Lebenswelt und zu den soziopolitischen Verhältnissen zur Zeit der Dichter, lassen sich dennoch aufschlüsseln, wenn nicht nur die in den Epen erzählten Ereignisse in ihrer Abfolge nachgezeichnet werden, sondern auch die mit dem jeweiligen Epos verfolgte Intention beachtet wird. — Epen

In der *Ilias* (Il.) wird am Handlungsgerüst der Belagerung der Stadt Troia abgehandelt, wie eine Gemeinschaft insgesamt in existentielle Gefahr gerät, wenn für deren interne Spannungen und Konflikte keine Lösungen gefunden werden. Dieses Thema wird auf drei Handlungsebenen durchgespielt. Auf der Seite der Belagerer der Stadt (Achäer/Argeier/Danaer) nimmt Agamemnon, der oberste Anführer (*basileus*) dem kampfstärksten der anderen Anführer, Achill, eine ihm schon als Kriegsbeute zugesprochene — Ilias

Achäer/Argeier/Danaer

Sklavin weg. Daraufhin verlässt Achill mit seinem Kontingent das Heer, und die Achäer geraten nach vielen Verlusten und Verletzten in Gefahr, besiegt zu werden. Als Agamemnon unter dem Druck der drohenden Niederlage sein Fehlverhalten eingesteht, muss sich Achill erst noch dazu überwinden, einer Lösung des Konflikts zuzustimmen. Die wiedergewonnene Einigkeit bringt den Achäern ihre alte Stärke zurück.

<small>Troer</small>
Unter den Belagerten (Troer) verläuft die innere Konfliktlinie zwischen Priamos, dem Anführer der mächtigsten Verwandtschaftsgruppe und gleichzeitig oberstem Anführer der Troer, und den Anführern anderer Verwandtschaftsgruppen. Sie sind unterschiedlicher Auffassung über die Einhaltung des mit den Achäern zur Vermeidung des Kriegs geschlossenen Vertrags. Der Anlass für den Krieg war, dass Paris, einer der Söhne des Priamos, bei einem Besuch in Sparta Helena, die Frau des dortigen Basileus Menelaos, samt einer Reihe von wertvollen Gütern entführt hatte. Nach dem Willen des Priamos sollen entgegen der Vereinbarung mit den Achäern nur die gestohlenen Güter zurückgegeben werden, nicht aber auch Helena. Priamos setzt sich gegen die Einwände der anderen Anführer mit der Konsequenz durch, dass die Belagerung durch die Achäer zum Schaden Troias nicht abgewendet werden kann. Die beiden Erzählstränge werden durch die Ermordung von Hektor, des ältesten Sohnes von Priamos, und die gegenseitiges Verständnis signalisierende Begegnung von Priamos und Achill zusammengeführt. Achill überlässt Priamos den Leichnam Hektors zur würdevollen Bestattung in Troia. Damit endet das Epos; die Eroberung Troias wird in der *Ilias* nicht erzählt.

<small>Götter</small>
Die dritte Handlungsebene bilden die Ereignisse unter den Göttern. Im ersten Teil der Erzählung gebärdet sich Zeus als ein Anführer, der jedem Widerstand gegen seine Entscheidungen mit brutaler Gewalt begegnen will. Da das Schicksal Troias, seine Eroberung durch die Achäer, wie es heißt, nach dem Plan des Zeus für die Erzählung vorgegeben ist, können die Götter nur für den Zeitraum der Belagerung von Troia versuchen, die von ihnen unterschiedlich favorisierten Kriegsparteien zu unterstützen bzw. zu schützen. Der Konflikt unter den Göttern entsteht daraus, dass sie mit ihrem Verhalten den grundlegenden Plan, d. h. die Niederlage der Troer, <small>Einigung auf eine neue Verhaltensformel</small> in Gefahr bringen könnten. Als die Achäer von den Troern beinahe schon ins Meer getrieben werden, einigen sich zuerst Zeus und Hera darauf, ihr Vorgehen aufeinander abzustimmen. Zeus ändert

ab nun sein Verhalten und propagiert eine neue Verhaltensformel, nämlich über Kommunikation und Nachgiebigkeit zu gemeinsamen Beschlüssen zu gelangen. Dies wird in einer alle Götter umfassenden Versammlung samt gemeinsamem Mahl allgemein gutgeheißen.

Die *Odyssee* (Od.) liefert ein Exempel dafür, welche Folgen ein nur auf den eigenen Ruhm ausgerichtetes, aber der Gemeinschaft gegenüber verantwortungsloses Verhalten eines Anführers hat und dass es kaum möglich ist, aus der daraus folgenden Atmosphäre der Gewalt zu einer geeinten Gemeinschaft zurückzufinden. In der kunstvollen Verschränkung mehrerer Zeitebenen wird erzählt, wie Odysseus auf der Rückfahrt nach der Eroberung Troias nach seiner Heimatinsel Ithaka im Ablauf von mehrheitlich von ihm angezettelten ‚Abenteuern' alle auf ihn vertrauenden Männer Schritt für Schritt in den Tod führt. Er gelangt schließlich allein und ohne jede Habe als Schiffbrüchiger auf die utopische Inselwelt der friedlichen Phäaken. Dieser Ort fungiert als erzählerisches Bindeglied zwischen den ‚Abenteuern' des selbstsüchtig-ruhmbegierigen Anführers und den zeitlich dazu parallel ablaufenden Ereignissen in der Welt der Menschen auf Ithaka. Hier wird Penelope, die Frau des Odysseus, von vielen jungen Männern gegen ihren Willen dazu gedrängt, sich angesichts der zwanzigjährigen Abwesenheit des Odysseus und damit seines wahrscheinlichen Todes wieder zu verheiraten. Als Odysseus von den Phäaken nach Ithaka gebracht wird, wagt er es wegen des Verlustes seines Heeres nicht, sich zu erkennen zu geben, sondern betritt die ‚reale' Welt in der Verkleidung eines Bettlers (*ptochos*). Nachdem er sich mit seinem Sohn Telemach und ihm nach wie vor verpflichteten Sklaven einer ersten Gruppe von Unterstützern vergewissert hat, tritt er den in seinem Haus feiernden und seine Ressourcen verprassenden Freiern seiner Frau gegenüber und ermordet diese in einem Blutbad. Als das publik wird, spaltet sich die Gemeinschaft der Ithakesier. Odysseus flieht aber nicht, wie das die an Zahl größere Gruppe der Väter und Verwandten der Freier erwartet, sondern fordert diese zur Schlacht heraus. Wie die *Ilias* findet auch die *Odyssee* zu einem überraschenden Schluss. Die Schlacht findet nicht statt. Zeus schickt als Drohung einen Blitz zwischen die sich gegenüberstehenden Schlachtreihen und zwingt die Kontrahenten, den Konflikt durch einen gegenseitigen Schwur beizulegen.

Die in der *Ilias* in der für die Sinnesänderung der Götter entscheidenden Szene zwischen Zeus und Hera nur angedeutete

Odyssee

Rückfahrt von Troia

Ereignisse in Ithaka

Theogonie

Entstehung der Welt und die auf sie folgende Zeit des gewaltsamen Streits unter den Göttern wurden von Hesiod (Hes.) in dem *Theogonie* (Theog.) genannten Werk ausführlich dargestellt. Vom Beginn der Welt an folgen hier aufeinander drei Generationen von Göttern. Die jeweils jüngere verdrängte die ältere mit Gewalt aus ihrer Herrschaft. Erst Zeus als Angehöriger der jüngsten Generation will – beraten von anderen Göttinnen und Göttern – die zum Teil grausamen Kämpfe beenden und einen Zustand herstellen, in dem alle Götter ihren Fähigkeiten entsprechend respektiert werden. Wegen dieser Absicht fordern die Götter ihn auf, ihr Anführer (*basileus*, Pl.: *basileis*) zu sein. Damit wird das erreicht, was gleich in der Einleitung als Thema vorgegeben wird: verehrungswürdige Anführer sind dadurch ausgezeichnet, dass sie nicht willkürlich agieren, sondern sich an den Regeln des Zeus orientieren und daher in der Lage sind, in der öffentlichen Versammlung (*agora*) auch schwerwiegende Streitfälle erfolgreich zu schlichten.

Werke und Tage

In seinem zweiten Epos *Werke und Tage* (Werke) spann Hesiod diesen direkt auf das ‚reale' Leben bezogenen Gedanken an einem ganz konkreten Beispiel weiter aus. Er wendet sich an seinen Bruder Perses, der ihn anscheinend um einen Teil seines Erbes betrogen hatte, und arbeitet den Gegensatz zwischen dem, was recht und unrecht ist, vielfach variiert heraus. Als Ausgangspunkt dient die Feststellung, dass der Ort der öffentlichen Kommunikation, die Agora, von Streit gekennzeichnet ist, weil die *basileis* nur Gaben annehmen, aber im Gegenzug dafür keine normengerechte Streitschlichtung bieten. Von hier aus richtet Hesiod durch Verweise auf mythische Erzählungen illustrierte Ermahnungen und Aufforderungen an seinen Bruder, sich nicht an diesen törichten Anführern zu orientieren, sondern an den von Zeus kommenden ‚Sprüchen' bzw. Regeln. Mit dem Bild, dass die (gerechte) Hälfte mehr wert sei als das Ganze, will er Perses auf die Seite der Göttin des Rechts (*Dike*) führen. Unter ihrer Anleitung – so sein stärkstes Argument – gedeiht die Polis, weil sie von Gewalt und ungerechten Basileis frei ist. Zur guten Hälfte gehört es auch, sich Anerkennung in der Gemeinschaft zu erarbeiten. Dafür gibt Hesiod eine ganze Reihe von konkreten Ratschlägen, wie das im Leben des Bauern erreicht werden kann: durch harte Arbeit und ohne Aussicht auf raschen Gewinn, durch das so erworbene Vertrauen der Nachbarn, der Verwandten und Gefährten (*hetairoi*).

Ungeachtet der inhaltlichen Unterschiede zwischen den vier Epen sind große gemeinsame Themenfelder auszumachen: Die Erzählungen bewegen sich in einem Umfeld, in dem bäuerliche und eine in Schlaglichtern aufleuchtende städtische Welt in einer gewissen Spannung zueinander stehen. Sie kreisen zudem um die Rolle der Anführer und ihres Verhaltens untereinander und gegenüber der Gemeinschaft. Schließlich beschäftigen sie sich intensiv mit dem Thema des Selbstverständnisses von Göttern und Menschen im Bemühen, Wege aus den in der ‚realen' Welt offensichtlich immer wieder auftretenden Konflikten aufzuzeigen. Wie eng diese Themenfelder mit den – unabhängig davon gewonnenen – Interpretationen der archäologischen Befunde in Bezug stehen, zeigt die nähere Betrachtung der mit den Erzählungen transportierten Intentionen.

_{Gemeinsame Themenfelder}

3.1 Urbane und andere Siedlungen in einer bäuerlichen Welt

Die homerischen Epen vermitteln den Eindruck, als würden Städte die zentrale Siedlungsform sein. Troia mit seinen mächtigen Mauern und Toren, seinen Straßen und dem Tempel steht im Mittelpunkt der Ereignisse der *Ilias*. In der *Odyssee* sticht die Stadt der Phäaken auf der Insel Scheria heraus. Als Odysseus an deren Küste verschlagen wird, beschreibt sie Nausikaa, die Tochter des Basileus Alkinoos, ausführlich; weitere Einzelheiten folgen durch den Erzähler, als Odysseus durch die Stadt zum Haus des Alkinoos gelangt (Od. 6, 255–270, 291–296; 7, 43–45). Vor der Stadt wird ein Gut (*temenos*) des Alkinoos erwähnt, ein der Athene geweihter Hain mit Pappeln, mit einer Quelle und einer Wiese.

Die *polis* ist von einer Mauer mit Türmen umgeben; zwei Häfen umschließen sie an zwei Seiten. Bei diesen befindet sich eine gepflasterte Agora, in ihrer Mitte steht der Tempel des Poseidon. Es gibt kein Haus, das mit dem des Alkinoos vergleichbar wäre (Od. 6, 301–309; 7, 84–132). Zu seinem Eingang gelangt man durch einen Hof. Die goldene Tür steht auf einer ehernen Schwelle. Die Mauern beiderseits der Tür sind mit Erz verkleidet; auf beiden Seiten wachen vom Gott Hephaistos geschaffene silberne und goldene Hunde. Durch die Tür gelangt man in einen saalartigen Raum. Es gehört zum ‚Wunder' des Hauses, dass hier Stühle mit Lehnen stehen, über die gewobene Decken gelegt sind. Um den Raum zu

_{Die Stadt der Phäaken}

beleuchten, sind an den Wänden Knabenfiguren aus Gold mit brennenden Fackeln in ihren Händen angebracht. Der Garten außerhalb des Hofes ist durch ein Gehege abgegrenzt. In ihm wachsen hohe Bäume für Obst, Feigen, Oliven, die das ganze Jahr Früchte tragen. Aus zwei Quellen wird der Garten bewässert und ein Brunnen vor dem Haus gespeist, aus dem alle Einwohner der Stadt (*politai*) Wasser schöpfen können.

Die Städte auf Achills Schild

Auf dem von ihm für Achill angefertigten, ganz außergewöhnlichen Schild hat der Gott Hephaistos zwei Städte abgebildet (Il. 18, 478–608). Eine der beiden Städte wird belagert: das Heer verteidigt sie vor den Toren; Frauen, Kinder und alte Männer bewachen die Mauer. In der anderen friedlichen Stadt sind Hochzeit und Reigen dargestellt und eine Szene, wo in einem Streitfall in aller Öffentlichkeit nach der besten Lösung gesucht wird.

Idealstädte im mythischen Raum

Es scheint kein Zufall zu sein, dass alle etwas ausführlicher beschriebenen ‚Ideal'-Städte außerhalb des den Menschen normalerweise zugänglichen Erfahrungsraumes angesiedelt sind. Die Stadt Troia mit ihrer unvergleichbaren Mauer ist das Zeichen für die frühere ‚heroische' Zeit; nicht weniger gilt das für die Städte auf dem vom Gott künstlerisch gestalteten Schild des Achill; die mythische Welt der friedlichen Phäaken bleibt den Menschen nach der Rückkehr des Odysseus für immer verschlossen; die ebenfalls im mythischen Raum angesiedelten gewalttätigen Laistrygonen mit ihrer Stadt (Od. 10, 80–94) sind offensichtlich als Gegenbild zu den Phäaken und als partielles Pendant zu den Kyklopen entworfen, die keine Agora kennen und die Normen des sozialen Verhaltens nicht beachten (Od. 9, 105–115).

Die Siedlung in Ithaka

Keiner der anderen Orte, welche auch unter die Kategorie „Stadt" zu fallen scheinen, ist in den Epen eingehender beschrieben. Diese werden nur knapp durch ein Adjektiv mit einem städtischen Element versehen, wie Mauer oder Straßen, oder scheinen in der Charakterisierung einer der epischen Figuren als „Städtezerstörer" durch. Das ‚realistische' Gegenbild zur mythisch-poetischen Stadt der Phäaken, die Siedlung in Ithaka, weist solche Merkmale nicht auf. Unter den einander ähnlichen Häusern ragte nur das des Odysseus durch die Höhe seines Giebels etwas hervor. Um in dessen Hof mit einem Boden aus gestampfter Erde zu gelangen, musste man die Misthäufen beim Eingangstor passieren (Od. 17, 296–299). Dieses wurde nur vom alten Hund des Odysseus ‚bewacht'. Das Haus selbst betrat man über eine hölzerne Schwelle

(Od. 17, 339), um gleich in einen Raum zu gelangen, so groß, dass hier – in der ‚heroischen' Übertreibung des Epos – die (einhundertacht) Freier der Penelope tafeln konnten. Im hinteren Teil des Hauses befanden sich Küche und Vorratsräume, im oberen Stockwerk die Schlafräume. Schweine und Schafe werden in eigenen Pferchen außerhalb der Siedlung gehalten. Der alte Vater des Odysseus, Laërtes, wohnte abseits der Siedlung in einer Hütte; er bebaute seinen Garten und das umliegende Land mit der Unterstützung von wenigen Sklaven selbst. Die Siedlung auf Ithaka scheint der des Hesiod in Askra in Böotien sehr ähnlich gewesen zu sein. Hesiod konnte die Häuser der Nachbarn zwar rasch erreichen, doch sein Haus liegt abseits der Agora.

Überall dominiert ein bäuerlicher Kontext und steht in Kontrast zum Bild der Stadt. Von dem Haus des Priamos in Troia (Il. 6, 242–250) heißt es, dass es besonders schön sei, weil es – vermutlich um einen Hof angeordnete – aus Stein erbaute Räume für die (fünfzig) Söhne und die (zwölf) Töchter mit ihren Gatten aufweist. Dieses Bild weist Brüche auf. Als Priamos vom Tod seines Sohnes Hektor erfuhr, wälzte er sich im ungepflasterten Hof im Kot und Schmutz des hier (wie in allen Häusern der Anführer) gehaltenen Kleinviehs. Diese bäuerliche Seite des Lebens wird dadurch weiter verstärkt, dass die homerischen ‚Helden', um ihre Qualitäten hervorzuheben, nicht selten auf die Tätigkeiten eines Bauern zurückgreifen, der sein Handwerk besonders gut versteht. Sie wirken dabei wie jemand, der den Anweisungen Hesiods zur erfolgreichen Bewirtschaftung eines Bauernhofes Folge geleistet hat. Odysseus lobte sich, ein größeres Stück Wiese mähen zu können als jeder andere; in einer mit der friedlichen Stadt auf dem Schild des Achill in Verbindung stehenden Szene stand ein Basileus in der Mitte von Schnittern, die Getreide schneiden, und scheint die Arbeitenden zu beaufsichtigen. Die Nähe der nur ‚heroisch' verbrämten Welt des Krieges in der *Ilias* zur ‚real-bäuerlichen' in der *Odyssee* und bei Hesiod zeigt sich zudem darin, dass in den Gleichnissen, die zur Charakterisierung von Personen eingesetzt werden, vielfach auf bäuerliche Tätigkeiten angespielt wird. Sogar der Lärm, den der Aufmarsch des troischen Heeres verursacht, wird mit dem Blöken der im Hof des Hauses dicht gedrängt stehenden Schafe verglichen (Il. 4, 433–435); der Staub, der die Achäer im Kampf bedeckt, wird im Gleichnis zum Staub, der beim Dreschen auf der Tenne entsteht (Il. 5, 499–502).

_{Dominanz des bäuerlichen Kontexts}

_{Die Qualitäten des Bauern als Ideal}

Vornehm heißt begütert

Die Vornehmen waren nicht mehr als begüterte Bauern. Sie hatten einige Bedienstete (*dmoes*), über die Odysseus klagt, dass sie nicht recht arbeiten wollen, wenn der Herr nicht anwesend ist (Od. 17, 320–321). Sie konnten sich auch einzelne Sklaven leisten, wie z. B. Odysseus den Schweinehirten Eumaios oder den Schafhirten Philoitios; aber auch die Kinder der Begüterten arbeiteten mit. Dass bei der Beschäftigung von Abhängigen die Produktivität des eigenen Hofes zu berücksichtigen ist, erklärte Hesiod detailliert.

Randständige Personengruppen

Außerhalb dieser Personengruppe gibt es Menschen, welche nicht nur der Willkür von wohlbegüterten Bauern ausgesetzt sind, sondern auch am Rande des Existenzminimums leben. Als solche erscheinen Kleinstbauern, die sich als Tagelöhner (*thes*) ein Zubrot verdienen müssen, und zudem Gelegenheitsarbeiter (*ptochoi*), die von Haus zu Haus ziehen, um kurzfristig eine Beschäftigung zu finden. Nur wenige Personengruppen scheinen von der direkten Anbindung an einen Bauernhof frei zu sein. In Gleichnissen werden häufiger einzelne spezialisierte Handwerker mit eigener Werkstatt wie der Schmied, Töpfer, Lederarbeiter, Weber u. ä. genannt. Doch ist anzunehmen, dass diese besonderen Fähigkeiten und Kenntnisse auch innerhalb des Bauernhofes vorhanden gewesen sein dürften. Ein andere Gruppe von Bindungen freier Personen sind die *demiourgoi* („die für den Demos arbeiten"): Seher, Arzt, Zimmermann, Sänger und Herold (Od. 17, 382–386; 19, 135).

3.2 Öffentlichkeit und Agora: die Bestimmung des relational Besten

Das Verhältnis zwischen Demos und Basileis

Das Verhältnis zwischen der Gesamtheit der Gemeinschaft (*demos*) und den Begüterten, im Besonderen den Anführern (*basileis*), bildet in allen vier Epen den wiederkehrenden und auch die Erzählungen strukturierenden Bezugspunkt. So kulminiert in der *Odyssee* das Lob des Odysseus für seine Frau Penelope darin, wie ein Basileus zu sein, unter dessen Führung Menschen und Tiere in einer friedlichen Welt gedeihen. Dieses Bild ist nicht weit entfernt von der von Hesiod als Ideal betrachteten friedlichen Stadt, in der die Basileis das Recht (*Dike*) beachten, während in der ungerechten Stadt Neid, Hader und Mord regieren. Die erst in der letzten Göttergeneration etablierte Ordnung in Hesiods *Theogonie* funktioniert nach eben diesem Prinzip. Die Götter forderten Zeus auf, ihr Basileus zu sein, weil er ihnen den Respekt entgegenbringt, der ihrem Ansehen (*timé*) entspricht. In der *Ilias* verlangte Menelaos von den anderen Basileis, den Leichnam des Patroklos vor den Troern zu schützen und ihn zu bergen. Die Begründung verweist auf das Verhältnis Basileus – Demos: Das zu tun wird von ihnen, die vom Demos mit Wein versorgt werden, erwartet (Il. 4, 341–46; 12, 310–328; 17, 248– 251; 9, 70–73; 17, 220–226). Eine solche Art der Verpflichtung steht im Hintergrund der in der *Ilias* zwei Mal formulierten Aufforderung des Vaters an den Sohn, dass er so wie seine Vorfahren immer der Beste sein solle. Obwohl dies wie eine absolut gesetzte Beurteilung einer Person klingt, ist es völlig klar, dass weder Glaukos (Il. 6, 208) noch Achill (Il. 11, 784) dieser Erwartung gerecht werden können. Beide waren nicht ‚die Besten', weder im umfassenden Sinn, d. h. unter den Troern bzw. den Achäern, noch unter den Anführern.

Die Verpflichtung der Anführer

Kein über eine Person getroffenes Urteil erfasste diese als ganze. Jede Bewertung orientierte sich an einer Skala von Qualitäten zwischen den Polen ‚gut' (*agathos*) und ‚schlecht' (*kakos*). Mehr als alles andere wurde geschätzt, wenn jemand in der Lage ist, „zugleich nach vorne und hinten zu denken" (Il. 3, 109–110), das heißt, eine Angelegenheit bis an ihr Ende durchzudenken. So jemand ist in der *Ilias* der kluge Gefährte (*hetairos*) des Hektor, Polydamas, der voraussah, dass Hektor die falsche Entscheidung trifft, das Heer nicht hinter die schützenden Mauern der Stadt zurückzuziehen; doch Hektor war der bessere Kämpfer (Il. 13, 230–250; 18, 250–313). In einer ähnlichen Rolle sieht Hesiod den Sänger, dem er das höchste Lob zusprach. Die Basileis verfügten jedoch nur im Idealfall über diese Qualität, aus der viele Menschen Nutzen ziehen (Il. 3, 721–31). In Hesiods *Theogonie* werden sie von der Muse Kalliope begleitet. Musen verhalfen den Basileis dazu, in der Agora an den – allgemein bekannten – Normen ausgerichtete Urteile auch in schwierigen Angelegenheiten zu fällen und die Menschen von deren Richtigkeit zu überzeugen. Dann wurden sie „wie ein Gott" geachtet (Hes. Theog. 80–96). Doch dass dieses Ideal nur ein Wunschbild ist, kehrt als Thema in den Epen immer wieder. In einer allgemeinen Formulierung heißt es in der *Odyssee*: „Wenige, Kinder werden dem Vater gleich, die meisten schlechter; wenige besser als der Vater" (Od. 2, 276–277).

Skala für die Bewertung einer Person

Daraus ergibt sich, dass kein Urteil über eine Person endgültig war; es war immer situationsabhängig. Der Beste ist das immer nur in Relation zu den Qualitäten der aktuell zum Vergleich

Kein Urteil ist endgültig

anstehenden Personen oder Personengruppen. Wenn sich der Kreis der Personen veränderte, führte das zu einer Neubewertung. Neben dem Vergangenheit und Zukunft berücksichtigenden Denken wird dafür eine ganze Reihe von konkreten Aktionsfeldern herangezogen: körperliche, kriegerische, handwerkliche, bäuerliche Fähigkeiten, gute Tat. Die Notwendigkeit der Neupositionierung wird im Konflikt der Generationen besonders deutlich. Der junge und ungestüme Diomedes wurde in einer schwierigen Kriegssituation in der Versammlung von Nestor harsch zurechtgewiesen: Sein Vorschlag sei angesichts seiner Jugend gut überlegt, im Vergleich mit den Überlegungen eines erfahrenen Mannes jedoch nicht zu Ende gedacht (Il. 9, 53–62). Wer allerdings bereit war, seine Fehler zu korrigieren, konnte den Grad seiner Anerkennung in der Öffentlichkeit wieder steigern (Il. 13, 95–125).

<small>Konflikt der Generationen</small>

Derartige Bewertungen, die wesentlich über die Position einer Person im sozialen Feld entscheiden, benötigten immer eine Öffentlichkeit. Der richtige und wichtigste Ort dafür war der Versammlungsplatz, die Agora. Hier wurden alle wichtigen Dinge erörtert, welche die Gemeinschaft (*demos*) betrafen. Genannt werden insbesondere Streitfälle oder Entscheidungen über das gemeinsame Verhalten. In der Agora wurde der Streit zwischen Agamemnon und Achill ausgetragen, hier widersprach Polydamas dem Vorschlag Hektors; Telemach berief sie ein, um das Fehlverhalten der Freier der Penelope zu thematisieren. Eine akzeptable Lösung musste mühsam in Rede und Gegenrede erarbeitet werden. Das Urteil fällten die Anwesenden gemeinsam in einer in Abstufung vorgebrachten, in den Epen vom Erzähler jeweils genau festgehaltenen Meinungsäußerung, von ablehnendem Schweigen bis zu frenetischem Jubel. Von ihr hing es ab, in welchem Maß die getroffene Entscheidung Geltung für die Gemeinschaft beanspruchen konnte.

<small>Die Öffentlichkeit der Agora</small>

Parallel zur Agora, wohl auch in die dort geführten Debatten hineinwirkend, existierte eine andere Öffentlichkeit: das Gerücht, die allgemeine Meinung, die für den Ruf einer Person (*phemis*) entscheidend sein konnte. Die Phäakin Nausikaa, Tochter des Alkinoos, hatte Sorge, man könnte auf falsche Gedanken kommen, wenn sie gemeinsam mit dem unbekannten Fremden Odysseus in die Stadt käme. Penelopes Ruf hing daran, dass sie ihrem Gatten treu bleibt (Od. 16, 73–76; vgl. auch 15, 468). Die Freier Penelopes hatten wegen des Verstoßes gegen die Normen an Ansehen verloren; sie sind überheblich, übermütig, neigen zu Gewalt und

<small>Die öffentliche Meinung</small>

kümmern sich nicht um die Regeln; sie sind daher nicht zu den „Guten" zu zählen (z. B. Od. 16, 86–87).

Die Bewertung in der Öffentlichkeit konnte jeder Person gefährlich werden. Die Ablehnung eines Vorschlags in der Agora führte zur Reduktion des Ansehens. In einer schwierigen Situation konnte Kritik zum Verlust des guten Rufs führen und damit die eigene Position gefährden. Dies umso mehr, wenn die Kritik von jemandem mit geringerem sozialem Ansehen, einem Schlechteren (*kakoteros*) kam. Davor, dass es in diesen Debatten nicht immer nach den Regeln zugeht, warnte Hesiod. Er forderte von seinem Bruder Perses, die Agora zu meiden und zuerst zu arbeiten (Hes., Werke, 298–312, 382–396). Denn nur wer über eigenständig erworbene Güter verfügt, kann über Generosität in der Öffentlichkeit zu Ansehen kommen.

Verlust des Ansehens

3.3 Geschenke: Mittel der sozialen Bindung

Ein wichtiges Mittel, um soziale Bindungen herzustellen, waren Geschenke. Diese waren nicht (nur) nach ihrem materiellen Wert einzustufen, sondern waren in wesentlich stärkerem Maß ein soziales Gut. Das ergab sich aus dem Prinzip der Gegenseitigkeit. Ein Geschenk anzunehmen, hieß, sich zu einer Gegenleistung zu verpflichten. Diese konnte ein Gegengeschenk sein, aber auch eine der Gabe entsprechende Leistung, meist als Unterstützung bzw. Loyalität in verschiedenen Situationen. Bei gezieltem Einsatz des verfügbaren Surplus konnte so die Reichweite des eigenen Einflusses vergrößert werden, d. h. Unterstützer (*hetairoi, aosseteres;* Od. 23, 118–120) für die eigenen Ambitionen (hinzu)gewonnen werden.

Das Prinzip der Reziprozität

Geschenke konnten nicht von allen in gleicher Weise gegeben werden. Wer jedoch über besondere materielle Güter verfügte, war angehalten, diese öffentlich sichtbar zu machen und sie bei gegebenem Anlass, wie Festmahl, Opfer oder Begräbnis, zu verteilen. Umgekehrt ergibt sich daraus, dass das Bindungsmittel einer materiellen Gabe eben nur jenen zur Verfügung stand, die über ein Surplus verfügten. Diese gewichtige Einschränkung versuchte Hesiod seinem Bruder Perses zu vermitteln. Er forderte ihn auf, sich nicht auf der Agora aufzuhalten, sondern zuerst zu arbeiten. Nur so komme man zu den nötigen Gütern, um den Nachbarn im bäuerlichen Alltag aushelfen zu können und so deren Achtung zu

Display und Verteilung

erwerben. Hesiod war eben nicht in der Situation wie Echepolos aus Sikyon. Dieser entzog sich dadurch der Erwartung, mit in den Krieg gegen Troia zu ziehen, dass er Agamemnon ein ganz besonderes Pferd als Geschenk mitgab – eine Möglichkeit durch eine Gabe eine soziale Verpflichtung aufzuheben, allerdings nicht ohne die Gefahr, dadurch an Ansehen zu verlieren (Il. 23, 296–299).

Mahl und Geschenk

Das Mahl in seinen verschiedenen Formen als Festmahl war eine besonders gute Gelegenheit, um neue Bindungen zu knüpfen, existierende Verhältnisse zwischen Gastgeber und Eingeladenen öffentlich zur Schau zu stellen und dadurch zu verfestigen. Priamos lud die Troer vor der Bestattung Hektors (Il. 24, 665, 801–804), Achill seine Männer, die Myrmidonen, vor den Wettkämpfen zu Ehren des getöteten Patroklos zum Mahl mit gebratenem Fleisch, um den inneren Zusammenhalt der Gruppe zu festigen (Il. 23, 6–11). Als Telemach auf der Suche nach seinem Vater Odysseus in Pylos mit dem Schiff landete, waren die Pylier unter Führung des Nestor gerade beim Opfermahl für Poseidon; als er später in Sparta ankam, wurde im Haus des Menelaos Hochzeit seines Sohnes gefeiert: In beiden Fällen wurde Telemach zum Mahl hinzugeladen. Telemach selbst versprach den ihn begleitenden und damit ihn gegen die Freier seiner Mutter unterstützenden Hetairoi nach der Rückkehr von der Suche nach seinem Vater ein Mahl (Od. 15, 506–507).

Das Mahl – ein Spiegel sozialer Beziehungen

Das auf eigene Kosten gegebene Mahl bietet die Gelegenheit, innerhalb der Eingeladenen zu differenzieren. Agamemnon machte den Basileus der Kreter, Idomeneus, darauf aufmerksam, dass er ihm vor allen anderen den Becher mit Wein füllen lässt (Il. 4, 257–267); er zeichnete den kleinen Aias durch die Zuweisung des besten Fleischstücks aus (Il. 7, 313–20) – und erwartete als Gegenleistung besondere Unterstützung. Odysseus bemühte sich in anderer Situation beim Mahl bei den Phäaken durch eine Gabe um den Sänger Demodokos (Od. 8, 474–481). Dass es sich dabei um ein reziprokes Verhältnis handelt, wird besonders dort deutlich, wo Achill die Einladung zu dem von Agamemnon gegebenen Mahl akzeptierte, obwohl er lieber sofort Rache im Kampf für seinen getöteten Freund Patroklos gesucht hätte (Il. 19, 179–233). Früher hatte Achill ein Kompensationsangebot Agamemnons für die ihm zugefügte Minderung seines Ansehens noch abgelehnt. Die Annahme der Einladung zum Mahl ist das nicht mehr umkehrbare Zeichen für die bevorstehende endgültige Beilegung ihres Streits. Selbst im Mahl der olympischen Götter

Das Mahl als Mittel sozialer Bindung

dokumentieren sich deren innere Beziehungen. Nachdem diese im letzten Teil der Handlung der *Ilias* zu einem neuen kommunikativen Verhältnis zueinander fanden, lud – anders als bisher – die für die Norm stehende Göttin Themis im Auftrag von Zeus zu einem Mahl mit neuen Spielregeln: Zum ersten Mal nahm Thetis, die Mutter Achills, teil und sie saß gleich auch an der rechten Seite von Zeus (Il. 24, 22–119).

Mit Geschenken lässt sich eine einmal geschlossene Beziehung verfestigen; sie rückt damit in die Nähe einer Allianz. Telemach, der Sohn des alten Gastfreundes Odysseus, erhielt in Sparta zum Abschied besondere Gaben: ein silbernes Weinmischgefäß (*krater*) von Menelaos, und von der nach der Eroberung Troias nach Sparta zurückgekehrten Helena ein von ihr selbst angefertigtes buntes Gewand (*peplos*) (Od. 15, 104–108, 125–129). Die Bedeutung solcher Geschenke für das persönliche Selbstverständnis geht daraus hervor, dass es Odysseus in dem Augenblick, als er sich seinem Sohn Telemach nach seiner Ankunft in Ithaka zu erkennen gab, wichtig war, sofort zu berichten, dass er wertvolle Gaben von den Phäaken erhalten habe (Od. 16, 230–232). Solche Geschenke gewinnen an Wert, wenn sie eine ‚Biographie' aufweisen, d. h. von ihnen eine ‚Geschichte' erzählt werden kann: Agamemnon hat seinen Brustpanzer als Gastgeschenk (*xeinion*) von einem Kinyras aus Zypern geschenkt bekommen (Il. 11, 19–20); die von Hephaistos gefertigte Silberschale, die Telemach bei seinem Besuch in Sparta von Menelaos erhielt, war ein Geschenk des Phaidimos von Sidon (Od. 4, 615–619).

Geschenk und Allianz

Geschenk für eine Leistung konnte auch Leistung im Gegenzug für eine Gabe heißen. Auf dieser Grundlage waren die Basileis mit dem Demos verbunden. Solange sie im Einklang mit den Regeln (*themistes*) handelten, das Recht (*dike*) achteten und die Risiken des Kampfes auf sich nahmen, erhielten sie vom Demos als besondere Gaben ein wertvolles Stück Land (*temenos*), einen hervorgehobenen Sitz beim Mahl und ein besonderes Stück Fleisch und die Versorgung mit Wein (Il. 8, 161–163). Da dieser Zusammenhang aufgekündigt wurde, zog sich Achill aus dem Kampf zurück. Agamemnon beanspruchte das Mädchen, das Achill als Beuteanteil aus einem früheren Raubzug von den Achäern, nicht von Agamemnon, erhalten hatte, für sich, ohne ihm dafür sofortige Kompensation zu bieten. Zwischen Achill und Agamemnon bestand keine auf einer Gabe beruhende soziale Bindung (Il. 1, 150–169).

Äquivalenz von Geschenk und Leistung

3.4 „Gabenfresser": auf dem Weg zur sozialen Abgrenzung

Die Idealfigur, also jemand, der „nach hinten und vorne" zu denken versteht, der die Vergangenheit kennt und die Folgen von Verhalten und Handlungen einzuschätzen weiß, stellte nicht den eigenen Vorteil (*kerdos*) in den Mittelpunkt seines Denkens und Handelns. Eben das wurde gerne denjenigen unterstellt, die aus der Fremde kommen. Das waren z. B. die Phöniker, die mit ihrem Schiff auf der Insel Syrie landeten und hier ein Jahr lang blieben, um Güter zu tauschen. Bei ihrer Abreise entführten sie den Sohn des Basileus und verkauften ihn als Sklaven an den Vater des Odysseus; er wird hier zum für Handlung und Symbolik wichtigen Schweinehirten Eumaios. Es gibt genügend Hinweise dafür, dass solches Verhalten nicht auf ‚Fremde' begrenzt war und den Austausch von Gaben einschloss.

Eigennutz und Raffen von Gaben

Der Phäake Alkinoos hielt Odysseus unverblümt vor, nur seinen eigenen Vorteil im Auge zu haben (Od. 8, 548). Umgekehrt freute sich Odysseus darüber, dass Penelope ihre Freier hinters Licht geführt hatte, um Gaben von diesen zu erhalten (Od. 18, 281–283). Penelope selbst tadelte ihren Sohn Telemach, nicht die eigenen Vorteile zu bedenken (Od. 18, 215–216). Wie kleinräumig-großbäuerlich die Suche nach dem Vorteil sein kann, führt das Verhalten des Anchises, Vater des Aineias, vor. Er ließ seine Stuten heimlich von den Pferden seines Cousin Laomedon begatten, die einen außergewöhnlichen Stammbaum besaßen, um so selbst in den Besitz solcher Pferde zu gelangen (Il. 5, 263–273). Aus der Perspektive von solchen, die bei der Verteilung der Gaben benachteiligt wurden, vermuteten die Hetairoi des Odysseus in dem Sack, den dieser von Aiolos erhalten hatte, ihm nicht (allein) zustehende reiche Gaben. Sie öffneten daher den Sack, sodass die in ihm eingeschlossenen schlechten Winde entkamen und sie vom Kurs nach Ithaka abtrieben. Die hier zum Ausdruck kommende Spannung zwischen dem berechtigten, weil auf ‚ausgeglichener' Reziprozität beruhenden Erhalt und dem Raffen von Gaben lag auch der Vorsicht des Odysseus zugrunde, nach seiner einsamen Ankunft in Ithaka die reichen Gaben der Phäaken in einer Höhle zu verstecken. Erst dann machte er sich auf, Erkundigungen über die Zustände in seinem Haus einzuholen.

Interpretationsspielraum für Äquivalenz

Die wenigen Beispiele zeigen schon, dass das so einfach wirkende System des Austauschs einander gleichwertiger Gaben und Leistung(en) einigen Spielraum offen ließ, der zum eigenen Vorteil ausgenützt werden konnte. Das liegt auch daran, dass es nicht leicht und eindeutig zu bestimmen, wann die für sein Funktionieren nötige Äquivalenz vorliegt. Das festzustellen, konnte schon unter einander wohlgesonnenen Gastfreunden schwierig sein. Der Lykier Glaukos und der aus Argos stammende Diomedes erkannten mitten im Kampf vor Troia, dass ihre Großväter Gastfreunde waren und Geschenke ausgetauscht hatten. Sie wollten es ihnen gleichtun und tauschten ihre Rüstungen, eine goldene gegen eine eherne. Der Dichter kommentierte diesen Sachverhalt, dass Zeus die Sinne des Glaukos verwirrt haben muss, wenn er einen Wert von hundert gegen den Wert von neun Stieren tauscht (Il. 6, 234–236).

Eine andere Facette des Problems zeigt sich am Verhalten Achills. Er lehnte das außergewöhnlich generöse Angebot Agamemnons auf Kompensation seines ihm entzogenen Anteils an der Beute ab: eine außergewöhnliche Anzahl an Gaben einschließlich eines Stück Lands und die Heirat mit einer der drei Töchter Agamemnons (Il. 9, 121–156, 264–298). Achill wies das Angebot wohl aus dem Grund zurück, weil er dieses nie adäquat hätte vergelten können und so in ständiger Abhängigkeit von Agamemnon verblieben wäre. Wie sehr man über diese Situationen im Einzelnen auch diskutieren kann, geht aus ihnen doch hervor, dass Äquivalenz nicht einfach als materieller Wert zu bemessen war, aber auch, dass es keine Instanz gab, welche diese herzustellen in der Lage gewesen wäre. Wer eine Leistung erbracht hatte, musste darauf vertrauen, dass die erwartete – reziproke – Gegenleistung folgte.

Abhängigkeit durch Geschenke

Wenn die Anführer im Sinn des Demos handelten, konnten sie ihre Leistungen und materiellen Ausgaben durch den Demos kompensieren lassen. Bei den Phäaken forderte Alkinoos die anderen zwölf Basileis auf, Geschenke für den abreisenden Gast Odysseus zu bringen, und er entlastete sie gleich mit dem Hinweis, dass sie ihre Gaben vom Demos – vermutlich von ihren jeweiligen „Unterstützern" – wieder zurückholen könnten (Od. 13, 7–15). Odysseus in der Rolle des erfundenen Aithon erzählte, dass er Odysseus beschenkt und ihm und seinen Gefährten Gerste, Wein und Rinder für Opfer und anschließend ein Mahl gegeben hatte; die Güter dafür hatte er im Demos wieder eingesammelt (Od. 19, 185–202). Der privilegierte Zugriff kann so weit gehen, dass der Basileus auf bestimmte Güter, besonders auf Wein, eine Art Monopol besaß. In der *Ilias* erhielten Agamemnon und Menelaos Wein von Euenos von der Insel Lemnos

„Unterstützer" als materielle Absicherung für die Basileis

geliefert, den die Achäer im Austausch gegen Kriegsbeute (Bronze, Eisen, Häute und Sklaven) erwerben konnten (Il. 7, 466–475).

Normenverletzung als Belastung

Der Demos empfand dieses Verhältnis dann als Belastung, wenn es nicht den Normen folgte. Die Freier der Penelope verletzten durch das Verprassen der Ressourcen im Haus des Odysseus solche Normen. Sie konnten Odysseus auch dadurch nicht beruhigen, dass ihm die materiellen Güter vom Demos ersetzt werden sollten und sie die Schädigung seines Ansehens durch Geschenke von Erz und Gold rückgängig machen wollten (Od. 22, 55–58). Auf die geltenden Normen bezog sich früher schon Penelope gegenüber den Freiern. Sie machte ihnen klar, dass Odysseus sie nie über die Norm hinaus (*exaision*) (materiell) bedrängt habe (Od. 4, 686–691). Umgekehrt zeigt das nur, dass die Begüterten diesem Vorwurf latent ausgesetzt waren. Indirekt sprach das Priamos aus, der in seinem Schmerz über den Tod des Hektor seine überlebenden Söhne als Taugenichtse, Lügner und die Besten im Reigentanz beschimpfte, die im Demos Lämmer und Ziegen rauben (*epidemioi harpakteres*; Il. 24, 253–262). Hesiod (Werke, 355) benannte den Sachverhalt eindeutig: „Gabe ist gut, Raub/Raffen hingegen schlecht".

Tendenz der Begüterten zur sozialen Abgrenzung

Hinter dieser wohl der Ausnahmesituation geschuldeten Selbstkritik wird eine Tendenz zur Abhebung der Begüterten aus dem Demos erkennbar. Diese sollte in der Öffentlichkeit durch die Präsentation von Prestigegütern als berechtigt nachgewiesen werden. Ein besonderes Beispiel dafür ist das Zepter, das Agamemnon als Redner in der Agora in Hand hielt. Hephaistos stellte es her und schenkte es Zeus, der gab es Hermes, dieser reichte es weiter an Pelops in Mykene; von diesem ging es zu Atreus, zu Thyestes und schließlich an Agamemnon (Il. 2, 100–107). Das ist eine besonders lange ‚Objektbiographie', die gleich mehrere Götter einschließt und sich in die Reihe der durch solche ‚Genealogien' ausgezeichneten Prestigegüter stellt. Eine etwas kürzere ‚Geschichte' wies der silberne, am Rand mit Gold überzogene Mischkrug auf, den Hephaistos gemacht und den Menelaos von Phaidimos erhalten hatte, um ihn an Telemach weiterzugeben (Od. 4, 589–592, 613–619). Helena gab Telemach eines der von ihr selbst gewebten schönen Gewänder, das dessen zukünftige Frau bei der Hochzeit tragen sollte (Od. 15, 99–129).

Geneaologie und Verwandtschaft

Mit dem Mittel der Genealogie soll auch die Person selbst in ihrem ‚Wert', d.h. sozialen Ansehen gesteigert werden. Um sich in Szene zu setzen, präsentierten die beiden schon genannten

Diomedes und Glaukos ihre Genealogie bis zum Urgroßvater (Il. 6, 208; 14, 115–125). In den Genealogien von Hektor und Aineias wurde sie – als eine auffällige Ausnahme – bis in die fünfte Generation bis zu Tros, von dem die Troer ihren Namen ableiteten, noch erweitert (Il. 20, 230); die Urgroßväter von Hektor und Äneas waren danach Brüder. Hier wird das Denken in den Kategorien von Verwandtschaft als Mittel der sozialen Distinktion eingesetzt. Das nicht ohne Grund. Die Brautwerbung um bedeutsame Frauen wie Penelope oder Helena wurde als ein Spektakel dargestellt, an dem alle großen Basileis bzw. ihre Söhne mit hohen Investitionen im Wettbewerb miteinander teilnahmen. Auf einer erfolgreichen Werbung beruhten auch endogame Verbindungen in Troia. Die Familie des Priamos war mit der seines wichtigsten Widerparts, Antenor, durch eine Heirat ihrer Kinder verbunden. Antenor selbst war zudem mit der Tochter des Basileus der Thraker verheiratet, sein Sohn mit einer jüngeren Schwester von dessen Mutter. Verwandtschaft verfestigte das Geflecht der Beziehungen zwischen den begüterten und angesehenen Figuren und ihrer Familien. Der Hinweis Hesiods, sich um die Nachbarn (*geitones*) zu bemühen und nicht auf die Verwandten zu setzen (Hes. Werke, 341–350), stellt dazu kein Gegenargument dar. Denn Hesiod als Sohn eines Zuwanderers konnte noch nicht in ein Verwandtschaftsgeflecht in Askra eingebunden gewesen sein.

Für die offensichtlich intendierte soziale Abgrenzung wurde darüber hinaus noch nach einer religiös-ideologischen Begründung gesucht. Der erste Schritt dazu war der Einbau von Göttern in die eigene Genealogie. Der Anspruch wird deutlicher, wenn von den Basileis allgemein behauptet wurde, dass sie von Zeus (*diogenes*) stammen. Mit dieser Verbindung sollten sie der menschlichen Kritik entzogen werden. Von hier ausgehend wurde einmal am Beginn der *Ilias* (2, 203–206) die Forderung aufgestellt, dass nur einer Anführer (*koiranos*) sein kann. Abgeschwächt kommt sie auch in der mit Agamemnon auffällig häufig verbundenen, oft auch für Götter verwendeten Bezeichnung *anax* zum Vorschein, mit der ein besonderer Führungsanspruch angezeigt werden sollte.

<small>Versuche der religiös-ideologischen Absicherung</small>

Doch trotz all dieser Anstrengungen der Basileis und der Begüterten, sich als Gruppe zu definieren und vom Demos abzugrenzen, blieben sie aufgrund ihres Anspruchs, die Besten (*aristoi*) zu sein, gefordert, ihre individuellen Qualitäten und Leistungen konkret nachzuweisen. Im Vergleich der Anführer wurden diese immer wieder benannt. Diomedes war z. B. der beste Kämpfer, solange

<small>Individuelle Qualität als oberstes Prinzip</small>

Achill sich am Kampf nicht beteiligte; er als junger Mann wog aber in der Beratung weniger als die erfahrenen Männer; Thoas war der oberste Anführer der Ätoler, weil er über besondere Qualitäten im Kampf verfügte, und in der Agora war er der beste (*aristos*) von den Jungen (Il. 15, 285–296). Für den Nahkampf werden die Besten im Kampf mit der Lanze zusammengerufen (Il. 15, 303–305). In solchen Fällen zeigte sich, wer den Anforderungen gerecht wird; niemand konnte sich der öffentlichen Bewertung entziehen. So beschimpfte Odysseus geradezu Agamemnon, als dieser – gänzlich verfehlt zu diesem Zeitpunkt der Schlacht – in der Beratung der Anführer überlegte, mit dem ganzen Heer abzuziehen. Agamemnon dürfte nicht sie alle anführen, sondern nur ein anderes, nichtswürdiges Heer. Doch hier funktionierte die soziale Abgrenzung unter einer Bedingung: Keiner der Argeier soll diesen Vorschlag hören. Agamemnon lenkte ein und bat die anderen um Rat (Il. 14, 82–108). Damit ist die Verbindung zur Ermahnung Telemachs durch den weisen Mentor geschaffen: Dieser erklärte dem Sohn des Odysseus, dass Kinder nur selten den Eltern gleich werden, die meisten werden schlechter, nur wenige besser (Od. 2, 276–277) – die soziale Abgrenzung ließ sich – zumindest in der *Ilias* und *Odyssee* – nicht erzwingen.

<small>Öffentlichkeit als Gefahr</small>

Das ist die Gedankenwelt, von der aus Hesiod den Zusammenhang zwischen sozialer Anerkennung und dem Handeln nach der Norm des allgemeinen Vorteils begründen konnte. Er beklagte, dass Perses einen Teil des gemeinsamen Erbes zu den Basileis getragen habe – wohl um einen für ihn vorteilhaften Entscheid in seinem Streit mit Hesiod in der Agora zu erhalten. Davon ausgehend weitete er die singuläre Kritik in ein generelles Fehlverhalten der Basileis aus. Er bezeichnete sie allesamt als „Gabenfresser" (*dorophagoi*), die für ihre nicht den Normen folgenden Entscheidungen materielle Geschenke entgegennehmen (Hes., Werke, 37–39). Die längerfristigen Folgen daraus malte er mit dem Bild der gerechten und ungerechten Gemeinschaft (Polis) aus (Hes., Werke, 224–272). Nur in der gerechten Polis gebären Frauen den Vätern gleichende Kinder. Schon ein „schlechter Mann" bzw. Anführer in einer Stadt kann genügen, dass Zeus die ganze Stadt straft. Jeder liegt mit jedem im Streit. Alle sind von Selbstüberschätzung und Überheblichkeit (*hybris*) beherrscht. Niemand achtet das Recht (*dike*); stattdessen wird getäuscht, man wechselt harte Worte, legt Meineide ab. Neid und Hass bestimmen das Leben der Menschen. Statt der Gabe gibt es Raub, dem Unheil und Tod folgen. In einer solchen

<small>„Gabenfresser" – ein Schaden für den Demos</small>

Stadt gebären die Frauen überhaupt keine Kinder. Die Folgen der Nicht-Ordnung (*dysnomie*) betreffen alle, verantwortlich sind allein die Basileis.

3.5 Gewaltbereite Männer – gemeinschaftsorientierte Frauen?

Was aus der Verengung auf das nur persönliche Interesse folgte, formulirt Andromache, die Gattin Hektors. Sie wollte ihren Mann davon abbringen, den Kampf gegen die Achäer auf dem Schlachtfeld zu suchen, und malte das schreckliche Schicksal aus, das seine Familie und zudem alle Troer treffen werde, wenn die Troer vor den Toren der Stadt besiegt werden. Dagegen setzte Hektor bei all seiner emotionalen Bewegung nur die Sorge, dass er – im Vergleich der Männer – als ein „schlechter" (*kakos*) vor den Troern und Troerinnen dastehen könnte. Wie zur Kaschierung der Schwäche seines Arguments wies er Andromache darauf hin, dass sie sich als Frau um die Arbeiten im Haus, nicht um den Krieg zu kümmern habe (Il. 6, 440–465, 486–493). Der Ablauf des Krieges mit dem Tod Hektors zeigt hingegen, dass Andromache mit ihrer Einschätzung der Situation richtig lag.

Andromache und Hektor

Auf der Seite der Achäer war es zuerst Agamemnon, der wegen seiner Verblendung (*ate*) sein Handeln nicht am Wohlergehen der Gemeinschaft ausrichtete. Wegen seines Konflikts mit Achill mussten viele Achäer sterben. Der sehr ähnlich wie Agamemnon reagierende Achill konnte gerade noch von der Attacke mit dem Schwert auf seinen Kontrahenten zurückgehalten werden. Doch er bleibt „hartherzig" und agiert in seinem in Hass verwandelten Zorn wie ein Tier (Il. 9, 496–498; 19, 206–214; 24, 134–137). Hesiod (Werke, 201–211) goss diesen Vergleich in das Bild der Tiere, die einander fressen, und stellte diesen die Menschen gegenüber, welche den Regeln (*nomoi*) folgen. In die Nähe solchen Verhaltens gerieten auch die Freier Penelopes. Deren Wortführer Antinoos, drohte dem Bettler (*ptochos*) Iros, ihn „aufs Festland" zum Basileus Echetos zu schicken, der alle verdirbt, ihnen Nasen und Ohren abschneidet und das Geschlechtsteil ausreißt (Od. 18, 85–87, 115–116). Odysseus behandelte den ihm ungetreuen Ziegenhirten Melanthios gleich selbst so, nur dass er ihm zusätzlich noch Hände und Füße abschlagen ließ (Od. 22, 474–477).

Die Verblendung des Agamemnon

Unheil kommt von einem gewaltsamen Basileus

Es besteht kein Zweifel, dass Gewaltanwendung, um eigenes Fehlverhalten zu verdecken, in der Sicht der Erzählungen negative Konsequenzen nach sich zieht bzw. ziehen muss. Das spielt auch im großen Handlungsbogen der *Ilias* eine wichtige Rolle. Laomedon, ein Vorgänger von Priamos in Troia, betrog die für ihn (unerkannt) als Tagelöhner (*thes*) arbeitenden Götter Poseidon und Apoll um ihren Lohn, schlug sie, als sie sich wehrten, und drohte ihnen weitere körperliche Züchtigung und den Verkauf in die Sklaverei an (Il. 21, 441–457) – ein Vorzeichen für den Untergang Troias. Auch unter den Achäern hat diese Art der Gewalt negative Folgen für die Gemeinschaft. Odysseus verprügelte in der Agora Thersites, der Agamemnon mit den Argumenten Achills kritisierte, mit dem Zepter des Redners. An diesem Punkt der Entwicklung des Geschehens lachten die Achäer noch darüber (Il. 2, 270). Das Blatt wandte sich, als wegen des Vordringens der Troer die *kakotes* (Schlechtigkeit) genannte Führungsschwäche Agamemnons unübersehbar wurde und die jungen Männer die von Achill in der Agora am Beginn des Streits geäußerten, aber ohne Resonanz gebliebenen Vorwürfe übernahmen (Il. 13, 83–115). Diese laufen darauf hinaus, dass Agamemnon ein Vernichter des Demos (*demoboros*) sei. Eine vergleichbare, allerdings erfolglose Opposition entstand, als Odysseus auf der Heimfahrt nach Ithaka einen Mann nach dem anderen verlor, d. h. in den Tod führte. Anders als Agamemnon änderte Odysseus sein auf sich zentriertes Verhalten nicht – mit der Folge, dass alle Gefährten umkamen (Od. 13, 340).

Gewalt spaltet die Gemeinschaft

Die Anwendung von Gewalt konnte die Spaltung der Gemeinschaft zur Folge haben. Odysseus erzählte in einer seiner ‚erfundenen' Geschichten dem Schweinehirten Eumaios, dass er der von einer Nebenfrau geborene Sohn eines begüterten und im Demos in Kreta hoch geehrten Mannes gewesen sei (Od. 19, 199–359). Nach dem Tod des Vaters hätten ihm seine Halbbrüder vom großen ererbten Vermögen nur ein Haus (ohne Land) überlassen. Seine Abneigung gegen die tägliche Arbeit ließ ihn dann mit einer Gruppe von „Gefährten/Unterstützern" (*hetairoi*) zum Raubzug nach Ägypten aufbrechen, um Beute zu gewinnen, die ihm die gewünschte soziale Anerkennung bringen sollte. Der Plan ging schief, weil die Ägypter sie gefangen nahmen. Gefährlicher war die Situation in Ithaka. Nach der Ermordung der Freier durch Odysseus betonte Eupeithes, einer von deren Vätern, dass man sich auch mit Gewalt gegen die Willkür der Basileis zur Wehr setzen müsse, will man sich ihnen nicht auf immer beugen (Od. 24, 432–436). Noch dramatischer war die Lage im Heer der Belagerer von Troia. Der junge Diomedes attackiert Agamemnon, der ihn früher als unkriegerisch beschimpft hatte, aggressiv und erhält dafür die volle Zustimmung der Achäer in der Agora. Der alte Nestor erkannte sofort die Gefahr der Spaltung der Gemeinschaft durch das Setzen auf Gewalt und formulierte die Norm, an welche sich alle halten sollen: „Ohne Verwandtschaft, ohne Regeln und ohne Haus ist derjenige, der sich nach dem Krieg im eigenen Demos (*polemos epidemios*) sehnt" (Il. 9, 63–64). Nestor setzte dagegen auf die Klugheit der älteren und erfahrenen Männer und schickte die jungen aus der Versammlung fort.

Gewalt wurde offensichtlich zum Mittel, um sich in der Konkurrenz der Anführer Vorteile zu verschaffen bzw. in ihr bestehen zu können. Dabei ging die immer wieder eingeforderte Norm, auf den Vorteil für alle zu achten, verloren. Zur Illustration benützte Hesiod wiederholt das Bild der Zweiteilung. Bekannt ist die Unterscheidung von zwei unterschiedlich gearteten Poleis, nicht weniger die zwischen einer guten und einer schlechten Konkurrenz (*eris*; Hes., Werke, 11–26). Eine nicht weniger oft zitierte Erläuterung bot er mit der Beschreibung der Konkurrenz zwischen Zeus und dem Angehörigen der Titanen Prometheus darüber, wer über den besten Rat (*boule*) verfügt (Hes., Theog., 521–569; Werke, 45–59). Zeus durchschaute die List des Prometheus, die Knochen des geopferten Tieres in sein Fell zu wickeln und so vorzutäuschen, dass das das ganze Tier sei. Deswegen fesselte und quälte er Prometheus, ließ aber zu, dass ihn Herakles befreite. Darin zeigt sich, dass die Sorge vor dem Ausufern der Konkurrenz in Gewalt nicht nur zu den Grundthemen der Epen gehört, sondern auch Wege aufgezeigt wurden, mit deren Hilfe die Regeln zur Vermeidung von Gewalt und zur Lösung von Streit zur Geltung gebracht werden konnten.

Verlust der Norm des allgemeinen Vorteils

Hier kommen die Frauen ins Spiel. Wie das zitierte Beispiel der Andromache vorführt, gingen von ihnen Impulse aus, nicht auf dem eigenen Standpunkt zu verharren und auch auf Gewalt zu verzichten. Explizit ist dieser Zusammenhang im Wunsch von Thetis, der Mutter von Achill: Er möge mit einer Frau schlafen, dann würde er von seinem Zorn und Rasen ablassen (Il. 24, 128–131). Das impliziert das Bild des „weichen" Mannes, wie ihn Paris verkörpert, und in fast paradigmatischer Weise Menelaos. Ihm warf Agamemnon vor, Troer verschonen zu wollen (Il. 6, 51–65); Mene-

Der Vorteil „geschmeidiger Sinne"

laos selbst sprach von der Überwindung des Schmerzes und der Notwendigkeit, – anders als die Regeln nicht beachtenden jungen Männer – „nach hinten und nach vorne" zu schauen und Streit (*eris*) durch einen Schwur zu beenden (Il. 3, 97–110; 23, 602–611). Hierher gehören auch die friedlichen Phäaken, die Meister des Tanzes waren und keine Wettkämpfe kannten, deren Ziel die physische Überwältigung des Kontrahenten war (Od. 8, 246–253). Die für diese Einstellung nötige Geschmeidigkeit der Sinne wünschte sich explizit auch Achill selbst (Il. 18, 107–119), wenn es auch vieler Toter einschließlich seines Freundes Patroklos bedurfte, bis er sich zu diesem Denken und Verhalten durchringen konnte. Im Anschluss an die Bestattung des Patroklos veranstaltete er Wettbewerbe, die als Mittel zur sozialen Integration dienten (Il. 23, 257–897). Bewerbe, in denen der Sieger durch die direkte physische Niederlage des Konkurrenten ermittelt wurde (Ringkampf, Waffenkampf), wurden von Achill als unentschieden gewertet oder minder bewertet wie das Boxen. Zudem vergab er Preise auch an die Unterlegenen. Und der Speerwurf, der letzte der Bewerbe, wurde mit dem Argument gar nicht ausgetragen, dass Agamemnon bekanntermaßen der Beste sei. Dass Agamemnon dem zustimmte, ist ein wichtiger Hinweis darauf, dass jeder Vorschlag der Zustimmung der Betroffenen bedurfte und nicht mit Druck, Gewalt oder mit Berufung auf die eigene Autorität durchgesetzt werden sollte.

Klarsichtige Frauen

Frauen setzten nicht nur Impulse, sie standen auch direkt den auf Gewalt als ‚Lösung' setzenden Männern gegenüber – und erwiesen sich in vielen Situationen als weitblickender. Die genannte Thetis ist dafür ein Beispiel, solche Frauen wurden zudem geradezu als Typ präsentiert. Als eine derartige Frau dürfen die klarsichtige Andromache gelten, zudem Penelope, die mit einem idealen Basileus verglichen wurde (Od. 19, 107–114), und auch die Frau des Phäaken Alkinoos, die einen sprechendem Namen trägt: Aréte (persönliche Qualität/'Tugend'). Sie schlichtete Streitfälle unter den Phäaken (Od. 7, 66–75). In der von Hesiod und Homer aufgebauten Götterwelt wurde diese Tendenz der Bewertung von Frauen gespiegelt und damit ein Vorbild zur Orientierung erzeugt.

Angst vor den Kindern

Gemäß Hesiods *Theogonie* ist das treibende Motiv für die Fehlhandlungen der männlichen Götter die Angst, aus der Position des Basileus durch ihre Kinder vertrieben zu werden. In jeder Generation griffen Frauen mit ihren Ratschlägen und Handlungen aktiv in die Abläufe der Entwicklung des Kosmos und der Götter ein. Uranos verbannte seine Kinder, die Titanen, in Gaia (Erde). Nur Kronos hatte den Mut, deren Rat aufzugreifen, sich aus der Unterdrückung durch den Vater zu befreien. Er schnitt mit der von Gaia geschaffenen Sichel seinem Vater das Geschlechtsteil ab. Dann jedoch verhielt er sich selbst wie dieser und verschlang seine Kinder. Doch die „viel verständige" Gaia kannte eine List zur Befreiung der Kinder: Rheia gab ihrem Gatten Kronos anstelle des neugeborenen Zeus einen in Windeln gewickelten Stein. Der von ihm anstatt des Kindes verschlungene Stein bewirkte, dass er auch alle anderen Kinder wieder ausspeien musste. Auf den weiteren Rat Gaias befreite schließlich Zeus die Titanen und tat den letzten entscheidenden Schritt: er respektierte die verschiedenen Tätigkeitsfelder der Götter, weshalb diese baten, ihr Basileus zu sein.

In der neuen Ordnung übernahmen weibliche Gottheiten wichtige Rollen. Styx verfolgte den Meineid unter den Göttern und schloss die Schuldigen für neun Jahre von der Beratung (*boule*) und dem gemeinsamen Mahl (*dais*) aus. Hekate kümmerte sich um das normengerechte Verhalten und führte die Menschen so zum Erfolg in den verschiedensten Situationen. Zeus selbst verband sich mit Göttinnen, aus denen sich die Summe des klugen Handelns bilden lässt. In einer Umdeutung des Verschlingens der die eigene Position gefährdenden Kinder nahm er – auf Rat der Gaia – Metis, das kluge Verhalten, in sich selbst auf (Hes., Theog. 886–893). Zudem zeugte er – neben anderen Verbindungen – mit Themis (Norm) Eunomia (gute Ordnung), Dike (Recht) und Eirene (Frieden), mit Eurynome (gute Norm) die Chariten (freundschaftliche Verbindung) oder mit Mnemosyne (Gedächtnis/Erinnerung) die Musen.

_{Neue gemeinschaftliche Ordnung}

Diese Entwicklung des Zeus in der *Theogonie* hat eine erstaunlich enge Parallele in der Entwicklung der olympischen Götterwelt in der *Ilias*. Im ersten Drittel der Erzählung trat Zeus als ein Herrscher auf, der jeden Widerstand mit brutaler Gewalt erstickte. Als Führerin der sich dagegen stellenden Göttinnen und Götter verführte ihn Hera und brachte ihn so dazu, ein Prinzip höher zu halten als alles andere: „die Sinne der Guten sind schmiegsam" (Il. 15, 200–204). Damit ist gemeint, dass sie künftig aufeinander hören und Entscheidungen gemeinsam treffen werden – eine klare Absage an die bisherige Geschichte der Gewalt zwischen Göttern. Die neue Denkweise wird mehrfach symbolisch ins Bild gesetzt. Als Hera in die für die Absage an die Gewalt entscheidende Versammlung der Götter kam, nahm sie nur den Willkommensbecher der für

Wandlung des Zeus in der Ilias

die rechte Norm stehenden Göttin Themis an; als am Ende der *Ilias* die neue Ordnung endgültig beschlossen war, reichte Hera der bis dahin von den Versammlungen ausgeschlossenen Thetis, Mutter Achills, den Becher als Willkommensgruß (Il. 15, 84–112; 24, 22–119). So wie in der *Theogonie* wurde der durch diesen Prozess gewandelte Zeus von allen Göttern als Basileus anerkannt, und er respektierte umgekehrt die Leistungen (*timai*) der Göttinnen und Götter.

Spannung zwischen Gewalt und Kommunikation

Das alles darf nicht den Eindruck erwecken, dass damit Gewalt aus der Welt geschafft gewesen wäre. Im Gegenteil: Auch Frauen griffen zu diesem Mittel. So verhielten sich z. B. die von der Nacht geborenen Göttinnen in der *Theogonie*, zu gewaltsamen Mitteln tendierten auch Hera und Athene in ihrem Widerstand gegen den gewaltbereiten Zeus in der *Ilias*. Hesiod transponierte diese Spannung in das Bild der zwei einander gegenüberstehende Teile eines Ganzen. Sowohl in der *Theogonie* als auch in den *Werken und Tagen* erklärt er, dass man die den Mann betörende Frau – als das „Schöne-Schlechte" (*kalon kakon*) nicht fälschlich für ‚die' Frau schlechthin halten sollte (Hes. Theog., 569–590; Werke, 372–373, 694–699). Ihr stehe die kluge und arbeitsame Frau gegenüber, die zur Sicherung des Wohlstandes beiträgt. Angesichts der hinter all dem stehenden Spannung zwischen Gewalt und Kommunikation ist es kein Zufall, dass am Ende der *Odyssee* Zeus seine göttliche Macht dafür einsetzen musste, den ausweglos erscheinenden Streit unter den Ithakesiern zu beenden. Nur auf Basileis mit „geschmeidigem Denken" bezogen erhielt deren Herleitung als „zeusgeboren" (*diogenes*) ihren Sinn, auch die wiederkehrende Formulierung, dass diese wie ein Gott unter den Menschen geachtet werden. In diesem Sinn formulierte explizit Hesiod, dass die Basileis von Zeus stammen (*ek de Dios*) und ihnen die Göttin Dike (das Recht) folgt (Hes., Theog., 80–96). Mit dem Idealbild sollte die Realität in Schach gehalten werden.

3.6 Formen von Mobilität

Es sind die Erzählungen von der fiktiven Fahrt der Achäer übers Meer, um Troia zu belagern, und von der mit vielen Ereignissen gespickten Rückfahrt des Odysseus und der Ithakesier durch verschiedene, auch mythische Gegenden des Mittelmeeres, welche den Eindruck hervorrufen, dass die Bewegung über große Entfernungen ein allgemein verbreitetes Verhalten gewesen sei. Doch es

3 Die Lebenswelten ‚des Anfangs' im Spiegel von Homer und Hesiod — 93

waren vor allem Fremde, die größere Distanzen überwanden. Ihre Motive dafür konnten ganz unterschiedlicher Art sein.

Eine Form ökonomisch motivierter Mobilität nennt die *Odyssee* in Gestalt der sog. Demiourgen („im oder für den Demos Arbeitende"). Das waren Seher, Arzt, Zimmermann, Sänger und Herold die ihre spezialisierten Kenntnisse dort anboten, wo sie gerade gebraucht wurden (Od. 17, 382–386; 19, 135). Die Reichweite solcher Mobilität geht aus der Information Hesiods hervor, dass er von Böotien auf die Insel Euböa gereist sei, um anlässlich der Leichenspiele für Amphidamas seine Dichtung vorzutragen (Werke, 650– 659). Ein anderer indirekter Hinweis ergibt sich aus der Existenz von Tagelöhnern (*thetes*) und Gelegenheitsarbeitern (*ptochoi*), die abseits ihres eigenen Wohnortes nach Arbeit suchen mussten. Eine deutlich weitere Strecke hatte der Vater Hesiods zurückgelegt, der von Kyme in Kleinasien über die Ägäis nach Askra in Böotien kam, wohl um hier als Bauer sein Glück zu versuchen. Etwas weitere Strecken legten auch diejenigen zurück, die innerhalb einzelner Austauschräume Waren transportierten, wie z. B. Euenos, der Agamemnon Wein von der Insel Lemnos nach Troia brachte (Il. 4, 467–471).

Ökonomisch motivierte Mobilität

Noch größere Distanzen legten nur Fremde zurück wie die Taphier oder Phöniker. Von den nicht näher zu identifizierenden Taphiern heißt es, dass sie zu Menschen mit anderen Sprachen fuhren, dass sie – vermutlich in Zypern – Kupfer gegen Eisen eintauschten, sich auch an Raubzügen beteiligten und Menschen als Sklaven verkauften (Od. 1, 180–186; 16, 425–427). Der Sklave aus begütertem Haus, der Schweinehirt Eumaios, stellt sie in der Erzählung seiner Lebensgeschichte neben die Phöniker. Phöniker sollen ein Jahr auf seiner Heimatinsel Syrie geblieben sein, bis sie das Schiff mit gekauften Waren (*hodaia*) gefüllt hatten. Eine von Taphiern in Sidon entführte und dann als Sklavin nach Syrie verkaufte Phönikerin ließ sich mit den phönikischen Händlern ein und bot diesen an, den kleinen Eumaios zu entführen, damit er von den Phönikern verkauft werden kann (Od. 15, 403–484). In diesem Bild des mehrere Austauschräume durchquerenden Seefahrers vermengen sich Händler und Räuber, ohne dass sie eindeutig negativ bewertet würden. Das hängt damit zusammen, dass Raubzüge wie ein gängiges Phänomen behandelt werden.

Fremde aus der Ferne

Nestor brüstete sich damit, dass er als Revanche für einen von den Eleern durchgeführten Raubzug gegen die Pylier die erfolgreiche Gegenattacke anführte. Eine große Zahl an Nutztieren wurde als

Raubzug und Piraterie

Ausgleich für die früheren Verluste nach Pylos getrieben (Il. 11, 655–760). In der einem der Freier erzählten Lügengeschichte des Odysseus wurde der Raubzug zur regelrechten Piraterie ausgeweitet. In Ägypten wurden seine Gefährten beim Plündern getötet oder gefangengenommen und versklavt, während er nach Zypern entkam (Od. 17, 415–444). In der Eumaios erzählten Variante blieb er sieben Jahre in Ägypten, gelangte dann nach Phönikien. Auf einer von einem Phöniker initiierten Fahrt nach Nordafrika ging das Schiff im Sturm unter. Odysseus wurde an die Küste des Landes der Thesproter geschwemmt und wurde von deren Basileus aufgenommen. Bei der Fahrt von dort nach der Insel Dulichion entging er der Versklavung durch die thesprotischen Schiffsleute nur durch die Flucht vom Schiff und kam so nach Ithaka und zu Eumaios (Od. 14, 252–359).

Vertreibung aus der Gemeinschaft

In den erfundenen Geschichten, den sog. Lügenerzählungen des Odysseus stehen hinter der Mobilität als Pirat Spannungen innerhalb der Familie bzw. das Motiv, mit den in der Fremde erworbenen materiellen Gütern das angestrebte Ansehen zu gewinnen. Daneben erscheinen tiefer gehende Konflikte, die nur dann nicht zum internen Krieg führten, wenn der schwächere der Kontrahenten die Gemeinschaft verließ. Schon der Konflikt zwischen Agamemnon und Achill zeigt dieses Muster. Die Aberkennung der ihm zustehenden Gabe aus der Beute durch Agamemnon mündete in die spontane Reaktion Achills, mit dem ihm folgenden Teil des Heeres abzuziehen. Auch die Väter der Freier und ihrer Anhänger als die Mehrheit in Ithaka erwarteten von Odysseus, dass dieser nach der Ermordung der Freier Ithaka verlässt (Od. 24, 432–436). Eben das befürchteten die Freier selbst, nämlich aus dem Land vertrieben zu werden, wenn die Menschen in Ithaka von ihrem fehlgeschlagenen Mordanschlag auf Telemach erfahren würden (Od. 16, 376–382).

Vertreibung und Flucht

Solche Situationen wurden in den Epen vielfach durchgespielt. Häufig tauchen Flüchtlinge – meist junge Männer – auf, die ihren Heimatort allein oder gemeinsam mit „Gefährten/Unterstützern" verlassen mussten, weil sie in einen gewaltsamen, in einen Totschlag mündenden Konflikt geraten waren. Sie wurden meist in einem weit entfernt liegenden Land bzw. einer Siedlung aufgenommen und konnten hier häufig wegen ihrer Leistungen für die dortige Gemeinschaft Ansehen erlangen. Ein Beispiel dafür liefert wiederum Odysseus, wenn er in Ithaka angekommen der Göttin Athene weiszumachen versuchte, dass ihm Orsilochos, der Sohn des Idomeneus in Kreta seine Beute aus Troia habe wegnehmen wollen. Deswegen habe er ihn getötet und daher flüchten müssen (Od. 13, 256–286). Manchmal werden derartige Konflikte in das Erzählmotiv des Widerstands gegen die sexuelle Verführung durch die Frau oder der Konkubine des Basileus gekleidet. Das ist der Grund, weswegen Phoinix oder Bellerophon fliehen mussten (Il. 9, 446–483; 6, 160–170). Näher an der Realität scheint der Fall des Tlepolemos zu liegen, der in Ephyre in Elis seinen Onkel erschlug und daraufhin mit einer Gruppe von „Anhängern" das Land verlassen musste und nach Irrfahrten ungeplant in Rhodos strandete (Il. 2, 661–670). Am Beispiel von Odysseus als ‚realer' Basileus in Ithaka wurde vorgeführt, was passiert, wenn einer der Kontrahenten das Feld nicht räumte. Die in zwei Teile gespaltenen Ithakesier standen sich auf Schlachtfeld gegenüber und verfügten über kein Mittel, um dem nun drohenden gegenseitigen Töten auf dem Schlachtfeld zu entkommen. Im Epos konnten die Götter Zeus und Athene erzwingen, dass sich die Konfliktparteien versöhnen und dies durch einen gegenseitigen Schwur absichern (Od. 24, 529–548).

Es ist offensichtlich, dass es sich in keinem dieser Fälle um eine geplante Migration handelt, sondern um eine erzwungene Abwanderung einzelner Personen mit oder ohne „Gefährten" zur Vermeidung des internen Krieges. Regelrecht geplante Wanderungsbewegungen sind auch deswegen schwer vorstellbar, weil die sozio-politischen Einheiten in den Epen so konstruiert sind, dass Entscheidungen nur über langwierige Aushandlungsprozesse zustande kommen. Deren Einhaltung konnte zudem nicht erzwungen werden, sondern beruhte ausschließlich auf der Einsicht, dass dies für alle von Vorteil sei. Eine solche Situation steht auch hinter der vielzitierten Herkunftsgeschichte der Phäaken (Od. 6, 1–10). Diese waren Abkömmlinge der von Kronos abstammenden Giganten und wohnten neben den Kyklopen, Nachkommen von Gaia und Uranos. Da sich die Phäaken gegen die Raubzüge der gewaltbereiten und stärkeren Kyklopen nicht zu erwehren imstande waren, zogen sie unter der Führung des Nausithoos auf die Insel Scheria. Die von ihnen hier errichtete Siedlung umgaben sie sofort mit einer Mauer, bauten dann Häuser und Tempel und teilten das umliegende Land unter sich auf – und lebten ‚in mythischer Abgeschiedenheit' getrennt von allen anderen und ohne jeden Bezug zum Herkunftsort bis zu dem Zeitpunkt, als Odysseus zu ihnen verschlagen wurde.

Keine Wanderungsbewegungen

3.7 Dichter als kluge Ratgeber: die Schaffung von Paradigmen

Dichter der Epen als Autoritäten

Auch wenn die Epen völlig verschiedene Handlungen zum Thema haben, decken sie sich doch in ihren grundsätzlichen Intentionen. Es ist eindeutig, dass sie auf Gewalt und Bereicherung setzende Anführer ablehnen. Diese sind verblendet; ihre Hartherzigkeit bedeutet für andere Armut. Wenn sie die Konkurrenz untereinander auf die Spitze treiben, führt das zu einem mit friedlichen Mitteln nicht mehr lösbaren Konflikt im Demos. Dem wird die Bereitschaft zur mühsamen Aushandlung durch Kommunikation in der Öffentlichkeit (der Agora) und zur Kooperation als positiv bewertetes Verhalten entgegengesetzt. Das sind nicht nur Botschaften, in denen sich die Epen überlappen. Insbesondere Homer, aber auch Hesiod wurden mit diesen zu den autoritativen Bezugspunkten für die nachfolgende Literatur (Lyrik, Drama, Roman), die Geschichtsschreibung, und Philosophie. Das hängt wesentlich auch mit der literarischen Qualität der Epen zusammen.

Epische Erzählkunst

Es ist umstritten, ob die homerischen Epen von einem oder mehreren Dichtern stammen. Unabhängig davon ist unbestritten, dass die oder der Dichter alle Formen der mündlichen Dichtung (wie Formeln, typische Szenen, Ringkomposition, Katalog) beherrschte(n). Nicht zu übersehen ist auch, dass diese Mittel des Erzählens so eingesetzt wurden, dass sie der intendierten Gestaltung der Erzählung dienten. Verstärkt wurden die Strukturierung und die parallel dazu aufgebaute Spannung der Erzählung durch Reden, Vorausdeutungen (Prolepse) und Rückblenden (Analepse), Motivdoppelungen, Retardation des Handlungsablaufs oder Gleichnisse. Mit diesen Mitteln konnten mehrere Perspektiven auf das Geschehen nebeneinander gestellt werden, von denen aus auch ein Blick auf einen möglichen alternativen Ablauf des Geschehens eröffnet wird. So wurde das Publikum – innerhalb des Epos und als Zuhörer außerhalb – in die Erzählung eingebunden und zu eigenen Stellungnahmen herausgefordert. Wenn all das in den Epen Hesiods auch nicht so kunstvoll aufgebaut ist, so sind doch die Grundelemente dieser Erzählkunst auch bei ihm vorhanden.

‚Allwissende' Dichter

Die Kunstfertigkeit der Epen beschränkt sich nicht auf die kunstvolle Erzählung. Das Publikum wurde auch dadurch gefesselt, dass die Dichter über besonderes, d. h. über ein besonders umfangreiches Wissen verfügen. Sie treten so auf, als ob sie die (ganze) Welt kennen würden. Überall dort, wo es für den Fortgang oder die Erläuterung der eigenen Erzählung nützlich ist, werden andere Erzählungen zitiert und gleichzeitig wohl auch adaptiert; die Dichter scheinen sie alle parat zu haben. Die geographischen Kenntnisse reichen von Sizilien bis an den Rand der östlichen Mittelmeers, wenn auch in unterschiedlicher Brennschärfe. Die homerischen Dichter kennen fremde Welten, regelrechte Städte samt ihrer Belagerung, kunstvolle Architektur und wunderbar-wertvolle Gegenstände. Der Dichter der *Ilias* spielte auch mit der Kenntnis der Schrift. Wegen eines Konflikts um die Frau des Proitos von Argos wurde Bellerophon von diesem mit einer zusammengelegten Holztafel, die geheimnisvolle Zeichen enthält (Il. 6, 167–170), nach Lykien geschickt. Der Basileus in Lykien konnte diese entziffern und erfuhr so, dass er Bellerophon Gefahren aussetzen soll, damit dieser umkommt. Die sich darin andeutende Kenntnis der Welt(en) des östlichen Mittelmeers ist noch viel tiefer in den Epen selbst verankert. Motive und ganze Handlungsstränge aus den schriftlich verfassten Erzählungen aus diesem Raum bilden zentrale Elemente für den Aufbau der homerischen Epen und der Epen Hesiods.

Die beeindruckende Komplexität der Erzählungen spricht gegen deren mündliche Konzeption und für die Benutzung der Schrift für ihre Abfassung. Der selbstbewusste Einsatz der verschiedenen Elemente des Erzählens deutet in Verbindung mit der Heranziehung all des im weiteren Umfeld erreichbaren Wissens auf die Möglichkeit, dass die Dichter Mündlichkeit nur mehr vorspielten, de facto aber schriftlich dachten – ein Vorgang, der in der Analyse der europäisch-mittelalterlichen Epen als „sekundäre Mündlichkeit" bezeichnet wurde. Auf jeden Fall wollten die Texte eine Welt präsentieren, die paradigmatische Hinweise für das Verhalten des Publikums in seinem eigenen Umfeld bereithält.

Schriftliche Abfassung und „sekundäre Mündlichkeit"

Eine solche paradigmatische Welt braucht einen Rahmen. Dafür wurde in der *Ilias* ein fiktives Gebilde erzeugt, dessen konstruktiver Charakter in den drei dafür verwendeten Namen (Achäer/Danaer/Argeier) durchscheint. Diese ‚Achäer' waren nach dem Vorbild der Allianz eines überdimensionierten, nur fallweise in Erscheinung tretenden regionalen Bündnisses (*ethnos*) gestaltet. Ihr Zusammenhalt endete mit der Eroberung Troias, dem Erreichen des gemeinsamen Ziels. Ungeachtet dessen wurde die Möglichkeit einer Großeinheit vorgestellt, die auf einer Ausweitung der dem Publikum bekannten Methode beruhte, über eine Allianz Zusammenhalt zu kreieren. Dabei wurden die Schwierigkeiten für diesen

Achäer sind keine Hellenen

Weg zu einer auf gegenseitiger Anerkennung beruhenden Einheit ohne Zurückhaltung thematisiert. Betont wurden die Vorteile für diese Art des Zusammenhalts und es wurde über die potentielle Einsicht der Menschen eine positive Perspektive für die Zukunft aufgezeigt. Dennoch blieb eine große Schwierigkeit bestehen. Anders als die Troer verfügte das Gebilde der Achäer/Danaer/Argeier über keine gemeinsame Genealogie. Der Name Hellenen darf dafür nicht in Anspruch genommen werden. Denn mit ihm wurde nur eine kleine Gruppe von Menschen im südlichen Thessalien (*Ilias*) oder in Mittelgriechenland (*Odyssee*), niemals jedoch die Gesamtheit ‚der Griechen' bezeichnet. Daher spielte auch die Genealogie des Hellen (noch) keine Rolle.

<small>Formierung einer einheitlichen Götterwelt</small>

So scheint nur ein anderer Weg offen gestanden zu haben, eine dauerhafte Gemeinsamkeit zu erzeugen: die Bildung einer einheitlichen, allen Menschen übergeordneten Götterwelt. In der *Ilias* wurde die Etablierung der inneren Prinzipien für die olympischen Götter nachgezeichnet. Entscheidend ist, dass Zeus, der anfänglich eine sich auf Gewalt stützende Herrschaft behaupten wollte, sich gegenüber den Vorhaltungen der anderen Götter einsichtig zeigte. Alle Götter reduzierten ihren Anspruch auf Entscheidungsmacht zugunsten vor allem einer Regel, nämlich Entscheidungen in respektvoller Kommunikation gemeinsam zu treffen. In der *Odyssee* wurden die Götter als Instanz für die Ordnung unter den Ithakesiern bemüht, wenn Zeus gemeinsam mit Athene einen durch einen Schwur besiegelten Frieden erzwingt. In Hesiods *Theogonie* wurde die Geschichte bis zur Ordnung der olympischen Götter unter Führung von Zeus erzählt, und in seinen *Werken und Tagen* wurde diese als Instanz zur Beurteilung der Basileis und der Menschen insgesamt ausgerufen. Dies alles wurde von den späteren Griechen anerkannt: Nach Herodot (2, 53) hatten Homer und Hesiod die olympischen Götter geschaffen.

<small>Musen als Garanten des Wissens</small>

Der Anspruch auf das ‚Wissen' um das richtige Denken und Verhalten wurde nicht nur über die Erzählungen transportiert. Er wurde so abgesichert, wie das eben nur möglich ist – über die Berufung auf eine göttliche Instanz. Die Musen gaben die Inspiration, welche die Dichter leitete. Auf diese Weise konnten sich die Dichter der Epen von den vielen anderen Erzählern und Erzählungen abheben. Dafür gab es in der Welt des 7. Jh. nicht nur viele Gelegenheiten bei festlichen Mahlen bei Hochzeit oder Begräbnis, beim Opfer und Opfermahl, bei der Bewirtung von fremden

Personen oder auch bei der Abhaltung sportlicher Wettbewerbe. Die Dichter der Epen wollten sich dem Fragen nach der ‚Wahrheit' ihrer Erzählung und dem Wettbewerb mit konkurrierenden Geschichten dadurch entziehen, dass sie für sich eine von den Musen vermittelte besondere Autorität beanspruchten. Ihr Wissen stammte von den Töchtern von Zeus und Mnemosyne (‚Wissen um die Vergangenheit'). Sie, so Hesiod, haben ihm seine Stimme eingehaucht, um zu rühmen, was sein wird und was vorher gewesen ist (Hes. Theog., 22–23; Werke, 1–10). Mit dem Bezug zur Muse beginnt auch die *Odyssee*. Auf diese Weise stellten sich die Dichter auf die gleiche Ebene mit dem Seher, dem Wissen um die Vergangenheit und Zukunft zugesprochen wird (Od. 24, 452).

Zur Unterstützung des Anspruchs auf paradigmatische Wahrheit wurde in das Kontinuum, das im Mythos die Welt der Götter und der Menschen verbindet, eine Zäsur eingefügt. Die Trennung zwischen beiden Welten vollzieht sich in der *Ilias* parallel zur Formierung der Ordnung der olympischen Götter. Ab dem Zeitpunkt ihrer Einigung rangierten die Götter über den Menschen und konnten von den (heroischen) Menschen nicht mehr physisch attackiert werden. Im Gegenteil: Am Ende der *Ilias* verfügt Zeus über zwei Gefäße (*pithoi*), aus denen er den Menschen Gutes bzw. Schlechtes zuteilt (Il. 24, 527–551). Am Ende der *Odyssee* erzwingt Zeus mit seinen Machtmitteln Donner und Blitz – und mit Unterstützung der als verständiger Mentor auftretenden Athene – den gegenseitigen Schwur der Ithakesier (Od. 24, 529–548). In der *Theogonie* und in den *Werken und Tagen* hat besonders die Erzählung über das Schicksal des Prometheus die Funktion, die genannte Trennung von Göttern und Menschen zu signalisieren. Zeus bestrafte Prometheus, weil er ihn überlisten wollte und ihn bestahl, d. h. den Menschen das Feuer brachte. Zeus sanktionierte auch die Menschen, die dem Vorbild des Prometheus folgten, damit, dass sie den Verführungen der Pandora verfallen (Hes., Theog., 585–590; Werke, 60–68). In den *Werken und Tagen* wurde die Distanz der Lebenswelt der Dichter zu den lange zurückliegenden Zeiten, in denen die Menschen noch in Kontakt mit den Götter lebten, mit der Erzählung von fünf aufeinander folgenden Zeitaltern eindrucksvoll markiert (Hes., Werke, 105–200). Die gegenwärtigen Menschen leben im letzten, dem eisernen, durch Mühe und Leid gekennzeichneten Zeitalter.

> Trennung von Göttern und Menschen

Es ist kaum anders vorstellbar, als dass diese kunstvoll gestalteten Texte zur Vermittlung klarer Botschaften von Intellektuellen

> Intellektuelle Dichter

geschaffen wurden, die über ein geradezu enzyklopädisches Wissen verfügten. Die in ihnen enthaltenen Stellungnahmen zu den aktuellen gesellschaftlichen Zuständen und politischen Prozessen wurden von anderen ‚kritischen Intellektuellen' im 7. und 6. Jh. fortgeführt, ohne allerdings dass sich je ein Korpus normativer Texte herausgebildet hätte oder allgemein akzeptiert worden wäre.

4 Die Formierung einer hellenischen Identität

Das Beispiel der Minoer und Mykener zeigt, dass derartige Anfänge – gleichgültig, ob als Völker oder Kulturen verstanden – Projektionen moderner Vorstellungen in die Vergangenheit sind. Dennoch wird in der Regel das Volk bzw. die Nation oder Kultur als Leitmuster für die Beschreibung des ‚Anfang Griechenlands' und auch des ganzen Mittelmeerraumes verwendet. Eine gewisse Berechtigung scheinen dafür die Namen in den Quellen aus dem Vorderen Orient und aus Ägypten zu liefern, mit denen der Mittelmeerraum nach großen Einheiten gegliedert wurde.

4.1 Ethnische Projektionen

Völkernamen als kognitive Vereinfachungen

Die zur Gliederung der fremden Welten in den antiken Quellen gebrauchten Namen stellen häufig nur Vereinfachungen einer tatsächlich viel komplexeren Welt dar, die dazu verhelfen sollten, die weithin unbekannten Regionen jenseits der engeren eigenen Welt kognitiv rasch erfassen zu können und so in die vom eigenen Blickwinkel aus vorgenommene Strukturierung der ganzen Welt einzupassen. Aus solcher Motivation vorgenommene Simplifizierungen sind nicht nur von der antiken Ethnographie an bis zur modernen Geographie vielfach und gut bekannt, sondern finden sich auch in ‚offiziellen' Dokumenten.

4.1.1 Fremdbezeichnungen – keine Namen ‚echter' Völker

Namen repräsentieren Perspektiven

Viele Namen von Völkern bzw. Ethnien in den antiken Quellen sind Fremdbezeichnungen. Die Assyrer hoben z. B. in der ersten Hälfte des 1. Jahrtausends die Levante trotz ihrer – bekannten – geographischen und sprachlichen Vielfalt als eine Einheit von Ägypten und Kleinasien ab. Dabei verwendeten sie mehrere Oberbegriffe (*Ḫatti*, *Amurrû*, *Eber-nāri*) je nach gewählter Perspektive: unter kulturellem Gesichtspunkt Ḫatti, unter geographischem *Amurrû* (Westland) oder einfach *Eber-nāri* (das Land jenseits des Flusses = Euphrat). Wie willkürlich die Benennung sein konnte, geht daraus hervor, dass das Ethnonym *Ḫattû*, das sich von dem Land Ḫatti in Anatolien ableitet, auch als Schimpfwort für Bewohner anderer Regionen verwendet wurde.

Die Absicht, eine große räumliche Distanz zu signalisieren, lag auch einem Namen zugrunde, der für die Frage des Anfangs von Griechenland von großer Bedeutung ist. In einem Brief eines Mannes namens Qurdi-Aššur-lāmur, der unter dem assyrischen König Tiglatpilesar III. (744–727) für einen Teil des Küstenbereichs der Levante verantwortlich war, wurden zum ersten Mal „Leute aus Jaman" erwähnt: *Jamnāja* belagerten einzelne Städte an der Küste der Levante, flohen aber vor den anrückenden assyrischen Truppen sofort wieder mit ihren Schiffen. In einer Inschrift Sargon II. (722–705) heißt es dann dazu passend, dass diese Menschen „mitten im Meer (des Sonnenuntergangs)" leben. Sargon rühmte sich, die *Jamnāja*, die die Küsten Kilikiens und der nördlichen Levante plünderten, „wie Fische" gefangen zu haben. Mit der weiteren Expansion der Assyrer nach dem Westen konkretisierte sich der Begriffsinhalt der *Jamnāja*, ohne dass damit (ausschließlich) ‚Griechen' gemeint gewesen wären. Schon unter Asarhaddon (681–669) scheint von den *Jamnāja* keine Gefahr mehr ausgegangen zu sein, einzelne *Jamnāja* sind dann auch innerhalb von Assyrien nachzuweisen. In neubabylonischer Zeit unter Nebukadnezar II. (605–562) wurden unter *Jamanāja* (auch) Personen mit luwischen und anatolischen Namen erfasst. Doch erst die persischen Achämeniden hatten Interesse daran, die hinter dem zu *Yauna* gewandelten Wort stehende Vielfalt zu konkretisieren, und differenzierten innerhalb der aus verschiedenen Populationen bestehenden *Yauna* durch den Zusatz von Beinamen.

Keine Gleichsetzung von Jamnāja und Griechen

Diese *Jamnāja* sind deswegen von Interesse, weil das Wort mit den in der *Ilias* Homers (Il. 13, 685) erstmals genannten *Iaones/Iawones*, d. h. Ioner, linguistisch in Verbindung gebracht wird. Dennoch ist daraus nicht abzuleiten, dass in den neuassyrischen und neubabylonischen Quellen mit diesem Wort ‚Griechen' bezeichnet worden wären. Denn die *Jamnāja* genannten Menschen, die unter dem neubabylonischen Herrscher Nebukadnezar II.

(605–562) direkt in Mesopotamien als deportierte oder gefangene Schiffshandwerker genannt wurden, waren Menschen verschiedener Sprachen und Herkunft aus dem (östlichen) Mittelmeerraum. Wenn wir wissen wollen, was unter den Ionern zu verstehen ist, hilft daher der Rückgriff auf die neuassyrischen bzw. neubabylonischen Quellen nicht. Eine Antwort können nur die griechischen Quellen selbst geben.

Graikoi – Graeci

Etwas anders verhält es sich mit dem lateinischen Wort *Graeci*, von dem sich die moderne Bezeichnung ‚Griechen' herleitet. Es steht in einer nicht ganz einfach zu klärenden Verbindung mit dem griechischen Wort *Graikoi*. Bei Aristoteles in seiner Schrift *Meteorologica* (353a27–34) war zum ersten Mal im 4. Jh. davon die Rede, dass Menschen mit dem Namen *Selloi* in der Hellas genannten Landschaft um den Ort Dodona und den Fluss Acheloos (in Epirus im Nordwesten Griechenlands) lebten. Diese *Selloi* sollen früher *Graikoi* und erst zur Zeit des Aristoteles Hellenen genannt worden sein. Diese Mischung von einer kleinräumigen Landschaft Hellas und Hellenen mit *Graikoi* scheint den Anstoß dafür gegeben zu haben, dass schon in griechischen Texten zur Zeit des Hellenismus und dann in lateinischen Texten die Menschen, die sich selbst Hellenen nannten, als *Graeci* bezeichnet wurden.

Namen als Sammelbezeichnungen

Diesen Weg, für größere Räume solche Sammelbezeichnungen zu verwenden, ohne eine nähere Kenntnis über die in diesen Räumen herrschende Vielfalt zu besitzen, gingen auch spätere Griechen. Auch sie gliederten den ihnen wenig oder gar nicht bekannten Mittelmeerraum nach Großeinheiten, um ihn kognitiv leichter erfassen zu können. So redeten sie etwa von Iberern im gesamten Gebiet des modernen Spanien oder nannten die Menschen in der Levante einfach Phöniker, obwohl in diesem Raum verschiedene Gesellschaften bzw. sozio-politische Gebilde nebeneinander und unabhängig voneinander existierten. Im Gegensatz dazu standen in der Gliederung des eigenen Lebensumfelds die kleinräumigen Unterschiede im Vordergrund, nicht tatsächliche oder nur angenommene Gemeinsamkeiten.

4.1.2 Eine bunte ‚ethnische' Landschaft am ‚Anfang'

Weder die Epen noch die Historiographen des 5. Jh. verfügten über konkretes Wissen über die Verhältnisse am ‚Anfang' Griechenlands. Die Erzählung bei Herodot (1, 56–58) über die Nachforschungen des Basileus der Lyder, Kroisos, über die Mächtigsten unter den Hellenen ist dafür ein gutes Beispiel. Denn Herodot dürfte in diese Darstellung allgemein verbreitete Vorstellungen einfließen haben lassen. Ein Ergebnis dieser ‚Nachforschungen' war, dass „das Hellenische" anfänglich nur aus einer kleinen Zahl von Menschen bestand, die sich erst durch den Anschluss von Pelasgern und anderen barbarischen Gruppen (*ethne*) zu einer „Menge an *ethne*" erweiterten. Kroisos erfuhr zudem, dass unter den Hellenen die Lakedaimonier und die Athener die Mächtigsten seien. Die Lakedaimonier seien Hellenen, die einmal im südlichen Thessalien gelebt hätten; von dort durch die Kadmeer (Vorläufer der Thebaner) vertrieben, seien sie auf die Peloponnes gelangt und ab diesem Zeitpunkt Dorier genannt worden. Die Athener hingegen seien Ioner, in frühen Zeiten jedoch eine von mehreren pelasgischen Gruppen (*ethne*) gewesen. Sie hätten ihr Land nie verlassen. Weiter heißt es, dass die Pelasger eine barbarische Sprache sprächen. Sie lebten noch heute am Rand der nördlichen Ägäis, auf der Chalkidike und am Hellespont. Die Athener hätten irgendwann von der pelasgischen zur hellenischen Sprache gewechselt. Einen ähnlichen Wandel behauptet Herodot (7, 94–95) auch für die früher in Achaia auf der Peloponnes lebenden Ioner und für die Äoler. Die Ioner seien zu diesem Zeitpunkt pelasgische Aigialeer genannt worden, Ioner erst nach ihrer Einordnung in die Genealogie des Hellen.

<small>Pelasger und andere Barbaren</small>

<small>Wandel der Identität</small>

Auch die anderen Texte weisen auf ein solches Konglomerat. Bei Thukydides (1, 3) war die Hellas genannte Landschaft, in der die Hellenen wohnten, anfänglich klein. Nach der *Ilias* (9, 395) lag sie südlich von Thessalien neben Phthia, woher Achill kam. Da die Hellenen andere Gruppen unterstützten, nannten sich auch diese Hellenen, wodurch deren Zahl anstieg. So vergrößerte sich auch der Hellas benannte Raum, so wiederum Thukydides, der nach der *Odyssee* (1, 344) ungefähr das heutige Mittelgriechenland umfasste. Aristoteles wiederum lokalisierte im 4. Jh. das ‚alte' Hellas um Dodona in Epirus, wo nach der *Ilias* jedoch Pelasger lebten.

<small>Hellas wird größer und Hellenen erhalten Zulauf</small>

Aus diesen Äußerungen ergibt sich, dass in der Frühzeit nur wenige, auf einen engen Raum beschränkte Hellenen neben vielen „barbarischen", d. h. kein Griechisch sprechenden Gruppen gelebt haben sollen, sie sich mit diesen teilweise, aber nie vollständig miteinander vermischten. Das Bewusstsein einer Großeinheit von Hellenen lässt sich in den Texten nicht nachweisen. Daher kann aus dem schon in der *Ilias* (2, 530) verwendeten Ausdruck *Panhellenes*

<small>Kein Großeinheit ‚Hellenen'</small>

nicht abgeleitet werden, dass damit „alle Hellenen" gemeint seien. Diese Annahme könnte nur dann überzeugen, wenn die Existenz der Griechen als Volk einfach vorausgesetzt würde.

4.2 Traditionen und Identitäten

<small>Romantisches Konstrukt „Tradition"</small>

Teil der Prämisse primordialer Völker ist es, dass jedes Volk über eine eigene Tradition verfügt, die in seinen Mythen mündlich von Generation zu Generation weitergegeben wurde. Dieser der Romantik verhafteten Vorstellung widersprechen die inzwischen erzielten Ergebnisse der Mündlichkeitsforschung. In Gesellschaften, die über keine Schrift verfügen und in denen Informationen nur mündlich weitergegeben werden können, bleibt so vermitteltes ‚Wissen' nicht stabil, weder in seinen fiktiven noch in seinen real historischen Bestandteilen. Konkretes Wissen über historische Ereignisse und Zustände überdauert im mündlichen Umfeld nicht mehr als drei Generationen. Dann verblasst jede Erinnerung bis zur Unkenntlichkeit, weil sie so wie die erfundenen Teile des Wissens in einem Maß an die Bedürfnisse der sich immer in Veränderung befindenden eigenen Welt angepasst werden, dass – abgesehen von einigen (auch unverstandenen bzw. mit neuen Inhalten gefüllten) Namen oder isolierten Einzelelementen – nichts mehr vom einmal gegebenen Sinn und seinem Kontext übrig bleibt.

<small>Mündlichkeitsforschung</small>

4.2.1 Die Bildung von Traditionen

<small>Tradition zur Begründung von Identität</small>

Tradition ist ein wichtiges Bezugsfeld zur Begründung und Vermittlung der Gruppenidentität. Je größer die Gruppen werden und je stärker ihr Zusammenhalt wird, desto wichtiger wird die Berufung auf eine Tradition zur Begründung der Zusammengehörigkeit. Eine Möglichkeit, der Tradition größeres Gewicht zu geben, besteht darin, ihren ‚Anfang' möglichst weit in die Vergangenheit zurückzuverlegen. Diese geschieht über Erzählungen, in denen die Relation zwischen dem behaupteten Anfang und der Gegenwart erläutert und damit die gegenwärtige Situation von der Vergangenheit hergeleitet wird. Dieser Vorgang ist im Kontext der Entstehung von Ethnizität gut zu beobachten.

<small>Tradition als akzeptiertes Wissen</small>

Tradition ist also kein Wissen (über Ereignisse, Personen und deren Verhalten), das wie ein fester Gegenstand einfach weitergegeben werden kann, sondern eine unter bestimmten Bedingungen zustande kommende „zeitweilige Stabilisierung der Kommunikation zwischen den Generationen" (U. WALTER) durch die Etablierung eines auf Dominanz zielenden Diskurses über die eigene Vergangenheit. Nur wenn die Erzählungen über die eigene Vergangenheit zu akzeptiertem ‚Wissen' werden, kann von einer (gemeinsamen) Tradition gesprochen werden.

Die Veränderungen im nachpalatialen Tiryns in der Argolis bieten ein gutes Beispiel für einen solchen Vorgang. Nach den Zerstörungen, die mit dem Kollaps des ‚mykenischen' Palastes einhergingen, wurde von der unmittelbar danach errichteten neuen Siedlung aus ein direkter Anschluss an den alten Palast gesucht. Das zeigt sich darin, dass in den Ruinen des Palastes, in dessen alten Zentrum, dem Megaron, ein neuer Bau errichtet wurde. Hier versammelten sich die Oberhäupter der neuen Siedlung. Auch wenn die Struktur der neuen Gemeinschaft mit den alten Verhältnissen nicht mehr viel gemein hatte, blieben die innerhalb einer oder zwei Generationen noch erinnerten Traditionen bestimmend. Ähnliches ist anzunehmen, wenn in der Nachpalastzeit in Phaistos auf Kreta die neu errichteten kultischen Bauten mit den alten zerstörten Strukturen in eine direkte Beziehung gesetzt wurden, um sich offensichtlich in eine Linie mit der ehemaligen Autorität zu stellen.

<small>Beispiel Tiryns</small>

Da derartige Anschlüsse an die Palastzeit mit der Mitte des 11. Jh. abbrachen, kann nicht einfach von einer in die „Dunklen Jahrhunderte" und über diese hinaus nachwirkenden ‚mykenischen' Tradition ausgegangen werden. Es muss stattdessen den langwierigen Prozessen im Umfeld der komplexen Verhältnisse in den verschiedenen Siedlungen nachgegangen werden, in denen neue Traditionen formuliert wurden: als Erzählung über die Herkunft der Gemeinschaft und über die in der Gemeinschaft geltenden Verhaltensformen, Regeln und Bräuche.

<small>Ende und Verwandlung von Tradition</small>

4.2.2 Ahnen – Gründer – Götter: von Compounds zu Siedlungen mit Agora und Ethne

Die ab der Mitte des 10. Jh. entstandene "plurality of local systems" (C. MORGAN), das sich ausbildende Nebeneinander von Hausgesellschaften, Streusiedlungen, Siedlungen mit Agora und regionalen Allianzen/Ethne führte dort, wo sich die verschiedenen Formen überlappten, zu "tiered complexes of identity" und damit zur

<small>Parallele Identitäten</small>

Notwendigkeit, sich der eigenen Identität vergewissern. Denn jede soziale Einheit erzählte von einem anderen Anfang für die eigene Gemeinschaft.

Hausgesellschaften und Weilersiedlungen

In den Hausgesellschaften der Compounds wurde der Identität vermittelnde Zusammenhalt der Familien über die Rückführung auf gemeinsame Ahnenfiguren hergestellt. Es ist auffällig, dass nicht selten dort, wo Compounds zu Weilersiedlungen wurden, die ehemals als Ort der Ahnenverehrung dienenden Rundbauten als kultische Plätze in die neu strukturierten Siedlungen zwar übernommen, aber gleichzeitig ihrer Rolle als Produzenten eines aktuell gültigen Vergangenheitsbezuges beraubt wurden. Sie wurden zugeschüttet und rituell versiegelt und zu Stellen im öffentlichen Raum, welchen die aktuellen Verhältnisse sichtbar als ein Neuanfang gegenüberstanden. Gemeinschaftliche Mahle wurden nun in den neu errichteten Oikos-Heiligtümern abgehalten, mit denen eine Identitätsebene etabliert wurde, die nun die gesamte Gruppe umfasste.

Konstruierte Ahnengräber

Im Kontext solcher Neudefinitionen kam schon im 10. und 9. Jh. in einigen Regionen, wie in Messenien, der Argolis oder in Attika, eine ab der zweiten Hälfte des 8. Jh. an Intensität gewinnende neue kultische Praxis auf. Man begann, an alten ‚mykenischen' Rundgräbern (*Tholos*) und rechteckigen Kammergräbern Weihegaben zu deponieren. Dies geschah mit dem Zweck, sich durch den kultischen Vorgang mit dem – unbekannten – Toten, einer wohl als mächtig vorgestellten Person aus längst vergangener Zeit, in Beziehung zu setzen. Auf diese Weise sollte die Vergangenheit über den Rahmen der eigenen, in Erinnerung behaltbaren Ahnen auf eine weiter zurückgehende Vergangenheit ausgedehnt werden – nicht nur um so eine größere Gruppe an sich binden zu können, sondern auch um dadurch an Autorität für sich selbst zu gewinnen. Dies ist eine erweiterte Fortführung der aus den Epen bekannten Vorstellung über die Toten. Hier heißt es, dass die Taten eines Toten nur über seine Bestattung – und den aus diesem Anlass gebotenen Erzählungen – in der Erinnerung weiterleben können (Od. 1, 231–243; Il. 16, 672–675, 454–457). Von solchen Gräbern leiteten ganze Gemeinschaften ihren Namen her. Am Grabmal des Ilos (Il. 11, 166–167) oder des Dardanos (Il. 10, 414–415) wurden in der *Ilias* Versammlungen (*agoraí*) abgehalten.

Erweiterte Identität in Siedlungen mit Agora

In den Siedlungen mit Agora wurden Erzählungen über die Vergangenheit benötigt, mit denen das Agieren als Gemeinschaft und deren Zusammengehörigkeit abgeleitet und die Einhaltung gemeinsamer Regeln samt dem damit verbundenen Verzicht auf Entscheidungs- und Handlungsmacht begründet werden konnten. Sie bestanden vor allem anderen aus Herkunfts- bzw. Gründungsgeschichten einer Stadt oder Region, wie sie von den homerischen Epen an vielfach erzählt wurden. In ihnen wurden der Heroenwelt angehörende, häufig aus der Fremde kommende Personen zu den Begründern der sozio-politischen Einheit.

Nicht selten wurde die Verbindung von heroischer Vorzeit mit der aus ihr zu begründenden Gegenwart dadurch noch verstärkt, dass solche Figuren für die Gemeinschaft existentiell wichtige Leistungen erbracht hatten. Als Beispiel kann die Erzählung (*mythos*) des Meleager dienen, die der weise Phoinix in der *Ilias* (Il. 9, 526–599) Achill als ein aus alter Zeit stammendes Exempel für richtiges Handeln vorhält. Es wird von der durch das Fehlverhalten des Basileus entstandenen Gefahr der Vernichtung der Ätoler und der Stadt Kalydon durch Kureten genannte Angreifer erzählt. Meleager, der als einziger diese abzuwehren in der Lage war, wurde von den Ätolern ein Stück Land als Gegengabe für sein Eingreifen angeboten. Er lehnte ab, blieb in Kalydon und griff – ohne Rücksicht auf die Ängste und Leiden der Ätoler zu nehmen – erst ein, als die Kureten schon in die Stadt eindrangen. Nicht so zu handeln wie Meleager, sondern die Gaben anzunehmen, meinte Phoinix, würde Achill zu einem Ansehen „wie ein Gott" unter den Achäern verhelfen. Die mit solchen Erzählungen transportierten Anweisungen für das richtige soziale und politische Verhalten konnten – als akzeptierte Tradition – von deren Adressaten direkt auf die eigene Lebenswelt übertragen werden. Gleichzeitig wird aus ihnen klar, dass es eben unterschiedliche Vorstellungen darüber gab, was ‚richtiges' Denken, Handeln und Verhalten sei.

Mythos als akzeptierte Tradition

Einen markanten Schritt zu einer noch ausgeprägteren soziopolitischen Identität dokumentiert die Errichtung der Tempel mit Kultbild in den Siedlungen mit Agora ab dem Ende des 7. Jh. In dem in diesen Tempeln für sie abgegrenzten heiligen Innenraum herrschte eine (olympische) Gottheit in deutlicher Distanz zu den Menschen. Vor diesen den öffentlichen Raum klar strukturierenden Bauten wurde von der sich formierenden ‚Stadt' geopfert und das kultische Mahl gemeinsam eingenommen. Hierzu passen die großen Erzählungen über die Etablierung der olympischen Götter mit der damit verbundenen Trennung der Welt der Götter von der Sphäre der Menschen, besonders in der *Ilias* und der *Theogonie*.

Tempel und Götter: Absicherung der erweiterten Identität

Aus einem solchen Umfeld erklärt sich die Attraktivität von Heiligtümern wie Kalapodi oder Thermon bzw. derjenigen in Delos, Olympia oder Delphi, in deren sakraler Sphäre das Gespräch und der Kontakt zwischen Regionen und über diese noch hinaus möglich war.

Komplexe Identitäten

Die „complexes of identity" müssen in den Siedlungen noch ausgeprägter gewesen sein, in denen Menschen verschiedener Herkunft dauerhaft zusammen wohnten. Für diese Situation stehen die Siedlungen, die sich an Schnittstellen zwischen unterschiedlichen Kulturräumen befanden. Die Beispiele dafür sind die Orte im Osten und Süden Unteritaliens oder im östlichen Sizilien, an denen sich Menschen aus der südlichen Balkanhalbinsel anzusiedeln begannen. An nur einem Beispiel soll angedeutet werden, wie im archäologischen Befund vergleichsweise gut nachgezeichnet werden kann, wie die verschiedenen Identitätsmuster einander annäherten und/oder in Konflikt miteinander gerieten.

Beispiel: Ostküste Unteritaliens

Die an der Ostküste Unteritaliens gelegene lokale Siedlung Otranto wurde in der ersten Hälfte des 8. Jh. für Griechen zu einem Stützpunkt für Nahrungsaufnahme, Tauschhandel und auch kurze Aufenthalte auf ihrem Weg entlang der italischen Küste nach Süden. Mit der Intensivierung der Seefahrt entstanden ab dem späten 8. Jh. mehrfach kleine griechische Gemeinschaften innerhalb oder an der Peripherie der lokalen Siedlungen so wie auch an mehreren Stellen entlang des Küstenstreifens des südwestlichen Italien. Daraus entstanden Mischsiedlungen z. B. in der Gegend des späteren griechischen Städte Metapont oder Tarent oder auch in Kalabrien in Torre di Satriano bei Potenza. Erst im 7. Jh. bildeten sich klar als solche auszunehmende griechische Siedlungen aus – nach wie vor in engem Kontakt mit der lokalen Bevölkerung. Besonders gut nachverfolgbar ist das an dem im Hinterland von Tarent gelegenen L'Amastuola. In der aus Rundhütten bestehenden lokalen Siedlung wurden im späten 8. Jh. vielfältige Güter vom Balkan, dem heutigen Albanien und aus Griechenland (Thapsos-Krater, korinthische Keramik) bezogen. Parallel dazu dürften sich an der Küste griechische Migranten erstmals festgesetzt haben. Ab der ersten Hälfte des 7. Jh. erhielt L'Amastuola das Aussehen einer Mischsiedlung, in der man nebeneinander nach unterschiedlichen Verhaltensformen, einer eher traditionalistischen und einer eher ‚progressiv-griechischen' lebte. Einige Jahrzehnte später wurden rechteckige Häuser zum Standard und gaben der Siedlung ein deutlich verändertes Aussehen.

Anders als das durch die Epen und besonders die archäologische Befunde nahelegt wird, nannte Herodot (5, 2; 7, 8; 8, 108) im 5. Jh. nur zwei Kategorien von Gemeinschaften für die Hellenen: *polis* und *ethne*. Der Terminus *ethnos* ist ebenso wie *polis* mehrdeutig. Ab ca. dem 5. Jh. bezeichnete er ein politisches Gebilde mit Institutionen, die denen in der Polis ähnlich waren. Für die frühe Zeit wird häufig auf die Kontingente, aus denen das Heer der Belagerer von Troia verwiesen, die Namen von Regionen tragen, die sich zum Teil mit denen später als solcher bekannter *ethne* decken. Im sog. „Schiffskatalog", der Auflistung der Kontingente vor Troia (Il. 2, 497–749), sind diese in Untereinheiten gegliedert, welche mit dem Namen ihrer Kleinregion bzw. Landschaft benannt sind. Dies fügt sich gut zum archäologischen Befund. Aus diesem ist – zumindest für einige Regionen – abzuleiten, dass zwischen den verschiedenen Siedlungen bzw. innerhalb von Siedlungskammern Kooperationen eingegangen wurden, die für die Sicherung des täglichen Lebens notwendig waren. Im östlichen Teil von Arkadien wurden z. B. Drainagen gegen die jährlichen Überflutungen angelegt, zudem Verbindungswege betreut und damit das Durchqueren von Territorien erlaubt, gegenseitig Arbeitsleistungen erbracht und Waren und Rohstoffe (Metalle, Marmor) ausgetauscht. Es bestand ein Netz von Verpflichtungen und Austausch, das ohne ein bestimmtes Maß an Bewusstsein von Gemeinsamkeit kaum denkbar ist. Dieses ging jedoch nicht so weit, dass man sich als ein gemeinsames Ganzes in einer ‚Landschaft' bzw. Großregion empfand. Jede Kleinregionen erhielt und pflegte ihre eigenen Heiligtümer als interne Bezugs- und Kommunikationspunkte. Ungeachtet der Außenwahrnehmung, in der eine solche Region als Ethnos mit einem eigenen Namen erscheinen mochte, blieben die Unterschiede zwischen den lokalen Einheiten bestehen. Die Formierung dieser lockeren regionalen Verbünde zu einer sich ethnisch definierenden Einheit hatte einen unterschiedlichen Verlauf, setzte insgesamt nicht vor dem 5. Jh. ein.

<small>Komplexität der Ethne</small>

Angesichts der Vielfalt an Identitäten konnte vermutlich nur in größeren Heiligtümern und im Kontext von Migration, wo Menschen unterschiedlicher Herkunft zusammentrafen, die Frage aufkommen, ob es etwas gibt, das sie miteinander verbindet und worin diese Verbindung besteht. Der nicht vor dem ausgehenden 6. Jh. in den Vordergrund tretende Name ‚Hellenen' als eine mehrere Gruppen von Menschen zusammenfassende Bezeichnung wurde erst im 5. Jh. für ‚die Griechen' insgesamt benützt. Dass dies nur

<small>Von der Vielfalt zur Einheit</small>

ein Anspruch war, nicht historische Realität, ergibt sich daraus, dass die zum Namen Hellenen gehörige Genealogie des Hellen zu diesem Zeitpunkt einen zwar politisch bedeutenden Teil (bes. Sparta, Athen), aber eben nur einen Teil der Griechen umfasste.

4.2.3 Hellen als Ahne: eine ‚ethnische' Genealogie von begrenzter Reichweite

Vielzahl an Genealogien

Die Genealogie als ein gängiges Mittel, Gemeinsamkeit zu begründen bzw. zu erzeugen, war nicht nur den Epen gut bekannt, sondern kam ab dem 6. Jh. in mehreren Werken mit dem Titel *Genealogiai* zum Ausdruck. Obwohl diese meist nur dem Namen nach bekannt sind, wissen wir, dass sie dazu dienten, die vorhandene Fülle lokaler Erzählungen miteinander in Einklang zu bringen. In dem sog. *Frauenkatalog* – eine Art Fortsetzung der *Theogonie* Hesiods – ist ein solcher Text in größeren Teilen erhalten geblieben. Unter den verschiedenen aus den Fragmenten rekonstruierbaren Genealogien befand sich eine, die auf einen Ahnen namens Hellen zurückführt. Danach war Hellen der Sohn von Deukalion und Pyrrha und hatte drei Söhne: Doros, Xouthos und Aiolos. Kinder des Xouthos waren die Söhne Achaios und Ion und eine Tochter namens Diomede.

Genealogien und Regionen

Die Genealogie des Hellen war nicht die einzige, mit der auf den ‚Anfang' zurückgeführt werden sollte. Neben ihr wurden vom *Frauenkatalog* an verwickelte, immer wieder variierte, auch in sich und zueinander widersprüchliche Geschichten von Ahnen-Figuren erzählt, die zum Teil bis zur Entstehung der Menschen zurückgingen und damit Autochthonie beanspruchten. Von dem in Argos lokalisierten Inachos wurde eine Linie bis zur Entstehung der Menschen zurückgeführt. In Theben sollte Kadmos einen Drachen erschlagen haben, dessen Zähne durch die Aussaat auf dem Feld zu Menschen und diese wiederum zu den Ahnen der Thebaner wurden. Auf Athen bezog sich die Erzählung, dass hier Kekrops von der Erde geboren und von Athene aufgezogen worden war, wodurch die Athener zu Menschen wurden, die „von Beginn an" an diesem Ort gelebt hatten. Die Erzählung von Deukalion ist deswegen von besonderem Interesse, weil diese im 5. Jh. mit einer Erzählung einer Flut als Voraussetzung für die Entstehung der Menschen in Verbindung gebracht wurde. Die Ereignisse wurden an unterschiedlichen Orten (Lokris, Argos, Phthiotis) lokalisiert, doch nur über die Verbindung mit dem südlichen Thessalien – nach der *Ilias*

Herkunftsregion der kleinen Gruppe der Hellenen – konnte sie zu einer Geschichte der "Hellenen" ausgestaltet werden.

Die Genealogie des Hellen zielte offensichtlich darauf, das Verhältnis von Doros gegenüber Ion festzulegen. Doros war danach nicht nur der Erstgeborene, sondern auch eine Generation älter als Ion. Und Ion war auch nur der jüngere Bruder von Achaios. Die Distanz zwischen Doros und Ion wurde dadurch noch weiter verstärkt, dass Xouthos, der Vater des Ion, eine Figur ist, die weder hier noch nach anderen Texten irgendeine bemerkenswerte Tat vollbrachte. Hinter ihm verbirgt sich mit hoher Wahrscheinlichkeit der weise Ziusudra aus der mesopotamischen Sintfluterzählung. Auch Aiolos und Achaios bleiben gegenüber Doros und Ion blass. Aiolos war in der *Odyssee* göttlicher Basileus auf der Insel Aiolie und Herr der Winde; er wurde später mit der Landschaft Thessalien in Verbindung gesetzt. Von Achaios führte die Assoziation zu den (nur fiktiven) Achäern der *Ilias* oder zu den auf der Peloponnes lebenden Achäern.

<small>Genealogie des Hellen</small>

Von der *Ilias* über die *Odyssee* bis zu Hesiod ist zwar eine Erweiterung von Hellas von einer kleinen Landschaft im südlichen Thessalien aus auf Mittelgriechenland und bis zum Einschluss der Peloponnes zu beobachten, jedoch nicht darüber hinaus. Parallel dazu erreichte auch die Genealogie des Hellen eben diesen Raum – sie war keine Genealogie für ‚ganz Griechenland'. Das lässt darauf schließen, dass die Forcierung der Genealogie des Hellen gegenüber allen anderen im Kontext des seit dem 6. Jh. entstehenden Gegensatzes zwischen Sparta und Athen zu suchen ist. Die politische Bedeutung der Genealogie zeigt sich ganz deutlich darin, dass im 5. Jh. Euripides von Athen in seiner mitten im peloponnesischen Krieg aufgeführten Tragödie mit dem programmatischen Titel *Ion* die Genealogie des Hellen so gliederte, dass in ihr Doros dem Ion untergeordnet wurde.

<small>Politische Bedeutung der Genealogie des Hellen</small>

4.3 Wanderungen am ‚Anfang': die Begründung politischer Ansprüche

Die Buntheit der ‚ethnischen' Landschaft des ‚Anfangs' wurde durch eine Vielzahl von Wanderungserzählungen noch weiter verstärkt. Solche Wanderungen konnten vom östlichen Mittelmeer auf die südliche Balkanhalbinsel führen, die Menschen konnten von

<small>Vertreibungen und Wanderungen von Personen und Gruppen</small>

einer Region zur anderen wandern oder auch von der Balkanhalbinsel nach Kleinasien. Nicht zuletzt schon die in den Epen enthaltenen Beispiele für die Vertreibung bzw. Flucht einzelner Personen aus ihrer Gemeinschaft, wie z. B. Phönix aus der kleinen Landschaft Hellas in die nicht weniger kleine Phthia zum Vater des Achill, Bellerophon aus Argos nach Lykien oder Tlepolemos aus der Peloponnes in die Ägäis und dort umhergetrieben schließlich nach Rhodos. Sie wurden dann allein oder mit Hetairoi an einem anderen Ort aufgenommen oder siedelten sich an einem neuen Platz an. Nicht wenige der beinahe in jeder Siedlung erzählten Gründungsgeschichten hatte ein solches Schicksal an ihrem Anfang. Sie konnten aber auch von einem freiwillig wandernden „Heros" gegründet worden sein, wie besonders von Herakles und auch seinen Söhnen in beinahe allen Regionen der griechischen Welt. In anderen Erzählungen wanderten ganze Gruppen von Menschen, angeführt von einem „Heros", von östlichen Mittelmeer nach ‚Griechenland'. So soll Kadmos von Phönikien nach Theben gekommen sein (und das Alphabet gebracht haben), Danaos von Ägypten nach Argos oder Europa ebenfalls aus Phönikien (von Zeus in Gestalt eines Stieres transportiert) nach Kreta.

Wanderungen von Populationen: eine späte Erfindung

Erzählungen dieser Art wurden in den Genealogien zum Teil vorausgesetzt; sie wurden dort weiter ausgeführt, wo es um die Darstellung der mythischen Geschichte eines bestimmten Ortes ging. Das war u.a. in den Preisliedern auf die Sieger bei den sportlichen Wettbewerben bei den großen Festen (in Olympia, Delphi, Isthmia, Nemea) der Fall, wie sie am Anfang des 5. Jh. von Bakchylides von Keos und Pindar von Theben als Auftragsdichtungen verfasst wurden. Die für den ‚Anfang Griechenlands' wirkkräftigsten Erzählungen über Wanderungen ganzer Populationen finden sich erst bei Herodot und Thukydides in der zweiten Hälfte des 5. Jh. Bei den beiden Historiographen spielten die Erzählungen eine besondere Rolle, welche mit der Genealogie des Hellen in einen engen Zusammenhang gebracht werden konnten.

4.3.1 Von Herakles und Herakliden, Achäern und wandernden Doriern – politische Ansprüche Spartas

Lakedaimonier und Herakliden

Im Kontext der Expansion Spartas nach Messenien und seiner Konflikte mit Arkadien und Argos in der zweiten Hälfte des 7. Jh. sprach der Dichter Tyrtaios die jungen Männer in Sparta als Nachkommen des Herakles (frg. 8 G-P) an und forderte sie auf, mutig zu kämpfen. Die Erklärung für die Verbindung mit Herakles ergab sich aus der Behauptung, dass Zeus den Herakliden (den Söhnen des Herakles) die Stadt (*polis*) gegeben habe. Die Verbindung des Anfangs von Sparta mit Herakles wird dadurch kompliziert, dass Tyrtaios zudem formulierte, dass „wir" von Erineos zugleich mit den Herakliden auf die Peloponnes gekommen sind (frg. 1a G-P). Auffällig ist hier die Unterscheidung zwischen dem „wir", unter dem wohl die Lakedaimonier zu verstehen sind, und den Herakliden. Nicht ganz eindeutig ist, wo der Ort Erineos anzusetzen ist, entweder südlich von Thessalien (so Herodot) oder in der Landschaft Doris (so Thuk. 1, 107, 2–3; 3, 91–92). Eindeutig ist jedoch die enge Beziehung von Herakles zu Sparta, denn sie findet sich auch beim Zeitgenossen von Tyrtaios, bei Alkman, wo Herakles in einen Streit unter den Basileis in Sparta eingriff (frg. 1 PMGF).

In zwei Fragmenten des um 600 in Sizilien lebenden Lyrikers Stesichoros (fr. 190; 216 PMG) wird eine zweite Schiene der Herleitung des Anfangs von Sparta sichtbar, eine von den Atriden, den Söhnen des in Mykene angesiedelten Atreus. Hier verpflichtete der erste spartanische Archeget/Basileus Tyndareos die Freier der Helena dazu, dem von ihr Auserwählten zu Hilfe zu kommen, falls sich unterlegene Freier gegen ihn wenden sollten. Helena wählte Menelaos, und über ihn als Atriden wurden die Spartaner unter die Achäer eingereiht. Auf diese mit der Herleitung von Herakles konkurrierende Selbstdefinition wurde noch im 4. Jh. zurückgegriffen.

Spartanische Basileis und Achäer

In den ersten Jahrzehnten des 5. Jh. wurde zum ersten Mal eine dritte Herleitung propagiert. Obwohl Pindar von Theben die Verbindung des südlich von Sparta gelegenen Amyklai mit Agamemnon kannte (Pyth. 11, 30–34), erzählte er im Siegeslied für Hieron von Syrakus (Pyth. 1, 61–66), dass sich die „Abkömmlinge des Pamphylos", des Sohnes des Aigimios, und der Herakliden in den Besitz von Amklyai gesetzt hätten und so zu Nachbarn der Tyndariden, d. h. der spartanischen ‚Könige' geworden seien. In der nur in Fragmenten erhaltenen 9. Isthmischen Ode behauptete er (Isthm. 9, 1–5) wiederum, dass ein dorisches Heer unter dem Herakliden Hyllos und Aigimios die Insel Aigina angegriffen habe. Im Siegeshymnos für Arkesilaos von Kyrene (Pyth. 5, 69–72) ließ er den Gott Apoll die Nachkommen des Herakles und des Aigimios nicht nur in Lakedaimonien, sondern auch in Argos und Pylos ansiedeln. In diesen Erzählungen verband Pindar Herakles und Herakliden

Herakliden – Dorier – Peloponnes

(Tyndariden) mit einer Erzählung über Dorier (Aigimios) und deren auf Sparta konzentrierten Ausbreitung über die Peloponnes und schiebt dabei die Erzählung von den Atriden auf die Seite. Diese Parallelität der Erzählungen bestimmte auch die Darstellungen der Historiographen Herodot und Thukydides.

Widersprüchliches bei Herodot

In seiner Darstellung der Perserkriege und ihrer Vorgeschichte ging Herodot an verschiedenen Stellen auf die Erzählung von der sog. Rückkehr der Herakliden und der Dorier ein (Hdt. 8, 43, 56, 58). Dabei bezog er sich auf unterschiedlich lautende Erzählungen, deren Inhalte er nicht widerspruchsfrei zu einer einzigen Erzählung verbinden konnte (oder wollte). Herakles soll Dryoper aus der erst zu Herodots Zeit so genannten Landschaft Doris vertrieben haben. Wenn er versuchte, die Hellen-Genealogie mit der Herakliden-Erzählung zu verbinden, ging er von Deukalion und Hellen in der weiter nördlich um die Berge Ossa und Olymp liegenden Landschaft Phthiotis aus. Doros lebte nach ihm in der nächsten Generation weiter südlich in der Landschaft Hestiaiotis. Wie um die Wanderung weiterzuführen, wurde er von den Kadmeern (Nachkommen des Kadmos) vertrieben und kam in die Gegend beim Pindos-Gebirge in Böotien; von dort ging es weiter in die Dryopis (nach Herodot ein älterer Name für Doris). Es ist ein offensichtlicher Bezug zu dem in seiner Zeit debattierten Gegensatz zwischen Doriern und Ioniern, dass Herodot die beiden Erzählungen von der Wanderung der Hellenen und der Herakliden erst auf der Peloponnes in der Weise zusammenführte, dass die Wandernden jetzt Dorier genannt worden seien. Zudem ist der Begriff der Dorier nicht eindeutig. Denn nach Herodot gab es auch außerhalb der Peloponnes Dorier, deren Herkunft von dieser Wanderungserzählung nicht erfasst wurde: in Kleinasien (Hdt. 1, 56, 144; 7, 93) und in Mittelgriechenland (Hdt. 2, 171; 8, 45), und es konnten sogar Ioner zu Doriern werden (Hdt. 8, 73: Kynurier).

Dorier auf der Peloponnes

Perspektive der Apoikie bei Thukydides

Die Gleichsetzung der Menschen mit Doriern, die bei Tyrtaios mit den Herakliden von Erineos nach Sparta gekommen waren, wurde bei dem eine Generation jüngeren Thukydides festgezurrt. Es benutzte in der Beschreibung der (fiktiven) Wanderung das in seiner Zeit geläufig gewordene Vokabular der Gründung einer in der Fremde gegründeten Siedlung (*apoikie*). Im Kontext der Verschärfung der Auseinandersetzungen im Peloponnesischen Krieg (413–404) sprach er davon, dass Phoker in die Doris benannte Landschaft eingefallen waren, die er hier als Mutterstadt (*metropolis*) der Spartaner bezeichnete (Thuk. 1, 107, 2–3; 3, 92). Diese Identifikation von Doris und Metropolis ist im Zusammenhang mit der Rechtfertigung der Spartaner zu sehen, während des peloponnesischen Krieges nach Mittelgriechenland vorzustoßen, um ihre ‚Urheimat' zu sichern. Das war der letzte Schritt im Wandel der Erzählung von Herakles bzw. den Herakliden als Stadtgründern zu einer Wanderung der Dorier; die Richtung ging nun von Süden nach Norden.

Diese den Texten ablesbare Entwicklung führte von Pindars Präsentation von Sparta als Zentrum der Dorier und damit als ‚natürlichem' Anführer des peloponnesischen Bundes über Herodots Verwandlung von wandernden Hellenen in „peloponnesische" Dorier zur Bestimmung einer Landschaft Doris als Heimatland der Dorier bei Thukydides. Ist dieser Grundzug zwar erkennbar, widersprachen sich die Erzählungen dennoch und bleiben verwirrend. Die Wahl der Erzählvariante hing vom jeweiligen Kontext ab, weshalb keiner Dominanz über alle anderen zugesprochen werden konnte. Daher konnten die Widersprüche nicht völlig aufgelöst werden. Das verrät das Detail bei Pindar, dass der Heraklide Hyllos nicht nach Sparta selbst, sondern in den kleinen, südlich davon gelegenen Ort Amyklai gekommen und so zum Nachbarn der Tyndariden, der spartanischen Archegeten geworden sei. Dieses Problem war auch Herodot (5, 72; 6, 53 und 51) bewusst, wenn er erzählte, dass die Archegeten Spartas Achäer gewesen seien oder über die Zwischenfigur des in Argos zu lokalisierenden Perseus aus Ägypten abstammen sollen. Damit erweist sich die ‚Dorisierung' der Heraklidengeschichte als eine Folge des großen Gegensatzes zwischen dem sich als dorisch präsentierenden Sparta und dem sich als ionisch identifizierenden Athen. Diese Schlussfolgerung erhält ihre Bestätigung durch die in ihrer Intention ähnliche Gestaltung der Erzählung(en) über die Ioner.

‚Dorisierung' als Politisierung

4.3.2 Ioner und die politischen Ansprüche Athens

Der Name der Ioner wird linguistisch – über eine postulierte Zwischenform *Iawones* – mit den aus vorderorientalischen Quellen bekannten *Jamnāja* (assyrisch) / *Iamanāja* (babylonisch) / *Yauna* (persisch) in Verbindung gebracht. Diese Fremdbezeichnungen umfassten mit unterschiedlicher Konnotation eine im Lauf der Zeit zwar weniger diffus werdende, aber immer mehrere Populationen

Jamnāja – Ioner

umfassende Menge an Menschen im Westen. Ioner wurden zum ersten Mal neben einigen anderen kleinen Ethne (Böoter, Lokrer, Phthier und Epeier) in der *Ilias* (Il. 13, 685) genannt. Ihr Merkmal, das lange Gewand, fand sich im Homer nur zugeschriebenen Hymnos an Apoll (146–147) aus der zweiten Hälfte des 6. Jh. wieder. Es ist bemerkenswert, dass hier die mit den *Jamnāja* verbundene Diffusität wiederkehrt. Im Hymnos versammelten sich die unterschiedliche Sprachen sprechenden Ioner mit ihren Kindern und Frauen auf der Insel Delos, um Apoll beim Wettbewerb (*agon*), in Faustkampf, Tanz und Erzählung (*aoide*), zu gedenken.

Asie – Ionien

Diese Art der Verbindung zwischen den Namen *Jamnāja* und Ioner stellt sich auch über die Vagheit des mit ihnen erfassten Raums her. Der mittlere Abschnitt der Küste Kleinasiens, der später als eines der zentralen ionischen Gebiete galt, wurde in den vorderorientalischen Quellen aus dem 8. Jh. – ähnlich wie dann in der *Ilias* (Il. 2, 461) – Asie genannt. Erst um 600 wurde Ionien bei Sappho (frg. 98, 12 V) zur Bezeichnung für ganz Kleinasien. Dieser Lokalisierung der Ioner läuft die Behauptung in einer der Elegien Solons (fr. 4, 2 D = 4a W) in der ersten Hälfte des 6. Jh. entgegen, dass Attika das älteste Land Ioniens sei. Da diese Lokalisierung der Ioner in Widerspruch mit jener in der Ägäis bzw. in Kleinasien stand, war eine Erklärung notwendig, wie bzw. weshalb die Ioner über die Ägäis nach Kleinasien gekommen sein sollen. Dazu findet sich bei Solon kein Hinweis, doch Herodot und Thukydides beschäftigten sich im 5. Jh. mit dieser Frage.

Herodot: unterschiedliche Ioner

Auch nach Herodot waren die Ioner keine Einheit, sondern ein heterogenes Konglomerat aus Menschen verschiedener Herkunft. Er sprach von Ionern in Achaia auf der Peloponnes, die ‚am Anfang' Pelasger mit dem Namen Aigialeer gewesen seien. Als Danaos und Xouthos auf die Peloponnes kamen, seien sie nach Ion, dem Sohn des Xouthos, Ioner genannt worden (Hdt. 7, 94). Auch die Ioner auf den Inseln der Ägäis seien ehemals Pelasger gewesen (Hdt. 7, 95), dann zum schwächsten Teil (*genos*) der zu dieser Zeit noch wenigen Hellenen geworden, hätten sie sich jedoch von den anderen Ionern losgesagt (Hdt. 1, 143). Von den Ionern in Asien (= Kleinasien) heißt es, dass sie vier unterschiedliche Mundarten sprechen und sich aus einem Gemisch von Menschen verschiedenster Herkunft zusammensetzen würden (Hdt. 1, 142, 146). Daneben unterstützte Herodot auch den seit Solon bekannten Anspruch der Athener auf die Führung unter den Ionern mit einer Argumentation, die zu den bisher genannten in Widerspruch stand. Er machte die Athener zu den den „echtesten" (*gennaiotatoi*) der Ioner (1, 146).

Das ist die Grundlage, um die Abhängigkeit der Ioner in Kleinasien von Athen zu behaupten. Die ins 6. Jh. zurückgehenden Erzählungen über die Gründung von Siedlungen in Kleinasien von der Peloponnes aus, wurden in diesem Sinn umgedeutet. Sie wurden zu einer Wanderungserzählung ausgebaut, welche die Ioner von der Peloponnes über Athen nach Kleinasien führte (Hdt. 1, 145). Um die Verbindung mit Athen eindeutig zu machen, wurde behauptet, dass Bräuche der Ioner in Kleinasien, wie das Fest der *Apaturia*, aus Athen stammen würden (Hdt. 1, 147) – eine Parallelkonstruktion zu den Namen, von denen die „dorischen" Phylen hergeleitet wurden. Geschickt legte Herodot diesen auf die politische Gegenwart des 5. Jh. zielenden Anspruch dem großen Gegner, den Persern, in den Mund. Der Ratgeber des Perserkönigs Artabanes erzählte danach Xerxes, dass sein Vorgänger Kyros Ionien mit Ausnahme von Athen unterworfen habe (Hdt. 7, 51). Und der athenische Feldherr Themistokles soll bei Kap Artemision eine an die im persischen Heer mitkämpfenden Ioner adressierte Inschrift angebracht haben (Hdt. 8, 22): Die Ioner würden nicht richtig (*dikaios*) handeln, wenn sie gegen ihre Vorfahren in den Kampf zögen und Hellas unterjochten. Herodot stellte sich damit in eine Linie mit Aischylos, der schon gleich nach dem Ende der Perserkriege in seiner Tragödie *Die Perser* (1025) den Namen Ioner auch für das gesamte Heer der Hellenen gebraucht hatte.

Bei Thukydides erscheinen diese Erzählungen wie jene über die Dorier, als ob sie sicheres Wissen wären. Wie selbstverständlich sprach er von großen Bevölkerungsverschiebungen vor und nach dem troianischen Krieg – nicht nur, aber besonders der Dorier und Ioner. Zu deren Beschreibung griff er – wie bei den Doriern – auf Elemente des zeitgenössischen Diskurses über die Gründung von Apoikien zurück. Athen sei durch Zuwanderung so stark angewachsen, dass es in Ionien neue Siedlungen gründete (Thuk. 1, 2; 1, 12; 6, 2–4; 7, 57). Die Ioner in Asien würden das in Athen bekannte Fest der *Anthesterien* feiern, und die Athener konnten wie selbstverständlich als Führer der Ioner in der Ägäis auftreten und mitten im Peloponnesischen Krieg auf ihrem Zentrum, der Insel Delos die Leitung des Festes der *Ephesien* übernehmen (Thuk. 3, 104). Athen rückt damit in die Rolle der Metropolis für die Ioner wie die Landschaft Doris für die Dorier. Wieder ganz in den Gegensatz zwischen Athen und

Wanderung als Begründung für die athenische Führungsrolle

Perspektive der Apoikie bei Thukydides

Sparta gerückt, erzählte Thukydides (1, 95,1; 3, 86, 3; 6, 20, 3) weiter, dass Kleinasien nach dem Sieg über die Perser und dem Ausscheiden der Spartaner aus dem für diesen Krieg geschlossenen Bund der Hellenen die Athener gefragt habe, ob diese die Führung über die Hellenen übernehmen wollen.

Konstrukte aus politischer Intention

Trotz der Sicherheit, mit der diese Versionen der ‚Geschichte der Ioner' vorgetragen wurden, handelt es sich um Konstrukte, die nicht allgemeine Zustimmung gefunden hatten. Darauf verweisen einzelne gegenläufige Äußerungen. So erzählte Herodot auch davon, dass die in Kleinasien lebenden Ioner und die Athener gar nicht Ioner genannt werden wollten und sich bis in seine Gegenwart dieses Namens schämen würden (Hdt. 1, 143). Und Thukydides kannte die Erzählung, dass die Athener anfänglich pelasgisch waren und erst später hellenisch wurden, zu Ionern erst unter Ion, der dafür erst zum Athener gemacht werden musste (Thuk. 2, 51; 7, 161; 8, 44). Damit wird nur indirekt bestätigt, dass der politische Kontext für die Konstruktion der sog. ionischen Wanderung im Anspruch Athens nach den Perserkriegen auf die Führung über ganz Griechenland lag.

4.4 Alteritätserfahrungen: Impulse zur Formierung einer hellenischen Identität

Mittelmeer als Kontaktraum

Die auch nach dem Ende der ‚mykenischen' Welt nicht völlig abgebrochenen Kontakte in den Mittelmeerraum nahmen ab dem Ende des 10. Jh. kontinuierlich wieder zu. Blieb der Güteraustausch in der zweiten Hälfte des 11. Jh. und im 10. Jh. noch auf regionale Austauschräume begrenzt, so begannen sich diese ab dem 9. Jh. immer stärker miteinander zu verzahnen. Auf diese Weise entstanden über Etappen führende, indirekte Verbindungsschienen von Sardinien bis zur Levante und nach dem Westen bis zur iberischen Halbinsel. Zypern besaß Verbindungen zur Levante, nach Kreta in die Dodekanes und Euböa. Die Ägäis war über Euböa auch mit der Levante und dem westlichen Mittelmeer verbunden. Von Westgriechenland und den ionischen Inseln bestanden Beziehungen zum östlichen Unteritalien und dann auch nach Sizilien.

Mobilität ab dem 11. Jh.

Nach den Migrationen am Ende der mykenischen Periode siedelten ab der Mitte des 11. Jh. von der südlichen Balkanhalbinsel gekommene Menschen an der (südlichen und mittleren) Westküste Kleinasiens und auf den vorgelagerten Inseln. Vom westlichen Griechenland aus bahnten sich im 9. Jh. erste Kontakte mit Unteritalien an, die sich in eine anhaltende Zuwanderung bis in 7. Jh. auswuchsen. Über Kreta und Zypern dürften in der zweiten Hälfte des 9. Jh. Zuwanderer in einzelne Küstenorte in der Levante gekommen sein (Al Mina, Tel Sukas u.a.). Noch vor der Mitte des 8. Jh. erschienen Migranten aus der Ägäis auf Ischia (Pithekussai) und ließen sich neben schon früher hierhergekommenen Menschen aus der Levante und der lokalen Bevölkerung nieder. Ab der Mitte des 8. Jh. begannen Migranten an der Ostküste Siziliens zu siedeln. Die phönikische Ausweitung nach dem Westen erreichte über Kreta und Sizilien schon im 9. Jh. das südliche Spanien und streifte dabei nicht nur die südliche Balkanhalbinsel, sondern führte auch zu Kontakten bis in die nördliche Ägäis.

4.4.1 Kontaktsituationen am Rand des griechischen Siedlungsraumes

Durch die Verzahnung der Austauschräume und die Mobilität von Personen taten sich neue Welten auf, die zu vielfältigen Informationen verhalfen. Wie diese Eindrücke verarbeitet wurden und welche Rückwirkungen sie auf das Selbstverständnis der Betroffenen hatten, hing wesentlich von den Bedingungen ab, unter denen sie zustande kamen. Deren Auswirkungen auf die Wahrnehmung des Anderen können mit dem Konzept der Kontaktzonen erfasst und beschrieben werden. Darin werden Kontaktzonen nicht als physische, sondern als soziale Räume aufgefasst. Sie können danach unterschieden werden, ob der Transfer in direktem oder indirektem Kontakt erfolgt, ob auf die Akteure (Produzenten der Güter, Vermittler, Rezipienten) Druck ausgeübt wird oder nicht. Es lässt sich zeigen, dass die Art und das Ausmaß der Rezeption von Gütern und Ideen von der jeweiligen Situation abhängig sind.

Informationen über Kontaktzonen

Offene Kontaktzonen, in denen kein Druck auf die Rezipienten ausgeübt wurde, dürfen dort angenommen werden, wo Güter über große Distanzen transferiert wurden, ohne dass es zu einem persönlichen Kontakt zwischen den Erzeugern der Güter und den rezipierenden Griechen kam. Zu losem persönlichem Kontakt kam es an Orten in Unteritalien wie Otranto, das zuerst als Stützpunkt auf dem Weg nach Süden diente. Der Kontakt verstärkte sich und führte zu einer dichten Kontaktzone, wenn in Orten wie in L' Amastuola im Hinterland des späteren Tarent Griechen in geringer Zahl innerhalb der lokalen Siedlungen lebten (= *Enoikismos*). Es ist anzunehmen,

Offene Kontaktzonen

dass die Kontakte zwischen familial organisierten oder auch von kleinen Big Men geführten Gesellschaften und den Griechen weitgehend frei von Machtanwendung und Gewaltausübung vor sich gingen. Ähnliches dürfte für Siedlungen an der Ostküste Siziliens (Naxos, Syrakus, Megara Hyblaia) gegolten haben. Im Grundzug zwar gleich, dennoch etwas komplizierter scheint die Kontaktzone in Siedlungen wie Pithekussai gestaltet gewesen sein. Hier lebten mehrere unterschiedliche Bevölkerungen nebeneinander. Doch gerade diese Orte dürften geradezu Hot Spots des Austauschs von in alle Richtungen fließenden Informationen gewesen sein.

Middle Ground

Der sog. Middle Ground, in dem nach der ursprünglichen Definition ein Partner über größere Macht(mittel) verfügt als der andere, diese jedoch (auch aus Eigennutz) nicht zur Anwendung bringt, ist die Art der dichten Kontaktzone, die sich in sog. Gateway Communities fand. Orte wie Gravisca und Pyrgi an der südlichen Küste Etruriens, aber auch Al Mina in der Levante, Hafenort an der Mündung des Orontes für das sich zum Chiefdom entwickelnde Unqi/Pattin, waren Schnittpunkte zwischen in sich unterschiedlich strukturierten Austauschräumen. Wie sich Machtverhältnisse in einer dichten Kontaktzone aufbauen konnten, zeigen Beispiele wie Siris/Policoro, Metapont oder Tarent, wo aufgrund der konstanten Zuwanderung von Enoikisten im 7. Jh. Bewohner selbständiger griechischer Siedlungen an der Küste wurden. Ab diesem Zeitpunkt begannen sie starken Einfluss und Druck auf die Siedlungen der lokalen Bevölkerung im Hinterland auszuüben.

Dichte Kontaktzonen

Information – Reflexion – Identität

Über diese vielfältigen und unterschiedlich gearteten Begegnungen floss eine Vielzahl an Informationen aus dem gesamten Mittelmeerraum in die von Griechen bewohnten Räume. Sie boten eine Vielzahl von Anhaltspunkten für die Reflexion über das Verhältnis der eigenen zu den fremden Welten und damit auch über das, was die eigene Identität ausmacht. Solche Informationen rückten ohne Druck und konstant über eine ganz spezielle Form von Kontaktzone, nämlich die Heiligtümer, ganz nahe an die Menschen heran, ohne dass diese die eigene Welt verlassen mussten.

4.4.2 Heiligtümer: multidimensionale Begegnungen in sakralen Räumen

Heiligtümer: Orte der Kommunikation

Für die Vermittlung von Information waren die verschiedenen Formen von Heiligtümern, die Begegnungshütten in den Compounds, die

Versammlungsräume in den Weilern, die Oikos-Heiligtümer in den Streusiedlungen und die Tempel mit Kultbild in den Agora-Siedlungen, die Heiligtümer am Rand oder außerhalb der sozio-politischen Einheiten oder zwischen diesen von herausragender Bedeutung. Denn der im sakralen Raum gewährte Schutz der Person war eine grundlegende Voraussetzung nicht nur für die religiöse, sondern auch die soziale und politische Kommunikation unter den Besuchern verschiedenster Herkunft, besonders anlässlich der in den Heiligtümern abgehaltenen Feste. Mit der zunehmenden Bekanntheit einiger dieser Heiligtümer, manchmal wegen deren Lage an Austauschrouten im Mittelmeerraum, stieg die Zahl der Menschen, die an diesen Orten die Unterstützung der jeweiligen Gottheit suchten. Mit der Intensivierung der Austauschvorgänge im ganzen Mittelmeerraum ab dem 9. Jh. wurden in den Heiligtümern innerhalb und außerhalb des ‚griechischen' Raumes von deren Besuchern Weihegaben aus dem gesamten Mittelmeerraum deponiert, wie Nadeln, Fibeln, Schmuck, Amulette, verschiedene Bronzegefäße, Waffen und Pferdegeschirr.

Im 8. Jh. nahm die Zahl solcher Deponierungen – zwar in der Zahl abhängig von der Lage des Heiligtums, jedoch insgesamt – markant zu. In Heiligtümern im Binnenland fanden sich tendenziell weniger Weihegaben aus der Fremde als in Küstenorten und besonders in Orten in der östlichen Ägäis, in Kreta oder Zypern. So wies z. B. das Heiligtum von Pherai in Thessalien 2% an Importen auf, das Hera-Heiligtum auf der Insel Samos jedoch 85%. Die deponierten Gegenstände kamen aus den unterschiedlichsten Gegenden. In Olympia stammten z. B. ca. 10% aus dem italischen Raum und dem westlichen Mittelmeer, ca. 11% aus der Levante und weiter nördlich und östlich davon gelegenen Gebieten. Im Hera-Heiligtum von Samos kamen dagegen ca. 39% aller importierten Gegenstände aus Zypern, Ägypten und Gebieten östlich der Levante, andere stammten aus Phönikien, Phrygien, Syrien, Assyrien und Babylonien, dem iranischen Hochland, der Region des Kaukasus, aus Urartu, nur wenige aus Italien und dem westlichen Mittelmeer.

Weihegaben aus der ‚Fremde'

Der Zweck der Deponierung der auffallenden fremden Gegenstände hing mit der Funktion der Heiligtümer als kommunikativen Zentren für die mit den Heiligtümern verbundenen sozio-politischen Einheiten zusammen. Denn die Deponierung einer Gabe innerhalb des heiligen Areals bedeutete nicht nur die Veräußerung eines Gegenstandes, um die Gottheit(en) zu einer Gegengabe zu

Selbstpräsentation – Funktion der Weihegabe

veranlassen. Es ging auch darum, über die Gabe die Qualität des Gebers öffentlich zu demonstrieren, wie bei den Bestattungsritualen oder den vielen verschiedenen Festmahlen. Das erklärt, warum auch in kleineren Heiligtümern quer durch die griechische Welt eine erstaunliche Zahl an auch wertvollen Gütern deponiert wurde. Deswegen ist es auch kein Zufall, dass mit der Errichtung der Tempel mit Kultbild die Zahl der Deponierungen in den Heiligtümern massiv anstieg und parallel dazu im Bestattungsritual signifikant zurückging.

Verwaltung durch das Kultpersonal

Die Aufstellung der Weihegaben dürfte nicht willkürlich erfolgt, sondern in den selbstverwalteten Heiligtümern vom Kultpersonal gesteuert worden sein. Dieses konnte dann auch über die Herkunft, Geschichte und Bedeutung zumindest der wertvollen und bekannten Weihegegenstände Auskunft geben. Wie derartige Erzählungen aussehen konnten, geht aus den Erläuterungen hervor, mit denen Achill anlässlich der Leichenspiele des Patroklos die von ihm ausgesetzten Preise versieht. Über den als ersten Preis beim Wettlauf gestifteten Krater aus Silber heißt es z. B., dass ihn Sidonier, also Phöniker, dem Thoas auf der Insel Lemnos zum Geschenk gemacht hatten; von dort gelangte er durch Euenos, Sohn des Iason, an Patroklos, der ihn als Lösegeld für Lykaon, Sohn des Priamos von Troia, erhalten hatte; nun geht er an Odysseus, den Sieger im Wettlauf weiter (Il. 23, 740–749; z. B. auch: Il. 24, 277–279). Erscheint die hier kreierte ‚Biographie' des Gegenstandes historisch möglich, so dürften in anderen Fällen zur Wertsteigerung viel an Vermutung und Erfindung im Spiel gewesen sein.

Weihegaben mit Vergangenheit

Ein Beispiel dafür ist ein Depot unter der Mauer des Artemis-Tempels im Heiligtum von Delos aus der Zeit um 700. In ihm fanden sich nebeneinander Elfenbein aus mykenischer Zeit, punzverzierte Goldbleche aus Italien und protogeometrische Keramikfragmente aus dem 10. Jh. Das Nebeneinander von Gegenständen aus weit auseinanderliegenden Zeiten zeigt an, dass über die deponierten Gegenstände ein weitreichender Vergangenheitsbezug aufgebaut werden sollte, über dessen Ausmaße jedoch kein konkretes Wissen existierte. Was das heißt, lässt sich an drei zum selben Pferdegeschirr gehörenden Pferdescheuklappen nachvollziehen, von denen eine im Hera-Heiligtum auf Samos und zwei weitere in Eretria auf Euböa im Heiligtum des Apoll Daphnephoros deponiert wurden. Über die identische aramäische Inschrift auf den Scheuklappen in beiden Heiligtümern ist eine interessante Geschichte zu rekonstruieren. Die beiden Scheuklappen gehörten zum Pferd eines Mannes namens Hazael aus Damaskus. Dieser hatte sie als Geschenk von einem Mann namens Umq/Unqi erhalten. Die beiden Scheuklappen wurden vermutlich nach der Niederlage dieses Hazael gegen Salmanassar III. im Jahr 839 als Beutestücke getrennt und von unterschiedlichen Personen im 7. Jh. in Eretria bzw. Samos im jeweiligen Heiligtum deponiert.

Noch näher an die mit solchen Gegenständen potentiell verbundenen Erzählungen führen drei fast lebensgroße weibliche (Götter-?) Figuren in Olympia. Um einen Kern aus Holz waren fein getriebene Bronzebleche (*Sphyrelata*) angebracht als ihre mit menschlichen und tierischen Figuren reich verzierten Gewänder. Drei dieser Bronzebleche stammten aus dem nordsyrisch-anatolischen Raum. Die anderen waren deutlich jüngere Imitationen des getriebenen Dekors der vorderorientalischen Bleche mit Mäandermustern, getriebenen Ranken- und Palmettenornamenten. Durch die Verbindung der älteren Bleche mit den jüngeren Imitationen zu einer Einheit im frühen 7. Jh. wurde ein völlig neuer Zusammenhang hergestellt. Damit muss eine auch Erzählung einhergegangen sein, in der die Verbindung des Älteren und Fremden mit dem Neuen und Aktuellen beschrieben und erklärt wurde.

Einbettung des Fremden in die eigene Welt

Solche Erzählungen mussten Aufmerksamkeit bei den vielen auch außerhalb der Festzeiten die Heiligtümer besuchenden Personen geweckt haben. Man kann sich gut vorstellen, wie es dabei zu einem intensiven Austausch über die Bedeutung der geweihten Gegenstände und deren Geschichte kam. Das machte die Heiligtümer zu Toren zu Informationen über Fremde und Fremdes, ohne in der Fremde gewesen sein zu müssen. Daher ist davon auszugehen, dass die für die Reflexion über die eigene Identität als Voraussetzung genannte „Alteritätserfahrung" auch mitten im griechischen Siedlungsraum möglich war. Diese Erfahrung beinhaltete die mehr oder minder gebrochene Wahrnehmung anderer Lebenswelten samt den sie bestimmenden sozialen, politischen, religiösen und kulturellen Regeln, und dadurch aber auch die Möglichkeit, auf die eigenen und für selbstverständlich gehaltenen Welt(en) einen Blick wie ‚von außen' werfen und so eine reflexive Distanz zu ihr aufzubauen zu können.

Alteritätserfahrung über Erzählungen

4.5 Hellenische Ethnogenese – ein anhaltender Prozess

Selbstdefinition ohne Ethnos

In der *Odyssee* wird der unbekannte Fremde zuerst nach dem Namen gefragt, den für ihn seine Eltern, die Menschen in der Siedlung (*asty*) und die Umwohner gebrauchen, dann nach dem Namen des Landes (*gaia*), der Gemeinschaft (*demos*) und der ‚Stadt' (*polis*) jedoch nicht nach dem Namen einer ‚ethnischen' Einheit (Od. 8, 550–556; zudem z. B. Od. 1, 170; 14, 187 u.ö.). Dieser ordnet sich – ganz im Denken in Genealogien – seiner Familie zu, einer Siedlung, nur manchmal einer größeren Einheit, wie z. B. Kreta, – (s)einer ‚ethnischen' Großeinheit wie den Achäern ausschließlich dann, wenn von Troia die Rede ist. Das braucht nicht zu überraschen, weil es für vielen nebeneinander existierenden Village Societies keinen gemeinsamen Namen gab, wie das auch aus den miteinander in Konkurrenz stehenden lokalen und regionalen Genealogien hervorgeht. Es gab "no such thing as a singular 'Greek society' in the Archaic period" (J. HALL).

Vielgestaltigkeit der griechischen Welt

Die Vielgestaltigkeit der frühen griechischen Welt wurde immer schon als eine Besonderheit wahrgenommen. In der älteren Literatur wurde das als „Zersplitterung der Nation" oder als „Kleinstaaterei" bezeichnet, in jüngeren Untersuchungen wird von einem „Polyzentrismus" gesprochen. Als Grund dafür wurde die besondere machtpolitische Situation im Mittelmeerraum genannt, nämlich dass ‚die Griechen' bis in die Zeit der Perserkriege weitgehend frei von einem äußeren Druck leben konnten. Da an der ethnischen Hypothese kein Zweifel bestand, wurde die äußere Bedrohung in den Perserkriegen als der Wendepunkt interpretiert, an dem sich „die Nation zusammenschloss" bzw. „die Griechen zu sich selbst fanden".

Ethnische Selbstdeutung als Reaktion auf Veränderungen

In den bisherigen Kapiteln wurde von archäologischer und historischer Seite die Alternative zu dieser Sichtweise aufgezeigt, nämlich dass die ethnische Selbstdeutung nicht als ein Rückgriff auf den ‚Anfang' (des Volkes/der Nation) anzusehen ist, sondern das Ergebnis von verschiedenartigen Veränderungen der Lebenswelt darstellt: der langsamen, mit internen Spannungen verbundenen Entwicklung der Siedlungen mit Agora zu Poleis, der Ausbildung größer werdender Heiligtümer als Zentren immer weiter reichender Begegnungen und des zunehmend intensiver werdenden Aufeinandertreffens mit dem Anderen, der verschiedenen Erfahrungen von Alterität. Diese nicht einförmig vor sich gehenden Veränderungen stießen Reflexionen über eigene und fremde Lebensweisen an, führten jedoch nicht automatisch dazu, sich als Teil einer großen kulturellen und/oder ethnischen Einheit zu fühlen oder gar zu definieren. Dafür waren die Alteritätserfahrungen auch zu unterschiedlich – aufs Einfache reduziert: positiv in Fernverhältnissen und oder dichten Kontaktzonen, wenn der Kontakt nicht von der Gefahr oder vom Einsatz von Gewalt begleitet war; negativ in dichten Kontaktzonen mit der Androhung oder dem Einsatz von Gewalt.

Diese Prozesse schlagen sich nicht nur in den archäologischen Befunden, sondern auch in den Texten nieder. Die nicht über die Kommunikation in den ‚neutralen' Heiligtümern zu verhindernden Konflikte zwischen sich zu politischen Einheiten formierenden Siedlungen führten im 7. Jh. zu Aufrufen wie bei Tyrtaios von Sparta (frg. 6/7 G-P), Kallinos von Ephesos (frg. 1) oder Mimnermos von Smyrna (frg. 3 G-P) zum Zusammenhalt der Gemeinschaft gegenüber Nachbarn oder aus der Ferne kommenden Eindringlingen. Von anderer Seite her kommen diese Prozesse in der Propagierung eines gewaltfreien Zusammenhalts in den Epen zum Vorschein. Die Wanderungserzählungen dienten ab dem 6. Jh. besonders Sparta und Athen dazu, für die Zusammengehörigkeit größerer Verbünde (Dorier, Ioner) zu argumentieren und um ihre sich ausweitenden politischen Ambitionen zu unterbauen – ein unverkennbarer Schritt zu Ethnizität noch vor den Perserkriegen.

Aufrufe zum internen Zusammenhalt

Nur zum Teil überlappten sich mit diesen Prozessen die Erfahrungen mit den als Barbaren bezeichneten Anderen. Sie bestanden in den keineswegs negativ bewerteten Begegnungen mit anders Sprechenden, wie den Karern in Kleinasien, aber auch in den vielen besonders über die Heiligtümer gewonnenen indirekten Kenntnissen vom Fremden. Daneben stand der seit dem 8. Jh. anschwellende Fluss an Informationen über die brutalen militärischen Aktionen der Assyrer auf ihren innerhalb von nur 150 Jahren, vom 9. bis nach der Mitte des 7. Jh., nicht weniger als 67 Feldzügen nach Syrien, Palästina und Kilikien. Diese fanden ihren Niederschlag in der Ablehnung gewaltbesessener und sich wie Tiere in ihrem Morden verhaltender Herrscher in den Epen und so ihren Weg in die vielen Überlegungen über den gerechten Staat in klassischer Zeit.

Unterschiedliche Wahrnehmungen des Fremden

Dieses nicht überall in der griechischen Welt gleich wahrnehmbare Bündel an Veränderungen der eigenen Lebenswelt und Alteritätserfahrungen erzeugte Reaktionen, die je nach Zeit und Situation unterschiedlich ausfielen, aber in ihrer Tendenz auf eine

Tendenz zur Bildung von übergeordneten Einheiten

Einheit zielten, die der in eine Vielzahl von unterschiedlichen sozio-politischen Gruppierungen gegliederten eigenen Lebenswelt übergeordnet sein sollte.

4.5.1 ‚Reale' Allianzen und eine fiktionale Großeinheit im Epos

Die den Epen oft zugeschriebene Intention, alle ‚Griechen' einschließen zu wollen, kann deshalb nicht zutreffen, weil diese selbst keine Vorstellung von Hellenen oder einer anderen übergeordneten Einheit hatten. In der *Ilias* stehen sich nicht zwei Ethnien gegenüber; es wird nur der Kampf zwischen zwei großen Heeren um die Stadt Troia dargestellt. Aber es werden deutliche Hinweise gegeben, worin der Zusammenhalt der beiden Heere besteht.

Troer und Verbündete

Der Kern des troischen Heeres ist aus den Troern gebildet. Deren Zusammengehörigkeit wird nach dem genealogischen Schema eines konischen Clans dargestellt, in dem die für die Stadt entscheidenden Personen ihren die Relationen zwischen ihnen anzeigenden Platz einnehmen (Il. 20, 215–241). Der Vorrang von Hektor gegenüber Aineias ergibt sich daraus, dass Hektor über seinen Vater Priamos und dessen Vater und Großvater aus der Linie des Erstgeborenen vom Ahnen Tros abstammt, während Aineias sich nur auf den zweitgeborenen Sohn von Tros zurückführen kann. Die besondere Position der Priamiden in der Genealogie kommt einmal zum Vorschein, als Hektor, ungestüm wie er war, allein mit seinen direkten Verwandten, ohne die anderen Männer (*laoi*) der Stadt und die Verbündeten den Angriff der Achäer abwehren wollte (Il. 5, 472–476). Das troische Heer bestand also nicht nur aus den Troern, sondern aus einer über die Genealogie hinaus erweiterten – vielsprachigen (Il. 2, 803–804) – Allianz, zu der etliche ‚Bundesgenossen' (*epikouroi*) aus Phrygien, Maionien/Lydien und Lykien gehörten. Das waren Anführer (*basileis*) aus anderen Regionen samt den Männern, die ihnen folgten. Sie werden für ihre Unterstützung von den Troern materiell entschädigt. Da der (fiktive) Krieg schon neun Jahre gedauert haben soll, drohte die Gefahr, dass die materiellen Ressourcen nicht mehr ausreichen, um diese Verbindung noch weiter aufrecht zu erhalten (Il. 18, 288–292).

Achäer/Danaer/ Argeier – eine fiktionale Einheit

Dieser Allianz aus einer über eine Genealogie zusammengebundenen sozio-politischen Einheit und „Bundesgenossen" stand das Heer der Belagerer Troias als eine gänzlich andere Großeinheit gegenüber. Für sie wurden drei gleichberechtigte und gleichzeitig auffällige Namen verwendet: Achäer, Danaer, Argeier. Die Namen Danaer und Achäer gehen offensichtlich auf die Bronzezeit zurück. Ihre Bedeutung war jedoch in diesem Zeitraum keineswegs eindeutig, und sie wurden auch auf unterschiedliche physische Räume bezogen. Diese Unklarheit blieb in den Epen bestehen. Argeier konnte auch der Name nur für die Leute des aus Argos stammenden Diomedes sein oder Achäer der Name für einen Teil der Leute des Achill. Diese Vagheit setzt sich in der Beschreibung des Zusammenhalts zwischen den einzelnen Kontingenten fort. Der Zusammenschluss zu einem Heer beruhte auf der Freiwilligkeit der vielen Basileis und der ihnen folgenden Laoi und setzte die Anerkennung von deren militärischer Leistung in Form der Beteiligung an der Beute und der Zuerkennung von Gaben durch Agamemnon voraus. Daran änderte auch dessen Musterung des gesamten Heeres nichts, aus deren Anlass alle Kontingente in einem Katalog („Schiffskatalog") aufgezählt wurden (Il. 2, 484–760). Denn gerade die sich durch die Aufzählung der Kontingente ergebende Übersicht über größere Teile Griechenlands wurde dadurch als eine Besonderheit markiert, dass sich der Dichter für seine Kenntnis auf die Eingebung der Musen berief (Il. 2, 484–492), so wie er das für seine ganze Darstellung (des fiktionalen Krieges) auch machte (Il. 1, 1).

Die damit bestätigte Außergewöhnlichkeit des „achäisch/danaisch/argeischen" Heeres findet sich auch in seiner besonderen Struktur wieder. Es wies nicht wie in den ‚Normalfällen' der Troer oder Phäaken zwei, sondern drei Ebenen der Hierarchie auf. Agamemnon stand als der Basileus, dem am meisten Männer folgten, zwar an der Spitze der Hierarchie des Ansehens, neben ihm befanden sich jedoch andere Basileis, die wiederum von weiteren Basileis begleitet wurden. Um dieser besonderen Konstruktion Plausibilität zu verleihen, wurde Agamemnon augenfällig hervorgehoben. Er besaß nicht nur ein von Zeus stammendes Zepter als besonderes Abzeichen, er war auch begütert wie kein anderer. Aus eigenen Ressourcen konnte er alle Basileis und die anderen herausragenden Personen im Heer bewirten und Achill als Kompensation für sein Fehlverhalten ganze Ländereien als Gaben anbieten.

Drei Ebenen der Hierarchie

Auf das bloß in der Dichtung der *Ilias* vorhandene Konstrukt eines großen Heeres wurde in der *Odyssee* nur angespielt, um von

Zerfall der Einheit

hier aus die Erzählung von der Heimfahrt des Odysseus mit seinen Gefährten zu begründen (Od. 3, 130–165). Nach der Eroberung von Troia zerfiel das Heer wegen der unterschiedlichen Auffassungen über die Heimkehr wieder in seine Teile. In der darauffolgenden getrennten Rückfahrt der einzelnen Kontingente kommt ihre Selbständigkeit deutlich zum Vorschein. Das der Steigerung der Dimension des mythischen Krieges dienende Konstrukt der „Achäer/Danaer/Argeier " konnte keinen Bestand haben.

Keine Hellenen

Die einzelnen Gruppen – mehr oder weniger große Regionen und/oder Siedlungen – trugen eigene Namen, wie sie im „Schiffskatalog" von den Böotern über die Orte Aspledon und Orchomenos, die Phoker und viele andere bis zu den Magneten aufgezählt werden. Diese Gruppen waren offensichtlich die wichtigen Bezugspunkte für die Identität, nicht die in der *Ilias* durch das Heer repräsentierte Gesamtheit, für die mehrere Namen nebeneinander in Gebrauch waren, niemals jedoch Hellenen.

4.5.2 Umdeutungen und Erweiterungen der Genealogie des Hellen

Hellas und Hellenen im Umfeld der Perserkriege

In den Jahren 490 und 480–479 standen keineswegs alle Griechen geeint im Kampf gegen die Angriffe der Perser; nicht wenige hatten sogar mit diesen sogar sympathisiert. Die Hauptlast des Kampfes trugen Sparta und Athen. Im Umfeld dieser beiden Poleis wurden die Namen Hellas und Hellenen als Gesamtname propagiert. Das geschah nicht plötzlich, sondern war das Ergebnis einer längeren Vorgeschichte. Ein wichtiges Indiz dafür ist die Umbenennung der Schiedsrichter für die sportlichen Bewerbe bei der alle vier Jahre stattfindenden großen Festfeier in Olympia von *diaiteteres* in *Hellanodiken* ("Hellenenrichter") am Ende des 6. Jh. In einer Art von Reflexion über die Auswirkungen der Perserkriege behauptete Herodot (8, 109), dass es gemäß dem athenischen Feldherrn Themistokles eine Folge des Sieges über die Perser gewesen sei, dass „wir uns selbst und Hellas gefunden" haben. In den Kontext solcher Selbstfindung passt auch die von Herodot dargestellte, viel zitierte Szene vor der entscheidenden Schlacht von Plataä in Böotien (Hdt. 8, 140–144). Gegen die Avancen der Thessaler, mit ihnen auf der Seite der Perser zu kämpfen, und gegen den Vorwurf der Spartaner, eben das tun zu wollen, reagierten die Athener mit einer bis dahin einzigartigen Argumentation: Sie wollen an den Persern

Rache nehmen, und gegenüber diesen Barbaren bestehe „das Hellenische" in gleichem Blut, gleicher Sprache, gemeinsamen Heiligtümern und Opfern und gleichgearteten Gebräuchen.

An der weiteren Geschichte des in der Hochstimmung nach dem Sieg über die Perser auf dem griechischen Festland gegründeten Kampfbundes (*Symmachie*) zum Zweck der Vertreibung der Perser aus der Ägäis und Kleinasien zeigt sich, wie fragil die behauptete Gemeinsamkeit der Hellenen war. Die im Krieg führenden Spartaner schieden rasch aus dem Bund aus, und dieser wurde von den Athenern in ein ihnen nützliches Instrument zur Beherrschung des sog. „Attisch-delischen Seebundes" verwandelt. Darüber kann auch die Benennung der für die Finanzen des Bundes der Hellenen zuständigen, in Athen ansässigen Beamten als *Hellenotamiai* (Thuk. 1, 96) nicht hinwegtäuschen.

<small>Symmachie</small>

Unabhängig davon blieb der Makel der Genealogie des Hellen bestehen, dass in ihr Sparta und Athen über Doros und Ion dominierten, während der mit Thessalien in Verbindung stehende Aiolos nur eine untergeordnete Rolle spielte. Zudem wurde von der Genealogie insgesamt nur ein Teil der Griechen erfasst. Darauf reagierte ein Zeitgenosse von Thukydides, Hellanikos von der „äolischen" Insel Lesbos, mit einer an entscheidenden Stellen anders gestalteten Genealogie (FGrHist 4, 125). Der Vater von Hellen war bei ihm entweder Deukalion oder Zeus, sein ältester Sohn Xouthos; dessen Brüder waren Aiolos und dann erst der jüngere Doros. Sie hatten auch eine Schwester namens Xenopatra. Da Xouthos eine Figur ohne eigene Geschichte war, wurde Aiolos zur wichtigsten Person. Die nur hier auftauchende Xenopatra rückte an die Stelle, wo im *Frauenkatalog* des 6. Jh. Xouthos stand: Sie könnte angesichts ihres Namens („fremde Heimat") dazu gedacht gewesen sein, alle jene, die bisher in der Genealogie des Hellen keinen Platz gefunden hatten, an die Genealogie des Hellen anzuschließen.

<small>Neudefinition der Genealogie des Hellen</small>

Es ist kein Zufall, dass in dieser Anordnung der Genealogie Ion fehlte. So wie das Textfragment erhalten ist, war von ihm erst nach weiteren acht Generationen die Rede, um die Ioner als Nachfahren von Aiolos in die Genealogie des Hellen einzubinden. Mit Bezug auf die Erzählung von der Wanderung der Ioner musste Melanthos vor den auf die Peloponnes zurückkehrenden Herakliden weichen und nach Attika gehen. Dort besiegte er in einem Zweikampf den angreifenden böotischen Basileus Xanthos und wurde für diese Tat Nachfolger des attischen Basileus Thymoites. Sein Sohn Kodros

<small>Nachrang der Ioner</small>

opferte sich im Kampf gegen die angreifenden Dorier und rettete so Athen. Von seinen beiden Söhnen wurde Medon Basileus in Attika, während sein Bruder Neleus nach Kleinasien ging und dort die ionischen Städte gründete.

Konkurrierende Genealogien

Solche auf die aktuelle politische Situation (Konflikt zwischen Athen und den Böotern bzw. Doriern/Sparta; steigende Bedeutung des äolischen Thessalien) bezogenen Neuformulierungen der Genealogie des Hellen scheinen auf das 5. Jh. beschränkt geblieben zu sein. Denn mit dem Verlust der dominierenden politischen Position von Athen und Sparta dürfte auch die direkte Einbindung in die Genealogie des Hellen an Attraktivität verloren haben. Von den regionalen Einheiten (*ethne*), die sich langsam als Bünde (*koina*) politisch zu verfestigen begannen, wurden eigene und neue Genealogien konstruiert, die ohne einen (expliziten) Bezug zu Hellen auskamen. In ihnen wurden Figuren mit sprechenden Namen zu Ahnen, auf die sich die jeweiligen Regionen zurückführen konnten. Das konnten schon bekannte Figuren wie Achaios für Achaia oder Aitolos für Ätolien sein, oder offensichtlich neu erfundene wie Arkas für Arkadien oder Akarnan für Akarnanien.

4.5.3 Die hellenische Selbstfindung als „Griechen" im Imperium Romanum

Konkurrierende Erzählungen

Auf die aus moderner Perspektive interessante Frage nach dem Anfang gab es im 5. Jh. mehr Antworten als je zuvor: unterschiedliche Genealogien zur Begründung lokaler Identitäten, Erzählungen über Wanderungen zur Begründung politischer Ansprüche, unterschiedliche Anordnungen der Genealogie des Hellen. Die in der Notsituation des Krieges gegen die Perser versuchte Markierung von Gemeinsamkeit als ethnische und/oder kulturelle Gruppe erzeugte ein Gewirr von sich auch widersprechenden, auf jeden Fall sich kreuzenden Erzählsträngen. Doch gerade die fehlende Klarheit, wieweit die Gemeinsamkeit reicht und worin sie bestehen soll, erlaubte es, eigene (politische) Ansprüche mit jeweils dazu passenden Erzählungen zu unterfüttern.

Situationsbedingter Definitionsversuch der Hellenen

Anders als diese Erzählungen bot die zitierte, bei Herodot (8, 144, 3) vorgetragene, den Athenern in den Mund gelegte ethnisch-kulturelle Definition „des Hellenischen (*to hellenikon*)" einen Ansatz, um über lokale Verankerungen und politische Ansprüche hinauszukommen. Doch schon Thukydides wies auf die Problematik einer solchen Definition angesichts der politischen Realität in seiner Gegenwart hin: Die „hellenisch" genannten Sitten und Normen sind weder überall gleich noch sind sie unzweideutige Orientierungspunkte. Sich ethnisch zu definieren, war – angesichts der wechselnden Allianzen – wenig tragfähig. In dem fast ganz Griechenland erfassenden Peloponnesischen Krieg (431–404) bekämpften einander Dorier (Sparta) und Ioner (Athen) hasserfüllt und brutal und begriffen sich beide als eigenständige ethnische Einheiten. Dabei unterdrückten die Athener andere Hellenen, während die Spartaner sich zu den Befreiern von Hellas stilisieren konnten. Dieser über einer hellenischen Gemeinsamkeit stehende Gegensatz führte so weit, dass sie sich beide am Ende des Krieges mit den „Barbaren", d. h. den Persern gegen andere Hellenen verbündeten. Mit diesen Hinweisen entlarvte Thukydides auch das Stereotyp der hellenischen Freiheit gegenüber der babarischen Despotie als relativ.

Damit rückte die andere schon im Umfeld der Perserkriege in Gebrauch gekommene Definition von „hellenischer" Gemeinsamkeit in den Vordergrund: die Abgrenzung der Hellenen von den Barbaren in der Form einer kulturellen Differenz. Gleichzeitig war auch sie nicht absolut, weil weder die Hellenen noch die Barbaren als einheitliche Blöcke gesehen wurden. Zudem wurde es für möglich gehalten, dass durch Erziehung (*paideia*) Barbaren zu Hellenen werden können, aber auch, dass Hellenen, wenn sie unter Barbaren lebten, ihre Lebensweise aufgeben und damit zu Barbaren werden. Auch deswegen konnte die ab dem 4. Jh. intensiv geführte Debatte darüber, was allen Hellenen gemeinsam (modern: „panhellenisch") ist, zu keinem einhelligen Ergebnis führen. Erst als im 2. Jh. die griechischen Städte und Ethne bzw. Bünde ihre politische Selbständigkeit durch die gewaltsame Integration in das römische Herrschaftsgebiet verloren hatten, begannen sich die Hellenen zunehmend als ethnisch-kulturelle Einheit zu begreifen. Die Abhebung nach kulturellen Merkmalen – in Parallele mit der und in Reaktion auf die durch Augustus eingeleitete römisch-imperiale Selbstdarstellung – wurde zum Ausgangspunkt für in ihren Grundzügen ähnliche, alle Hellenen umfassende Selbstdefinitionen ausgebaut.

Kulturelle Definition der Hellenen

Für deren Erfolg war die auf einer möglichst klaren Strukturierung beruhende Reduktion des Gewirrs an Erzählungen über die eigene Vergangenheit die Voraussetzung. Dies geschah auf den verschiedenen Feldern des Vergangenheitswissens, in der Mythologie, der Geographie und der Ereignisgeschichte. Historiographen,

Kanonisierung des Wissens

Geographen und Mythographen sammelten und organisierten – manchmal nach vorhergehender ‚Korrektur' – das frühere Wissen in der Absicht, das jeweilige Wissensfeld umfassend zu präsentieren. Hier wie auch in der Literatur und dem Epigramm wurden durch klare Wertsetzungen die dafür unabdingbaren Reduktionen vorgenommen. Athen und Sparta, Homer und die Tragödien, große Figuren wie Themistokles, Demosthenes oder Platon wurden zu den – wirkkräftigen – Symbolbildern für das Hellenische. Die Darstellung der hellenischen Geschichte fokussierte auf einige Schlüsselereignisse wie die Perserkriege und den Widerstand gegen den König der Makedonen Philipp II. In dem so gebildeten, Zeitlosigkeit ausstrahlenden hellenischen Universum stand ein idealisiertes Athen im Zentrum. Seine Sprache, der attische Dialekt wurde in einer nur im Ideal vorhandenen ‚Reinheit' zum sprachlichen Maßstab für das Griechische. Das alles geschah, um der bewunderten militärischen und politischen Macht der Römer eine dieser vorausgegangene Überlegenheit der Hellenen auf allen kulturellen Feldern entgegenzustellen.

Hellenen werden Graeci

Umgekehrt konnten jetzt auch die Römer durch Erziehung zu Hellenen werden und damit das Rom zur Zeit des Augustus zu einem neuen Athen. Die Römer konnten aber auch von den Hellenen hergeleitet, sogar Latein konnte zu einem griechischen Dialekt werden. Der Herrschaftsbereich der Römer als der Raum der zivilisierten Welt wurde so hellenisch umgedeutet. In dieser Welt, so die Absicht, sollten sich (hellenische) Autoren und (römische) Leser an demselben Leitbild der griechischen Kultur orientieren. Dieses vielfältige, nicht bei allen Autoren völlig gleich aussehende Konstrukt diente nicht nur der Identitätsfindung der Hellenen in der Situation politischer Abhängigkeit, sondern sollte auch von den Römern als Realität wahrgenommen werden. Es ist diese Zielrichtung der intellektuellen Reflexion über sich selbst und die eigenen Anfänge, welche die Formulierung rechtfertigt, dass nun aus Hellenen *Graeci*, d. h. Griechen geworden waren.

II Grundprobleme und Tendenzen der Forschung

1 Die Quellen

Für den Anfang Griechenlands stehen keine zeitgenössischen schriftlichen Quellen aus Griechenland zur Verfügung – mit einer Ausnahme. Im Brandschutt zweier um ca. 1390 kurz aufeinander folgender Zerstörungen des Palastes von Knossos auf Kreta oder möglicherweise erst einer weiteren um ca. 1300 erfolgten Zerstörung wurden Tontäfelchen zur Aufzeichnung administrativer Vorgänge in einer aus der älteren, nur marginal lesbaren Schrift (Linear A) entwickelten neuen Silbenschrift (Linear B) durch Brände konserviert. Solche Täfelchen fanden sich auch in den Palästen von Chania in Westkreta, Pylos in Messenien, Mykene in der Argolis oder Theben in Böotien. Auf ihnen wurden administrative Vorgänge wie Personalstand, Dienstleistungen, handwerkliche Produktion, Zuteilung von Nahrungsmittelrationen, Zuweisung von Saatgut, Überwachung von Schafherden für die Wollgewinnung und Textilproduktion, Zuteilung von Rohmaterialien wie Erz oder pflanzliche Produkte, Aufbewahrung von zivilen und militärischen Geräten festgehalten [1.1: HILLER/PANAGL, Texte]. Die Informationen sind thematisch sehr eingeschränkt und umfassen jeweils auch nur ein Jahr. Für den Zeitraum zwischen ca. 1200 und dem 8. Jh. fehlen dagegen zeitgenössische schriftliche Quellen aus Griechenland vollständig. Daraus erklärt sich die für diesen Zeitraum nicht selten verwendete Bezeichnung „Dunkle Jahrhunderte" (*Dark Ages*).

<small>Linear A und Linear B</small>

Nach dieser Lücke von ca. 400 Jahren tauchten ab dem ersten Drittel des 8. Jh. an einigen über die griechische Welt verteilten Orten (Lefkandi, Eretria, Ithaka, Pithekussai, Korinth, Rhodos, Phaistos, und jüngst Methone) oder auch außerhalb von ihr in Latium (Osteria dell'Osa/Gabii) oder Phrygien (Gordion) erstmals wieder Schriftzeichen auf [RÖSLER, Mündlichkeit; WILSON, Literacy]. Mit ihnen wurden auf – meist nur in Bruchstücken erhaltenen – Vasen einzelne, keinen Sinn ergebende Buchstaben oder Namen (des Töpfers, des ursprünglichen oder späteren Besitzers) vor oder nach dem Brennen festgehalten. Aus dem letzten Drittel des 8. Jh. sind bemerkenswerte Trinkgefäße mit etwas anderen Aufschriften erhalten. Eine willkürlich „Becher des Nestor" genannte,

<small>Griechisches Alphabet</small>

in Rhodos um 740–730 erzeugte Trinkschale (Kotyle) wurde von dort vermutlich über Euböa nach Pithekussai (Ischia) transportiert. Hier oder erst in Pithekussai wurden drei metrische Verse in böotischem Alphabet eingeritzt. Eine zweite derartige Aufschrift trägt eine Kanne (Oinochoë), die aus einem Grab beim Dipylon-Tor im Kerameikos-Bezirk in Athen stammt [1.1: POWELL, Homer, 158–180]. Es steht nicht nur fest, dass das Alphabet aus der phönikischen Levante übernommen wurde, sondern die dem Trinken von Wein dienenden Gefäße weisen auch auf die dafür mögliche Motivation. Denn das rituelle Trinken von Wein folgte Vorbildern im östlichen Mittelmeer und stand in Zusammenhang mit der Absicht, durch die Präsentation von Prestigegütern bei diesem Anlass, das eigene soziale Ansehen zu verfestigen [5.4.1: KISTLER/ÖHLINGER/HOERNES/MOHR, Debating, 501–505; s. 3.6.1].

Semitische Herkunft — Es dürfte daher kein Zufall sein, dass sich einige der frühesten auf den Trinkgefäßen angebrachten griechischen Inschriften neben phönikisch-semitischen befanden. Eine in Pithekussai gefundene, um 710 datierte Scherbe zeigt zwei Buchstaben, die sich griechisch und semitisch lesen lassen. Auf einer Amphore, ebenfalls aus Pithekussai, stand unterhalb von einem vermutlich griechischen Buchstaben eine semitische Inschrift. Im Apollon-Daphnephoros-Heiligtum in Eretria auf der Insel Euböa fanden sich Trinkgefäße mit eingeritzten Graffiti in griechischer Alphabetschrift, aber auch ein noch ins 9. Jh. zu datierendes semitisches Graffito. Weitere semitische Graffiti aus der Zeit vom 9. bis zum 8. Jh. kommen aus der Ägäis (Rhodos) und Kreta (Knossos), zudem aus Olympia und Unteritalien: Pithekussai, Milazzo, Pontecagnano [1.1: AMADASI GUZZO, Iscrizioni]. Wie direkt der Kontakt zwischen Griechen und Semiten gewesen sein muss, ergibt sich auch daraus, dass in einigen Fällen in der Schreibweise der griechischen Buchstaben die phönikisch-semitische Schreibweise nachwirkt. Im griechischen Alphabet wurden die im phönikischen fehlenden Vokale eingefügt; am Ende des Alphabets wurden im Griechischen zusätzlich verwendete Konsonantenzeichen angeschlossen.

Motive für die Übernahme des Alphabets — Obwohl für die Entstehung und erste Verwendung von Schrift häufig ökonomische Motive genannt werden, gibt es dafür in Griechenland keine Hinweise. Die Buchstaben und Inschriften auf Trinkgefäßen weisen eher auf einen Zusammenhang mit der Funktion der neuen Schrift als ein Statussymbol und Medium der Selbstdefinition [Überblick: RÖSLER, Mündlichkeit, 202–205]. Von der Verwendung von kurzen Versen auf den Trinkgefäßen ausgehend wird angenommen, dass die Übernahme und Weiterentwicklung des Alphabets zur Fixierung der mündlichen in Hexametern festgehaltenen Tradition [s. 5.2; 5.2.1] gedacht gewesen sei, weil für die Verschriftlichung oraler Texte Vokale nötig gewesen seien. Unabhängig davon ist die Tatsache zu sehen, dass mit dem Alphabet ein leicht zu erlernendes Instrument zur Fixierung von Information zur Verfügung stand. Einmal im Gebrauch wurden so die Informationskosten deutlich reduziert, auch die Kommunikation über große Distanzen möglich [1.1: WIRBELAUER, Telekommunikation]. Das könnte eine Erklärung für die Entstehung der umfangreichen und kunstvollen Epen von Homer und Hesiod schon in der ersten Hälfte des 7. Jh. [s. 4] und der zeitlich nachfolgenden Lyrik an verschiedenen Stellen der griechischen Welt sein.

Auch deswegen, weil unterschiedliche Schreibweisen der Buchstaben und nicht völlig gleiche Alphabete zu unterscheiden sind [WACHTER, Alphabet], wurden verschiedene Orte für die Vermittlung des phönikischen Alphabets in den griechischen Raum genannt: Al Mina, Zypern, Rhodos, Kreta, Euboia, auch Nordsyrien-Kilikien [1.1: WILSON, Literacy, 546–547; VAN DONGEN, Route]. Aus historischer Sicht verliert diese nach wie vor diskutierte Frage angesichts der oben genannten möglichen Motivation für die Übernahme des Alphabets an Bedeutung. Unterschiedliche Alphabete

Gleichsam an die Stelle der fehlenden zeitgenössischen schriftlichen Quellen tritt das Argument, dass es eine über Jahrhunderte reichende mündliche Tradition gegeben habe, die in die ab dem 7. Jh. überlieferten schriftlichen Texte eingeflossen sei. Deswegen könne man auch aus sehr späten historiographischen Quellen vom 5. Jh. bis in die frühe Kaiserzeit Rückschlüsse auf den Anfang Griechenlands ziehen. Die Mündlichkeitsforschung [1.1: VANSINA, Tradition] zeigt demgegenüber, dass Informationen kaum länger als drei Generationen einigermaßen zutreffend weitergegeben werden: Ein Zeitraum von 400 Jahren ist so nicht überbrückbar. Und die Vorstellung, dass es eine alle Wirrungen überdauernde stabile Tradition gäbe, setzt zudem eine in sich kohärente Gruppe von Menschen als deren Träger voraus [s. 5.2]. Da für eine solche in der Zeit gravierender gesellschaftlicher Umbrüche vom Kollaps der ‚mykenischen' Paläste bis zum 8. Jh. nicht auszugehen ist [s. 3.4], bleibt als Argument nur die Berufung auf eine ‚griechische' Kultur oder ein ‚griechisches' Volk als das die Tradition tragende Element. Das Konstrukt „Tradition"

In dem für diese Vorstellung manchmal gebrauchten Begriff der „Rückerinnerung" leuchtet das zur Zeit der Romantik am Ende des 18. Jh. entwickelte Volkskonzept auf, das sich als historisch nicht tragfähig erwiesen hat [s. 2; 5.5]. Die auf dieser Grundlage erhobene Forderung, auf Analogien zum besseren Verständnis der ‚schriftlosen' Jahrhunderte zu verzichten, ist auch deswegen methodisch nicht haltbar [s. 2.1.4].

Bedeutung der Archäologie

Angesichts dieser Quellensituation gewinnt die Archäologie eine über die für sie immer schon gegebene noch hinausgehende Bedeutung [1.2: STEIN-HÖLKESKAMP, Griechenland, 15]. In jüngerer Zeit traten Siedlungsgrabungen in den Vordergrund, aus denen sich fundierte Rückschlüsse auf die sozio-politische Situation ziehen lassen [s. 3.1.2]. Die längere Zeit intensiv diskutierten Gräberbefunde haben demgegenüber an Aussagekraft eingebüßt. Denn es hat sich gezeigt, dass deren Nachweis großen Zufälligkeiten unterliegt, so dass aus ihnen Rückschlüsse auf die Größe der Bevölkerung und deren Strukturierung nur schwer möglich sind [s. 3.1.3]. Eine andere Schwierigkeit besteht darin, die mit jeder Ausgrabung weiter anwachsende Zahl an archäologischen Befunden zu einem Gesamtbild zu vereinen.

2 Wo liegt der ‚Anfang'?

Geschichtsverlauf – Geschichtsphilosophie

Die Stellungnahmen in der Diskussion über den Anfang in der Geschichte stehen jeweils mit Vorstellungen über den Verlauf von Geschichte in Verbindung und überschneiden sich darin – zumindest implizit – mit Fragen der Geschichtsphilosophie. Geschichte kann mit einem linear-deterministischen Aufstieg oder Niedergang gleichgesetzt, als biologistisch in dem Sinn gesehen werden, dass der Ablauf von Geschichte dem eines Körpers von der Geburt bis zum Tod gleicht, oder als zyklisch, wo das Ende gleichzeitig einen Neubeginn darstellt. Häufig werden auch Elemente aus den genannten Konzeptionen miteinander vermengt [2: GÖRGEMANNS, Anfang; ENGELS, Platon; COBET, Narrativ].

Die Setzung eines Anfangs

In der Praxis der historischen Forschung muss jede „Vergegenwärtigung des Gewesenen" in ihrem rückwärtsgewandten Blick auf die Vergangenheit „eine Auswahl aus dem uferlosen Strom des Geschehenen" treffen und dabei „Anfang und Ende des Erzählten" durch Hervorhebung und Auslassung definieren [2.1: JARAUSCH/

SABROW, Meistererzählungen, 17]. In seiner Analyse der mit der Setzung eines Anfangs in der Geschichte verbundenen Problemfelder verwies TIMPE [2: Anfänge, 15–16] auf die Notwendigkeit, einen Handlungsträger zu definieren, auf den die Handlungszusammenhänge zurückgeführt werden können. Als solcher wird in der Regel ein ‚Volk' postuliert. Hier wirkt die romantische, aber bloß hypothetische „Volksgeisttheorie" nach, wonach jedes Volk über ein nur ihm eigenes und deshalb unvergleichbares Wesen verfüge [2: JAEGER/RÜSEN, Historismus, 26–28]. In diesem Denken, dass Völker die Elemente sind, aus denen sich Geschichte formt, wird das historische Kontinuum durch eine Art von System ersetzt, das sich nach seinen eigenen Gesetzen, d. h. seinem ‚Wesen' nach entwickelt. Davon ausgehend wird angenommen, dass jedes Volk über eine ihm eigene Tradition verfüge, in der seine Wesensmerkmale festgehalten werden. Diese quasi-religiösen Charakter annehmende Tradition habe ihren Ausdruck in Mythen gefunden, die in vorschriftlichen Zeiten mündlich weitergegeben wurden, dann in die später entstehende, schriftlich verfasste Literatur und Historiographie eingegangen sei. Deshalb könne man davon ausgehen, dass in den Mythen Informationen auch über historische Ereignisse aus früherer Zeit enthalten sind, sogar, dass Mythen eine Form der Erzählung sind, die über die Zeiten hinweg zurück zu den ‚Anfängen' eines Volkes bzw. einer Kultur führen kann [s. 5]. Zudem wird davon ausgegangen, dass es über bestimmte Indizien möglich sei, die Zugehörigkeit zu einem Volk abzuleiten. Als Hauptkriterium gilt die Gleichsetzung von Sprache und Volk; es werden zudem kulturelle Merkmale als Indizien angeführt, wie Lebensordnung, Habitus, Bräuche und Sitten [2: POHL, Identität, 27–28]. Auf solcher Argumentation beruhend wurden und werden in der Archäologie manchmal noch bestimmte, als mehr oder weniger willkürlich als signifikant erachtete materielle Produkte, wie z. B. die Keramik, als Indizien für Anwesenheit (von Vertretern) eines bestimmten Volkes genommen [s. 3.1.1].

> Mythen als Weg zum Anfang?

> Merkmale eines Volks?

2.1 Zentrale Teile der „Meistererzählung" vom frühen Griechenland

Unter Meistererzählung werden nicht ‚meisterhafte' Erzählungen im Sinn ihrer Qualität verstanden, sondern solche, die Anspruch

> Was ist eine Meistererzählung?

auf eine universal ausgerichtete und auf die Öffentlichkeit wirkende Deutungshoheit erheben. JARAUSCH/SABROW [2.1: Meistererzählungen, 17–18] unterscheiden vier Bedeutungsebenen. Diese finden sich auch in den einzelnen Darstellungen des Anfangs von Griechenland und binden diese – ungeachtet ihrer partiellen Widersprüche – zu einer übergeordneten Meistererzählung zusammen. Auf einer ersten Ebene beruht dieser Vorgang auf der Selektion aus den vorhandenen Informationen, dann auf einer theoretisch-methodischen Ebene auf unausgesprochenen Voraussetzungen und Rationalitätskriterien, wie der bekannten Konzepte von Volk, Kultur oder Tradition. Auf der semantischen Ebene liegt die Erzählung vom (kulturellen und politischen) Erfolg der Griechen über alle historischen Brüche (z. B. Kollaps der Paläste) hinweg, welche mit der vierten Ebene, der diskursiven Grundstruktur verschmilzt. Diese besteht darin, über das behauptete besondere Verhältnis ‚der Griechen' zu Europa sinnstiftend für die Gegenwart zu wirken [2.1: MIDDELL/GIBAS/HADLER, Sinnstiftung, 24]. So will die Meistererzählung vom Anfang Griechenlands nicht nur innerfachlich schulbildend sein, sondern auch öffentliche Dominanz erreichen.

Kritik an der Meistererzählung

Gegenüber Meistererzählungen wurde wegen ihres „imperialen Duktus einer Vergangenheitsbetrachtung, die anmaßend zu wissen behauptet, ‚wie es eigentlich gewesen sei'"[2.1: JARAUSCH/SABROW, Meistererzählung, 10] Distanz und Kritik formuliert. Es wird – im Kontext der sog. Postmoderne – auf die geschichtliche Pluralität verwiesen, den narrativen Grundcharakter historischer Darstellungen, auf die fehlende Berücksichtigung der historischen „Gegenstimmen", die sich im Nachweis der Existenz von „gegenkulturellen" Phänomenen, Positionen und Stimmen finden ließen. Die Vielfalt der historischen Welten aufzuzeigen, verhilft wesentlich auch die von MICHEL FOUCAULT verfolgte Strategie der Dekonstruktion, die zu einer [2:] „Archäologie des Wissens" führt.

2.1.1 Imaginierte Völker in Konkurrenz um den Anfang: ‚Minoer' oder ‚Mykener'

Zurückhalten von archäologischem Material

Aus den in jüngerer Zeit vorgenommenen Untersuchungen über die Rolle des Ausgräbers von Knossos, Arthur Evans, geht hervor, wie sehr Evans seine von den antiken Mythen ausgehende Vorstellung eines Volkes der Minoer als des Begründers von Europa [2.1.1: WHITLEY,

Minoans] durch das Zurückhalten von archäologischem Material abschirmte. Es konnte mit Hilfe der Grabungsdokumentation seines Grabungsassistenten Duncan Mackenzie nachgewiesen werden, dass die auf kriegerische Auseinandersetzungen verweisenden Zerstörungshorizonte von Evans verschwiegen wurden [2.1.1: GERE, Knossos, 12–13; PAPADOPOULOS, Inventing, 88, 105–106, 131]. Evans hielt auch die schon früh entdeckten ersten Linear B Täfelchen zurück, um sein Bild einer ungestörten Entwicklung der Minoer nicht in Gefahr zu bringen. Dieses Verhalten überdeckt seine – nicht unbestritten gebliebene – Leistung, durch (z.T. phantasievolle) Rekonstruktionen der Bauten im Palast von Knossos ein für den Besucher möglichst anschauliches Bild von zumindest einer – gegenüber allen anderen hervorgehobenen – archäologischen Phase zu bieten. Darüber hinaus wurde auch Evans' politisches Engagement im Panslawismus, das in Konflikt zu seiner Erhebung der Minoer als dem Ursprung Europas stand, beleuchtet [2.1.1: MACGILLIVRAY, Minotaur, 77–82, 91–100]. Die beinahe von Anfang an Evans' Interpretation der archäologischen Befunde in Knossos und Kreta aus wissenschaftlichen Gründen vorgetragene Kritik konnte wegen seines Einflusses in der wissenschaftlichen Welt und in der Öffentlichkeit erst nach seinem Tod größere Resonanz gewinnen [2.1.1: ULF, Knossos, 33–35].

Nicht anders als Evans wurde auch Heinrich Schliemann innerhalb der Wissenschaft von Anfang an wegen seiner Mythengläubigkeit kritisiert [2.1.1: SAMIDA, Schliemann, 54–79; COBET, Schliemann, 72–92], aber auch wegen seiner archäologischen Methoden. Der zwischen 1884 und 1902 in Mykene grabende Christos Tsountas wies Schliemann gravierende Fehler in der Interpretation des archäologischen Befundes nach; es war er, nicht Schliemann, der den bis heute in seinen Grundzügen gültigen chronologischen Rahmen für die Einordnung der ‚mykenischen' Funde erstellte [2.1.1: GERE, Tomb, 96–108; s. 3.1.1]. Ungeachtet dessen wurden bis vor kurzem im Anschluss an Schliemanns Deutung der Mykener als kriegerisch die Erzählungen über Wanderungen von Hellenen [s. 5.3] als Hinweise auf Einwanderungen aus dem Norden der Balkanhalbinsel interpretiert. Eine besonders wirkkräftige Ableitung davon ist die inzwischen als „Kurzschluss" sichtbar gemachte Behauptung [2.1.1: JUNG, Megaron], dass der in Mykene nachweisbare rechteckige Raum im Zentrum des Palastes indogermanischen Ursprungs sei.

Mythengläubigkeit

Ablehnung des ,Orients'

In Fortführung dieser auf einem methodischen Fehler beruhenden Hypothese lehnte Schliemann die von ihm ansonsten gepflegte Methode ab, aus griechischen Mythen auf historische Realität zu schließen. Er wandte sich gegen die am Ende des 19. Jh. gängige Ansicht, dass auf der Grundlage der sagenhaften Erzählungen von Zeus, der Europa nach Kreta brachte, oder von Kadmos, der von Phönikien nach Theben kam, auf Beziehungen zwischen den Mykenern und dem östlichen Mittelmeer geschlossen werden könne, und dagegen, dass die ,mykenischen' Mauern von den mythischen Lelegern oder von „Orientalen" erbaut worden wären. Denn dann wären die Mykener als Teil oder Träger der ,heroischen' Zeit mit ,dem Orient' in Verbindung gestanden. In der jüngeren Diskussion wurde diese Abgrenzung in der Argumentation indirekt unter anderem mit dem Hinweis aufgehoben, dass die ,mykenischen' Paläste Redistributionszentren wie die aus dem Vorderen Orient bekannten staatlichen Gebilde (im Besonderen Ugarit) gewesen seien [2.1.1: SCHMITT, König, 283–285; s. 3.2.2].

Wirkkraft der Konstrukte

Es ist auffällig, dass die Wirkkraft der Konstrukte Minoer bzw. Mykener weder durch die schon zeitgenössische noch durch die später an diesen kontinuierlich geäußerte Kritik außerhalb, aber auch innerhalb der Wissenschaft wesentlich geschwächt wurde. Wie sehr hierfür auch psychologische Gründe verantwortlich sind, ergibt sich daraus, dass die Auswahl der Einzelthemen, die in der Forschung diskutiert werden, zumindest tendenziell auch von nationalen Traditionen und Eigenbildern abhängt. So stehen in der englischsprachigen Forschung die Minoer und ihr Verhältnis zu den Mykenern im Vordergrund [Überblick 2.1.1: BENNET, Linear B], während in den deutschsprachigen Altertumswissenschaften mit großer Intensität diskutiert wird, ob es denkbar ist, dass Mykener ein Interesse am Handelsweg durch den Hellespont hatten und dafür einen Krieg um den unter dieser Voraussetzung strategisch wichtigen Ort Troia führten [2.2.1: COBET, Text; HÄNSEL, Troia].

2.1.2 (Ein-)Wanderungen ,der Griechen' bzw. ihrer ,Stämme'

Genealogie/ Stammbaum und Evolutionsmodell

Die in der Mitte des 19. Jh. entworfene Theorie, dass sich Sprachen nach dem Modell des Stammbaums entwickeln, orientierte sich an dem Modell der Evolution, das sich zu diesem Zeitpunkt in den Naturwissenschaften durchgesetzt hatte. Danach sollte sich die Entwicklung von Sprachen von der Homogenität einer „Ursprache" zur Heterogenität vieler Sprachen wie das Hervorsprossen von Zweigen aus einem Stamm vollzogen haben [SCHLEICHER, Sprachen]. Damit wurde nicht nur ein genetischer Zusammenhang zwischen den Sprachen behauptet, sondern deren Entstehen auch in eine relative zeitliche Abfolge zueinander gesetzt. Aus dem im Alten Testament (Genesis 5, 3, 32; 9, 28–29) formulierten genealogischen Konzept wurde der Gedanke übernommen, dass jede Sprache mit einem Volk zu verbinden sei [2.1.2: LEERSSEN, Nation, 79–80; 2.2: HALL, Identity, 143–181]. Im festen Glauben an eine Ursprache wurde nicht nur versucht, die „Urheimat" der Indogermanen zu lokalisieren [2.1.2: MALLORY, Search; 2.2: HALL, Hellenicity, 36–38], sondern man begann auch eine ursprüngliche indogermanische Heldendichtung zu postulieren [jüngst 2.1.2: WEST, Poetry; kritisch: v. SEE, Heldendichtung, 2–3, 45–52; 4.7: EDMUNDS, Myth, 438–439]. In einer Art von Zirkelschluss wird von diesem Konstrukt abgeleitet, dass man mit langfristigen Traditionen rechnen dürfe, die von der Ursprache ausgehen und in alle indogermanischen Sprachen nachwirken würden.

Gegenüber der Theorie des Stammbaums blieben alternative Modelle zur Erklärung der Korrespondenzen zwischen verschiedenen Sprachen ohne die ihnen zustehende Resonanz – nicht zuletzt auch deswegen, weil in ihnen keine (direkte) Verbindung von Volk und Sprache vorausgesetzt wird. In der schon 1856 von JOHANNES SCHMIDT formulierten Wellentheorie wurde von einem „Areal" ausgegangen, das sprachlich homogen oder auch von wechselseitig verständlichen Varietäten (d. h. im einfachsten Fall: Dialekten) besetzt ist. Eine an einer Stelle des Areals eingeführte sprachliche Neuerung breitet sich gemäß diesem Modell nach allen Richtungen aus, ähnlich wie ein ins Wasser geworfener Stein, der Wellen in Form von konzentrischen Kreisen erzeugt, die mit zunehmender Entfernung verebben. Sprachwandel und Korrespondenzen kommen danach durch anhaltende Kontakte mit angrenzenden Sprachen zustande, ein Vorgang, der an die Stelle der Vorstellung von menschlichen Migrationen und ererbten Merkmalen tritt [2.2: HALL, Hellenicity, 44]. Nach einem anderen Modell kommen Abzweigungen von Sprachen durch die räumliche Veränderung von Subgruppen einer ursprünglich homogenen Bevölkerung zustande. Sprachwandel ist hier nicht das Ergebnis evolutiver Veränderung, sondern von äußeren Faktoren abhängig. Noch weniger gesteuert erscheint die Entwicklung von Sprachen nach dem Modell eines ungeordneten

Zum Stammbaum alternative Modelle

Netzwerks, eines sog. Rhizoms. Danach werden Sprachen wie aus einer sich horizontal ausbreitenden Wurzel ungeordnet und in verschiedener Form parallel zueinander gebildet – ein Konzept, das in der Evolutionsbiologie – dem ursprünglichen Vorbild für die Stammbaumtheorie – das Stammbaummodell zu ersetzen beginnt [SIEBER, Abschied].

<small>Verhältnis von Linear B und Alphabet-Griechisch</small>

Das Griechisch des Linear B wurde seit seiner Entzifferung in den 1950er Jahren auf sein Verhältnis zu den Dialekten des Alphabet-Griechisch hin untersucht. Nach dem Modell des Stammbaums wird es in der Regel – in einer Doppelung der „Ursprache" – als die älteste Abspaltung von einem vom Indogermanischen abstammenden Ur-Griechisch betrachtet. Unter der Prämisse der Gleichsetzung von Sprache und Volk werden so die Sprecher des Linear B zu den ersten Griechen. Neben den grundsätzlich notwendigen Einwänden ist zu beachten, dass die Texte in Linear B eine formalisierte Schreibersprache bieten und nicht für die direkte Entsprechung der allgemeinen linguistischen Situation in mykenischer Zeit gehalten werden dürfen [2.2: HALL, Identity, 167–175]. Gegenüber den Vorstellungen, dass sich direkte Entwicklungslinien vom Linear B ins Alphabet-Griechisch ziehen lassen, steht der Einwand, dass die in ihrer Bedeutung zum Teil selbst aus dem Alphabet-Griechischen rekonstruierten Termini des Linear B kaum über Jahrhunderte dieselbe Bedeutung beibehielten. Zudem ist die Annahme problematisch, dass die Linear B – Termini nur einen einzigen und klar umrissenen, gleichsam rechtlich festgelegten Inhalt gehabt hätten. Damit wird es spekulativ, die Bedeutung auch im Alphabet-Griechischen verwendeter Wörter wie etwa *basileus* oder auch einzelne Götternamen aus dem Linear B abzuleiten [s. 5.2.2].

<small>Andere Sprachen neben Linear B</small>

Die Notwendigkeit, sich hier vorschneller Spekulationen zu enthalten, wird dadurch noch dringlicher, dass das Linear B Griechisch nicht die einzige gesprochene Sprache in diesem Raum und zu dieser Zeit war. Ein wesentliches Indiz dafür ist die in Kreta, auf etlichen Kykladen-Inseln, in Tiryns in der Argolis oder auf Samothrake belegte Schrift Linear A. Die nicht entschlüsselte und an kein bekanntes Idiom anschließbare Sprache ist über meist Buchungen von Warenmengen enthaltende kurze Inschriften für den Zeitraum von 1625–1450 nachgewiesen, mit einer Frühform der Schrift im 18. Jh. im kretischen Phaistos. Es kommen nicht aus dem Griechischen herleitbare Wörter hinzu, wie Tyrannos oder

Basileus, Pflanzen- und Tiernamen oder Wörter mit den Suffixen -nth- oder -ss- (z. B. Korinthos, Parnassos, Kolossos), die von der Perspektive des Griechischen aus als ägäisches bzw. mediterranes Substrat bezeichnet werden. Dies wird unterschiedlich interpretiert. In jüngerer Zeit zeigt sich die Tendenz, nicht erklärbare Phänomene nicht klar definierbaren, Luwisch sprechenden Populationen [ARO/WITTKE, Luwischer Kulturraum] zuzuweisen, die in Anatolien, in der frühen Eisenzeit in Süd- und Südwestkleinasien lokalisiert werden [2.1.2: MELCHERT, Luwians, 84–88, 93–127].

Die Theorie des Stammbaums wirkt auch auf die Abgrenzung und historische Verortung der alphabet-griechischen Dialekte. Auch hier gilt als Ausgangspunkt die Annahme einer homogenen Proto-Sprache („Ur-Griechisch"), von der sich durch Migrationen die einzelnen Dialekte getrennt hätten, noch ehe sich die aus historischer Zeit bekannte politische Landschaft ausgebildet habe. Als Bestätigung für diese Hypothese dient die Behauptung, dass die griechischen Mythen auf den kulturellen Bruch am Ende der Bronzezeit verweisen würden [FINKELBERG, Greeks, 7–8; s. dagegen 5.3]. Für die Verbreitung der Vorstellung der Einwanderung von griechischen ‚Stämmen' als Trägern von weitgehend homogenen Dialekten war das sogenannte Drei-Wellen Modell (um 2000: Ioner, um 1700: Achäer, um 1200: Dorier) von PAUL KRETSCHMER besonders einflussreich [2.2: HALL, Hellenicity, 40–41].

Griechische Dialekte

Neben den grundsätzlichen Einwänden gegen diese Spekulation wird zudem diskutiert, ob die Dialekte gleichzeitig entstanden, wie sie voneinander abzugrenzen seien und mit wie vielen überhaupt zu rechnen ist [2.1.2: SCHMITT, Einführung, 124–133]. Zwischen all dem positioniert sich die Überlegung, dass die Unterschiede zwischen den lokalen Alphabeten aus dem Kontext der griechischen Ethnogenese heraus als bewusste Abgrenzung der Dialekte voneinander zu verstehen seien [2.1.2: LURAGHI, Scripts].

Eine gravierende Schwierigkeit für die Beantwortung all dieser Fragen stellt die Überlieferungssituation dar. Die Belege für die Dialekte stammen aus viel späterer Zeit als die postulierte Aufgliederung in Dialektgruppen und sind über Jahrhunderte verstreut; daher ist die Kenntnis der Dialekte nur sehr lückenhaft [2.1.2: GARCÍA-RAMÓN, Dialekte]. Erschwert wird der Zugang darüber hinaus dadurch, dass die Griechen selbst nicht in der Lage waren, Dialektunterschiede auf linguistischer Grundlage zu benennen, sondern sie nach

Überlieferungslage

ethnisch-politischen Kriterien unterschieden. Es wird auch darauf hingewiesen, dass die Differenzen in der gesprochenen Sprache größer waren, als das die Texte widerspiegeln. Daher dürfte die Verständlichkeit zwischen den Dialekten oft schwieriger gewesen sein als die Verständigung mit Sprachen an den Rändern. Rückschlüsse aus der Verteilung der historisch nachweisbaren Dialekte auf einen Zustand am Beginn der Eisenzeit sind daher kaum möglich, und die Linguistik kann somit auch keinen Anhaltspunkt für darüber noch hinausgehende Spekulationen über die Einwanderung von ‚Stämmen der Griechen' bieten [2.1.2: PARKER, Case].

Zirkelschluss Stammbaum-Archäologie

Häufig berücksichtigen die Debatten in der Archäologie diese linguistischen Probleme nicht oder versuchen sie zu relativieren. Die verschiedenen Festlegungen über den Zeitpunkt der Einwanderung der Indogermanen bzw. der Griechen sollen in einem Zirkelschluss das hypothetische Stammbaum-Modell bestätigen. Die Problematik dieses Vorgangs erweist sich daraus, dass keine der vorgeschlagenen Datierungen unbestritten blieb [3: DICKINSON, Aegean, 44–45]. Eine Antwort auf die unterschiedlichen zeitlichen Ansätze für die „Einwanderung der Griechen" in der Archäologie ist es, mit mehreren solchen Wanderungen zu rechnen, einmal am Beginn des 2. Jahrtausends und dann um 1200 [1.2: BRINGMANN, 32–35; 1: FISCHER, Frühgeschichte, 45–46]. Dabei wird die zweite Einwanderung zum ‚eigentlichen' Beginn. Sie wird den Doriern zugeschrieben, die entweder mit dem Kollaps der ‚mykenischen' Paläste in Verbindung gebracht werden oder erst im Anschluss daran eingewandert sein sollen [2.1.2: EDER, Argolis, 9–23]. Die grundlegende Frage, ob es zulässig ist, archäologische Befunde ethnisch auszudeuten, wird in allen diesen Diskussionen weitgehend verdrängt [s. 3.1.1].

Gründung der Nation in „stillgestellter Mobilität"

Die lange Dominanz des Konzepts von wandernden Völkern hängt mit dessen Entstehung im Kontext der im 19. Jahrhundert formulierten Nationalbilder zusammen. In diese Erzählungen floss die Vorstellung von Migration als einem fundamentalen sozialen Prozess ein, weil die Einwanderergesellschaft *per se* als eine der großen sozialen Innovationen der eigenen Zeit galt. Als Folge davon sah man den ‚Anfang', die ‚Gründung' der Nation in „stillgestellter Mobilität", d. h. im Endpunkt einer Wanderung, wie der germanischen Stämme ins Imperium Romanum, der Normannen nach England oder eben der Dorier nach Griechenland [2.1.2: OSTERHAMMEL, Verwandlung, 199–200].

2.1.3 Ein Krieg um Troia am Anfang der griechisch-europäischen Geschichte

In der jüngeren Diskussion wurde Homer über seine Rolle als „Begründer" der europäischen Literatur hinaus zu einem alle anderen „nationalen" Dichter überragenden „Dichterfürsten" stilisiert [2.1.3: LATACZ, Warum Homer?]. Die in der *Ilias* Homers erzählte Belagerung der Stadt Troia soll dadurch mit dem Glanz eines ganz außergewöhnlichen Ereignisses versehen werden. Dieses soll zudem unter Heranziehung einiger weniger und zudem über drei Jahrhunderte verteilter hethitischer Texte am postulierten Beginn der griechisch-europäischen Geschichte – konkret: am Ende der mykenischen Zeit im 12. Jh. – verortet werden. Zudem wird der „troianische Krieg" in einen ideologischen Gegensatz zwischen Asien und Europa eingebettet. Gegen das Letztere spricht, dass das Konzept von diesen beiden Kontinenten in der Antike nicht vor dem 5. Jh. nachzuweisen ist und der Name Europa bis in die Spätantike auch auf nur eine kleine Region nördlich des Hellespont bezogen werden konnte [2.1.3: DEMANDT, Europa, 139–140; ULF, Was ist ‚europäisch', 9–11].

<small>Ideologische Aufladung des troianischen Kriegs</small>

Ein in den letzten Jahren in den Vordergrund gerückter Teil der vielen Diskussionsfelder [Überblick 2.1.3: WEBER, Krieg] dreht sich um die politische Geographie Kleinasiens im 2. Jahrtausend. Dabei werden die methodischen Anforderungen für die Lokalisierung der in den hethitischen Texten genannten Toponyme sehr unterschiedlich gesetzt [Überblick 1.2: MAREK, Kleinasien, 120–132; Probleme 2.1.3: ALPARSLAN/DOĞAN-ALPARSLAN, Hittites]. Um begründbares historisches Wissen zu erreichen, ist es unumgänglich, zuerst festzustellen, ob und in welchem Ausmaß die Namen innerhalb der (hethitischen) Ausgangstexte eindeutig sind. Nur dann, wenn die Bedeutung der Namen in späteren Zeiten nicht einfach in frühere Zeiten zurückprojiziert wird, erhält die Möglichkeit der Gleichsetzung eines Namens mit Namen in einer anderen Sprache [2.1.3: HEINHOLD-KRAHMER, Gleichsetzung; STEINER, Namen] argumentatives Gewicht. Diese methodisch klare Position wird abgeschwächt, wenn die Frage der linguistischen Plausibilität der Gleichsetzung von Namen ins Zentrum gerückt wird. So unterscheidet I. HAJNAL [2.1.3: Namen, 242–244] zwei „Ebenen" der Übereinstimmung: eine formale (phonologische Identität, Lautgesetzlichkeit, morphologische Muster) und eine funktionale (geographische Situierung). Auf diese Weise wird eine Vermittlung zwischen den genannten

<small>Politische Geographie Kleinasiens im 2. Jtsd.</small>

auf Eindeutigkeit zielenden methodischen Regeln und der Position angestrebt, die sich mit einer kumulativen Evidenz zufrieden gibt. Darunter wird verstanden, dass ein Toponym mit einem antiken oder modernen Namen dann schon gleichgesetzt werden darf, wenn die geographische Information auch nur ungefähr zutrifft und wenn eine dazu passende archäologische Information vorliegt – auch wenn keines dieser Argumente für sich eindeutig ist [so 2.1.3: EASTON/HAWKINS/SHERRATT/SHERRATT, Troy, 94–101].

Troia – Wiluša

Konkret drehen sich die Debatten zuerst um die geographische und linguistische Identifikation von Troia mit dem hethitischen Wiluša [STARKE, Troia]. Doch die wenigen Texte (Briefe hethitischer Herrscher, Verträge, Ritualtext, Annalen) aus einem Zeitraum von beinahe drei Jahrhunderten (16.–13. Jh.) erlauben keine eindeutige Lokalisierung der in ihnen genannten Länder bzw. Regionen, gerade nicht von Wiluša [2.1.3: HEINHOLD-KRAHMER, Aḫḫiyawa; 2.1.2: MELCHERT, Luwians; 2.1.3: KOLB, Tatort, 87–114]. Es kann danach sowohl nördlich des Šeḫa-Landes im Nordwesten als auch im Südwesten Kleinasiens in der Nähe von Milawata/Milawanda angesetzt werden. Zudem wird neben anderen Argumenten gegen die Gleichsetzung von Troia und Wiluša vorgebracht, dass die für deren linguistische Identifikation nötige Zusammengehörigkeit von Wilušiya und Wiluša bzw. von Taruiša und Ilios keineswegs eindeutig ist. Als inhaltlicher Einwand wird vorgebracht, dass die für die Argumentation grundlegende Parallelisierung einer synonymen Verwendung von Ilios und Troia in der Ilias und Wilušiya und Taruiša in der einzigen hethitischen Belegstelle (Annalen des Tutḫaliya, spätes 15. Jh.) gerade nicht nachzuweisen ist. Denn die beiden Namen erscheinen voneinander getrennt am Ende einer Reihe von ca. zwanzig anderen Ländern. Dieses inhaltliche Problem wird dadurch noch größer, dass sich hier alle diese Länder gegen das Hethiterreich erhoben hatten, während im Gegensatz dazu in einem Vertrag (Anfang 13. Jh.) zwischen Muwatalli von Hatti und Alakšandu von Wiluša rückblickend berichtet wird, dass sich Wiluša zur Zeit des Tutḫaliya friedlich verhalten habe.

Achäer – Aḫḫiyawa

Eine andere Schiene in dieser Argumentation der zeitlichen Verortung der in der *Ilias* erzählten Belagerung von Troia zielt auf die linguistische Parallelisierung (nur) eines der drei für die Belagerer verwendeten Namen, nämlich der Achäer mit Aḫḫiyawa, um daraus Rückschlüsse auf die historische Situation zu ziehen. Der letztere ist ein Name für eine Region bzw. einen Herrschaftsbereich, der in ca. 25 hethitischen Schriftstücken aus der Zeit zwischen dem 14. und 13. Jh. auftaucht. Doch der Wechsel von dem Toponym Aḫḫiyawa zu dem Ethnonym Achaioi ist linguistisch umstritten [2.1.3: STEINER, Namen, 272; HAJNAL, Troia, 39–40]. Zudem sind Achai(w)oi in den Linear B Texten nicht sicher nachzuweisen. Darüber hinaus gibt es auch für die mit der Argumentation angestrebte historische Verbindung zwischen Aḫḫiyawa und Wiluša keine einzige zweifelsfreie Bezeugung. Damit verliert die Frage, wo der Herrschaftsbereich Aḫḫiyawa in hethitischer Zeit anzusiedeln ist, ihre Bedeutung. Die von HEINHOLD-KRAHMER [2.1.3: Aḫḫiyawa, 205–210] vorgeschlagene Situierung auf den der Westküste vorgelagerten Inseln scheint eher zuzutreffen als eine in Kilikien [2.1.3: STEINER, Namen, 276–277], am wenigstens die auf der südlichen Balkanhalbinsel, in Mykene oder Theben [so 2.1.3: LATACZ, Troia, 183–184].

Die genannten Argumentationen wiederholen sich in der die Gleichsetzung von Namen in ägyptischen Texten mit hethitischen und solchen aus späterer Zeit, mit deren Hilfe wiederum die in der *Ilias* erzählte Belagerung von Troia in den historischen Kontext eines nirgendwo überlieferten ‚mykenischen' Feldzuges gegen Wiluša gesetzt werden soll. Gegen die Argumentation, dass auch bei sprachlichen Schwierigkeiten die Gleichsetzung von Namen historisch plausibel sei [2.1.3: LEHMANN, Umbrüche], steht die Notwendigkeit linguistischer Klarheit, um historische Spekulation und Imagination zu vermeiden [2.1.3: BREYER, Kilikien]. Auch wenn eine sprachliche Gleichsetzung möglich erscheint, wie im Fall einiger der erstmals in den in Amarna in Ägypten gefundenen Texte (Mitte 14. Jh.), dann unter Ramses II. (1290–1224) und Merenptah (1220/19) und schließlich im Totentempel Ramses III. (1184–1153) in Medinet Habu gegen 1150 genannten, an den Grenzen Ägyptens erscheinenden feindlichen Gruppen (sog. „Seevölker"), mit den aus den hethitischen Texten bekannten Namen [s. 5.1.1], so bleibt doch umstritten, ob mit den unter diesen aufscheinenden Aqai(ja)waša die Leute aus Aḫḫiyawa gemeint sind.

„Seevölker"

Im Bemühen, ein historisch reales Ereignis als Auslöser für den Stoff der Ilias nachzuweisen, wird über die Gleichsetzung der für die Belagerer Troias verwendeten Ethnonyme Achäer, Danaer und Argeier mit hethitischen bzw. ägyptischen Namen hinaus auch versucht, Personennamen, die innerhalb und außerhalb der

Gleichsetzung von Personennamen

Ilias in griechischen Texten erscheinen, wie z. B. Eteokles, Atreus oder Andreus, aber auch Lesbos, mit Namen in den hethitischen Texten (Tawagalawa, Attarišiya, Antarawa bzw. Lazpa), in denen Aḫḫiyawa erwähnt wird, gleichzusetzen. Diese häufig als Faktum präsentierten Identifikationen werden aus folgenden drei Gründen bestritten [2.1.3: BREYER, Kilikien; STEINER, Namen]: Die Gleichsetzungen sind linguistisch nicht eindeutig; es liegt eine zeitliche Distanz von fünfhundert Jahren zwischen den hethitischen und griechischen Texten; nur unter der Voraussetzung der Historizität der in der Dichtung dargestellten Geschehnisse und der kaum mehr vertretenen Annahme eines mächtigen ‚mykenischen' (Teil-)Reiches auf der Peloponnes oder mit seinem Zentrum in Theben in Böotien gewinnen die Gleichsetzungen den Anschein der Plausibilität. Wie problematisch die Ignorierung der zeitlichen Distanz und der damit gegebenen Wahrscheinlichkeit unterschiedlicher Bedeutungsinhalte von Namen ist, zeigt die Inschrift von Çineköy (südlich von Adana in Kilikien) aus der zweiten Hälfte des 8. Jh. Hier wird Kilikien oder die kilikische Ebene hethitisch Ḫiyawa genannt, das sich linguistisch mit Aḫḫiyawa verbinden ließe. Allerdings heißt Ḫiyawa im phönikischen Paralleltext DNNYM oder DN, assyrisch Que und belegt damit die Möglichkeit der Mehrfachbenennung ein und desselben Raumes [2.1.3: LANFRANCHI, Expansion, 228]. Der mit DNNYM in Verbindung zu bringende Name der Danaer findet sich zudem in einer Inschrift des Herrschers von Sam'alla (modern: Zincirli) im südlichen Anatolien, nach der er 839 den assyrischen König um Hilfe gegen die Bedrohung eines ‚Königs' von Danuna bat [5.1: BAGG, Assyrer, 199–200].

Archäologische Fiktionen

Schließlich wird auch die (prähistorische und klassische) Archäologie in die Argumentation einbezogen. Mit der Neuaufnahme der Ausgrabungen in Troia ab den 1990er Jahren wurden als Motivation für die Belagerung Troias verstärkt ökonomische Gründe ins Spiel gebracht, nämlich der Einfluss über die als besonders bedeutend hervorgehobene Handelsroute durch den Hellespont ins Schwarze Meer. Als Nachweis dafür soll gelten, dass Troia eine bedeutende „Handelsstadt" gewesen sei [2.1.3: KORFMANN, Troia; dagegen: HÄNSEL, Troia]. Drehte sich der ältere Diskussionsstrang über kaum zu findende Kampfspuren in Troia an dem über die problematische antike Rechnung nach Genealogien um bzw. nach 1200 ‚ermittelten' Zeitpunkt des Krieges, so wurde zum Nachweis einer großen – anatolischen – Stadt mit einer die Burg/

Oberstadt umgebenden „Unterstadt" argumentiert, was sich als reines Konstrukt herausstellte [HERTEL, Troia, 36–53] – dennoch aber noch in jüngsten Publikationen wie eine Tatsache dargestellt wird [1.2: PRICE/THONEMANN, Geburt, 50–51].

Neben der genannten Problematik einer kumulativen Evidenz (nicht nur im Kontext der Namensgleichungen) geht es auch um die Heranziehung der griechischen mythischen Narrative zur Interpretation archäologischer Befunde [s. auch 3.1.4], um die Reichweite mündlicher Traditionen [s. 5.2] und die Auswahl der für das Verständnis der antiken Quellen nötigen Modelle und Analogien [s. 2.2]. Wie sehr hier auch ideologische und weltanschauliche Motive eine wesentliche Rolle spielen, belegt der Anspruch auf eine absolute Deutungshoheit [2.1.3: COBET/GEHRKE, Troia; HAUBOLD, War; ZIMMERMANN, Troia-Krieg; WEBER, Kämpfe], aber auch die ungemein heftigen Reaktionen auf die Lokalisierung der *Ilias*-Erzählung in Kilikien durch den Schriftsteller und vergleichenden Literaturwissenschaftler Raoul Schrott – unabhängig von dessen methodisch keineswegs stichfesten Argumentationen [2.1.3: ULF/ROLLINGER, Troia].

Streit um Deutungshoheit

2.1.4 Ein Staat am Anfang der (antiken) Geschichte

Seit dem Ende des 19. Jh. wurde die Auffassung vielfach vertreten, dass der Staat das Merkmal sei, das die ‚Geschichte' von der ‚Vorgeschichte' trenne [2.1.4: ULF, Vorstellung; ULF, Ideologie]. Mit diesem Konzept von Staat war die – aus dem lange Zeit die Geschichtswissenschaft dominierenden Historismus herkommende – Vorstellung verknüpft, dass geschichtliche Phänomene im Gegensatz zu ‚vorgeschichtlichen' durch Individualität ausgezeichnet seien. Der durch das Handeln von Individuen gekennzeichneten Geschichte stehen danach die generellen Regeln subsumierbaren Phänomene gegenüber, mit deren Erklärung sich die Naturwissenschaften, dann auch die Soziologie und Ethnologie beschäftigen [2: JAEGER/RÜSEN, Geschichte].

Der Staat trennt die Geschichte von der Vorgeschichte

Unter Berufung auf diese Art der Grenzziehung wurde und wird die Anwendbarkeit von Analogien von ‚primitiven', der ‚Vorgeschichte' zuzuordnenden und von der Ethnologie beschriebenen Gesellschaften für den Bereich der Geschichte – oder wie das auch formuliert wird: für „Hochkulturen" – abgelehnt [2.1.4: GSCHNITZER, Gesellschaftsordnung, 184–194; LEHMANN, Zeit, 368]. Dieses

Ablehnung von ethnologischen Analogien

Konzept steht in etwas abgewandelter Form hinter der in der angelsächsischen Literatur gebräuchlichen Unterscheidung zwischen *primordialists* und der *instrumentalists*. Primordialists behaupten die Existenz von fest vorgegebenen, für eine ‚Kultur' charakteristischen Institutionen, während Instrumentalists davon ausgehen, dass sich menschliche Gesellschaften in Auseinandersetzung mit den jeweils gegebenen Bedingungen formen und verändern [2.2: HALL, Identity, 17–19].

Konservative Definition des Staates

Die konservative Definition des Staates wurde im Kontext der im 19. Jh. beginnenden, erst im 20. Jh. abgeschlossenen Formierung der europäischen Nationalstaaten gebildet. Im Zuge der Etablierung des politisch wirksamen Konzepts der Selbstbestimmung der Nationen trat die schon im 19. Jh. mehrfach vorgenommene Identifikation von Staat und Volk immer stärker in den Vordergrund. Da diese Gleichsetzung seit jeher Probleme bereitete, weil ‚die Griechen' nie in einem sie alle umfassenden gemeinsamen Staat lebten, wurde als Ersatz für den Staat die als Einheit beschriebene ‚griechische' Religion und Kultur gefunden. Andere Argumente für die postulierte ‚griechische' Einheit wurden und werden über das linguistische Modell des Stammbaums gesucht und alle Phänomene, die man als „gemeingriechisch" bzw. „panhellenisch" anspricht [s. 5.5].

Meistererzählung der Abfolge der Staatsformen

Dieses Gedankenkonstrukt setzt die in der Meistererzählung für ‚die Griechen' in Anspruch genommene evolutionäre Abfolge der Staatsformen: Monarchie, Adelsstaat und Polis voraus, wie sie im 4. Jh. in der Staatstheorie des Aristoteles, besonders in der *Politeia* (‚Der Staat') entwickelt wurde [s. 3.1.4, 4.2]. Das ist die hauptsächliche Grundlage, um die ‚mykenischen' Paläste mit der Monarchie gleichzusetzen, den Adelsstaat in expliziter Abwehr der Anwendung von Analogien von ‚primitiven' Gesellschaften insbesondere aus den homerischen Epen abzuleiten [s. 4.2] und die Ausbildung der Polis – wenn ihre Anfänge unter Behauptung einer über mehr als ein Jahrtausend reichende Kontinuität nicht gar schon in mykenischer Zeit verortet werden [2.1.4: DEGER-JALKOTZY, Erforschung, 147] – als dritte Phase ab den *Dark Ages* anzunehmen [2.1.4: WELWEI, Polis, 5–15]. Die Vorstellung, dass sich die „griechische Staatsidee" in der Polis „verwirklicht" habe, steht in dem genannten Kontext der Identifikation von Volk und Staat [2.1.4: GAWANTKA, Polis]. Das andere in diesem Bild daneben noch existierende politische Gebilde, das so genannte Ethnos [s. s. auch 3.5.4], gilt als Relikt einer älteren „stammstaatlichen" Phase [kritisch 5.5.2: FUNKE, Stamm].

2 Wo liegt der ‚Anfang'? — 151

Obwohl über den konkreten Zeitpunkt der Entstehung der Polis keine Einigkeit herrscht, wird sie meist mit der Bildung von Städten in Verbindung gesetzt [s. 3.6.2]. In diesen hätten sich „die Freien und Ebenbürtigen" zu einer autarken und autonomen politischen Gemeinschaft zusammengefunden. Von dieser Definition ausgehend wird diskutiert, ob das ein Merkmal des griechischen „Stadtstaates" sei, das diesen von allen anderen ähnlichen politischen Gebilden in der Geschichte unterscheidet [2.1.4: MOLHO/RAAFLAUB/ EMLEN, City States; HANSEN, Study]. Die Schwäche dieser Konstruktion liegt darin, dass sie ein im 4. Jh. theoretisch entworfenes Bild als historische Realität auf den ‚Anfang' Griechenlands projiziert [3.5.3: SEELENTAG, Kreta, 63–64]. Sie deutet sich darin an, dass sich die Mehrdeutigkeit des griechischen Wortes *polis* als städtisches Zentrum, Territorium und politische Gemeinschaft [2.1.4: HANSEN, Polis] in die für das Wort gewählten Übersetzungen in den modernen Sprachen überträgt. Die Termini cité, city-state und Stadtstaat repräsentieren das Bedeutungsspektrum in unterschiedlicher Akzentsetzung: Einmal steht der Verband von Bürgern im Vordergrund, das andere Mal die Stadt [2.1.4: MORRIS, States].

<small>Mehrdeutigkeit des Wortes *polis*</small>

Die im Hintergrund dieser Überlegungen stehende, weit verbreitete Definition des Staates durch den Juristen GEORG JELLINEK (1851–1911) über die drei Kriterien Staatsvolk, Staatsterritorium und Staatsgewalt zieht ganz klare Grenzen gegenüber den soziopolitischen Organisationsformen, die damit nicht erfassbar sind. Aus diesem Grund kann er beinahe nur auf moderne Nationalstaaten angewendet werden. Dieser Ausschluss der großen Vielfalt an sozio-politischen Einheiten, die dennoch als Staaten bezeichnet werden, führte zur Forderung, den Begriff ‚Staat' flexibler zu fassen [2.1.4: WALTER, Begriff; SCHEIDEL, Studying]. Diese Forderung wird mit Hilfe des Konzepts der Governance eingelöst [2.1.4: LUNDGREEN, Staatsdiskurse]. Unter Governance wird die kollektive Regelung gesellschaftlicher Sachverhalte verstanden, die nicht nur auf Veranlassung und unter der Aufsicht staatlicher Organe, sondern auch im Rahmen der Wirtschaft und (privater) Verbände oder Vereine zustande kommt. Damit ist ein Punkt gefunden, von dem aus die Bedeutung des Staates als Machtapparat für die modernen Gesellschaften relativiert werden, und darauf aufbauend der Begriff des Staates offener gehalten werden kann.

<small>Forderung nach flexiblem Staatsbegriff</small>

Dies wird durch die historische Beobachtung gestützt, dass staatliche Institutionen nicht zu einem bestimmten Zeitpunkt

<small>Staatlichkeit/ Statehood</small>

radikal neu geschaffene Organisationsformen sind, sondern sich in parallel zueinander, aber nicht gleichmäßig ablaufenden und auch nicht prognostizierbaren Prozessen herausbilden. Die jeweilige sozio-politische Situation ist dafür entscheidend, ob die Entscheidungsmacht staatlich wird. Es lassen sich keine für den Staat als signifikant zu beanspruchende Schlüsselmonopole ausfindig machen. Stattdessen rückt die Spannung in den Vordergrund, die zwischen der diese Vorgänge beobachtenden und mehr oder weniger kontrollierenden Öffentlichkeit [2.1.4: HÖLKESKAMP, Institutionalisierung] und der Tendenz der von B. HAYDEN [2.2.1: Richman] *aggrandizer* genannten ambitionierten Personen samt ihren Unterstützern zu konstatieren ist, aus diesen Prozessen ökonomische und politische Vorteile zu erzielen [s. 4.4]. Aus dieser Spannung ergibt sich ein doppeltes Interesse an Institutionalisierung: das der Sicherung der Kontrolle gegenüber dem Bestreben der Absicherung der genannten Vorteile, die tendenziell mit der Vertiefung sozialer Ungleichheit verbunden sind, und das der institutionellen Sicherstellung eben dieser Vorteile. Die Zahl und Reichweite solcher Institutionen kann als Maß für den Grad von Staatlichkeit (*statehood*) in einer Gesellschaft genommen werden, womit sich die immer umstrittene bzw. im Einzelfall bestrittene Abhebung „staatenloser" Gesellschaften von Staaten erübrigt. Unter dieser Voraussetzung lassen sich Tendenzen zur Institutionalisierung sowohl in Big Man-Gesellschaften als auch in Chiefdoms als ein Ausdruck von Staatlichkeit einstufen. Das gilt ebenso für Ethnos und Polis [2.1.4: VAN DER VLIET, Polis] mit ihren jeweils anders gearteten und unterschiedlich stark ausgebildeten, aber immer kollektiv besetzten staatlichen Organen [2.1.4: MORRIS, States].

2.2 Die Alternative: Gesellschaften im Wandel und (ethno-)genetische Prozesse

Gesellschaftlicher Wandel und historische Prozesse

Gesellschaftlichen Wandel und historische Prozesse in den Vordergrund zu rücken, die Ethnien nicht als vorgegebene Einheiten voraussetzen, sondern erst zu diesen führen (können), heißt, eine Alternativerzählung zur Meistererzählung ‚die Griechen' anzubieten, die nicht nur einen Teil der Meistererzählung widerlegt [2: JARAUSCH/SABROW, 20–21]. Eine Alternative, die solche Überzeugungskraft

für sich beanspruchen kann, muss insbesondere darauf verzichten,
- mit der Berufung auf die Beharrungskraft der Tradition [s. 5.2]
- von viel später verfassten Texten auf den Anfang Griechenlands Rückschlüsse zu ziehen. Es ist zu beachten, dass die in diesen Texten enthaltenen Vorstellungen von (ethnischer) Einheit Teile einer Fiktion von Kohärenz sind, von Erzählungen, die Erfahrungen organisieren und ihnen Sinn geben sollen [2: POHL, Identität; 2.2: HÖLKESKAMP/RÜSEN/STEIN-HÖLKESKAMP/GRÜTTER, Sinn]. Um in der Analyse dieser Texte diese Art der Fiktion aufzeigen zu können, stellt die Unterscheidung zwischen der emischen und der etischen Perspektive, d.h. der Innensicht der historischen Akteure und der analysierend-wissenschaftlichen Außensicht, eine wesentliche methodische Hilfe dar [1.2: OSBORNE, Greece, 335]. Die Möglichkeit, eine etische Perspektive einzunehmen, beruht nicht auf ‚aufklärerischen' Annahmen der „westlichen Kultur" über das Zusammenleben von Menschen, wie das manchmal eingewendet wird [2.2: HALL, Identity, 19]. Im Gegenteil: Die Unterscheidung zwischen emisch und etisch erlaubt es, unabhängig vom jeweiligen Standpunkt, politische Ansprüche, die sich auf eine ethnische Herkunft berufen, zu dekonstruieren. In dieser wesentlichen Aufgabe der historischen Disziplinen können sich diese auch auf die Ergebnisse der Sozialpsychologie stützen, konkret darauf, dass die Gruppenzugehörigkeit die soziale Kognition der Individuen (emische Perspektive) grundlegend beeinflusst [s. 5].

Emische und etische Perspektive

2.2.1 Von Big Man-Gesellschaften zu Ethnos und Polis
Auch wenn der Zugang in der Ethnologie zur Erstellung einer Typologie unterschiedlicher Gesellschaften auch von der Vorstellung einer evolutionären Abfolge geprägt war [2.2.1: JOHNSON/EARLE, Evolution; HARRIS, Kulturanthropologie], müssen die einzelnen Typen dennoch nicht in dieser Weise interpretiert werden. Denn Typen von Gesellschaft sind hinreichend charakterisiert, wenn man sich an einigen zentralen Handlungsfeldern orientiert (u.a. Mittel und Formen der sozio-politischen Bindungen, Führung, Wirtschaftsweise und Bezüge nach außen), die in unterschiedlicher Weise ausgestaltet werden können [2.2.1: ULF, Gesellschaft, 855–867].

Typologie nach funktionalen Gesichtspunkten

Die Archäologie steht vor dem Problem, dass für die Interpretation materieller Funde ein hinter den zu deren Bezeichnung verwendeten Termini ein Konzept bzw. Modell stehen muss, das

Interpretation archäologischer Befunde

Hausgesellschaften

die Termini zu einem sinnvollen System verbindet [s. 3.1.2]. In der jüngeren Vergangenheit wurden die sich daraus ergebenden Implikationen für die Überzeugungskraft einer archäologischen Deutung intensiv diskutiert; der Sachverhalt selbst steht jedoch außer Frage [z. B. 2.2.1: VLACHOU, Pots]. Bezogen auf einfache Siedlungsbefunde wurde von anthropologisch versierten Archäologen das Konzept der Hausgesellschaften als Interpretationsmuster entworfen [2.2.1: JOYCE/GILLESPIE, Kinship]. Seine anfängliche Stoßrichtung richtete sich dagegen, dass die vielen unterschiedlichen Möglichkeiten, über die Definition von Verwandtschaft gesellschaftlich erwünschte soziale Bindungen herzustellen [2.2.1: HARRIS, Kulturanthropologie, 174–200; KOHL, Ethnologie, 32–52], zum Hauptkriterium der Beschreibung von Gesellschaften gemacht wurden. In der Prähistorie und der klassischen Archäologie deutet die Bezeichnung *Compound* auf die Verwendung dieses Konzepts [2.2.1: WESTGATE/FISHER/WHITLEY, Communities; s. 3.4]. Es ist nicht mit dem Konzept des *Oikos* zu verwechseln, das in der Debatte über den Charakter der antiken Wirtschaft besonders von MOSES FINLEY [2.2.1: Economy] propagiert wurde. In dessen Argumentation für die fast ausschließliche Dominanz der Subsistenzwirtschaft in der gesamten Antike wurde das Haus (*oikos*) zu einer weitgehend autarken ökonomischen Einheit, die sich aus der Familie des Hausherren, von ihm Abhängigen und Sklaven zusammensetzte [1.2: VON REDEN, Wirtschaft, 95–97; SCHMITZ, Haus, 9–15]. Das in der Archäologie verwendete Konzept des *Compound* lässt sich gut mit einem einfachen Big Man-System in Parallele setzen, in dem mit Hilfe von Prestigegütern Traditionen aufgebaut, soziale Beziehungen (bes. Heirat) und Handelskontakte hergestellt und über die Verpflichtung zur Reziprozität auch Abhängigkeiten erzeugt werden können [s. 3.6, 4.3, 4.4].

Einfaches Big Man-System

2.2.2 Ethnizität und Ethnogenese

Orientierung in der Umwelt

Der Begriff der Ethnizität wurde vor allem im Zusammenhang mit der in den USA propagierten Vorstellung eines *Melting Pot* diskutiert, der ausgeprägte und weitgehend in sich geschlossene Immigrantenkulturen entgegenstehen [2.2.2: SOLLORS, Theories]. Die Ethnologie/Anthropologie richtet ihr Augenmerk stärker auf die Frage nach der Genese von Ethnizität. M. SCHUSTER [2.2.2: Fremdheit] machte auf Sichtweisen aufmerksam, in denen in der kognitiven Erfassung der natürlichen und ideellen Umwelt die Kategorie ‚Mensch' anders bestimmt und abgegrenzt wird als in der primär biologisch geprägten Auffassung von der Ordnung alles Lebendigen in der modernen Lebenswelt. Danach beginnt die Orientierung in der eigenen lokalen Mitte und ordnet die Welt von hier ausgehend nach lokalen und geographischen Besonderheiten (wie Wald, Siedlung; Himmelsrichtung als Teil des kosmischen Systems) und sprachlich-kulturellen (nicht: ethnischen) Merkmalen. Dabei wird eher ein Kontinuum ohne wertende Gliederung als eine Grenze konstituiert. Es ist interessant, dass dieses Verhältnis der neutralen Betrachtung des anderen auch in den frühesten Bezeugungen des griechischen Begriffs des Barbaren von der *Ilias* Homers weg zu finden ist [2.2.2: TIMPE, Nachbar, 210; ERSKINE, Troy, 51–54; s. 5.].

Wenn eine oder mehrere Gruppen einer dominanten Gruppe gegenüberstehen, geht diese horizontale Gliederung durch die sich aus dem Verhältnis zwischen den Gruppen gegebene Hierarchisierung verloren. Hier beginnt Ethnizität eine Rolle zu spielen, weil es in dieser Situation nötig erscheint, den Selbstwert der eigenen Gruppe in Relation zu den anderen Gruppen zu bestimmen [s. 5]. Dafür werden einzelne Elemente aus dem vorhandenen Angebot an Erzählungen ausgewählt und symbolisch aufgeladen, um an sie ethnische Selbstzuschreibungen anhängen zu können [s. 5.2]. Diese „erfundenen Traditionen" [2.2.2: HOBSBAWM/RANGER, Invention] dienen dazu, klare Grenzen zwischen dem Drinnen und Draußen zu ziehen. Diese – konstruierte – Ethnizität weist eine erstaunliche Kraft auf. Sie bleibt aufrecht, auch wenn sich im Lebensablauf, etwa durch Migrationen, Diskrepanzen zwischen der symbolisch-ethnischen Sozialisation und den Erfahrungen im neuen Umfeld auftun. Selbst dann, wenn das neue Umfeld aktuell wichtigere Orientierungen für die Gestaltung des Lebens bietet, bleibt die eigene Ethnizität dennoch meist bestimmend [2.2.2: KOHL, Ethnizität].

Ethnizität

Das Konzept der Ethnogenese ging aus Untersuchungen zur Entstehung der frühmittelalterlichen „Stämme" durch den Mediävisten REINHARD WENSKUS (1916–2002) hervor. Ein Ethnos bildet sich nach seinem Konzept in einem Andocken von Erzählungen an vorhandene „Traditionskerne", um so Erweiterungen der Kerngruppe ‚historisch' begründen zu können [zu Herkunft, Geschichte und Kritik des Konzepts 2.2.2: POHL, Ethnogenese]. Die weitere

Ethnogenese

Untersuchung solcher Vorgänge zeigte jedoch, dass die Prozesse zur Bildung eines „Wir-Gefühls" und damit der Selbstzuordnung zu einem ethnisch-politischen Gebilde mit für diesen Zweck erfundenen Gründungsmythen in Verbindung stehen [2.2.2: POHL/ REIMITZ, Strategies]. In diesen wurde eine, auch sakrale Züge annehmende, genealogische Verbindung der jeweiligen Gruppe zu einer (fiktiven) Ahnenfigur als ihrem (biologischen) Ursprung hergestellt. Der Traditionskern ist also nicht fest, sondern besteht aus einer in die Vergangenheit ausgreifenden Verwandtschaftskonstruktion. Diese ist – ungeachtet ihrer Behauptung von Primordialität – flexibel, damit auf sich ändernde Bedingungen und Interessen reagiert werden kann. Damit ist ein vielseitig einsetzbares Instrument gewonnen, mit dessen Hilfe eine alle Teilgruppen überspannende Ethnizität begründet werden kann.

Intentionale Geschichte

Der Althistoriker H.-J. Gehrke [2.2.2: FOXHALL/GEHRKE/LURAGHI, History] übertrug das Konzept von imaginierten Gemeinschaften und erfundenen Traditionen unter dem Terminus „Intentionale Geschichte" auf die antiken Quellen. Bezogen auf den Anfang Griechenlands ist von Bedeutung, dass in den mythischen Erzählungen die Vergangenheit von der jeweiligen Gegenwart aus mit dem Ziel konstruiert wurde, eine – historisch nicht zutreffende – Tradition zur Begründung der Gemeinsamkeit von einzelnen Ethne, wie besonders der Dorier oder Ioner oder auch des übergeordneten Ethnos der Hellenen, zu erzeugen [2.2: ULF, Ethnogenese, 249–271; HALL, Identity, 34–40; s. 5]. Auch als mit dem Entstehen der Historiographie im 5. Jh. die Frage nach der historischen, d. h. einer überprüfbaren Wahrheit (gerade über den Anfang) auftauchte, konnte darauf keine Antwort losgelöst von den Intentionen der jeweiligen (antiken) Fragesteller gefunden werden [s. 5.3].

3 Der ‚Anfang' Griechenlands und die Archäologie

3.1 Kategorienbildung – Interpretation – historische Aussage

3.1.1 Chronologie und Epochenbezeichnungen

Konventionelle Terminologie

In der konventionellen Terminologie werden zur Benennung der einzelnen Epochen der frühen Geschichte Griechenlands vornehmlich Begriffe verwendet, die sich von völkertypisierenden

'Meistererzählungen' [s. 2.1] herleiten. So wird etwa ausgehend von der Vorstellung eines Palastes des Minos in Knossos und einer Thalassokratie der Minoer die ägäische Bronzezeit (3200–1050) als „Minoikum" angesprochen [s. 2.1.1]. Wechselt man den Schauplatz von Knossos nach Mykene, dann wird die sich dort abspielende, festlandsgriechische Bronzezeit „Helladikum" genannt. Dies suggeriert ein Bevölkerungssubstrat, das sich auf der südlichen Balkanhalbinsel trotz verschiedener Migrationsphasen in seinem Kern als Volk von ‚Hellas' bewahrt haben soll [so noch 1.2: LOTZE, Griechische Geschichte, 7–9]. Rein deskriptiv scheint dagegen die Benennung der frühen Eisenzeit (1050–700) als „geometrische Zeit" zu sein, da sie sich auf den rein kurvo-linearen Dekorstil und die geometrisierende Darstellungsweise von Menschen und Tieren auf früheisenzeitlichen Vasen bezieht. Trotzdem ist diese Epochenbezeichnung ebenfalls an die Annahme eines bestimmten ‚Volksgeistes' gekoppelt. Der geometrische Stil wurde nämlich in der Forschung schon sehr früh mit aus dem Norden einwandernden Doriern in Verbindung gebracht. Diese hätten zwar in Griechenland die Epochen bezeichnende Eisentechnologie eingeführt. Ansonsten hätten sie aber als höheres kulturelles Gut nur ihre Textilkunst mitgebracht. Und aus dieser leite sich schließlich das geometrisierende Dekor und Formengut ab, mit dem die Dorier [s. 2.1.2] in ihrer neuen Heimat die örtlichen Dekor- und Keramiktraditionen überschrieben hätten [4.7: PATZEK, Homer und Mykene, 60, 104–110].

Bei all diesen völkertypisierenden Bezeichnungen von Epochen und Zeitphasen wird unausgesprochen vorausgesetzt, dass es so etwas gibt wie einen gemeinsamen Stil im Bauen, Wohnen, Bestatten, Kult und Dekorieren von Keramiken, der die Menschen einer Region zu einem Volk bzw. Ethnos zusammenschließt. Diese „one tribe – one style"-Prämisse geriet ab den 1960er Jahren zunehmend in die Kritik. Ethnoarchäologische und anthropologische Untersuchungen hatten nämlich gezeigt, dass die Korrelation zwischen den Siedlungsgebieten bestimmter ethnischer Gruppen und der räumlichen Verbreitung ihrer angeblichen Stile und ‚Kulturinventare' in aller Regel sehr gering ist [3.1.1: HODDER, Distribution].

Völkertypisierende Bezeichnungen

Doch ungeachtet des Problems einer ethnizistischen Fundamentsprache sind der sog. minoische, mykenische und geometrische Dekorstil bis heute das chronologische Leitfossil durch die Kul-

Dekorstil als chronologisches Leitfossil

turschichten der Bronze- und frühen Eisenzeit geblieben. Dabei diagnostizierte Phasen der Stilveränderung erlauben es, eine relative Abfolge von stilistischen Entwicklungen zu erstellen. Solche Phasen des Stilwandels werden in aller Regel in Relation zu Gräber-Abfolgen in Nekropolen oder zur Stratigraphie von Benutzungshorizonten in Siedlungen und Kultstätten gesetzt, in denen Keramiken mit entsprechenden, phasensignifikanten Dekorformen zum Vorschein gekommen sind. Die Datierung der so ermittelten Stilphasen in absoluten Jahreszahlen erfolgt dann traditioneller Weise durch Synchronismen mit den Kulturen Ägyptens und des Vorderen Orients, die dank ihrer schriftlichen Hinterlassenschaft zeitlich besser zu fassen sind [3: DICKINSON, Aegean, 20–23; PAPADOPOULOS, Greece, 184–186; 3: HÖLSCHER, Archäologie, 48–55].

Dreiteilung – organologisches Denken

So schlüssig dieses Vorgehen auch erscheinen mag, der sich daraus ergebenden Chronologie liegt dennoch eine starre, sich stets wiederholende Dreiteilung zugrunde, die ursprünglich einem organologischen Denken des 19. Jh. n. Chr. entsprang. Denn die Gliederung einer Epoche in die drei Phasen Früh (I), Mittel (II) und Spät (III), die ihrerseits wiederum in die Subphasen A, B und C unterteilt werden, setzt den biologischen Werdegang einer ‚Kultur' voraus, der durch Anfang (bzw. Geburt), Höhepunkt (bzw. Blütezeit) und Niedergang (bzw. Tod) determiniert ist. Insofern kann es

Unterschiedliche Datierungen

kaum überraschen, dass die traditionellen Jahresdaten der Zäsuren der einzelnen Perioden, Phasen und Subphasen von naturwissenschaftlich gewonnenen Datierungen bis zu 100 Jahren abweichen [3.1.1: SHELMERDINE, Background, 3–7]. Infolgedessen ist es durch Baumringmessung (Dendrochronologie) und die Radiokarbonmethode (C14-Datierung) zu einer wesentlich höheren absoluten Datierung der einzelnen Phasen gekommen, welche zur Unterscheidung von der tieferen, traditionellen Chronologie als „hohe Chronologie" bezeichnet wird. Allerdings können dabei Datierungen, die zu einzelnen Phasen auf naturwissenschaftlicher Grundlage erhoben wurden, gleichfalls beträchtlich voneinander differieren, weil die angewendeten Methoden und Referenzdaten noch zu wenig fein kalibriert sind. Solange dieses Problem nicht bewältigt ist, wird oftmals noch immer der tieferen, d. h. traditionellen Chronologie gefolgt [TOFFOLO/FANTALKIN/LEMOS u.a., Chronology]. Die Grundlage zur hier verwendeten Zeittafel, nach der sich die im archäologischen Teil dieses Bandes genannten Jahreszahlen richten, bildet dagegen die hohe Chronologie.

Periodisierungen	Kreta	
Vorpalastzeit	Frühminoisch I – Mittelminoisch I A	3200–2000
Altpalastzeit	Mittelminoisch I B – Mittelminoisch II	2000–1800
Neupalastzeit	Mittelminoisch III – Spätminoisch I B	1800–1500
Nachpalastzeit	Spätminoisch II – III	1500–1050
Periodisierungen	**Griechisches Festland**	
Vorpalastzeit	Späthelladisch I – Späthelladisch II B	1700–1420
Palastzeit	Späthelladisch III A 1 – Späthelladisch III B 2	1420–1190
Nachpalastzeit	Späthelladisch III C	1190–1050
	Protogeometrische Zeit	1050–900
Dunkle Jahrhunderte	Früh- bis mittelgeometrische Zeit	9. Jh.
	Spätgeometrische Zeit	8. Jh.
Orientalisierende Zeit	Früharchaische Zeit	700–630/20

3.2.2 Siedlungsmorphologie und Architektursoziologie

Die primären Quellen zur Beantwortung der Frage, wann, wie und aus welchen Entwicklungen heraus es zur Agora-Gesellschaft gekommen war, sind in einer schriftlosen Zeit wie der „Dunklen Jahrhunderte" in erster Linie die archäologisch noch fassbaren Überreste gebauter Umwelten. Gesellschaften schaffen nämlich ihre je eigenen Siedlungsformen und Baukörper [3.1.2: HÖLSCHER, Bauten; SCHÄFERS, Stadtsoziologie]. So finden etwa palatiale Gesellschaften häufig zu einer topographischen Differenzierung von Unter- und Oberstadt, in deren Zentrum ein Palast steht. Versammlungszentrierte Gesellschaften kennzeichnen dagegen eher freie Plätze in der Mitte ihrer Siedlungsgemeinschaft [3.1.2: GILIBERT, Archäologie]. Wenn folglich über Siedlungs- und Bauformen spezifische Gesellschaftsformen reproduziert und verstetigt werden können, dann muss auch der Umkehrschluss gültig sein: Mit neuen Bauformen werden im Innern einer Gesellschaft neue gesellschaftliche Strukturen angeregt, die soziale Transformationsprozesse auslösen und auf diese Weise Veränderungen in der Siedlungsform mit sich bringen. Folglich lässt die Analyse der Überreste gebauter Architekturen und ihrer Abfolge Rückschlüsse auf die Formation und Transformation der sozialen Strukturen vergangener Gesellschaften zu [3.1.2: TREBSCHE/MÜLLER-SCHEEßEL/REINHOLD, Raum].

Primäre Quelle: archäologische Überreste

Siedlungsform und Gesellschaft

Zu diesen Architekturen gehören zweifellos auch die häufig übersehenen Wege und Straßen: Genauso wie sie Gesellschaften

Soziale Funktion von Wegen und Straßen

in Segmente teilen und gliedern, können sie diese zugleich wieder zu Teilen eines Siedlungsganzen verbinden. Sie trennen Sphären des Inneren von jenen des Äußeren, das Private vom Öffentlichen. Sie definieren Nachbarschaft, Zonen des Wohnens, Bestattens und des Sakralen. Wege und Straßen steuern folglich interpersonelle Kommunikation und soziale Gruppenbildung innerhalb einer Siedlungsgemeinschaft [3.1.2: PAZ/GREENBERG, Conceiving].

3.1.3 Gräber: problematische Indikatoren für Gesellschaftsformen

Relation soziales – funerales System

Gräber und Nekropolen geben gleichfalls Aufschluss über Siedlungsformen und die mit ihnen verbundenen Gesellschaftstypen. Gerade deshalb verbleiben bei früheisenzeitlichen Siedlungen, die infolge einer wenig dauerhaften Bauweise mit nur organischen Materialien archäologisch fast nicht mehr zu greifen sind, oftmals nur mehr die Gräberfelder und Nekropolen als einzige Anhaltspunkte zur Rekonstruktion von Siedlungsformen [3: DICKINSON, Aegean, 88]. Allerdings kann dabei der direkte Rückschluss von den Gräbern auf eine dahinter hervortretende Gesellschaftsform trügerisch sein. Denn das soziale Regelsystem, das *realiter* Kommunikationsabläufe und Formen der sozialen Interaktion innerhalb einer Siedlungsgemeinschaft bestimmt, muss keineswegs mit dem funeralen System des zugehörigen Bestattungsplatzes übereinstimmen. Die verstorbenen Angehörigen der Siedlungsgemeinschaft können dort nämlich auch nach der Vorgabe eines Idealbildes bestattet werden, das eben nicht mit der gesellschaftlichen Realität zusammengeht [3.1.3: D'AGOSTINO, Archäologie]. Wegen dieses ideologischen Filters zwischen gegebener Realität und evozierter Idealität ist es daher oftmals schwierig, Nekropolenbefunde als Indikatoren für Gesellschaftsformen auszuwerten – vor allem dann, wenn zum Gegenabgleich keine zugehörigen Siedlungsbefunde vorhanden sind [3.1.3: HOFMANN, Gräber].

3.1.4 Ein Beispiel: „Das früheisenzeitliche Athen"

Formalisierung der Bestattungs- und Beigabenriten

Die mögliche Verzerrung durch eine örtlich dominierende „ideologia funeraria" [3.1.3: D'AGOSTINO, Archäologie] fällt im Fall Athens ganz besonders ins Gewicht. Denn hier war es zwischen 1050 und 900 zu einer immer stärkeren Vereinheitlichung und Formalisierung der Bestattungs- und Beigabenriten gekommen. Diese kulminierte im einheitlichen Bestattungstypus der sog.

3 Der ‚Anfang' Griechenlands und die Archäologie — 161

„trench-and-hole-tombs" und in der Standardisierung der Ausstattung des Verstorbenen mit einer Amphore als Urne und einer Weinkanne und einem Trinkgefäss als Grabbeigaben. Diese materielle Gleichbehandlung der Verstorbenen auf den athenischen Gräberfeldern zu Beginn der Eisenzeit versucht(e) man mit ersten proto-demokratischen Impulsen gleichzusetzen, die das spätere Entstehen einer Demokratie in Athen gewissermaßen vorbedingt hätten [3: BINTLIFF, Archaeology, 212–213]. So wird etwa eine Schmuckschatulle, die mit einem Deckel mit fünf speicherförmigen Aufsätzen verschlossen und in einem der reichsten Frauengräber („Rich Lady") des späten 10. Jh. zum Vorschein gekommen war, in Verbindung mit jener obersten Statusklasse der Fünfhundert-Getreide-Scheffler gebracht, die auf Solon zurückgeführt wird [3.1.4: SMITHSON, Tomb]. Um diesen Zusammenhang herstellen zu können, wird auf die von Aristoteles im 4. Jh. verfasste Schrift *Athenaion Politeia* („Staat der Athener") zurückgegriffen. In dieser stellte der Philosoph den historischen Ablauf als eine lineare Entwicklung vom Königtum über Adelsherrschaft zu Solon als ‚demokratischem' Reformer dar, um die *Timokratie* (d. h.: die politische Berechtigung nach dem Vermögen) unter Berufung auf die angebliche ‚solonische' Demokratie als die ideale Staatsverfassung erscheinen zu lassen [s. 2.1.4; 4.2; MITCHELL, Democracy, 25–34]. Es ist dieses teleologische Narrativ, das nicht nur hier dem archäologischen Befund zur Rekonstruktion der frühen Geschichte Athens allzu oft übergestülpt wird.

Rückprojektion von Aristoteles' Athenaion Politeia

Dieser Zirkelschluss, ausgehend von der *Athenaion Politeia*, früheisenzeitliche Funde wie im Fall der „Rich Lady" mit der Terminologie aus Verfassungsdebatten des 4. Jh. anzusprechen und so zu frühstaatlichen Zeugnissen zu verabsolutieren, wirkt sich im Fall Athens fatal aus. Denn auch nach 150 Jahren feldarchäologischer und systematischer Forschung sind aus der frühen Eisenzeit für Athen nahezu keine Siedlungsbefunde bekannt. Lediglich am Fuße des Areopags sowie im Areal von Makriyanni und der Akademie fanden sich solche, die an ein zerstreutes Siedlungsmuster in großfamilialen Compounds denken lassen [3.1.4: ALEXANDRIDOU, Insights, 159]. Infolge der fehlenden Kenntnis über das Siedlungsbild Athens auch noch während des 8. und 7. Jh. bleibt die zentrale Frage nach der Existenz und Lage der sog. „alten", d. h. ersten Agora nach wie vor ungeklärt. So wird nämlich zum einen ausgehend von der *Athenaion Politeia* (3, 5), Pausanias (1, 18, 3)

Kaum Siedlungsbefunde

Das Problem der „alten" Agora

und noch späteren schriftlichen Überlieferungen eine älterarchaische Agora am östlichen Akropolis-Abhang lokalisiert, die der archaisch-klassischen Agora beim Kerameikos vorangegangen sein soll [3.1.4: SCHMALZ, Prytaneion; dagegen: DICKENSON, Pausanias]. Dafür konnten bisher keine überzeugenden materiellen Evidenzen beigebracht werden. Andererseits gibt es jedoch einige archäologische Indizien dafür, dass in Athen schon am Beginn des 7. Jh. an der Stelle, wo sich auch die spätere archaisch-klassische Agora befand, ein freier Platz für größere Versammlungen eingerichtet und in der Folge auch zur Durchführung siedlungsgemeinschaftlicher Opfermahle benutzt worden war [3.1.4: KISTLER, Opferrinne-Zeremonie, 168–176]. Solange die Lage der „archaischen Agora" umstritten bleibt, eignet sich Athen kaum als Fallbeispiel, von dem man sich Antworten auf die Frage nach dem Beginn der Agora als siedlungsgestalterischem Konzept der neu aufkommenden Polis-Gesellschaften erhoffen kann [3.1.2: HÖLSCHER, Bauten, 29–45].

3.2 Bronzezeitliche Paläste

3.2.1 Kreta und die Zeit der Neuen Paläste (2000–1500)

Monokratische Herrschaftsgebilde

Arthur Evans, der Ausgräber von Knossos [s. 2.1.1], mutmaßte hinter den Ruinen der kretischen Paläste eine monokratische Herrschaft nach orientalischem Vorbild [3.2.1: SCHOEPP, Building]. In dieser bis heute gepflegten Sichtweise wird der Palast als „verbotene Stadt" wahrgenommen, hinter deren Mauern unter Ausschluss der gewöhnlichen Bevölkerung der Herrscher und sein Hofstaat gelebt haben. „Diagnostisches Merkmal" sei dabei der Zentralhof. Dieser habe „bei Audienzen oder anderen Hofzeremonien eine standesgemäße Kulisse für die prachtvollen Selbstinszenierungen des Herrschers vor einem erlesenen Publikum" dargestellt [3.2.1: PANAGIOTOPOULOS, Hof, 33, 39]. Der ‚Hof' wird so zum baukörperlichen und konstituierenden Merkmal einer „höfischen" Gesellschaft erhoben. An deren sozialen Spitze wird der Herrscher lokalisiert – mit dem Argument, dass nur jener Anführer mit der Autorität und Macht eines Königs imstande gewesen sei, die Baumaterialien und Arbeitskräfte aufzubringen, um derartige Paläste als Residenzen erbauen zu lassen.

Zeremonielle Umverteilungszentren

Dieser Interpretationsweise der kretischen Paläste steht seit kurzem ein neuer Ansatz gegenüber [3.2.1: DRIESSEN, Court].

Ausgangspunkt ist die Feststellung, dass in den kretischen Palästen fast keine Spuren alltäglichen Lebens und kaum Evidenzen häuslich genutzter Räume zutage kamen. Anstelle dessen gilt es große Fundmengen an Tafelgeschirr und Trinkschalen zu verbuchen. Enorm sind ferner die Speicherkapazitäten in den großen tönernen Vorratsgefäßen in den Magazinen. Insofern kann es zwar an der Deutung der kretischen Paläste als zeremoniellen Umverteilungszentren keinen Zweifel geben. Aber gezweifelt werden kann daran, dass das Funktionieren der Paläste als „ceremonial centers" einem Herrscher und seinem „Hofstaat" im Palast oblag. Dies sei vielmehr, so die neue Theorie, die Aufgabe einer Art Treuhänderschaft gewesen, die sich aus den mächtigsten Repräsentanten der umliegenden städtischen und ländlichen Elite rekrutiert habe. Demnach hätten sich Anführer mächtiger Familien, die nicht im Palast, sondern in ihren „Villen" oder „kleinen Palästen" in der Stadt oder auf dem umliegenden Land residierten, die Kontrolle über den Palast geteilt und diesen als ein gemeinsames zeremonielles Zentrum zur Aushandlung und Umverteilung von Macht genutzt. Bei der Redistribution der gesammelten Überschüsse und Prestigegüter im großen Zentralhof hätten dann die Frauen der Anführer als Hohepriesterinnen agiert.

Insgesamt wird in dieser neuen Sichtweise der große Zentralhof zum kennzeichnenden Merkmal einer heterarchisch strukturierten Herrschaft erhoben, da er im Zentrum des Palastes keinen geschlossenen Thronsaal schafft, sondern einen gemeinsamen Schauplatz, der von Treppen und Schautribünen umgeben ist, um darauf vor versammelter „Hofgesellschaft" die Machtverteilung unter den potentesten Anführern immer wieder neu auszuhandeln [3: BINTLIFF, Archaeology, 132–136].

Heterarchisch strukturierte Herrschaft

3.2.2 Burgähnliche Paläste auf dem griechischen Festland (1400–1200)

So reichhaltig sich auch das gesellschaftliche Bild der spätbronzezeitlichen Palastgesellschaften auf dem griechischen Festland mittlerweile skizzieren lässt [3: BINTLIFF, Archaeology, 181–205], so bleibt dennoch umstritten, wer – metaphorisch gesprochen – hinter der goldenen Maske steckt, die sich im großen Kuppelgrab des ‚Atreus' in Mykene fand [3.2.2: SCHMITT, Agamemnons *Maske*]. Schon früh in der Forschung, also noch vor der Entzifferung der

Herrscher in Mykene

Linear B Schrift in den 1950er Jahren [s. 1. und 2.1.2], fand eine Gleichsetzung der „mykenisch" genannten Herrscher mit den hethitischen Königen in Hattuscha oder den Pharaonen in Ägypten statt. Alsbald war daher die Rede vom ‚mykenischen' Palaststaat und vom Herrscher Mykenes in Analogie zu Homers Agamemnon als *basileutatos* [s. 2.1.1; 4.4]. Diesem sei es gelungen sich zum Oberkönig aufzuschwingen, dem die Herrscher der anderen ‚mykenischen' Paläste zur Loyalität verpflichtet gewesen seien.

<small>Kleinformatige politische Gebilde</small>

Die Gegner der These eines überregionalen Palaststaates mit Zentrum in Mykene führen dagegen ins Feld, dass die ‚mykenischen' Paläste mitsamt der sie umgebenden Siedlungen nicht mehr als 25 bis 30 Hektar umfasst hätten. Verglichen mit den Hauptstädten nahöstlicher Königreiche der späten Bronze- und frühen Eisenzeit seien folglich die ‚mykenischen' Reiche regelrechte Zwerge gewesen. Doch solche eher kleinformatige politische Gebilde entsprächen auch viel eher der naturräumlichen Landschaft des griechischen Festlandes mit seinen voneinander klar abgegrenzten, geographischen Räumen. Gegen einen Ober- oder Großkönig in Mykene spreche auch, dass dort aus der späten Bronzezeit keine monumentalen Tempel oder anderweitige Installationen zur Ausübung großköniglicher Ahnen- oder Götterkulte bezeugt seien. Ebenso fehlten lebensgroße oder gar kolossale Bildnisse von Göttern oder königlichen Vorfahren. Beides sei aber für eine großräumige, theokratische Herrschaftsform charakteristisch, wie es das Beispiel nahöstlicher Palaststaaten lehre. All dies lasse eine Herrschaft Mykenes über die anderen Paläste, die über einen übergeordneten, großköniglichen Ahnen- oder gar Götterkult begründet sei, unwahrscheinlich erscheinen [3: BINTLIFF, Archaeology,185–189, 197–199, 209; 3.2.2: SCHMITT, Agamemnons *Maske*, 88–90].

<small>Besonderheit von Pylos</small>

Einzig dem Palast von Pylos scheint eine großräumliche Ausdehnung seiner Herrschaft gelungen zu sein. Diese erstreckte sich am Ende des 13. Jh. über den gesamten Südwesten der Peloponnes. Nach Auskunft entsprechender, in Pylos gefundener Linear B-Täfelchen war der Herrschaftsbereich dieses Palastes in 12 verschiedene, geographisch definierte, nähere und fernere ‚Provinzen' unterteilt. Bezeichnenderweise gibt es bisher auch nur im Fall von Pylos Hinweise darauf, dass es gegenüber dem *wanax* genannten Herrscher auch kultische Verpflichtungen gab, die von einem großköniglichen Kult zu zeugen scheinen, der das gesamte pylische Territorium zu einem Staat des Palastes machte [3.2.2: HOPE SIMPSON, Messenia].

3.3 Festlandsgriechische ‚Megaron'-Bauten in der Nachpalastzeit

3.3.1 Kollaps der Paläste (1380/70–1210/1200)

Die ständig zunehmende Zahl an Thesen zur Auflassung oder gar Zerstörung der Paläste auf dem griechischen Festland und in Knossos auf Kreta ist kaum mehr zu überblicken. Immer mehr Forscher verweisen allerdings neben äußeren Faktoren wie Barbareninvasionen, Ressourcenverknappungen, Erdbeben, Seuchen und Klimawandel auch auf innere Ursachen wie politische Instabilität, räuberische Kriegszüge und daraus resultierende Wirtschaftskrisen [3: BINTLIFF, Archaeology, 183, 189; 3: DICKINSON, Aegean, 79–113; 3.3.1: MIDDLETON, Collapse, 129–154]. Anlass dazu gibt die Beobachtung, dass einerseits der Bau massiver Befestigungswerke bereits im 14. Jh. einsetzte und dass diese andererseits nicht die ganzen Siedlungen, sondern nur die Zitadellen umschlossen [3: BINTLIFF, Archaeology, 189–190]. Folglich sei damit im 14. Jh. nicht die Bevölkerung, sondern nur der Palast mit seinen Vorräten und Reichtümern vor feindlichen Übergriffen geschützt worden. Insofern gelte es dahinter weniger Einfälle von „Barbarenhorden" zu lokalisieren, als vielmehr eine Zunahme kriegerischer Überfälle durch gegnerische ‚mykenische' Paläste. Dies sei von einer Intensivierung und Extensivierung der landwirtschaftlichen Produktion sowie von einer Steigerung der Prestigegüter- und Rohstoffbeschaffung durch überseeische Schiffsexpeditionen begleitet gewesen, um die im Verlauf des 14. und 13. Jh. sich immer schneller drehende Spirale kompetitiver Fest- und Geschenkpolitik zwischen den einzelnen Palästen weiter vorantreiben zu können – mit dem Ziel, im Wettkampf um einen überregionalen Führungsanspruch zu obsiegen. Nach mehr als hundert Jahren sei man aber im letzten Drittel des 13. Jh. überall an die Grenzen des Machbaren gestoßen. Dies nicht zuletzt auch deshalb, weil es keiner der Paläste geschafft habe, sich dabei jenen Grad an relativer Stärke zu erkämpfen, der nicht wieder durch „Bündnisse unter den Nächststärkeren" hätte ausgeglichen werden können [3.2.2: SCHMITT, Agamemnons Maske, 94].

Treten in einem solchen Moment einer drohenden polyzentrischen Implosion noch äußere Faktoren wie Erdbeben, Seuchen und die Kappung der Zugänge zu überlebensnotwendigen Rohstoffen hinzu, dann verbleiben keine Ressourcen und damit keine Möglichkeiten mehr, die bestehenden Machtzentren in ihrer Funktion als redistributive Herrschaftssysteme weiterhin in Gang zu halten. Als Anzeichen für diese totale materielle ‚Ausblutung' am Ende des 13. Jh. wird gewertet, dass es bei den meisten Palästen nach ihrer Zerstörung zu keinem Wiederaufbau gekommen war – ganz im Gegensatz zu Kreta ein paar Jahrhunderte zuvor, wo man über den Ruinen der „Alten" Paläste binnen relativ kurzer Zeit die „Neuen" Paläste noch größer und prächtiger errichtet hatte [3.1.1: MIDDLETON, Collapse, 140–141].

3.3.2 Das nachpalatiale Tiryns (1200–1050)

Kontinuitäten

Nirgendwo scheint die Kontinuität zur Palastzeit ausgeprägter gewesen zu sein als im nachpalastzeitlichen Tiryns: Die Ruinen in der Unterburg wurden wieder bewohnt, auch den palastzeitlichen Thron auf der Oberburg verwendete man im neuerrichteten Antenbau wieder, die Unterstadt blieb vom 13. bis ins 11. Jh. ununterbrochen besiedelt. Die Toten wurden durchgehend in Kammergräbern beigesetzt. Freskenartige Malereien von Kriegern, Schiffskämpfen und Wagenfahrten schmückten große Weinmischgefäße (Kratere) und der kontinuierliche Gebrauch des ‚Megarons' hob nach wie vor sozial besonders bedeutsame Gebäude vom allgemeinen Siedlungsbild ab [3.3.2: MARAN, Citadels].

Veränderungen

Andererseits sind es genau diese megaron-artigen Strukturen der Nachpalastzeit, die zugleich eine Veränderung zur Palastzeit indizieren. Sie machen nämlich deutlich, dass die neuen Herren des 12. und 11. Jh. nicht mehr auf der Oberburg im Palast wohnten, sondern in ‚Megaron'-Bauten in der Unterstadt. Zudem gibt die Errichtung des megaron-artigen Antenbaus in den freigeräumten Ruinen des „Großen Megarons" zusammen mit dem Umbau des Vorhofes zu einem freien Altarplatz zu erkennen, dass der Burgberg mit dem zerstörten Palast zu einer Akropolis umfunktioniert worden war. Fortan versammelten sich auf ihr die nachpalastzeitlichen Tirynther zum gemeinsamen Opferfest, und im Antenbau fanden ihre neuen Herren zur gemeinsamen Beratung und Opferfeier zusammen. Das siedlungsmorphologische ‚Oben' des Palastes war damit sozial ‚von unten' durchbrochen und in seinem pyramidalen Aufbau verflacht worden [3.3.2: MARAN, Raum, 158–160].

Geschichtlicher Rückbezug zur

All dies eröffnete im nachpalastzeitlichen Tiryns neue Möglichkeiten, eigene Machtansprüche durchzusetzen. Der geschichtliche

Rückbezug auf die palastzeitliche Vergangenheit avancierte dabei zu einer „Waffe im Ringen um soziale Positionen" [3.3.2: MARAN, Urgeschichte, 178]. Zwar ging im 12. und 11. Jh. das Wissen um die internen Mechanismen der Palastherrschaft – auch um die Linear-B-Schrift als Zwischenspeicher ökonomischer Transaktionen – immer mehr verloren. Letzteres hatte in der Zeit nach dem Zusammenbruch der Paläste ganz einfach keine Funktion mehr. Doch auf der Ebene der Alltagskultur hatte sich ein gewisses Wissen um die palastzeitliche Vergangenheit – nicht zuletzt dank der oben angeführten Kontinuitäten – erhalten. Diese Rückerinnerung erlaubte schließlich in der Nachpalastzeit gezielte Rückbezüge auf eine glorreiche Vergangenheit, um postulierte Verankerungen in der lokalen Geschichte sowie konstruierte Genealogien, die zur Zeit des Palastes zurückführten, in der Nachpalastzeit zu authentifizieren [s. I 4.2.1.; 3.3.2: MARAN, Urgeschichte].

Durchsetzung von Machtansprüchen

3.3.3 Der Golf von Euböa in der Endphase der Bronzezeit (1200–1050)

Da noch nicht das ganze Siedlungsgelände auf dem Hügelplateau von Xeropolis an der Westküste Euböas archäologisch erkundet ist, lässt sich noch nicht abschätzen, ob der Gebäudekomplex M mit seinem megaron-artigen Kernbau das einzige Herrenhaus in Lefkandi war oder ob es mehrere davon gab, verteilt über das ganze Siedlungsgelände. In letzterem Fall hätte sich das Herrnhaus M die Machtgewalt über die gesamte Siedlung mit weiteren „Herrenhäusern" geteilt [3.3.3: LEMOS, Communities, 171–174]. Auf ein derartiges Szenario scheint zumindest die Verteilung der Kleinodien und Prestigegüter und auch der Bankettaktivitäten innerhalb der Siedlung hinzuweisen: Es lassen sich nämlich keine Bereiche in der Siedlungsregion I und II ausmachen, die davon ausgeschlossen gewesen waren [3.3.3: SHERRATT, Lefkandi, 309]. Folglich hatten im Grunde alle Häuser der Siedlung Zugang zur lokalen Umverteilung von Ressourcen und Prestigegütern. Allerdings hatten dabei offenbar einzelne Häuser einen direkteren Zugang als andere. Diese hatten folglich auch die besseren Chancen, sich als generöse Festgeber und Redistributoren hervorzutun, um so Einfluss und Macht über andere Haushalte erlangen zu können [3.3.3: MAZARAKIS AINIAN, Form, 76; KRAMER-HAJOS, Greece, 183–184].

Machtverteilung in Lefkandi

3.4 Apsidial-Bauten, Compounds und Streusiedlungen in der Frühen Eisenzeit

3.4.1 Die Frühe Eisenzeit am Golf von Euböa (1050–850)

Kollaps des Herrschaftssystems

Das heterarchische Herrschaftssystem zwischen lokalen Anführern in ‚Megaron'-Bauten, das mit einer polyzentrischen Akkumulation und Redistribution von Überschuss- und Prestigegütern einherging und somit der Monopolisierung von Einflussnahme und Macht auf eine zentrale Herrscherfigur entgegenwirkte, kollabierte in Lefkandi offensichtlich in den Krisenjahrzehnten am Übergang vom 11. zum 10. Jh. [3.4.1: MULLIEZ, Euboia, 87].

Zentrale Redistributionsfigur

Bemerkenswerterweise kehrte man aber danach beim wieder neu einsetzenden Aufschwung nicht mehr zurück zur Heterarchie. Im Gegenteil: Mit den beiden stattlichen Absidialbauten auf dem Xeropolis-Hügel als Residenz und auf dem Toumba-Hügel als Mausoleum wurden neue Baukörper in einer neuen Architektur für eine zentrale Redistributionsfigur geschaffen, welche eine Umformung der nachpalastzeitlichen Heterarchie in eine klare Hierarchie signalisiert [3.4.1: LEMOS, Athens, 519–527].

Mausoleum als genealogischer Fixpunkt

Mit der rituellen Zerstörung des Mausoleums und dessen Beerdigung unter einem monumentalen Tumulus wurde ein regelrecht genealogischer Fixpunkt in der lefkandischen Siedlungs- und Erinnerungslandschaft gesetzt, der für fünf Generationen das Zugehörigkeitskriterium zur herrschenden Gruppe als einem erweiterten Abstammungsverband bildete. Zugehörigkeit bzw. Nicht-Zugehörigkeit zu dieser Abstammungsgruppe – respektive der Zugang oder Nichtzugang zu deren Gräberfeld am östlichen Fuße des Grabhügels über dem „Heroon" – entschied daher über 175 Jahre lang darüber, wer in Lefkandi an der Umverteilung von Ressourcen und Prestigegütern teilhaben konnte und wer nicht [3.4.1.: ANTONACCIO, Reciprocity, 108–110]. Dadurch entstand eine innerhalb der lefkandischen Siedlungsgemeinschaft funktionale Elite, die sich auf den Umgang mit Waffen, auf neue Technologien sowie neues geographisches und nautisches Wissen spezialisiert und so den sozialen und politischen Vorsprung der herrschenden Abstammungslinie, die sich auf den Bestatteten im Mausoleum auf dem Toumba-Hügel zurückführte, auch auf Dauer gestellt hatte [3.4.1: ANTONACCIO, Ancestorhood, 116–117].

Komplexeres Big Man-System

Dank der neuen Siedlungsbefunde auf dem Xeropolis-Hügel hat sich auch die Diskussion um die Frage eines ortskonstanten Siedelns erledigt. Oder genauer: Die aspidiale Residenz jener Familie, die sich um 950 zur redistributiven und herrschenden Zentralinstanz aufgeschwungen hatte, war über den Fundamenten des nachpalastzeitlichen ‚Megaron'-Baus M und den Überresten des großen, ersten früheisenzeitlichen Holzpfostenbaus errichtet worden. Der Sitz dieser Familie scheint daher zwar durch die Krisenzeit am Übergang von der späten Bronze- zur frühen Eisenzeit hindurch ortskonstant geblieben zu sein, sofern es nicht zu einem Besitzerwechsel gekommen war. Aber zweifellos hatte sich die sozio-politische Konfiguration dieser Familie nachhaltig verändert: Sie war nicht mehr eine unter mehreren führenden Haushalten, wie noch während des 12. und 11. Jh. Vielmehr war sie nun das Zentrum der herrschenden Abstammungslinie und damit *die führende Familie in Lefkandi ab 950* [3.3.3: LEMOS, Communities, 172–174; MAZARAKIS-AINIAN, Form, 73–79]. Damit ist die Debatte im Fall Lefkandis über das Vorliegen eines Big Man-Systems oder eines Chiefdoms zwar noch keineswegs beendet. Aber sie wird künftig anstelle eines Entweder-Oder wohl stärker in Richtung eines komplexeren Big Man-Systems geführt werden müssen [3.4.1: KIENLIN/KREUZ, (Objekt-)Biographien]. Entsprechendes darf man wohl auch für Mitrou in der östlichen, an den Golf von Euböa angrenzenden Lokris annehmen, wenngleich dort entsprechende Siedlungsbefunde erst punktuell ergraben sind [3.4.1: VAN DEN MOORTEL/ZAHOU, Bronze Age, 288–293].

3.4.2 Bevölkerungsschwund in Nichoria und Rückfall in die Transhumanz?

Sind in der spätbronzezeitlichen Phase auf den 4 Hektar Siedlungsfläche von Nichoria noch ca. 150 Mehrraum-Häuser zu verbuchen, so sind es in der frühen Eisenzeit nur mehr knapp 40 Einzelraum-Häuser. Folglich siedelten zu dieser Zeit 400 bis 600 Personen weniger auf der gleichen Fläche als noch zur Zeit der Herrschaft des pylischen Palastes. Aus dieser Beobachtung zieht man den Schluss, dass es in Nichoria während der ersten früheisenzeitlichen Jahrhunderte zu einem Bevölkerungsrückgang von 66% bis 75% gekommen sei. Diese Schlussfolgerung führte zur Annahme einer stark veränderten Subsistenzweise – nicht nur in Nichoria, sondern auf dem gesamten griechischen Festland [s. 4.1]. Man ging in der Forschung schließlich davon aus, dass in der frühen Eisenzeit infolge des Zusammenbruchs der ‚mykenischen' Machtzentren keine Agrar- und Surpluswirtschaft

Veränderte Subsistenzweise aufgrund eines Bevölkerungsrückgans?

mehr möglich gewesen sei. Dies hätte erneut zu einer verstärkten Herden- und Haustierhaltung gezwungen, die durch einfachen Hackbau und Jagd ergänzt worden sei. Damit sei eine Aufgabe des verdichteten Siedelns in Häuserkonglomeraten unausweichlich geworden. Denn nur das Leben in freistehenden Einzelraumhäusern hätte das Halten von Tieren in Pferchen und den Anbau von Getreide, Gemüse und Früchten auf dem Land des eigenen Haushalts ermöglicht [3: DICKINSON, Aegean, 50–54; 3.4.2: HILDEBRANDT, Damos, 352–354].

Keine einfache Wirtschaft

Diese Vorstellung einer grundsätzlichen Vereinfachung und Anpassung der Subsistenzweise an die vermeintlichen ökonomischen Gegebenheiten der „Dunklen Jahrhunderte" hat jedoch gerade im Fall von Nichoria durch neueste bio-archäologische Forschungen nachhaltige Korrekturen erfahren. Es konnte nämlich neben dem Anbau und Genuss von Hülsenfrüchten und Getreide gleichfalls der Konsum und die örtliche Kultivierung von Oliven und Trauben nachgewiesen werden. Allenfalls stellen die Olivenbäume sogar ein Erbe aus der palastzeitlichen Bewirtschaftung des Landes dar. Zumindest verlangte die (Re-)Kultivierung und Pflege der Reben und Olivenbäume ein gewisses landwirtschaftliches Expertenwissen, das offensichtlich trotz der Siedlungslücke von 1200 bis 1075 in Nichoria nicht verloren gegangen war. Bestätigt wird diese Annahme eines Transfers palastzeitlichen Wissens und Könnens in die frühe Eisenzeit durch den Bau eines eindrucksvollen Tholosgrabes in Nichoria im 10. Jh. Ohne die Tradierung bauhandwerklichen Könnens aus der Palastzeit wäre ein solcher technisch und handwerklich anspruchsvoller Neubau undenkbar gewesen [3.4.2: FOXHALL, Households; MCDONALD/COULSON, Dark Age, 316, 321–324].

3.4.3 Oropos und Zagora (860–675): Compounds und/oder Proto-Poleis?

Divergierende Siedlungsbilder

Im früheisenzeitlichen Oropos an der Ostküste Attikas und in Zagora auf der Insel Andros kam es aufgrund der Unterschiede im Terrain und der jeweils vor Ort gegebenen Baumaterialen zu zwei komplett unterschiedlichen Bauweisen. Im einen Fall resultierte daraus eine Streusiedlung mit ummauerten Weilern und Einzelhäusern mit ovalen oder apsidialen Grundrissen. Im anderen Fall bildeten sich dicht an dicht stehende Häuserkonglomerate mit rechteckigen Grundrissen und kommunalen Mauern hinter einer gemeinsamen Wehrmauer heraus. Trotz dieses stark divergierenden Siedlungsbildes an beiden Orten stellt das Wohnen in großfamilialen Häuser- bzw. Hüttenkomplexen das Basisprinzip der sozialen Organisation dar.

Große Häuser zeichneten sich dabei an beiden Orten durch die größere Anzahl an Bauten sowie durch große Räume mit Herdstellen und umlaufenden Sitzbänken als zentrale Versammlungs- und Banketthallen aus. Darin fungierten die Herren dieser Häuser als Festgeber und Redistributoren, um soziale Gegenleistungen und Ab-Gaben zu akkumulieren, die ihnen eine über die anderen ‚Häuser' überlegene soziale und ökonomische Position verleihen (sollten). Denn darauf beruhte ihr Prestige als erfolgreiche Anführer sowohl innerhalb als auch außerhalb ihres Siedlungsverbandes. Nicht nur in den Weiler- und Streusiedlungen wie Oropos, Eretria und Viglatouri (Euböa), sondern auch in der Konglomeratsiedlung von Zagora ging dies zusammen mit Vorrichtungen zur Lagerung und Hortung landwirtschaftlicher Überschüsse: In Oropos in runden Speicherbauten, in Zagora in großen reliefierten Pithoi. Hinzu kam an allen Orten – auch in Zagora – eine Steuerung der Gewinnung und Verarbeitung von Metallen als Motor einer immer ausgeprägteren Prestigegüter- und Geschenkpolitik, der parallel zur Herstellung von Arbeitsgeräten und Waffen am Laufen gehalten wurde.

<small>Festgeber und Redistributoren</small>

Das soeben skizzierte Bild zur gesellschaftlichen Architektur der beiden früheisenzeitlichen Siedlungen basiert in Oropos und Zagora auf den neuesten Forschungen [3.4.3: MANN, Spaces; MAZARAKIS AINIAN, Space; MAZARAKIS AINIAN, Helden]. Doch im Fall des Siedlungsbildes von Zagora, gerade während seiner letzten Nutzungsphase, glaubten Archäologen in ihm wiederzuerkennen, was siedlungsmorphologisch und damit an archäologischen Überresten gegeben sein müsse, um von einer Polis sprechen zu können. Dazu gehöre an erster Stelle ein starkes Befestigungswerk, wie es in Zagora die lange Wehrmauer darstelle, die das Innen der Siedlung von einem Außen abgrenzt und somit der Siedlungsgemeinschaft die Identität als einer gemeinsamen Ingroup verleihe. Ferner soll für eine frühe Polis sprechen, dass der große Platz zwischen den Häuserkomplexen D-H und J eine Planung in öffentliche und nicht-öffentliche Zonen bezeuge. Diesem öffentlichen Platz wird zudem die Funktion einer frühen Agora zugeordnet. Solange der

<small>Auch in Zagora keine Polis</small>

auf dem Platz tatsächlich im 6. Jh. erbaute Anten-Tempel noch ins späte 8. Jh. datiert wurde, lokalisierte man auf der vermeintlichen, frühen Agora auch das zentrale Polis-Heiligtum [3.4.3: MANN, Spaces, 54].

Die Frage der freien Plätze

Vor allem aber werten die Befürworter Zagoras als einer frühen Polis jene freien Plätze, um die sich die Häuserkomplexe des 8. Jh. gruppierten, als Prototypen von Höfen, wie sie später auch für die Wohnhäuser archaischer und klassischer Zeit charakteristisch waren. Zusammengehend mit diesem Wandel vom ovalen oder apsidialen Einzelraumhaus der „Dunklen Jahrhunderte" zum mehrräumigen „Hof-Haus" im letzten Viertel des 8. Jh. seien auch die gleichzeitigen Anbauten weiterer Räume mit spezifischen Aktivitätszonen – etwa für Bankette – und die weitere Unterteilung von größeren Räumen zu kleineren Raumeinheiten zu sehen. Darin glaubt man eine eindeutige Tendenz in Richtung eines differenzierten Wohnens nach funktionalen Bedürfnissen und neu aufkommenden Formen der Geschlechtertrennung während der letzten Siedlungsphase von Zagora zu erkennen, wie sie für das spätere Wohnen in der archaisch-klassischen Polis typisch sei [3.4.3: MANN, Spaces, 54].

Siedeln in großfamilialen Konglomeraten

Dieser Deutung von Zagora als einer Proto-Polis wird nun entgegengehalten, dass es sich bei den freien Plätzen keineswegs um solche Höfe handelt. Denn gerade bei größeren Häuserkomplexen wurden diese als Höfe gedeuteten freien Plätze zur Erschließung verschiedener Wohn- und Funktionseinheiten erweiterter Familien- und Häuserkomplexe gemeinsam genutzt [3.4.3: MANN, Spaces, 60]. Eine derart gemeinsame Nutzung widerspricht jedoch dem Basisprinzip des archaisch-klassischen Hofhauses, nämlich einen nach außen geschlossenen und somit nach innen orientierten Wohnsitz von Einzelfamilien zu schaffen. Dementsprechend war der Hof der archaischen und klassischen Häuser entlang den Parzellengrenzen von Mauern umgeben, an die Raumgruppen mit Ausrichtung auf den Hof hin angebaut worden waren. Durch diese introvertierte Disposition des Grundrisses wurde eine Sphäre von Geschlossenheit respektive Privatheit erzeugt, was den erweiterten Familien- und Häuserkonglomeraten in Zagora mit ihren nach außen gerichteten und gemeinsam genutzten „Höfen" am Ende des 8. Jh. noch fremd war [3.4.3: MANN, Spaces, 55–60]. Mit dem Nachweis eines Siedelns in großfamilialen Konglomeraten in agglutierender Bauweise entfällt jedoch das Hauptargument zur Annahme,

Zagora stelle bereits eine frühe Polis dar. Der große Platz wird so zu einem Kult- und Versammlungsplatz unter der Obhut und Kontrolle des lokalen Anführers, der im großen Häuserkomplex D-H residierte. Wohl unter seiner Ägide war es auch zum Bau der langen Wehrmauer zum Schutz der Siedlung gekommen. Aus der gemutmaßten Proto-Polis ist so wieder eine Compound-Siedlung geworden, die nach dem Basisprinzip des erweiterten Familienverbandes organisiert war und der Führung des Oberhauptes der mächtigsten Familie im Häuserkomplex D-H unterstand [3.4.3: MAZARAKIS AINIAN, Space, 131].

3.5 Gemeinschaftsarchitektur: Hekatompedos und Agora

Neben einer vermeintlich proto-urbanen Siedlungsweise, wie sie von einzelnen Forschern für Zagora gemutmaßt wird, sind es vor allem die Hekatompedoi des 8. und 7. Jh. – also ca. 30 Meter lange rechteckige oder apsidiale Langbauten, die als Indikatoren für die Entstehung der frühen Polis gewertet werden [3.5.1: SNODGRASS, Archaeology]. Hinter ihnen werden entstehende Bürgergemeinschaften lokalisiert, die zu Ehren ihrer Schutzgottheiten und zur Unterbringung der Götter-Standbilder solche erste Monumentalbauten auf gemeinsamen Beschluss hin errichtet hätten. Bestätigt sehen sich die Befürworter dieser These durch die Tatsache, dass solche Hekatompedoi in den nachfolgenden Jahrhunderten zuweilen mit Ringhallen noch repräsentativer ausgestattet oder gar von Ringhallentempeln in späteren Polis-Heiligtümern überbaut wurden [3.5.1: MAZARAKIS AINIAN, Temples, 16–24; CRIELAARD, Cities, 365].

Funktion der Hekatompedoi

3.5.1 Eretria auf Euböa: Tempel oder Kult- und Versammlungshaus?

Als einschlägiges Beispiel für die Entwicklung eines frühen Tempels ohne Ringhalle zu einem Peripteros als gemeinschaftlich errichtetes Bauwerk wird gerne der monumentale Apsidialbau Ed2 im späteren Heiligtum des Apollon Daphnephoros in Eretria ins Feld geführt. So wird dieser Hekatompedos noch in der jüngsten Forschung als einer der frühesten Tempel Griechenlands angesehen, welcher der Installation des Apollon Daphnephoreion als göttlicher Schutzmacht der werdenden Polis „Eretria" einen monumentalen

Apsidialbau Ed2

Ausdruck verliehen habe. Infolgedessen wird der zum Hekatompedos Ed2 gehörige Weiler, der bis 700 im unmittelbaren Umfeld zum Herrenhaus und Festgeber-Haushalt Ed150 entstanden war, zu einem Wohnquartier der Elite von Eretria umgedeutet, das sich dort im Zuge der Polisgenese während der zweiten Hälfte des 8. Jh. zu bilden begonnen habe. Zu diesem Zweck wird auch der Apsidenbau Ed150 nicht mehr als Herrenhaus, sondern als öffentliches Versammlungsgebäude gedeutet, in dem die örtliche Elite zur Durchführung gemeinsamer Opferfeste und Bankette zusammengekommen sei. Folglich mache die Annahme, dass der Hekatompedos Ed2 als Fest- und Versammlungshaus fungiert habe, keinen Sinn. Viel wahrscheinlicher sei eine Konzeption und Nutzung von Ed2 als reiner Tempel, in dem neben Weihgeschenken das Kultbild des Apollon Daphnephoros repräsentativ untergebracht gewesen sei [3.5.1: VERDAN, Eretria, 184–186]. Dieser Deutung widerspricht allerdings, dass im Hekatompedos Ed2 keinerlei Spuren einer Basis zur Errichtung eines Kultbildes zutage getreten sind und dass ein solches durch die nachgewiesene innere Säulenreihe verdeckt worden wäre [3.5.1: REBER, Versammlungsraum, 100–101; MAZARAKIS AINIAN, Temples, 22].

Kein Kultbild – kein Tempel

3.5.2 Megara Hyblaia auf Sizilien: gleich große Grundstücke – gleichwertige Siedler?

Siedlungsplanung?

Keine andere griechische Niederlassung in ‚Übersee' hat in der Forschung das Bild einer griechischen ‚Kolonie' so sehr geprägt wie Megara Hyblaia. Seit Beginn seiner Freilegung in den 1950er Jahren veranlasste es mit der Aufdeckung einer schon recht regelmäßig wirkenden Parzellierung und einer einfachen Bebauung der Grundstücke mit bescheidenen Einraumhäusern (ca. 4–4.5 m × 4–4.5 m) zur Annahme einer Siedlungsplanung, welche die Schaffung von Gleichheit unter den ersten Siedlern zum Ziel gehabt habe. Dabei sei das Prinzip der Gleichheit als Vorstellung vom „griechischen Mutterland", d. h. der südlichen Balkanhalbinsel mitgebracht worden. Da dort jedoch gewachsene Siedlungen und nur kleinräumige Ebenen dominiert hätten, hätte der Platz zur siedlungsplanerischen Ausgestaltung einer gerasterten Streifenstadt gefehlt.

Idealisierung von Megara Hyblaia

Erst mit der Ankunft an den neuen Ufern Siziliens sei mit den unbesiedelten oder eroberten Küstenstreifen erstmals ausreichend Platz zur großzügigen Planung einer Siedlung gegeben gewesen, die anfänglich nach gleich großen Grundstück-Einheiten parzelliert und so in gleich großen Anteilen umverteilt worden sei. Das schließe *Oikisten* als machtvolle Anführer der Siedler nicht aus – respektive politische Ordnungssysteme, die hierarchisch strukturiert gewesen seien. Die Umsetzung des gleichförmigen Verteilungsprinzips des zur Verfügung stehenden Raumes innerhalb der Siedlung hätte lediglich die Grundlage zur Chancengleichheit unter den Neusiedlern schaffen sollen. Denn diese hätte die Bewahrung des inneren sozialen Zusammenhalts und Friedens garantiert, was für das Gedeihen in einem fremden und zuweilen auch feindlichen Umland existenziell gewesen sei [3.5.2: FITZJOHN, Equality, 215–219; MERTENS, Städte, 63–67].

Dieser Idealisierung von Megara Hyblaia als einem nach den Regeln des Gleichmaßes geordneten Siedlungsgebiet wird entgegengehalten, dass Grundstücke, wenngleich sie gleich groß wären, dennoch in ihrem Wert ungleich sein könnten – etwa je nachdem, ob sie näher oder ferner zur Agora gelegen waren oder ob sie Grundwasser geführt hätten oder nicht [3.5.2: HAUG, Faszination]. Vor allem aber würden die auf dem Wohngeviert (*Insula*) eingemessenen Parzellen in Megara Hyblaia nicht zwangsläufig mit einer Landverteilung in gleich große Grundstücke zusammengehen. Dabei wird auf das Einraumhaus 22, 5 verwiesen. Dieses gehört zur ersten Generation von festgebauten Häusern auf den neu geschaffenen Insulae. Es ist mit seiner Nordmauer auf die nördliche Grenze der zugehörigen Parzelle gesetzt. Dennoch befindet sich seine Eingangstür ebenfalls auf der Nordseite. Folglich kann dieses Einraumhaus nur über die nördlich angrenzende Parzelle betreten worden sein [3.5.2: HAUG, Faszination, 60]. Damit ist belegt, dass schon um 700 mehr als nur eine Parzelle zum Grundstück dieses Einraumhauses gehört haben muss. Infolgedessen ist in Megara Hyblaia die Parzellierung der Insulae nicht deckungsgleich mit den ungleich großen Grundstücken und Besitzverhältnissen, die dort bereits bei der Neuplanung geherrscht hatten.

<small>Grundstücke indizieren nicht Besitzerverhältnisse</small>

Zudem bleibt grundsätzlich erklärungsbedürftig, wieso Neusiedler, die in der ersten Generation noch in großfamilialen Hütten-Weiler-Verbänden gelebt hatten, mit dem Übergang zu einem Wohnen in einer Streifensiedlung plötzlich zu einem Leben in Kernfamilien und Wohnen in isolierten einräumigen Häusern gewechselt haben sollten. Naheliegender wäre, wenn diese Abstammungsgruppen verteilt über mehrere Insulae in unmittelbarer Nachbarschaft zur

<small>Großfamiliale Hütten-Weiler-Verbände der ersten Generation</small>

anderen Abstammungsgruppen in angrenzenden Insulae gewohnt hätten. Zumindest würden solche zu Quartieren transformierte abstammungsgemeinschaftliche Insulae-Gruppen eine Erklärung für die unterschiedliche Orientierung der Straßen und Insulae der Quartiere von Megara Hyblaia liefern. Für solche abstammungsgemeinschaftliche Quartiere spricht nicht zuletzt auch die Tatsache, dass mit der ersten Monumentalisierungsphase während der zweiten Hälfte des 7. Jh. neben dem Bau der beiden Tempel h und g auf der Agora auch in den einzelnen angrenzenden Quartieren lang gestreckte rechteckige Sakralbauten errichtet worden waren (Tempel j nördlich, Tempel C westlich und Tempel l südlich der Agora). Diese kleineren Insula- und Quartier-Heiligtümer könnten folglich die sakralen Zentren solcher nach wie vor abstammungsgemeinschaftlich organisierten Quartier-Verbände in Megara Hyblaia anzeigen [3.5.2: TRÉZINY, Agora].

3.5.3 Azoria auf Kreta: Polisgesellschaft ohne Agora

Vernachlässigung der postminoischen Zeit

Für lange Zeit lag die Erforschung des früheisenzeitlichen Kreta im Schatten der bronzezeitlichen Paläste und der mit ihnen verknüpften Meistererzählung von den „Minoern" [s. 2.1.1]. Folglich dominierten postminoische Betrachtungsweisen der „Dunklen Jahrhunderte" Kretas, in denen der Blick vor allem auf die Ausläufer palastzeitlicher Einrichtungen und Traditionen gerichtet war. Doch seit etwa drei Jahrzehnten rückt auch die früheisenzeitliche Epoche Kretas als eine Phase elementarer Transformationsprozesse in der Lebens- und Subsistenzweise von Siedlungsgruppen immer mehr in den Fokus des Interesses. Es wurden weiträumige Geländeerkundungen unternommen, um einen Überblick über die Besiedelungsgeschichte Kretas zu gewinnen.

Einschneidende Veränderungen in der Siedlungsweise

Dabei zeigte sich, dass es im 11., 10. und 9. Jh. zu einer einschneidenden Veränderung in der Siedlungsweise gekommen war: Während dieser Zeit wurden die Nuclei von Siedlungen von den gefährdeten Küstengebieten in das angrenzende, gebirgige Hinter- und Binnenland verlegt, das mit seinen natürlich geschützten Hügeln und Berggipfeln die ideale Topographie für befestigte wie unbefestigte Höhensiedlungen bot. Damit zusammen gehen Bestattungen von Anführern neu gebildeter Siedlungsgruppen im neu aufgekommen Ritus der Kremation in Kammergräbern und seltener in Schachtgräbern, die sich durch Waffenbeigaben und das Beigeben von Orientalia und Preziosen aus älterer Zeit (Eberzahnhelme) auszeichnen. Durch sie wird auch ersichtlich, dass Kreta während des 11. Jh. nicht wie das griechische Festland eine Phase des ‚Nullpunktes' mittelmeerischer Verflechtungen [s. 3.6.1] durchlief.

Insbesondere in der sog. protogeometrischen Phase (1000–850) lassen sich zudem Verdichtungsprozesse des Siedelns beobachten, die zur Herausbildung von wieder mehrräumigen, unregelmäßig agglutinierenden Haus-Komplexen führten. Diese fungierten mitunter als „Herrenhäuser", um welche herum die zugehörigen, großfamilialen Abstammungsgruppen in Kleinagglomerationen siedelten. Megaron-artige Langbauten mit zentraler, oft fest eingebauter Herdstelle avancierten innerhalb solcher Höhensiedlungen zu haushalts- und familienübergreifenden Einrichtungen. Mit ihren Herd- und Banketträumen für Gemeinschaftsmahlzeiten und Opfer, in denen auch Kultbilder oder Prestigegüter zur Schau gestellt werden konnten, scheinen sie kommunale Bauten darzustellen, die aus dem neuen verdichteten Siedeln hervorgegangen sein dürften.

Verdichtetes Siedeln

In diesen sog. Herdraumtempeln werden erste Monumente erkannt, die auf das Entstehen einer Polisgesellschaft weisen. Folglich wird im Fall der sie umgebenden Siedlungen auch von Proto-Poleis gesprochen. Aus ihnen hätten sich dann vom 8. bis zum 6. Jh. durch die Ausdehnung des Territoriums und den weiteren Ausbau der proto-politischen Strukturen bei einer gleichzeitigen Verstärkung der siedlungsinternen Interaktion die Poleis der klassischen Zeit herausgebildet. In dieser Perspektive kommt dem 7. und 6. Jh. lediglich die Rolle der Konsolidierung und Verstetigung sozio-politischer Strukturen und Institutionen zu, die bereits in den davor liegenden Jahrhunderten der frühen Eisenzeit begründet worden waren. Daraus entsteht schließlich das Bild eines Kreta während des 7. und 6. Jh., das von Konservativismus, Kontinuität und Austerität geprägt gewesen sein soll. Manche Forscher sprechen sogar von einem erneuten „Dunklen Zeitalter" [3.5.3: ERICKSON, Crete, 307; FITZSIMONS, Urbanization, 220–223; VAN DER VLIET, Seventh Century; WALLACE, Crete].

Herdraumtempel und Proto-Poleis

Diesem Bild oder Narrativ widersprechen die neuen Siedlungsbefunde, welche die seit 2002 systematisch durchgeführten Grabungen in Azoria im Osten Kretas zutage befördert haben [s. I 2.5.3; 3.5.3: FITZSIMONS, Urbanization, 223–245; HAGGIS, Archaeology; HAGGIS/MOCK, Iron-Age]. Dass es sich bei solchen Agoralosen Höhensiedlungen wie Azoria tatsächlich um Polis-artige

Polis-artige Siedlungen ohne Agora

Siedlungsgemeinschaften handeln dürfte, belegt eine Inschrift, die in der zweiten Hälfte des 7. Jh. in Dreros in Blöcke der östlichen Außenwand des Herdtempels des Apollon Delphinios eingemeißelt worden war. In dieser wird das Gremium, welches ein Iterations-Gesetz verabschiedet hatte, „Polis" genannt [3.5.3: SEELENTAG, Regeln]. Dass auch diese Polis wie Azoria ohne Agora war, ergaben neueste Untersuchungen der U-förmigen Treppenanlage südöstlich des Herdtempels, welche bisher als Umfassung einer archaischen Agora gegolten hatte. Ihre Erbauung ist nämlich vom 7. Jh. in hellenistische Zeit herab zu datieren [3.5.3: FARNOUX/KYRIAKIDIS/ZAGORAPHAKI, Recherches].

Siedlungsform abhängig von der Topographie

Polisgesellschaften ohne Agora, aber mit großen überdachten Versammlungs- und Speisehallen sind keineswegs das kennzeichnende Merkmal eines anderen Kreta, das an den generellen Entwicklungslinien des griechischen Festlandes vorbeiläuft. Dies bezeugen die beiden Poleis Gortyn und Phaistos, welche sich auf weiten und flachen Höhenrücken über der Mesara-Ebene ausbreiten und für die ferner Agorai für das 6. Jh. inschriftlich und teils auch archäologisch belegt sind [3.5.3: SEELENTAG, Kreta, 204–207]. Die Frage nach einer Polis mit oder ohne fest eingerichtete Agora richtete sich offenbar ganz nach der Topographie des Geländes, auf welchem in ihrem Zentrum die Siedlung als neu gegründeter Gemeinschaftsverband errichtet werden sollte. Insofern haben die Grabungen in Azoria eine Alternative auf Kreta zum Vorschein gebracht, die durchaus auch für archaische Höhensiedlungen auf dem griechischen Festland vorstellbar ist.

3.5.4 Hekatompedoi und *ethne*: ‚regionale Agorai' und (k)ein dritter Anfang

Thukydides' Bild vom ‚primitiven' Griechenland

Am Ende des 5. Jh. schrieb Thukydides, dass die *Aitoler* ein großes kriegerisches Ethnos gebildet hätten, das zerstreut in unbefestigten Dörfern gesiedelt habe. Den Eurytanes, einem großen „Stamm" der *Aitoler*, unterstellt er sogar, dass diese noch rohes Fleisch gegessen und eine unverständliche Sprache gesprochen hätten. Zusammen mit dem Recht des Waffentragens in der Öffentlichkeit stellte all dies die *Aitoler* in den Augen des athenischen Geschichtsschreibers mit den Hellenen einer noch barbarisch anmutenden Frühzeit gleich (Thuk. 1, 5; 3, 94, 4–5). Das von Thukydides vermittelte Bild über die *Aitoler* – ähnlich auch über die Akarnanen und Westlokrer – führte in der Forschung dazu, unter den Ethne all das Randständige und angeblich Vorstaatliche [s. 2.1.4] zu subsumieren, das in der Welt der Polis als staatlich durchstrukturierten Gebilden keinen Platz zu haben schien. In den Ethne glaubte man einer Art von Ur- und Frühgeschichte der Griechen zu begegnen, die in den gebirgigen, isolierten Binnenlandschaften *Aitolien* und Akarnaniens bis ins 4. Jh. überdauert hätte.

Diesem Bild stehen nun neuere Forschungen aus ethnologisch/anthropologischer Sicht gegenüber, wonach es sich bei den Ethne um dynamische politische Gebilde handelte, die sich unter anderen demographischen, topographischen und ökologischen Bedingungen parallel und als Alternative zur Polis entwickelt hatten [s. 5.5.2]. In deren politischen Zentren standen anstelle der geplanten Siedlung mit Agora regionale oder gar überregionale Heiligtümer. Darin wurden unter dem Schutz gemeinsamer Ahnen und Götter Wege-, Wasser- und Weiderechte ausgehandelt sowie Waren und Güter, aber auch Konflikte zwischen einzelnen Segmenten des Ethnos verhandelt. Über Heiratsallianzen, Wettspiele (*Agone*) und über das Abhalten gemeinsamer Feste und Opferschmäuse erzeugte man ferner in solchen ‚Stammes-Heiligtümern' den zusätzlichen sozialen Kitt, den es für den Zusammenhalt zwischen den einzelnen Großfamilien und Sippschaften zu einer regionalen politischen Einheit, folglich zu einem Ethnos brauchte. Dementsprechend avancierten auch die archaischen 100-Füßler bzw. Hekatompedoi als zentrale Versammlungshäuser wie in Thermos zum Wahrzeichen solcher ethnischer Bünde [s. 5.2.2; 3: BINTLIFF, Archaeology, 213; 3.5.1: MAZARAKIS AINIAN, Temple, 21–22; REBER, Versammlungsraum; 3.5.4: PAPASTOLOU, Thermos; FREITAG, Ethnogenese; ULF, Development].

Ethne als dynamische Gebilde

3.6 Der Wandel im Kontext

3.6.1 Mittelmeerische Verflechtungen, Machtbildung und lokale Veränderungen

Lange Zeit wurde die Verbreitung wertvoller Güter und Waren aus Ägypten und aus dem Vorderen Orient im Mittelmeerraum vom 3. bis zum 1. Jahrtausend als ein Phänomen betrachtet, das über das Paradigma „lux ex oriente" erklärt und folglich mit der Ausbreitung von Zivilisation von Osten nach Westen gleichgesetzt wurde [3.6.1: PATZEK, Aspekte]. In jüngerer Zeit wird jedoch auch auf

Zweigleisige Verflechtungen

jene Fremdgüter aufmerksam gemacht, die den umgekehrten Weg gegangen waren. Diese wurden, wie etwa bronzene Bratspieße, im atlantischen oder westmediterranen Raum hergestellt. Von dort aus gelangten sie in der frühen Eisenzeit – wohl in Etappen – ins östliche Mittelmeerbecken [3.6.1: CRIELAARD, Surfing]. Aufgrund dieser gegenseitigen, zweigleisigen Verflechtungen begann man in der Forschung den Mittelmeerraum immer mehr als eine „vorglobale" Interaktionswelt zu begreifen.

Mittelmeer: das Medium für den Transfer

Aus diesem Blickwinkel wird nun versucht, das Mittelmeer selbst als eine Basisressource zur Bildung von mega-räumlichen Verbindungen und zum weiträumigen Transport von Gütern, Ideen und Menschen zu erforschen. Im Fokus des Interesses stehen jüngst neben den mega-räumlichen Phänomen wie etwa der phönizischen oder griechischen Westexpansion (sog. „Große Kolonisation") vor allem auch die Interessens- und Bedürfnislagen von lokalen Gruppen, die sich aus dem Hinterland in diese protoglobal anmutende Küstenwelt des spätbronze- und früheisenzeitlichen Mittelmeerraumes einklinkten [3.6.1: ANTONACCIO, Warriors; CLINE, Sailing; HODOS, Globalization; PANAGIOTOPOULOS, Stirring Sea, 43–45; 3: DICKINSON, Aegean, 202–203].

Zugang und Aneignung von fremden Gütern und Technologien

Insbesondere interessiert dabei, wie lokale Machtaspiranten über den Zugang und die Aneignung von Waren, Gütern und Technologien aus der Fremde die nötige Attraktivität als Anführer erlangten, um sich gegen die alten Autoritäten durchzusetzen und die von diesen getragene Ordnung so umzuformen, dass sie künftig an deren Spitze standen. So gesehen spiegeln die lokalen Fundmengen an Importen nicht nur den Grad an mittelmeerischer Verflechtung wider. Diese ist vielmehr notwendige Voraussetzung zur Ausdifferenzierung und Hierarchisierung lokaler Sozialgefüge. Aus dieser Beobachtung kann eine Regel abgeleitet werden: Je höher der Grad an mittelmeerischer Verflechtung an einem Ort ist, desto höher ist dort auch die Komplexität sozialer Gruppen- und Machtbildung [3.6.1: PULLEN, Free Lunch, 84–87; MURRAY, Collapse, 275–281; 3.4.1: ANTONACCIO, Reciprocity].

Komplexe Big Man-Systeme

So ging zweifellos die hohe Komplexität der bronzezeitlichen Palastgesellschaften sowohl auf Kreta als auch auf der südlichen Balkanhalbinsel mit einem sehr hohen Grad an mittelmeerischer Verflechtung zusammen. Deren Zentrum bildete jeweils der Herrscher im Palast als „Great Provider". Insbesondere über die Beschaffung und Zur-Verfügung-Stellung von Wissen, Spezialisten und Prestigegütern konnte dieser seine soziale Spitzenposition begründen und verfestigen. Insofern offenbaren die kretischen und festlandsgriechischen Paläste der Bronzezeit soziale, politische, ökonomische und kulturelle Merkmale, die auch für Chiefdoms als charakteristisch gelten. Andererseits sind sie für eine solche gesellschaftstypologische Einordnung in ihrer territorialen Ausdehnung doch zu kleinräumig, weshalb man sie besser mit komplexen Big Man-Systemen gleichsetzt [s. 4.3 und 4.4; MURRAY, Collapse].

3.6.2 Die Agora als siedlungsmorphologisches Prinzip
Überreste gebauter Architektur lassen Rückschlüsse auf die Formation und Transformation der sozialen Morphologie vergangener Gesellschaften zu. Dabei sind es vor allem auch Platzanlagen, die noch Auskunft über das Leben der Menschen in einer bestimmten Siedlung geben können. Plätze dienen nämlich der Stiftung von Gemeinschaft. Jeder kann hier potentiell jedem begegnen und mit jedem kommunizieren. Diese grundsätzlich uneingeschränkte Möglichkeit sozialer, politischer und ökonomischer Interaktion kann jedoch durch Anbauten und Barrieren von Machtinstanzen, die den Zugang kontrollieren, reglementiert und so zur sozialen Binnenhierarchisierung der Siedlungsgemeinschaft ummontiert werden. Plätze können deshalb auch zu Austragung- und Aushandlungsorten gesellschaftlicher Konflikte werden. Dabei werden sie überlagert von den verschiedenen Ansprüchen unterschiedlicher sozialer Gruppen innerhalb einer Gemeinschaft. Aus diesem Grund ist ihre architektonische Setzung als festgefügter Bau- und Gesellschaftskörper innerhalb der Topographie einer Siedlung oftmals aus strategischen Überlegungen heraus erwachsen. Dies trifft in einem ganz besonderen Maße auf die ersten Agorai in Sizilien und Süditalien zu. Sie bilden das zentrale siedlungsmorphologische Konzept, auf das das ganze Straßenraster der neuen Plansiedlungen ausgerichtet ist und zuläuft. Die Agora wird dadurch zum sozialen Zentrum der Siedlungsgemeinschaft und zum Motor ihrer Reproduktion als einer Agora-Gesellschaft [s. 4.2; 3.5.1: CRIELAARD, Cities, 365–366; 3.6.2: HÖLKESKAMP, Ptolis; 3.1.2: HÖLSCHER, Bauten, 29–45; KENZLER, Versammlungsplatz].

Rückschlüsse aus der Architektur auf die soziale Morphologie

Nach wie vor umstritten ist, ob das Konzept der geplanten Siedlung mit Agora eine Innovation darstellt, die aus der Apoikie-Erfahrung heraus an den Küsten Siziliens und Süditaliens als dem

Apoikie-Erfahrung oder phönizisches Vorbild

Beginn eines Lebens in einer neuen Welt erwachsen war, oder ob dieses Konzept von den griechischen Neusiedlern aus der alten Heimat mitgebracht worden war, wo es wegen der topographischen Enge und der über Jahrhunderte gewachsenen Siedlungen zu seiner siedlungsplanerischen Entfaltung noch keinen Platz gegeben habe [3.6.2: Osborne, Colonisation; Porciani, Colonies]. Nach bisheriger Kenntnislage scheint es jedoch, dass die technologische Voraussetzung zur praktischen Umsetzung einer Plansiedlung mit Agora, d.h. die Vermessungskunst im Feld, im griechischen Herkunftsland an der Wende vom 8. zum 7. Jh. noch unbekannt war. Gerade die Unregelmäßigkeiten im Straßennetz der geplanten Apoikie von Megara Hyblaia zeugen noch von einer regelrechten Experimentierphase [3.6.2: Tréziny, Lots]. Höchstwahrscheinlich hatten die Megarer Hyblaier die Vermessungskunst im freien Gelände von ihren neuen Nachbarn im Westen Siziliens, den Phöniziern, erlernt. Zumindest lässt sich für Karthago bereits im 8. Jh. ein übergreifendes Straßen- und Ordnungsraster nachweisen [3.6.1: Fumadó Ortega, Qui êtes vouz, 179].

„Kontaktzone" Sizilien

Insofern scheint es tatsächlich die „Kontaktzone" Sizilien gewesen zu sein, in der griechische Oikisten und Neusiedler durch die Begegnung und den Austausch mit Phöniziern erlernten, wie das an der Wende vom 8. zum 7. Jh. aufkommende Konzept einer geplanten Siedlung mit Agora als *die* Siedlungsmorphologie einer Agora-Gesellschaft auch raumplanerisch im freien Gelände umzusetzen ist. Es sollte dann schließlich noch rund 150 Jahre dauern, bis erstmals im süditalischen Metapont die Agora-Gesellschaft auch als urbanistisches Gesamtkonzept verwirklicht wurde, das mit seiner regelmäßigen Straßenführung und Parzelleneinteilung nicht nur den verdichteten Siedlungskern, die *asty*, sondern auch das Umland, die *chora*, umfasste [3.5.2: Mertens, Städte, 160; 3.6.2: Shipley, Boxes].

4 Die Lebenswelten des ‚Anfangs' im Spiegel von Homer und Hesiod

Mündliche Tradition und Datierung

Für die Einordnung der Epen in ihren historischen Kontext ist deren – relative und absolute – Datierung eine wesentliche Voraussetzung. Für die relative Datierung werden Verweise in einem Text auf einen anderen zur Grundlage genommen. Solche Bezüge bestehen darin, dass ein in einem Epos ausführlich dargebotener Erzählstoff oder ein Ereignis der Handlung in einem anderen Epos in einer Anspielung vorausgesetzt wird. Diese auf den ersten Blick einleuchtende Argumentation wird durch die deswegen nicht aufgegebene – in ihren Anfängen auf die Romantik zurückgehende [4: SIMON/SEIDENSPINNER/NIEM, Episteme] – Annahme erschwert, dass hinter den Epen insgesamt eine das jeweilige ‚Volk' kennzeichnende mündliche „Mythentradition" stehe [s. 2.2.2; 5.2]. Von dieser Vorstellung ausgehend wird etwa angenommen, dass der in der *Ilias* in einem Ausschnitt erzählte Krieg um Troia Teil einer breiteren mündlichen Erzähltradition gewesen sei. Daraus wird gefolgert, dass es neben den homerischen Epen eine Reihe mündlich tradierter Erzählungen gegeben habe, die das Handlungsumfeld rund um die Ereignisse in *Ilias* und *Odyssee* („Kyklische Epen") ausgeleuchtet hätten. Darüber hinaus hätten sich solche Erzählungen mit den ‚Ereignissen' in anderen Regionen Griechenlands beschäftigt (mit Theben, den Argonauten, Herakles, Theseus). Erst unter dem Einfluss der homerischen Epen seien sie schriftlich fixiert und auf diese Weise uns bekannt geworden [4: REICHEL, Pseudo-Homerica, 71–73; ROSEN, Homer, 464–473].

Ein anderer Weg der relativen Datierung führt über den in den Epen jeweils angesetzten sozio-politischen Gehalt. Dabei wird auf eine für sich diskutierte und problematisierte historische Entwicklung [s. 2.1.4] rekurriert. So wurde etwa die *Odyssee* als Ergebnis einer „bürgerlichen" Welt oder als mit einem „neuen Geist" erfüllt eingeschätzt und deswegen für „jünger" gehalten als die einer aristokratischen Welt zugeschriebene *Ilias* [4: RENGAKOS, Odyssee, 139–146]. Allgemein wird angenommen, dass die chronologische Reihenfolge der Epen von der *Ilias* über die *Odyssee* zu Hesiods *Theogonie* und seinen *erga kai hemerai* („Werke und Tage") führe. Diese Abfolge wurde mit dem Hinweis infrage gestellt, dass die Anspielungen auf die Entstehung des Kosmos in der *Ilias* eine Reaktion auf diejenigen in Hesiods *Theogonie* seien [4: WEST, Date]. — Sozio-politischer Gehalt als Datierungsmittel

Auch in den Versuchen der absoluten Datierung spielt das Konzept der mündlichen Tradition eine wichtige Rolle. Wer hinter den Erzählungen ein reales historisches Ereignis vermutet, tendiert dazu, einen möglichst frühen Zeitpunkt ihrer Entstehung anzunehmen. Wer demgegenüber einen Dichter am Werk sieht, der mit seiner Erzählung mit dem zeitgenössischen Publikum korrespondiert, verortet die Erzählung in dessen Lebenszeit [PATZEK, Homer, 35–40]. Vertreter der ersten Position erwägen die Möglichkeit für — Absolute Datierung einige Verse der homerischen Kunstsprache, dass diese nicht im Alphabet-Griechisch, sondern nur im Linear-B Griechisch metrisch „korrekt" und daher „alt" seien [kritisch 4: HACKSTEIN, Hintergrund, 42–43]. Eine andere Verbindung zwischen Erzählung und historischem Umfeld wird hergestellt, wenn versucht wird, die geographische Herkunft der Kontingente der Belagerer Troias in ihrer ungewöhnlich umfangreichen Auflistung im „Schiffskatalog" mit einer zeitlich fixierbaren politischen Landschaft in Einklang zu bringen [4: KULLMANN, Ilias, 92–93].

Historisch jüngstes Element als Fixpunkt

Umgekehrt geht man vor, wenn das als historisch jüngste in einem Epos auszumachende Element zum Fixpunkt für die Datierung des gesamten Epos gemacht wird. So parallelisierte M. WEST [4: Date] die Zerstörung von Babylon durch Sanherib (705–681) mit der Anspielung auf die Fluterzählung in der Ilias (7, 442,464; 12, 17–33;). W. BURKERT [4: Theben] verwies dafür auf das in der Ilias (9, 381–384) erwähnte „hunderttorige" ägyptische Theben, das von Assurbanipal 663 erobert und die unermesslich reiche Beute nach Niniveh transportiert wurde. H. VAN WEES [4: Warfare, 162–165] hob die Nähe der Kriegführung in der Ilias mit derjenigen hervor, wie sie für das 7. Jh. in Griechenland zu erschließen ist. Solche Argumente haben für die Datierung eines ganzen Epos dann Gewicht, wenn sie – wie die genannten Beispiele – nicht nur auf ein einzelnes Phänomen zielen. In diesem Zusammenhang ist der Verweis auf den Tod des assyrischen Herrscher Sargon II. von Bedeutung. Dieser starb auf einem Feldzug über den Tauros nach Tabālu auf dem Schlachtfeld. Nicht nur sein Tod, sondern auch die Tatsache, dass der Leichnam des nach der assyrischen Ideologie für das Funktionieren der Welt zuständigen Herrschers nicht geborgen werden konnte, hatte tiefe psychologische Auswirkungen. Seine Truppen zogen sich vorzeitig zurück, und das Ereignis wurde in der noch im selben Jahr 705 in der dem Gilgamesch-Epos angefügten 12. Tafel verarbeitet, die den Gang von Gilgamesch in die Unterwelt enthält [4: SALLABERGER, 97–99, 116–118]. Die Begegnung von Achill mit dem toten Patroklos (Il. 23, 64–107) ist mit hoher Wahrscheinlichkeit von dieser Episode beeinflusst [4: PATZEK, Textvorlagen, 395–402].

Amalgam-Theorie

In einem weiteren Versuch der Datierung werden solche Argumente mit der Annahme der mündlichen Vermittlung der Epen zu vereinen versucht. Damit argumentierend, dass jede mündliche Erzählung auf die Änderung der Erwartungen des Publikums reagieren müsse, seien die Texte immer wieder an diese angepasst worden. Dadurch seien in die Erzählungen Elemente aus verschiedenen Zeiten gelangt und nebeneinander bestehen geblieben (Amalgam-Theorie). Auch hier wird angenommen, dass wesentliche Partien des Textes aus der Zeit des 8. Jh. oder 7. Jh. stammen [4: RAAFLAUB, Society, 625–628]. Diese Position steht der auf F. A. WOLF zurückgehenden, im Jahr 1795 formulierten Hypothese der Homer-Analyse nahe. Danach seien die Epen über Jahrhunderte von unterschiedlichen Sängern (Rhapsoden) mündlich tradiert und dabei verändert und erweitert worden [4: HAUBOLD, Homer; BIERL, Trends, mit Tendenz zum „evolutionary model" von G. NAGY, Questions]. Ihr steht die von der Erzählforschung herkommende Auffassung entgegen, dass sich die kunstvolle Struktur der die Länge aller bekannten mündlichen Dichtungen weit überschreitenden Epen Homers und Hesiods nur auf der Grundlage eines dichterischen Plans und der Benützung von Schrift erklären lässt. Danach sind die – tatsächlich wenigen – Elemente, die offensichtlich nicht zu der sonst in den Epen dargestellten Lebenswelt passen (z. B. ein Helm aus Eberzähnen, Schilde in Form einer Acht oder die nicht zur Kriegführung passenden Streitwagen), vom Dichter bewusst gewählte Archaismen, um durch die Aura eines „distant past" größere Attraktivität für seine Dichtung zu gewinnen [s. 4.7].

Dichterischer Plan und Schrift

4.1 Urbane Siedlungen in einer bäuerlichen Welt?

Im archäologischen Befund sind bis an den Beginn des 6. Jh. keine als Städte anzusprechenden Siedlungen erkennbar [s. 3.6.2]. Daher stellt sich die Frage, woher die Zeichnung von Städten in den Epen stammt. Als wahrscheinlichste Antwort ist auf die Kenntnis von Städten am Rand des östlichen Mittelmeers zu verweisen, weil der Bezug auf kulturelle Errungenschaften aus diesem Raum vielfach nahe liegt [s. 4.7; 5.4]. Der Kontrast der mit kunstvollen Elementen (wie Türen oder Beleuchtung) ausgestatteten Häuser und der technischen Qualität der Stadtanlagen mit der die Welt der Epen ansonsten auszeichnenden bäuerlichen Grundstruktur darf als Bestätigung dafür genommen werden, dass diese Elemente vom Dichter bewusst in die ‚normale' Lebenswelt implementiert wurden [anders 4.5: VAN WEES, Warriors, 28–31, 269–271].

Keine Städte im archäologischen Befund

In der Beschreibung der gesellschaftlichen und wirtschaftlichen Entwicklung der griechischen Archaik wird dem 8. Jh.

Diskussion übers 8. Jh.

besondere Bedeutung zugemessen. Ein Grund dafür ist die von A. SNODGRASS [1.2: Greece, 20–24] vorgetragene Überlegung, dass die Bevölkerung im 8. Jh. nach einem vorangegangenen deutlichen Rückgang zwischen 780 und 720 in einer ganz außergewöhnlichen Rate von 3–4 % pro Jahr zugenommen habe. Diese Annahme beruht auf einem ungewöhnlich starken Zuwachs an Gräbern in Athen, Attika und Argos – ein Phänomen, das mit dem Ende des 8. Jh. wieder verschwand. Die Gleichung ‚Zahl der Gräber = Indikator für die Bevölkerungszahl' wurde mit guten Argumenten in Zweifel gezogen [s. 3.1; 1.2: OSBORNE, Greece, 73–75; 4.1: MORRIS, Greece, 215–217]. In der historischen Demographie geht man allgemein von – in prämodernen Gesellschaften beobachteten – Zyklen aus, von Wachstum mit anschließendem Rückgang der Bevölkerung, einem nachfolgenden Nettozuwachs und einem neuerlichen Rückgang. Jeder ‚Neustart' erfolgt von einer höheren Basis als der vorangegangene, so dass über lange Zeiträume das Wachstum fortschreitet [4.1: SCHEIDEL, Demography].

Bevölkerungsrückgang nach dem Kollaps der Paläste

Es wird davon ausgegangen, dass der Bevölkerungsrückgang nach dem Kollaps der Paläste stärker ausgeprägt war als in vielen anderen zyklischen Depressionen. Pollenanalysen ergaben für den Zeitraum zwischen 1100 und 800 die geringste menschliche Aktivität seit ca. 4000 Jahren. Zwischen 1200 und 1000 dürfte die Zahl der Bevölkerung gegenüber der mykenischen Zeit um mindestens die Hälfte kleiner geworden sein [4.1: SCHEIDEL, Expansion]. Um ca. 1100 hatten Arkadien und die Kykladen deutlich an Bevölkerung verloren, ebenso Messenien. In Euböa war in protogeometrischer Zeit nur mehr die Hälfte der älteren Siedlungen bewohnt, auf den Kykladen fanden sich in nur mehr 27 von bisher 120 Siedlungen protogeometrische Funde. Rund um die Ägäis lebten die meisten Menschen in Weilern von nur einigen Dutzend Menschen. In Westgriechenland gab es keine Siedlungen von einiger Größe. Für Nordgriechenland, besonders Makedonien, wird geschätzt, dass nur einige Siedlungen mehr als ein paar hundert Einwohner aufwiesen [4.1: MORRIS, Greece, 217–218].

Historische Demographie

Ausgehend von der gut belegten Annahme, dass die Bevölkerung auf der Balkanhalbinsel in klassischer Zeit südlich von Thessalien und Epirus, einschließlich der Sporaden und Kykladen, ca. zwei Millionen Menschen betragen habe, kommt eine Berechnung für das 10. Jh. auf eine Zahl zwischen 180.00 und 600.000 Menschen. Eine Zunahme der Bevölkerung ab dem 9. Jh. wird durch die Beobachtung gestützt, dass besonders im 8. Jh. die Zahl der Siedlungen stark anstieg. Als Wachstumsrate wird für das 7. und 6. Jh. zwischen 0.5% [4.1: SCHEIDEL, Expansion] und 0.7% [4.1: MORRIS, Greece, 218–219] pro Jahr angenommen, was zumindest eine Verdopplung der Bevölkerung bedeutet hätte. Das wäre ein dramatisches Wachstum mit Auswirkungen auf den Lebensstandard und der Notwendigkeit, neue Ressourcen zu erschließen und sie zu redistribuieren.

Umgekehrt lässt sich nicht eindeutig definieren, was als demographischer Druck zu gelten hat. Ein solcher hängt mit sozialen Faktoren zusammen, auch damit, wie sinkende Ertragsmargen bei einer Ausweitung der Anbaufläche auf weniger ertragreiches Land toleriert bzw. akzeptiert werden. Obwohl das Bevölkerungswachstum eine Steigerung der Konsumption und Produktion nach sich gezogen haben muss, veränderte sich die agrikulturelle Produktionsweise nicht. Aufgrund des Mangels an menschlicher Arbeitskraft, der Ressourcen (wie Zugtieren) und wegen der jahreszeitlichen Begrenzung für die Aussaat war es einem Haushalt nicht möglich, mehr als 5–6 Hektar Land im Jahr zu bewirtschaften, es sei denn es gelang, über Pooling von Arbeitskraft mehr als ein Arbeitsteam zum Pflügen zu bekommen. Eine Ausweitung und intensive Nutzung des Landes kann erst für die klassische Zeit nachgewiesen werden. Abgesehen von der zunehmenden Verwendung von Eisen kam es auch zu keinen technologischen Neuerungen. So schwierig es sogar für die klassische und hellenistische Zeit ist, zu gut begründeten Einschätzungen über bebaute Flächen und Erträge zu gelangen, ist davon auszugehen, dass die *carrying capacity* nicht überschritten wurde [4.1: FOXHALL, Cultures; 1.2: VON REDEN, Wirtschaft, 99–100].

Demographischer Druck – carrying capacity

Ein potentieller Mangel an grundlegenden Produkten wie Nahrungsmitteln konnte durch Handel nicht ausgeglichen werden. Der Güteraustausch war im Mittelmeer am Ende der Bronzezeit markant zurückgegangen [4.1: CRIELAARD, Contacts] und umfasste, abgesehen von ganz wenigen Gütern (bes. Metalle), keine Massengüter. Dies deckt sich damit, dass – anders als in der Bronzezeit – vor der Zeit der griechischen Archaik keine Häfen angelegt und mit einer Infrastruktur (Molen) versehen wurden. Dazu stimmt auch, dass die jetzt im Einsatz befindlichen Ruderschiffe über eine geringere Ladekapazität als früher verfügten [1.2: VON REDEN, Wirtschaft, 163–164].

Grenzen des Güteraustauschs

Wie die Beurteilung der Epen vor diesem Hintergrund ausfällt, hängt damit zusammen, wie das soziale Gefüge in den homerischen

Welche Gesellschaft?

Epen und denen Hesiods eingeschätzt wird [1.2: SCHMITZ, Gesellschaft, 15–42]. Wenn die Basileis in den homerischen Epen mit einer Aristokratie gleichgesetzt werden, wird die Welt Homers von der Hesiods getrennt [s. 4]. Die Basileis der homerischen Epen verfügten danach über so viele – nicht zuletzt auch über den Fernhandel erworbene – Ressourcen, dass sie in die Nähe einer *leisure class* gerückt werden [4.1: FINLEY, Welt, 112–131; GSCHNITZER, Sozialgeschichte, 38–41]. Als Indizien dafür werden die in die phantastisch-mythische Sphäre führenden Elemente (wie z. B. die Häuser des Priamos und des Alkinoos), der Besitz von stapelbaren Gütern, wie Getreide oder Wein (Il. 5, 341–342), oder der von Sklaven angeführt. Die Epen Hesiods sollen demgegenüber die Welt von Bauern repräsentieren.

Basileis und Big Men

Der Unterschied zwischen den Epen Homers und Hesiods verschwindet, wenn diese mit dem Konzept einer Big Man-Gesellschaft interpretiert werden. In dieses Konzept fügen sich nicht nur die archäologisch erfassbaren Daten (und die so erkennbaren ökonomischen Unterschiede zwischen den Big Men und dem Rest der Bevölkerung; [s. 4.3], sondern auch das einer abgegrenzten Aristokratie entgegenlaufende, positiv konnotierte Engagement der Basileis und ihrer Kinder in der bäuerlichen Arbeit (Mähen von Gras, Ziehen von Furchen, Hüten von Kleinvieh). Die Hinweise Hesiods, wie die bäuerliche Arbeit im Jahresablauf erfolgreich zu bewerkstelligen ist, sind davon nicht grundsätzlich zu trennen. Auch Hesiod kannte angestellte Frauen und Sklaven, legte jedoch anders als die homerischen Epen den Schwerpunkt auf die möglichen Gefährdungen des eigenen bäuerlichen Betriebs [4.1: SCHMITZ, Nachbarschaft, 27–42]. Hieraus lässt sich ableiten, dass die Epen die im archäologischen Befund sich andeutende Dynamisierung von zwei Seiten widerspiegeln [4.1: ULF, World]. Hesiod bzw. sein von Kyme in Kleinasien nach Böotien ausgewanderter Vater stehen für diejenigen, die das Wagnis der Suche nach günstigeren Lebensverhältnissen auf sich genommen hatten.

4.2 Öffentlichkeit und Agora: die Bestimmung des relational Besten

„Sänger am Hof" oder „Volkspoesie"?

In der Beurteilung der Gesellschaft am Beginn Griechenlands dominiert die Vorstellung einer aus einer Monarchie hervorgegangenen aristokratischen Welt. Sie geht zurück auf die Etikettierung der ‚heroischen Zeit' als „mittelalterlich", die wiederum auf dem Rückgriff auf die von Aristoteles' *Politeia* („Der Staat") abgeleitete Theorie einer dreistufigen Entwicklung ‚Monarchie-Aristokratie-Demokratie' [s. 2.1.4; 3.1.4] beruht. Die Zeit der ‚mykenischen' Paläste gilt als der historische Ort, an dem „Sänger" an den Höfen der Monarchen auftraten, um bei festlichen Gelegenheiten die Vornehmen zu unterhalten. Zur Steigerung der Glaubwürdigkeit dieses Bildes wird ein historischer Bezug zwischen der *Ilias* und einem „troianischen Krieg" hergestellt, der angeblich zwischen Mykenern und dem (anatolischen) Troia am Ende des 2. Jahrtausends geführt wurde [s. 2.1.3]. Denn in nachmykenischer Zeit, in den ersten Jahrhunderten des 1. Jahrtausends. hätten solche „Sänger bei Hofe" die „Adeligen" mit „poetischen Gestalten" und Erzählungen aus der heroischen Vergangenheit erfreut, die mit deren Wertekatalog übereinstimmten. Begründet wird die direkte Verbindung von Mykene zu den Dark Ages von J. LATACZ [4.2: Homer, 54–55] mit der auf dem romantischen Volksbegriff beruhenden Behauptung, dass „das Grundfaktum der Entwicklung die Kontinuität" auf den „Basisstrukturen des Ethnos" (Sprache, Siedlungsraum, Nahrungsquellen) beruht und diese auch „in Teilbereichen auch der höheren Strukturen" (Religion, Mythos, Wortkunst, Werte) gewirkt habe. Der Widerspruch dieser Vorstellung zu der gleichzeitig ebenfalls vertretenen, dass die an den (angeblichen) Höfen der ‚mykenischen' Monarchen [s. 3.2] platzierten Sänger die Träger der mündlich zu übermittelnde Volkspoesie, nicht bloß einer Adelsethik, gewesen seien, wird nicht bemerkt bzw. so erklärt, dass der Adel eben diese Volkstradition verkörpere [s. 4.2: HAUBOLD, People; ULF, Herkunft, 330–331].

Gegen diese Sichtweise wurde nicht nur von ihren problematischen Prämissen her argumentiert, sondern auch von der Frage, welche Rolle der Gesamtheit der Bevölkerung in den Epen zugeordnet wird [4.2: STEIN-HÖLKESKAMP, Adelskultur, 9–12; ULF, Gesellschaft, 1–49]. Das für diese verwendete Wort *demos* ist nicht ganz eindeutig. Es kann die Bevölkerung als ganze, manchmal auch deren Territorium, aber auch nur den großen Teil der Bevölkerung meinen, dem die Anführer gegenüberstehen. Kein Zweifel besteht dagegen daran, dass der Demos (mit oder ohne Einschluss der Anführer) eine wichtige, manchmal die entscheidende Rolle in der Entscheidungsfindung spielt. Das geht aus der Bedeutung der Versammlung (*agora*) in solchen Situationen hervor [4.2: HÖLKESKAMP,

Bedeutung des Demos

Agorai] und daraus, dass der Demos den Ausschlag dafür gibt, in welche Richtung die Entscheidung geht [4.2: ELMER, Poetics, 146–173]. Damit ist eine je nach Situation mehr oder weniger starke Abhängigkeit der Anführer vom Demos gegeben.

Bedeutung der Agora

Aufgrund ihrer Bedeutung kann die Agora zum Merkmal für die zivilisierte Gesellschaft werden, welche z. B. bei den zerstreut siedelnden, unzivilisierten Kyklopen fehlt (Od. 9, 112); die kannibalischen Laistrygonen haben zwar eine Agora, sie spielt aber in der Entscheidungsfindung keine Rolle, wenn deren gewalttätiger und grausamer Anführer die Laistrygonen einfach herbeiruft, damit sie die Gefährten des Odysseus vernichten (Od. 10, 114–124). Was in der Agora besprochen und entschieden wird, kann stark variieren; es wird einfach mit dem Wort *demion*, d. h. alles, was den Demos angeht und nicht nur eine Einzelperson betrifft (*idion*), umschrieben (Od. 2, 32). Im Idealfall der Abbildung einer solchen Szene auf dem Schild des Achill in der *Ilias* (Il. 18, 503–508) sitzen die erfahrenen Männer (*gerontes*) auf geglätteten Steinen und äußern jeweils ihren Urteilsspruch, wie das auch Hesiod erwartet – für den „geradesten", d. h. den besten gibt es zwei Talente Gold. Von hier aus lässt sich vermuten, dass in der ‚normalen' Welt die Versammlungsplätze auch nur mit einem Minimum an Infrastruktur ausgestattet sein konnten. Das deutet sich sogar bei den Phäaken (Od. 8, 5–16) an, doch besonders darin, dass auch im provisorischen Schiffslager der Achäer eine Agora samt Altären für die Götter eingerichtet worden war (Il. 11, 806–808).

Verpflichtung der Anführer

Diese Bedeutung des Demos in der Agora spricht gegen einen festen aristokratischen Code, an dem sich die Handlungsträger orientierten. Im Gegenteil: der Demos ist der stets präsente Bezugspunkt für die Bewertung einer Person auf der Skala zwischen *agathos/aristos* und *kakos* (gut/schlecht). Ein erstes Abweichen von der traditionellen Sicht ist die Bezeichnung für das die homerischen Epen leitende Wertegeflecht als einem „defensive standard" [4.2: DONLAN, Ideal, xvii]; noch klarer arbeitet HAUBOLD [4.2: People] die Verpflichtung des Anführers für das Wohlergehen der Bevölkerung heraus. Eben das ist die Forderung auch in Hesiods Epen [4.2: ULF, Führung, 152–157]. Damit ist der Maßstab gesetzt, an dem jede Person, die Anführer im Besonderen, gemessen wurden. Durch solche Untersuchungen veranlasst, zeigt sich in der jüngeren Diskussion eine Unsicherheit gegenüber der postulierten starren sozialen Trennung in Adel und Volk, weshalb anstelle von Adel der Terminus ‚Elite' tritt. Der endgültige Schritt weg von einem Geburtsadel ist aber erst dann vollzogen, wenn definiert wird, von welchem Konzept von Elite ausgegangen wird [4.2: ULF, Elite; STEIN-HÖLKESKAMP/ HÖLKESKAMP, Ethos].

Einen wichtigen Impuls für die Debatte darüber, was unter ‚Adel' zu verstehen ist, liefert E. STEIN-HÖLKESKAMP [4.2: Adelskultur] auch mit dem Hinweis, dass die für einen Geburtsadel vorauszusetzenden Verwandtschaftsverbände „mit gemeinsamem Besitz und gemeinsamen Begräbnisstätten", mit gemeinsamen Kulten und gegenseitiger Hilfeleistung nicht nachzuweisen seien. Gleichzeitig ist es nicht leicht, Adel überhaupt zu definieren [4.2: WALTER, Existenz; FISHER/VAN WEES, Trouble; ULF, Elite]. Das Charakteristikum für die Gruppe der Vornehmen wird nicht zuletzt in einem bestimmten Formen und Ritualen folgenden Lebensstil der Muße gesehen, der durch die besondere ökonomische Potenz des eigenen Haushalt (*oikos*) ermöglicht wurde [1.2: STEIN-HÖLKESKAMP, Griechenland, 186–206]. Das sich daraus ableitende Selbstverständnis „aristokratischer Überlegenheit" wird im Kontext der Polis verortet. Die Siedlungsarchäologie [s. 3.6.2] verortet die Ausbildung von Siedlungen mit Agora frühestens im 7. Jh. Ab diesem Zeitpunkt dürfte es für die bisher in den Streusiedlungen in Verbindung mit ihren Verwandten und den Unterstützern (*hetairoi*) in Konkurrenz zueinander agierenden Big Men notwendig geworden sein, sich mit den neuen ‚politischen' Verhältnissen in der Polis zu arrangieren – was in den zeitlich auf die Epen folgenden Texten als eine wachsende Spannung zwischen diesen Aristokraten und der Polis beschrieben wurde.

Big Men statt Adel

4.3 Geschenke: Mittel der sozialen Bindung

Für die Untersuchungen der über eine Gabe hergestellten sozialen Bindungen gab insbesondere das Werk des Soziologen MARCEL MAUSS (1872–1950) auch auf die historischen Wissenschaften ausstrahlende Impulse. Innerhalb der Altertumswissenschaften [4.3: WAGNER-HASEL, Stoff] erreichte MOSES FINLEY [4.1: Welt, 64–67] mit der Interpretation des in homerischen Epen vielfach nachzuweisenden Tausches von Gaben als eine Art von Vertrag große Resonanz. Mit ihr distanzierte er sich bewusst von

Die Gabe

der Behauptung, dass die homerischen Epen mit der monarchischen Welt der ‚mykenischen' Paläste zu verbinden seien, die durch die Entzifferung von Linear B viele Anhänger gewonnen hatte [s. 2.1.2; 3.2].

Formen der Reziprozität

Durch die Untersuchungen in der Ethnologie und Soziologie wurde klar, dass eine Gabe nicht wie eine Ware veräußert („alienation") wird, sondern bei der Weitergabe („detachment") das soziale Bezugssystem, aus dem sie stammt, in sich trägt [4.3: STRATHERN, Qualified value, 181]. Geber und Empfänger bewerten sie also nicht (vorrangig) nach ihrem materiellen Wert, sondern nach ihrer sozialen und symbolischen Bedeutung [4.3: APPADURAI, Life]. Die Diskussion darüber, welche Art von Beziehung zwischen Geber und Empfänger hergestellt wird, orientiert sich an der vom Ethnologen MARSHALL SAHLINS (geb. 1930) getroffenen Unterscheidung zwischen „balanced", „generalized" und „negative reciprocity". Die Formen „generalized" und „negative" lassen sich als Abweichungen von einer ausgeglichenen Reziprozität bestimmen. Im Fall einer „generalized reciprocity" bringt der Geber andere Personen durch seine Generosität in die Situation, dass sie die Gaben – in angemessener Zeit – nicht im gleichen Umfang bzw. Wert zurückgeben können. Daraus entsteht Abhängigkeit. Mit negativer Reziprozität ist die Situation gemeint, dass der Empfänger die ihm gegebenen Gaben nicht oder nicht hinreichend durch Gegengaben ausgleicht. Bei Vorliegen einer „balanced reciprocity" stehen Geber und Empfänger auf gleicher Ebene, wie das meist in Heiratsbeziehungen, in der Bindung unter Freunden oder bei Friedensschlüssen der Fall ist.

Bindungen und Abhängigkeiten über Reziprozität

Das eine Generalized Reciprocity kennzeichnende generöse Verhalten dient ambitionierten Personen dazu, ökonomische Stärke zu demonstrieren, um darauf basierend den Anspruch auf eine Führungsposition innerhalb der Gemeinschaft erheben zu können. Es findet sich daher besonders im kompetitiven Verhältnis zwischen (aufstrebenden) Big Men, auch im Bemühen, Unterstützer möglichst dauerhaft an sich zu binden – durch die Steigerung der eigenen Produktivität, um mehr materielle Güter als andere dafür zur Verfügung zu haben, oder durch den Erwerb als besonders wertvoll eingeschätzter Güter aus der Ferne [4.3: HUMPHREY/HUGH-JONES, Barter]. Es kann dabei auch bewusst auf die Destruktion der potentiellen Konkurrenten abgezielt werden. Diese unter dem Namen *potlach* bekannt gewordene Strategie besteht in der bewusst zeremoniellen Reduktion (z. B. Weihung an Götter) oder auch der Zerstörung von nur begrenzt verfügbaren Austauschgegenständen. Generosität verändert sich dabei von einem sozialen in ein Verhalten, das bewusst auf eine Neustrukturierung der eigenen Gemeinschaft abzielt. Negative Reziprozität führt noch weiter und wird als das „unsociable extreme" bezeichnet. Es besteht im Versuch, ein materielles Gut ohne Gegenleistung zu erhalten – ohne dass dieses Verhalten sanktioniert würde oder werden könnte. Solches Verhalten wird gerne an den Rändern von Gesellschaften im Kontakt mit Fremden angesiedelt, findet sich ebenso dort, wo die Machtverhältnisse eine soziale Distanzierung im Sinn einer Aristokratisierung möglich machen.

Die verschiedenen Formen von Reziprozität bzw. die dahinter stehenden Strategien können nebeneinander – an unterschiedliche Personengruppen, aber auch zur Bildung von Allianzen nach außen gerichtet – auftreten und sind nicht für einen bestimmten Typ von Gesellschaft kennzeichnend [s. 2.2.1]. Allerdings ist ausgeglichene Reziprozität tendenziell in einfachen Big Man-Gesellschaften häufiger vertreten als in ausgeprägten und in Chiefdoms. Gabentausch bzw. Gabenökonomie ist kein für eine aristokratische Gesellschaft distinktives Merkmal. Gabentausch ist nicht auf ‚Aristokraten' als Teil eines besonderen Lebensstils und Verhaltenskodex beschränkt und unterliegt zudem in seiner Bewertung auch immer dem öffentlichen Urteil. In der jüngeren Diskussion wird stärker als früher hervorgehoben, dass die Abgrenzung von Gut/Gabe von einer Ware auch innerhalb von Gesellschaften nicht immer eindeutig ist, nicht zuletzt deshalb, weil auch der Tausch von Waren ein Mindestmaß an sozialen Beziehungen (bes. Vertrauen) voraussetzt [4.3: HEADY, Barter].

Keine soziale Beschränkung für Reziprozität

4.4 „Gabenfresser": auf dem Weg zur sozialen Abgrenzung

Die differierenden Einschätzungen der sozialen Position der Basileis sind auch eine Folge der unterschiedlichen Grundannahmen über den ‚Anfang' Griechenlands. Wenn von einem Adel als einer auf Geburt beruhenden Gruppe bzw. „Klasse" mit ihrem Ursprung in der nachmykenischen Zeit ausgegangen wird [s. 2.1.4], werden die Beispiele in den Texten für eigennütziges Verhalten als Belege

basileus – qa-si-re-u – anax

für die (schon vorausgesetzte) Existenz eines solchen Adels angeführt. In Übereinstimmung damit wird das Wort *basileus* mit ‚König' übersetzt und in diesem der Nachfolger eines nach dem Ende der ‚mykenischen' Paläste als Autorität übriggebliebenen lokalen Machthabers, des *qa-si-re-u*, gesehen. Das in den Epen daneben auch verwendete Wort *anax* für einen Anführer wird zur Bezeichnung einer weniger bedeutende Position, für einen ‚Herrn' auch nur über einen Haushalt [4.4: CARLIER, *anax*]. Diese Argumentation setzt eine direkte Tradition von der spätmykenischen Zeit ins 1. Jahrtausend als gegeben voraus und leidet daran, dass die Interpretation der einzelnen Passagen ohne Berücksichtigung der Entwicklung der Handlung in den Epen vorgenommen wird [s. 4.7].

Woher kommt die Autorität der Basileis?

Das Beharren auf einem in seinen Ursprüngen auf die Zustände in der spät- bzw. nachmykenischen Zeit zurückzuführenden Adel hängt mit der Vorstellung zusammen, dass hinter der Welt der Epen (frühe) Staaten gestanden hätten [s. 2.1.4]. Von dieser Hypothese ausgehend rückt ein für den Staat als zentral angesehenes Element, die Autorität der *basileis*, ins Blickfeld. Deren Bestimmung wird mit Bezug auf das von MAX WEBER (1864–1920) vertretene Konzept von Herrschaft [4.4: SCHMITZ, Chancen] oder auf ethnologisch fundierte Gesellschaftstheorien versucht. J. HALL [1.2: Greece, 119–131] zieht eine Parallele zwischen den Basileis und Big Men, weil deren Autorität nicht von einem Amt hergeleitet sei und die Basileis keine Verfügungsgewalt über die Ressourcen besäßen und auch deren Verteilung nicht kontrollieren könnten. Ihre Position hänge von ihren persönlichen Fähigkeiten im Kampf, der Organisation von Festen, dem Display von Reichtum und ihrer Generosität zur Erzeugung von Abhängigkeit ab. In einer ausführlichen Analyse der Situationen in der *Ilias*, in der die Autorität der Anführer auf dem Prüfstand steht, gab WALTER DONLAN [4.4: Structure] konkrete Hinweise darauf, worauf „leadership authority" beruht. Er unterscheidet im Text zwischen „position" (Macht) und „standing" (persönliche Fähigkeiten) als den zwei Elementen, auf denen die Stellung eines Basileus beruhte. Die Spannung zwischen beiden wurde über die Autorität der Gruppe der Basileis und dann auch des Demos möglich, weil von diesen Kooperation eingefordert wurde [s. 4.2], um die erwünschte soziale Stabilität zu erreichen. Diese stellte den Maßstab für die Beurteilung eines Basileus von „gerecht" (*dikaios*) über „gerechter" (*dikaioteros*) bis „am gerechtesten" (*dikaiotatos*) dar. Dieser Sicht werden Anzeichen für die Geltung des Prinzips der

Leadership Authority

Erbfolge entgegengehalten [4.5: VAN WEES, Warriors, 32], während HALL [1.2: History, 120–127] von der Entwicklung von einer rein persönlichen zu einer traditionalen Autorität ausgeht, wie sie erbliche „chieftains" kennzeichne. Die sich in den unterschiedlichen Einschätzungen dokumentierenden Schwierigkeit, die in den Epen evozierten ‚Gesellschaft(en)' eindeutig zu kategorisieren, dürfte zwar auch mit der poetischen Freiheit der Texte zusammenhängen, doch eher noch mit der fehlenden Eindeutigkeit der als historische Situation hinter den Epen stehenden, sich vergrößernden Siedlungen und der in diesen auftretenden Frage, wie politische Autorität unter den neuen Bedingungen ausgeübt werden kann [4.2: ULF, Gesellschaft, 106–117].

Gegen die „Gabenfresser" (*dorophagoi*) als Repräsentanten der Strategie der negativen Reziprozität, nicht die Vertreter einer ‚Verwaltung' [4.5: VAN WEES, Warriors, 35–36; 4.4: VAN WEES, Mafia], vorzugehen, erschien Hesiod in diesem Kontext chancenlos, obwohl sie offensichtlich geltende Normen beugen. Solche Basileis lassen sich den vom Ethnologen und Archäologen BRIAN HAYDEN [4.4: Richman; s. auch 2.2.1] „aggrandizers" genannten ehrgeizigen Personen zuordnen. Er unterscheidet zwei Typen von Strategien, mit denen diese soziale Abhebung anstreben. Eine erste Gruppe zielt darauf, das eigene Surplus zu erhöhen, um so Mittel zur Bildung von Abhängigkeit und Allianzen zur Verfügung zu haben. Dazu zählen aus den Epen gut bekannte Verhaltensformen: die Erzeugung von materieller Abhängigkeit, Veranstaltung von Festen, Erwerb von Gütern über Brautpreise, das Investment in die eigenen Kinder, der Erwerb von Prestigegütern, Vorteile aus dem Handel (wie das Weinmonopol), Leistungen im Krieg und der Konfliktlösung. In den Epen deutet sich diese Vielfalt in der Unterscheidung von drei Formen von Gaben an (z. B. Od. 9, 267–268): *xeinon* (Gastmahl), *doron* (Geschenk aus dem eigenen Besitz) und *dotine* (dem Gast mitgegebenes Geschenk, das vom Demos zurückgefordert werden kann).

„Gabenfresser" und „Aggrandizers"

Mit den Strategien der zweiten Art sollen Merkmale der Abgrenzung erzeugt werden, welche sich der geltenden Normen bzw. Vorstellungsmuster bedienen, diese aber im Sinn der Absicherung der eigenen Position verändern sollen, wie die Vorrangstellung im Kontakt mit den übernatürlichen Mächten und die Separierung der eigenen Welt von der restlichen Bevölkerung [4.4: HELMS, Contacts]. In den – wenigen – Genealogien in den Epen wird die eigene

Strategien zur sozialen Abgrenzung

Herkunft über menschliche Ahnenfiguren hinaus bis zu olympischen Göttern geführt, die dadurch als Götter jenseits lokaler oder regionaler Anbindungen geradezu politische Qualität erhalten [4.2: ULF, Gesellschaft, 228–229; 4.4: LINKE, Zeus]. Aus derselben Motivation werden die Basileis auch immer wieder allgemein als Abkömmlinge von Zeus bezeichnet. Hierher gehört auch der in der Diskussion häufig zitierte Gegensatz von einem einzelnen Führer (*koiranos*) und der Vielherrschaft (*polykoiranie*), der in der Auseinandersetzung zwischen Agamemnon und Achill (Il. 2, 203–206) thematisiert wird. In diese Richtung könnten auch die offensichtlich archaisierenden Termini *anax* (Herr) bzw. *anassein* (Herr sein) weisen, über die aber nicht mehr als eine allgemeine Anführerstellung signalisiert wird [4.4: CARLIER, *anax*].

Wettbewerb zwischen den Big Men

Die als Big Men zu interpretierenden Basileis zielen mit ihren Strategien nicht direkt auf die Abgrenzung als eigene soziale Gruppe, sondern darauf, im Wettbewerb mit den anderen Big Men die eigene Position zu stärken [VAN WEES, Greed, 354–366]. Da ein wesentliches Moment in diesen Bestrebungen die Institutionalisierung der sozialen Position der Big Men ist, tendiert dieser Prozess dennoch zu einer „aristocracy-in-formation" [4: RAAFLAUB, Society, 648; 1.2: HALL, History, 127–131]. Unter der Verwendung ethnologischer Kategorien lautet die Einschätzung der Welt der homerischen Epen durch WALTER DONLAN [4.4: Politics, 12]: "something more than a ‚Big-Man' system, something less than a stable and orderly advanced chiefdom"– ein Urteil, das sich mit einem ausgeprägten Big Man-System [s. 2.2.1] gut in Einklang bringen lässt.

Prozess der Aristokratisierung

Dieser Prozess der Aristokratisierung [Ulf, Die relativ Besten] – die Tendenz der Big Men, ihre Position von persönlichen Leistungen unabhängig zu machen – lässt sich auch an den archäologischen Befunden ablesen. Die vom Vorbild im östlichen Mittelmeer abgeleitete Sitte exklusiver Mahle mit der besonderen Art des Weingenusses, Wein mit Wasser zu mischen und mit Gewürzen zu versetzen, erreichte im 8. Jh. die griechische Welt. Der Krater als Gefäß zum Mischen des Weins wurde zum Zeichen für Gastfreundschaft [KISTLER/ÖHLINGER/HOERNES/MOHR, Debating, 502–503]. Parallel dazu finden sich unter den Beigaben in reichen Einzelbestattungen ab dem 9. Jh. häufig auch solche, mit denen der Bezug des Toten zu einer weit zurückreichenden Vergangenheit demonstriert werden sollte: Gefäße und Gegenstände aus Nordsyrien und Phönikien [3: WHITLEY, Archaeology, 110–111]. Dasselbe wird bezweckt, wenn der Tote in alten, d. h. ‚mykenischen' Monumentalgräbern beigesetzt wurde [4.4: BOEHRINGER, Heroenkulte], oder wenn neue Formen des Bestattungsrituals entwickelt wurden [3.1.4: KISTLER, Opferrinne-Zeremonie]. Diese Vorgänge waren in eine Atmosphäre eines intensivierten Wettbewerbs zwischen den Big Men eingebettet, der die Züge einer negativen Reziprozität aufwies. Das geht aus den ungemein wertvollen Gegenständen hervor, die in die neuen zentralen Heiligtümer geweiht wurden, aber auch aus der Errichtung des neuen Kultbauten, der Tempel mit Kultbild, die von solchen Big Men finanziert wurden [3.5; 3.5.1: REBER, Versammlungsraum].

4.5 Gewaltbereite Anführer – gemeinschaftsorientierte Frauen?

Da die ordnende Zentralgewalt mit dem Kollaps der ‚mykenischen' Paläste verloren gegangen sei, sei die nachmykenische Zeit von Unruhe(n) und Wanderungen gekennzeichnet, Gewalt ein allgemein anzutreffendes Verhalten gewesen [s. 3.3]. In diesem Umfeld wurde die Ausbildung von „Wehrgemeinschaften" lokalisiert [2.1.4: WELWEI, Polis, 24–27] – ein Bild, das über den ab dem 11. Jh. in größeren Teilen Griechenlands erkennbaren Trend, einzelnen Toten Waffen, manchmal auch einen Panzer ins Grab mitzugeben Bestätigung finden soll [4.5: DEGER-JALKOTZY, Tombs, 175]. In einem Ausnahmefall lässt sich sogar über zwei Massengräber in der spätgeometrischen (760–700) Nekropole in Paroika auf der Insel Naxos auf einen mit Gewalt ausgetragenen internen Konflikt schließen. Auf kleinere Raubzüge und Piraterie deutet die Errichtung von Mauern um einzelne Siedlungen auf Inseln in der Ägäis. Ab dem 10 Jh. nahm die Frequenz der Kontakte über das Meer wieder zu, und die in den Dark Ages gebräuchlichen Ruderschiffe waren für Piraten-Aktionen und überraschende Angriffe auf Küstensiedlungen gut geeignet [4.5: SAMARAS, Piracy]. Ab der zweiten Hälfte des 8. Jh. ging die Zahl der „Kriegergräber" wieder zurück, mit dem Ende des 8. Jh. verschwanden die Bilder von Kämpfen auf den Vasen. Auffällig ist, dass die Gräber mit Waffen als Beigaben nicht besonders reich ausgestattet waren [3: WHITLEY, Archaeology 94–97; anders 3.6.1: CRIELAARD, Surfing], also nicht direkt mit den Führungspersonen zu verbinden sein dürften.

Externe und interne Konflikte

Dass dennoch von einem „Kriegeradel" auch in geometrischer Zeit gesprochen wird, hängt mit der willkürlichen Verbindung der

„Kriegeradel"?

homerischen Epen mit der Zeit der ‚mykenischen' Paläste zusammen, auch damit, dass die homerischen Epen einen Reflex auf eine (noch ‚primitive') Gesellschaft bieten sollen, in der aufgrund der Mentalität eines „Kriegeradels" oder wegen des Strebens der Adligen nach individueller Ehre [4.5: ADKINS, Merit, 48–57, 61–62], verbunden mit der Sorge vor einem Gesichtsverlust in einer „Schamkultur" [4.5: DODDS, Griechen], Gewalt vorherrschte. Dem wird das stärker differenzierende Konzept der Rivalität um Status, der auf der Anerkennung (*timé*) der eigenen Qualität (*areté*) durch den Demos beruht, entgegengestellt [4.5: VAN WEES, Warriors, 63–69, 81–83; VAN WEES, Rivalry; s. 4.2]. Die offensichtliche Abhängigkeit der unterschiedlichen Stellungnahmen von modellartigen Annahmen über den historischen Ablauf insgesamt zeigt, dass über die Führung ausübenden Personen keine überzeugenden Aussagen gemacht werden können, ohne das gesellschaftliche Umfeld für die Texte [4.2: BECK/SCHOLZ/WALTER, Macht; FISHER/VAN WEES, Trouble, 7–15; 4.5: FLAIG, Ehre] in die Analyse einzubeziehen.

Geschlechterforschung

Die Erforschung der Geschichte der Frauen begann in der Mitte der 1960er Jahre und zielte zuerst darauf, das Leben von Frauen in den fast ausschließlich von Männern geschriebenen Quellen sichtbar zu machen. Mit den 1980er Jahren rückte die Suche nach den Rollen von Mann und Frau in den Vordergrund [4.5: WICKERT-MICKNAT, Frau] und mit ihr die Trennung von „Gender" als kulturell hervorgebrachtem Verhalten von „Sex" als biologischem Geschlecht. Das war die Grundlage, um nicht nur die „Weiblichkeit" und „Männlichkeit" im jeweiligen historischen Kontext näher zu beleuchten, sondern auch die Relationen zwischen den Geschlechtern in ihren sozialen und politischen Auswirkungen näher zu bestimmen [4.5: HARTMANN, Frauen, 202–208; PATZEK, Quellen, 7–17]. Mit diesem methodischen Instrumentarium konnte ein über einzelne Frauenfiguren hinausgehendes, differenziertes Bild der Geschlechterverhältnisse gezeichnet werden. Die mit heftigen Emotionen verbundene Klage von Frauen schlägt – mit der einzigen Ausnahme von Hekabe, der Mutter des Hektor – nie in Zorn und in die Androhung von Rache und Gewalt um [4.5: FELSON/SLATKIN, Gender]. Eben das möglichst rasche Umsetzen der Klage in Aktivität kennzeichnet fast alle Männer in derselben Situation. Diese in den Epen in eine Welt von ‚Heroen' versetzten Männer versuchen, die Anerkennung und Bewunderung anderer Männer zu erlangen, entweder über die dokumentierte Verantwortung

Emotionsforschung

gegenüber der Gemeinschaft oder durch eine zum Rasen wie ein Tier gesteigerte Gewaltausübung [4.5: CLARKE, Manhood]. Die Emotionsforschung hilft, das Verhältnis zwischen der durch Zorn ausgelösten Gewalt und dem Bedürfnis der Anerkennung durch die Gemeinschaft (,Gegenseitigkeitsethik') differenzierend zu beschreiben und zu verstehen [4.5: CAIRNS, Zorn, 198–200].

Aus Untersuchungen dieser Art wird klar, dass weder Weiblichkeit noch Männlichkeit in den Epen als geschlossene Konzepte vorgeführt werden. Einzelne Frauen treten in der Öffentlichkeit auf bzw. wirken auf den öffentlichen Raum, wie Andromache, Penelope oder Nausikaa unter den Menschen, Thetis, Hera, Hekate und andere bis zu Dike unter den Göttern. Frauen werden deutlich in zwei Gruppen geteilt. Die vorwiegend positiv konnotierte besteht aus klugen und in vielen auch handwerklichen Tätigkeiten bewanderten Frauen. Diesen stehen die erotisch-verführerischen gegenüber, welche die Folgen ihrer Handlungen nicht völlig abschätzen können, wie z. B. Helena, oder ihre sexuelle Attraktivität bewusst einsetzen, wie nicht wenige Göttinnen, aber auch die Art von Frau, die von Hesiod als Gattin abgelehnt wird (Hes., *Werke*, 372–374). Zur negativ bewerteten Gruppe von Frauen gehören auch diejenigen, deren Denken und Handeln auf Streit und Gewalt zielt. Nur Penelope erscheint als eine geradezu ideale Frau. Das drückt sich nicht zuletzt in ihrer Ehe mit Odysseus aus, die auf der Treue (der Frau), aber grundlegender auf dem gleichen Sinn (*homophrosyne*) der Eheleute beruht. Auf eben diesen Zustand hin entwickelt sich in der *Ilias* auch das Verhältnis zwischen Hera und Zeus [s. 4.7].

Keine geschlossenen Gender-Konzepte

Unter dieser Voraussetzung wird Sexualität zur positiv bewerteten Kraft. Das formuliert Thetis am klarsten, wenn sie Achill wünscht, dass er mit einer Frau schlafe, weil er dann von seinem (männlichen) gewaltsamen Wüten ablassen würde [Il. 24, 128–131; 4.5: MAURITSCH, Sexualität, 26–28]. Damit erweist sich die ideale Beziehung zwischen Mann und Frau als Teil der Gesamttendenz der Epen, individuelles Verhalten nach seiner Ausrichtung auf die Gemeinschaft zu beurteilen [s. 4.2].

Positive Kraft der Sexualität

4.6 Formen von Mobilität

Es ist eine Auffassung mit langer Tradition, dass ab dem 8. Jh. von vielen griechischen Poleis aus Kolonien gegründet wurden

Kolonisation?

[1.2: GÜNTHER, Antike, 84–95; SCHMITZ, Gesellschaft, 42–56]. Aus keineswegs eindeutigen Hinweisen auf die Gründung von Siedlungen in Texten ab dem 5. wurde abgeleitet, dass es von Anfang an ein mehr oder weniger reguläres Prozedere für die Aussendung von „Kolonisten" gegeben habe [4.6: MALKIN, Foundations]. Davon ausgehend wird angenommen, dass die in den Epen dargestellten – unterschiedlichen Formen von – Migrationen einen Reflex dieses als „Große griechische Kolonisation" bezeichneten Vorgangs darstellen würden [4.6: DOUGHERTY, Poetics; kritisch: STEIN-HÖLKESKAMP, Kirke]. All das wurde mit guten Gründen in Frage gestellt [Überblick: 4.6: TSETSKHLADZE, Introduction].

Wissenschaftsgeschichte

Der Blick in die Wissenschaftsgeschichte zeigt, dass schon zur Zeit des Humanismus das griechische Wort *apoikia* („Wegsiedlung") mit dem lateinischen Terminus *colonia* gleichgesetzt und so die Errichtung von Kolonien im Zuge der römischen Expansion zur Grundlage für die Beschreibung der griechischen Siedlungen gemacht wurde [4.6: KISTLER, Griechen, 399–401]. Hinter dem Ausdruck der „Landnahme" verborgen wurde damit auch die Vorstellung einer zivilisatorischen Mission auf die Apoikien übertragen [4.6: SCHWEIZER, Besiedlung, 836–839;]. Parallel dazu wurde diesen schon am Ende des 18. Jh. n. Chr. Selbständigkeit zugesprochen, eine Sicht, die ab den 1930er Jahre durch die Projektion der Konflikte Großbritanniens mit seinen Kolonien auf die antiken griechischen Kolonien breite Resonanz gewann [4.6: DE ANGELIS, Past; MAUERSBERG, Kolonisation, 237–318].

Keine institutionellen Voraussetzungen für Kolonisation

Nicht weniger als der Anachronismus dieser Projektionen sprechen die archäologischen Befunde gegen das Konzept einer griechischen Kolonisation. Die für das 8. Jh. nur nachzuweisenden Compounds und Streusiedlungen waren ebensowenig wie die sich im 7. Jh. ausbildenden Siedlungen mit Agora institutionell verfestigte sozio-politische Gemeinschaften [s. 3.6.2], die in der Lage gewesen wären, eine Kolonisation zu planen und organisieren. Diesem Bild gegenüber stehen die archäologisch für diesen Zeitraum erfassbaren Kontaktnahmen von Migranten mit lokalen Bevölkerungen an den Küsten Unteritaliens oder Siziliens. Diese siedelten zuerst in einfachen Compounds oder wurden in Streusiedlungen der lokalen Bevölkerung aufgenommen. Erst mit dem weiteren Zustrom von Migranten bildeten sich Siedlungen mit ‚griechischen' Merkmalen [s. 3.6].

Neben den archäologischen Befunden widersprechen auch die als Belege angeführten Texte dem Konstrukt „Kolonisation". Die Epen werden mit guten Gründen ins 7. Jh., nicht mehr ins 8. Jh. datiert [s. 4.7]; als Gründe für Migration werden darin interne Spannungen und Konflikte genannt, aber kein Plan für die Gründung einer Stadt. Die wenigen Texte aus archaischer Zeit beschreiben wie die Epen Migrationen von Personen oder Gruppen, aber keine organisierten Züge von Siedlern [4.6: ULF, Migration]. Solche tauchen erst ab dem 5. Jh. in der Beschreibung von zeitgenössischen Siedlungsgründungen auf. Diese stehen in Zusammenhang mit dem Bemühen der inzwischen entstandenen Poleis, über die Verbindung zwischen der Metropolis und den von ihr aus gegründeten Städten einen politischen Einflussbereich abzustecken [1.2: BRINGMANN, Geschichte, 134–135].

Keine geplante Migration

Da weder Archäologie noch die schriftlichen Quellen für die archaische, aber auch die klassische Zeit Hinweise auf eine „Kolonisation" bieten, wurde vorgeschlagen, diese Vorstellung und damit den Begriff zu tilgen [3.6.2: OSBORNE, Colonization; 1.2: OSBORNE, Greece, 8–17]. Dagegen wird eingewandt, dass sich ein einmal etablierter Begriff nicht einfach aus dem Sprachgebrauch löschen lasse und dass es das Phänomen der Ausweitung des griechischen Siedlungsbereiches ja tatsächlich gegeben habe [4.6: TSETSKHLADZE, Introduction, lxii-lxvi]. Hat dieser Einwand eine gewisse Berechtigung, ist es problematisch zu postulieren, dass die Epen und die Texte der archaischen Zeit mit dem Konzept der Aussendung von Siedlern interpretiert werden dürfen. Denn das schon für das 8. Jh. postulierte Prozedere für die Aussendung von Kolonisten findet sich ausführlicher erst bei Autoren der augusteischen Zeit (1. Jh. v. Chr.-1. Jh. n. Chr.), die von der Gründung von Siedlungen sprechen. Die für die Verwendung dieser Quellen gegebenen Begründung, dass das mit der zeitlichen Distanz zur angeblichen Gründung deutlich umfangreicher werdende ‚Wissen' auf einer parallel zur schriftlichen vorhandenen mündlichen Traditionen beruhe [4.6: MALKIN, Foundations; skeptisch 1.2: Hall, History, 100–106], übersieht das politische Interesse an den Gründungserzählungen [z. B. 4.6: MAUERSBERG, Massalia]. So gibt es keine Grundlage, um die großen Wanderungserzählungen oder die viel zitierte Gründung der Siedlung der Phäaken auf der Insel Scheria (Od. 6, 1–10) als Reflex einer griechischen Kolonisation im 8. Jh. zu interpretieren.

Apoikien statt Kolonien

Erfundenes ‚Wissen'

Motive für Ortswechsel

Die Diskussion ist von der Suche nach Motiven der mobilen Personen für den Ortswechsel zu trennen. In den in den Epen auftretenden fremden Händlern werden levantinische, zyprische und auch ägäische Händler vermutet, die Keramikgefäße als Beiladung und als Behältnisse anderer, nützlicher Produkte in den Osten transportierten. Als mobile Gruppen werden weiterhin vermutet: Handwerker, kleine Gruppen von Siedlern, aber auch religiöse Spezialisten, die in der Fremde ihr Glück zu versuchten. Da abgesehen von den Händlern die genannten Gruppen in den Epen nicht auftauchen, wird damit argumentiert, dass ein Technologietransfer wie Metallproduktion und -bearbeitung nur über „Wanderhandwerker" denkbar sei [4.6: MORGAN, Iron Age, 48–52]. Die anderen Personengruppen lassen sich nur durch die Rückprojektion aus späteren Quellen postulieren und bleiben insgesamt blass [4.6: GARLAND, Greeks, 167–180].

Dimension des Handels

Die Texte legen nahe, dass der Handel nicht von einem ökonomischen Bestreben angetrieben wurde, wie er in der klassischen Wirtschaftstheorie als ein (angeblich) menschliches Grundbedürfnis definiert wird [1.2: VON REDEN, Wirtschaft, 89–91]. Es ist zu bedenken, dass der Austausch von Gütern, der die Grenzen der kleinen sozialen Gemeinschaften überschritt, ebenso negativ bewertet wurde wie das Verhalten der „gabenfressenden Basileis" [s. 4.4]. Das verhinderte Fernhandel natürlich nicht, dieser kann jedoch keine gängige und weit verbreitete Praxis gewesen sein. Auch die Risiken der Seefahrt, auf die Hesiod (*Werke*, 617–693) hinweist, dürften – neben dem nur geringfügigen Surplus in der bäuerlich geprägten Welt – ein reales Hindernis für die Intensivierung des Austauschs dargestellt haben. Auf die wahrscheinlichen Dimensionen dieser Suche nach einem besseren Leben weist das Verhalten von Hesiods Vater. Dieser verließ seinen Heimatort Kyme in Kleinasien, um in Böotien ein Stück Land zu bebauen. Hesiod selbst spricht von Armut als treibendem Motiv, und das Schicksal der beiden in Streit um ihr Erbe geratenen Söhne zeigt, wie schwierig die Integration in die neue Gemeinschaft gewesen sein muss [s. 4.4]. Auf der Grundlage der literarischen Quellen späterer Zeit angestellte Berechnungen über die Abwanderung von 2–3 % der männlichen Bevölkerung [4.1: SCHEIDEL, Expansion, 131–135] beruhen auf dem Vertrauen in die Möglichkeit der Rückprojektion und lassen sich nur schwer mit den aktuellen archäologischen Befunden in Einklang bringen.

4.7 Dichter als kluge Ratgeber: die Schaffung von Paradigmen

Die Analyse der Epen stand und steht stark unter dem Eindruck des seit den 1930er Jahren für längere Zeit dominierenden Postulats einer mündlichen Dichtung [s. 2.]. Doch es besteht kein Zweifel daran, dass nicht nur der Umfang der Dichtungen (auch der Epen Hesiods) und ihre sprachliche und künstlerische Qualität keine Parallele in den zum Vergleich herangezogenen mündlichen Epen finden. In der jüngeren Diskussion wird auch die Prämisse einer über Jahrhunderte reichenden mündlichen Volksepik relativiert [4.7: REINHARDT, Mythos, 28–30; anders: DANEK, Ilias] und den als Beleg für den mündlichen Vortrag genannten mnemotechnischen Mitteln von der Formel bis zur Ringkomposition nicht nur große Flexibilität zugestanden [4.7: FRIEDRICH, Formelsprache], sondern auch mit einem bewussten Spiel mit diesen Mitteln zur Durchbrechung der Prinzipien mündlichen Erzählens gerechnet [4.7: SCHMITZ, Poetik]. Eben das ist in Texten der mesopotamischen und hethitischen Literatur festzustellen [4.7: HAUBOLD, Epic]. Ähnliche Beobachtungen wie an *Ilias* und *Odyssee* lassen sich auch an den weniger umfangreichen und weniger komplex gestalteten Epen Hesiods machen [4.7: RENGAKOS, Hesiods Erzähltechnik].

Exzeptionelle künstlerische Qualität der Epen

In einer nur am Ereignisablauf orientierten Strukturierung des Inhalts der Texte [4.7: LATACZ, Ilias] kommt diese Art der Komplexität nicht zum Vorschein, allerdings dann, wenn ein narratologischer Zugang gewählt wird. So wurde z. B. auf die Vielzahl an Vor- und Rückverweisen aufmerksam gemacht, mit denen die Erzählteile vielfach miteinander verknüpft sind [4.7: REICHEL, Homer, 47–49]. Einen etwas anderen Weg bietet die in jüngerer Zeit entwickelte strukturalistische Narratologie, die sich insbesondere mit den in den Texten eingesetzten verschiedenen Mitteln des Erzählens beschäftigt [4.7: DE JONG, Homer]. Noch deutlicher kann die in die Erzählaufbau verwobene Botschaft der Texte mit den Mitteln der Erzählforschung herausgearbeitet werden [4.7: CAIRNS/ SCODEL, Defining; 4.2: ULF, Führung, 143–157].

Narratologie

Die Komplexität der Epen kommt darüber hinaus in einer beeindruckenden Vielfalt an Erzählungen zum Vorschein, die zur Erläuterung und Vertiefung der Bedeutung der Geschehnisse sowohl von Homer als auch von Hesiod verwendet wurden [4.7: EDMUNDS, Myth]. Dafür nicht einfach auf anonyme Sängertexte verwiesen zu haben, sondern auf mögliche – auch schriftliche – Textvorlagen, ist

„Intellektuelle Welterfassung"

das Verdienst der Neoanalyse [4.7: KULLMANN, Ergebnisse]. Nicht nur wegen der Vielfalt der gezielt eingebundenen Stoffe, Motive und Mythen wurden den Epen, besonders der *Ilias*, eine „intellektuelle Welterfassung" attestiert, wie sie in mündlichen Erzählungen nicht zu finden ist [4.7: PATZEK, Logos, 434–441]. Diese besteht darin, dass der Anspruch erhoben wird, die ‚ganze' Welt (nicht nur eine Geschichte) systematisch, d. h. in einem sinnvollen Zusammenhang, zu präsentieren. Um das erreichen zu können, ist eine gedanklich-mentale Distanz gegenüber den schon vorhandenen Erzählungen die Voraussetzung.

Anspruch auf umfassendes Wissen

Diese zeigt sich im Anspruch, die Welt in ihrer zeitlichen und räumlichen Dimension zu kennen. Das Wissen wird bis zum Anfang des Kosmos zurückgeführt, auf dessen Geschichte angespielt oder diese ausführlich präsentiert. Es verbindet die Epen mit dem historischen Umfeld im 7. Jh., dass gerade dieser Anspruch derjenige von Männern von Einfluss (Big Men) ist und einen Teil ihrer Reputation ausmacht [4.4: HELMS, Contacts]. Mit der behaupteten Ausdehnung des Wissens in der Zeit korreliert jenes über den Raum. Die Dichter wissen auch über den Rand der Welt, wo der Okeanos fließt, Bescheid. Hier sind nicht nur die meisten der ‚Abenteuer' des Odysseus angesiedelt, sondern es leben hier in der *Ilias* auch Menschen wie z. B. die *Abioi*, die rechtlichsten der Menschen, aber eben auch wilde Lebewesen – insgesamt ein Raum, der mit der eigenen Welt in Kontrast gesetzt werden kann. Auffällig ist, dass das detaillierte geographische Wissen auf den Raum der östlichen Ägäis beschränkt ist [4.7: BICHLER/SIEBERER, Welt, 121–148]. Die Angaben zum Westen der südlichen Balkanhalbinsel von der Peloponnes bis nach Epirus und zu den ionischen Inseln bleiben vage. Über Kreta und Sizilien ist nur partielles Wissen vorhanden, andere Regionen werden nur über Namen und die an ihnen hängenden Erzählungen ins Spiel gebracht, ohne die Örtlichkeiten konkret beschreiben oder in ihren räumlichen Relationen zueinander darstellen zu können.

Ausnützung der Möglichkeiten des Erzählens

Der offensichtliche Anspruch, über umfassendes Wissen zu verfügen, verbindet sich mit einem wohlüberlegten Umgang mit den Möglichkeiten des Erzählens. So werden z. B. dem Publikum bekannte Mythen nicht nur zur Spiegelung der Handlung in der Erzählung eingesetzt. Es kann etwa der Horizont eines Erzählers innerhalb des Epos dadurch erweitert werden, dass seine Erzählung eine von ihm nicht erwartete Bedeutung im weiteren Ablauf der Ereignisse annimmt oder der Dichter dasselbe Motiv in zur Entwicklung der Handlung passenden Variationen bietet [4.7: EDMUNDS, Myth, 418–425]. Das ist der Hintergrund für die von den Dichtern vorgenommenen Anrufe der göttlichen Musen. Es geht nicht nur darum, diese als untadelige Quelle für das eigene umfassende Wissen anzuführen, sondern wohl auch so die Modernität und Aktualität der eigenen Erzählungen zu rechtfertigen (Od. 1, 346–353). Hierzu stimmt das mehrfach auf Erzähler in der Erzählung (z. B. Demodokos bei den Phäaken, Phemios in Ithaka, der Sänger/Aoidos bei Hesiod) projizierte Selbstlob der Dichter, das darin kulminiert, dass diese wie ein Basileus gerühmt werden [4.7: DE JONG, Narrator]. *Musenanruf*

Die viel besprochenen unterschiedlichen Zeitstufen bzw. Zeitalter in den Epen geben den Dichtern die Möglichkeit, nicht nur die bisherigen Erzählungen, sondern aber auch aktuelle Verhaltensformen und Werthaltungen zu kommentieren [4.7: PATZEK, Homer und Mykene, 157–159; CRIELAARD, Past; CAIRNS, Introduction, 38–44]. Entscheidend dafür ist, dass die Dichter in den Epen eine Trennlinie zwischen der heroischen Zeit und der Gegenwart entstehen lassen. In der *Ilias* führt die Handlung zu diesem Zustand am Ende des Epos, in der *Odyssee* ist die Trennung weitgehend Realität, in der *Theogonie* stellen die Geschehnisse einen leicht erkennbaren göttlichen Spiegel für die menschliche Welt dar, in *Werke und Tage* dominiert die menschliche Sphäre, wenn auch das Thema der Trennung von göttlicher und heroisch-menschlicher Welt nicht nur im Prometheus-Mythos für die Argumentation nach wie vor von Bedeutung ist. *Spiel mit den Zeitstufen*

Damit wird die Voraussetzung geschaffen, dass einerseits unter den Göttern die Kämpfe beendet und eine auf Kommunikation beruhende Einheit gestiftet und andererseits diese neu geschaffene Ordnung für die Menschen zum Vorbild werden konnten [4.7: ULF, Hybridität, 292–297; 4.4: DONLAN, Structure, 60]. Das reflektierte Herodot mit der Äußerung, dass Homer und Hesiod die griechischen Götter geschaffen hätten [4.7: RÖSLER, Kanonisierung], das ist das grundlegende Argument [4.7: BREMER, ‚Götterapparat'] gegen die verbreitete Auffassung, dass die Götter nur einen „Apparat" darstellen würden, der willkürlich zum Einsatz kommt, um die Geschicke unter den Menschen begründen zu können. Diese Neuerungen mit ihrem Anspruch auf allgemeine Gültigkeit haben Religionswissenschaftler von der „Homerisierung" der griechischen Religion *Neue göttliche Ordnung als Vorbild für die Menschen* sprechen lassen [4.7: BURKERT, Religion, 280–289; BREMMER, Religion, 11–14; DOWDEN, Gods]. Dies steht konträr zur ethnischen Interpretation ‚der Griechen' und ihrer Annahme einer ‚von Anfang an' gegebenen ‚griechischen' Religion, die nach dem Gedankenmuster der (mündlichen) Tradition bis in mykenische Zeit bzw. ins Linear B zurückreichen soll [2.1.2].

Lösungsvorschläge für die Gegenwart

Betrachtet man die auffällige literarische Qualität der Epen nur unter philologischem Gesichtspunkt, dann können diese als ein bloßer „Glücksfall" erscheinen und/oder als Teil des „griechischen Wunders" [4.7: REINHARDT, Mythos 30, 246–247]. Geht man jedoch von der Datierung der Epen ins 7. Jh. und vom archäologischen Befund aus, braucht es nicht viel Vorstellungskraft, die in den epischen Texten vorgeführten Verhaltensformen, Probleme und dafür propagierten Lösungsvorschläge mit den Lebenssituationen der Big Man Gesellschaften in den Streusiedlungen und den sich ausbildenden Agora-Siedlungen in Parallele zu setzen [s. 3.4; 3.5]. Diese Art der Aktualität bestätigt die ungemeine Resonanz, welche die Epen rasch fanden [4.7: REICHEL, Homer, 51–54; ERCOLANI/ROSSI, Hesiod, 117–120]. Die Dichter waren die intellektuellen Instanzen, mit denen man sich in Bewunderung, Zustimmung oder Ablehnung auseinandersetzte, wenn man über die politische und gesellschaftliche Situation reflektierte – beginnend schon in der Lyrik des 6. Jh. und über die frühe Philosophie bis in die Staatstheorie des 5. und 4. Jh. [4.7: RAAFLAUB, Anfänge; ITGENSHORST, Denker].

Attraktivität durch Poetisierung und „sekundäre Mündlichkeit"

Seit der wissenschaftlichen Beschäftigung mit den Epen wurde das Nibelungenlied als Parallele und als Beispiel für mündliche Dichtung herangezogen. Doch gerade für das mittelalterliche Heldenepos als komplexe literarische Kunstform wurde inzwischen fundiert argumentiert, dass es vom einfachen und mündlichen Heldenlied zu trennen ist [4.7: WOLF, Heldensage]. Es unterscheidet sich von diesen durch einen weiten Spannungsbogen, eine durchgehende Struktur, in der alte Stoffe neue Funktion und Bedeutung erhielten; neu konstruiertes sagenhistorisches Personal trat neben das altbekannte. Das führte zu einer „Poetisierung" des Textes. Durch ‚Heroisierung' wurden die Heldenlieder aus dem Zusammenhang mit ‚realer' Geschichte gelöst und konnten dadurch ungezwungener mit der eigenen politischen Gegenwart in Verbindung gesetzt werden. Durch das bewusste Beibehalten der Diktion mündlicher Dichtung schuf sich der Ependichter einen Freiraum zur Gestaltung seines schriftlich konzipierten Textes [4.7: AMODIO, Directions]. So löst sich die Opposition ‚mündlich – schriftlich' auf, die Züge mündlichen Dichtens werden zu einer „sekundären Mündlichkeit", wie sie z. B. auch bei Epen aus Mittelasien nachzuweisen ist, die als Analogiefälle für die Mündlichkeit der homerischen Epen herangezogen wurden.

Eben das fügt sich gut zum Bild des intellektuellen Dichters der griechischen Epen im Umfeld des 7. Jh. Neben der weitgehenden Deckung der für die griechischen Epen ausfindig gemachten Merkmale mit jenen für das europäische Heldenepos genannten erhält auch die viel diskutierte Erzählung des Bellerophon neue Bedeutung. In der in die Erzählung eingebetteten Erzählung (Il. 6, 168–179) heißt es, dass der Basileus in Argos den von seiner Frau verleumdeten Bellerophon zum Basileus in Lykien mit einer Botschaft schickte. Diese war in „verderblichen Zeichen" (*semata lygra*) auf einer zusammengelegten und verschlossenen Holztafel (*en pinaki ptykto*) festgehalten. Bellerophon sollte gefährlichen Abenteuern ausgesetzt werden, damit er umkomme. Dieser offenkundige Hinweis auf Schrift ist nicht als ein bloßes Brüsten mit dieser Kenntnis zu verstehen [4.7: STODDART/WHITLEY, Context; 1.1: RÖSLER, Mündlichkeit, 202–208], sondern er wird zum Teil einer besonderen „kulturpolitischen Situation", die als Voraussetzung für die Entstehung des europäischen Heldenepos genannt wird. Das angebliche „griechische Wunder" findet so seine historische Erklärung [4.7: ULF, Heldenepik, 279–284].

Schrift und „kulturpolitische Situation"

5 Die Formierung einer hellenischen Identität

Gemäß der ethnischen Hypothese ist der Anfang Griechenlands mit der physischen Präsenz von ‚Griechen' auf der südlichen Balkanhalbinsel gleichzusetzen. Von diesem Blickpunkt aus wird nach dem „Coming of the Greeks" [5: DREWS, Coming] gesucht, weshalb die Erzählungen über Wanderungen von ‚Völkern' in den Mittelpunkt der Überlegungen rücken [s. 2; 2.1.2]. Dieses Denkmuster ist nach wie vor weit verbreitet und nicht auf die Beschäftigung mit der Antike beschränkt. Die Grundlage für das zum Teil ganz aktuelle „Nation Building" besteht häufig in der Suche nach dem (angeblichen, nicht selten: antiken) Ursprung der Nationen [BERGER/LORENZ, Nationalizing].

„Nation Building"

Funktionaler Nationsbegriff

In der in den 1980er Jahren aufkommenden Diskussion über Völker bzw. Nationen als jenen Einheiten, nach denen Geschichte zu gliedern sei, wurde gegen dieses Nationskonzept eingewendet, dass sich Nationen innerhalb der europäischen Geschichte erst am Übergang zu den (modernen) industriellen Gesellschaften gebildet hätten, im Kontext des Rückgangs der Bedeutung der traditionalen Religion, der Trennung von herrschender Dynastie und Staat und des Aufkommens der Massenmedien zur Kommunikation über große Distanzen. Diese ‚modernistische' Position wurde mit dem Hinweis relativiert, dass das lateinische Wort *natio* schon im 15. Jh. n. Chr. im schwierigen Interessensausgleich der europäischen Länder um die Wahl des Papstes auf dem Konzil von Konstanz (1414–1418) die Bedeutung einer ethnischen Einheit angenommen habe [5: HIRSCHI, Nationalism, 81–88]. Aus dieser Debatte lässt sich ableiten, dass die Bildung von Völkern bzw. Nationen [5: LEERSSEN, Nation, 80–96] nicht mit einer bestimmten Etappe in einer allgemeinen historischen Entwicklung gleichzusetzen ist, sondern von bestimmten historischen bzw. sozio-politischen Konstellationen abhängig ist.

„Kognitive Abkürzungen"

Auf die Frage, wie die Situation aussehen muss, damit sich die Vorstellung einer ethnischen Zusammengehörigkeit (= Ethnizität) ausbildet [s. 2.2.2], hält die Sozialpsychologie auch historisch verwertbare Antworten bereit. In den sozialpsychologischen Studien wird ein direkter Zusammenhang zwischen sozialer Identität und sozialer Kognition hergestellt [5: FISCHER/WISWEDE, Grundlagen, 189–282]. Der Ausgangspunkt dafür ist, dass die Selbstkategorisierung eines Individuums über die Zuordnung zu einer sozialen Gruppe erfolgt. Hierfür ist die Kenntnis von Regeln die Voraussetzung, die über eigene Erfahrung und durch Kommunikations-, Vergleichs- und Konformitätsprozesse erworben wird. Diese Regeln legen die Beziehungen zwischen den Teilen der Gruppe fest und über sie wird jedes Individuum nach einem hierarchischen System von Klassifikationen in die Gruppe eingeordnet. Dieses System gibt auch vor, wie neu eintreffende Informationen verarbeitet und bewertet werden (sollen). Der Vorteil dieser Vorgaben besteht für das Individuum in einer „kognitiven Abkürzung", d. h. der raschen Verarbeitung von Reizen bzw. Information. Diese Abkürzung bedeutet zwangsläufig auch eine Selektion, führt dadurch zu Stereotypen, aber auch zu Ergänzungen (Attribuierungen), weil die Informationen in das durch die Regeln vermittelte Gesamtbild eingepasst werden (*framing*).

Wenn eine soziale Gruppe im kompetitiven Vergleich mit anderen Gruppen steht, treten die Stereotypen stärker in Erscheinung mit der Tendenz zur Entpersonalisierung der einzelnen Individuen [5: BREWER, Relations, 75–76]. Der Druck zu Kooperation, kollektiven Aktionen, Beachtung der Normen, d. h. zu Konformität nimmt zu, der Grad an Kohäsion der Gruppe wird erhöht. Als Ergebnis davon intensiviert sich das Wir-Gefühl, und die Selbstdefinitionen neigen dazu, ethnozentrisch zu werden. Dies schlägt sich in der großen und auch emotionalen Bedeutung von kulturellen Normen und Werten und der Sprache als Mittel der Differenzierung bzw. Abgrenzung nieder. Was an ethnologischen Beispielen erkennbar ist [s. 2.2.2], erfährt so durch die Sozialpsychologie eine Bestätigung: Ethnizität erweist sich als eine Form von sozialer Kognition, in welcher der explizite Bezug zur Vergangenheit als Möglichkeit zur Begründung für den Zusammenhalt einer Gruppe eine wichtige Rolle spielt [2.2: HALL, Identity, 17].

Ethnizität: eine Form von sozialer Kognition

5.1 Ethnische Projektionen

Der Vorgang, fremde Welten gemäß der in der eigenen „Mental Map" enthaltenen Stereotypen zu ordnen, wurde nicht nur für die antike Welt in Gestalt der Hellenen-Barbaren Antithese [s. 5.5.3] nachgewiesen. Die Ägypter verbanden z. B. mit dem südlichen Kleinasien „ein Bild vom Exotismus ferner Weltgegenden", obwohl sie dorthin schon im mittleren Reich Kontakte hatten [2.1.3: BREYER, Kilikien, 151]. Diese Form der Willkürlichkeit belegt auch das Ethnonym Ḫattû, das von den Assyrern für die Levante als Bezeichnung der Region, aber auch als Schimpfwort benützt wurde [5.1: BAGG, Assyrer, 30–31, 49–52]. Hierher zu stellen ist auch die Debatte darüber, in welchem Maß die Assyrer über konkrete Kenntnis vom westlichen Mittelmeer verfügten oder die von ihnen vorgenommenen Etikettierungen dieses Raumes nur Folge der mit der Königsideologie zusammenhängenden Behauptung einer konstanten Ausweitung ihres Machtbereichs waren [5.1: LANG/ROLLINGER, Im Herzen].

Stereotypen und Mental Map

5.1.1 Fremdbezeichnungen – keine Namen ‚echter' Völker

Zur Beschreibung fremder Welten gehörte es, diese mit Hilfe der Namen von Populationen zu gliedern. Diese schließen zwar da und

Gliederung der Welt nach Populationen

dort an real gebrauchte Namen an, weiten diese jedoch – häufig fälschlich – zu einem Namen für eine nur fingierte große (ethnische) Einheit aus. Ein Beispiel dafür ist der von Phoinix abgeleitete griechische Name Phöniker für die Bewohner eines Küstenabschnitts der Levante. Deren Selbstbezeichnungen leiteten sich jedoch vom jeweiligen Namen der Stadt ab (Sidonier, Tyrer, Arwadier), und die Städte bildeten auch nie eine Einheit [5.1.1: SADER, Städte, 668–670]. Ähnlich sind Namen wie die erstmals bei Herodot (1, 7–94) aufscheinenden Lyder zu beurteilen oder die am anderen Ende des Mittelmeeres bei Herodot (Hdt. 1, 163) genannten Iberer im Land Iberie, die es als (ethnische) Einheit nie gab [5.1.1: BLECH, Kulturraum, 170].

Vager Bedeutungsinhalt von Namen

Dass hinter solchen Namen kaum Kenntnisse über die ‚reale' Situation standen, zeigen die unterschiedlichen aus der ägyptischen Perspektive verwendeten Namen für die „aus dem Meer kommenden" Angreifer, die sog. „Seevölker" [s. 2.1.3]. Es ist auffällig, dass sich die in Listen von Ländern genannten Namen im Lauf der Zeit teilweise änderten. Das dürfte damit zusammenhängen, dass diese Listen im Rahmen der Königsideologie dogmatischen Charakter besaßen und auch ältere Listen in jüngere integriert wurden [5.1: ADROM/SCHLÜTER/SCHLÜTER, Weltsichten, 3–10, 172–173]. Daher wird diskutiert, ob es sich nur um vage, aus ägyptischer Perspektive vorgenommene Bezeichnungen für Großregionen handelt, von denen aus keine Rückschlüsse auf hinter den Namen stehende soziale oder politische Strukturen gezogen werden dürfen [5.1.1: JANSEN-WINKELN, Egypt]. Daher ist es auch problematisch, hinter dem Namen Jawan/Jamnāja ohne ausreichende Berücksichtigung seiner Herkunft aus den „Mental Maps" der Assyrer, Neubabylonier und Perser und der linguistischen Bedenken [5.1: BAGG, Westland, 56–57, 66–72, 155–156; 5.1.1: ROLLINGER, Perspectives] eine Eigenbezeichnung von Griechen als Ioner (bzw. Iawones) anzunehmen [KERSCHNER, Griechen, 633–634].

Graeci

In der – in sich (natürlich) nicht statischen – römischen „Mental Map" wurden aus Phönikern die Punier [5.1.1: QUINN/VELLA, Mediterranean], im Norden wird der Sammelbegriff der Germanen [5.1.1: TIMPE, Rom], im Osten werden die Graeci platziert. Wie der Name Graeci zum Sammelbegriff für die sich selbst als Hellenen bezeichnenden Griechen wurde, ist nicht geklärt. I. MALKIN [5.1.1: Ambiguities, 198–200] denkt daran, dass das Wort von Illyrern und Messapiern als Gesamtbezeichnung verwendet und dann von den Römern aus dem Raum Epirus übernommen wurde. Es könnte auch sein, dass die Mehrdeutigkeit des Wortes der Grund für die Verwendung des Namens Graeci als römische Fremdbezeichnung gewesen sein mag. Diese belegt auf jeden Fall, dass von einer solchen Fremdbezeichnung keine historisch brauchbaren Rückschlüsse gezogen werden können.

5.1.2 Eine bunte ‚ethnische' Landschaft am ‚Anfang Griechenlands'

Das in den Texten ohne jede negative Bewertung dargestellte Nebeneinander von unterschiedlichen ‚ethnischen' Gruppierungen steht nicht in Einklang mit der modernen Konzeption von Völkern mit unterschiedlichen Sprachen, die nacheinander auf der südlichen Balkanhalbinsel eingewandert sein sollen [s. 2.1.2]. Ungeachtet dieser Schwierigkeit wurde in der zwar älteren (aber auch gegenwärtig noch vertretenen) Forschung die Vorstellung von hintereinander erfolgten Einwanderungen vertreten, die zur Überlagerung der älteren „Völker" (Pelasger, Leleger, Karer) durch die griechischen „Stämme" geführt haben sollen [5.1.2: LOCHNER-HÜTTENBACH, Pelasger]. In den jüngeren Überblicken über die griechische Geschichte bleibt das Problem meist ausgeklammert, wohl deshalb, weil stärker als früher von der Möglichkeit der Projektion aktueller Zustände in die Vergangenheit, d. h. der intentionalen Konstruktion von Geschichte [s. 2.2.2] ausgegangen und weniger auf über mündliche Tradition vermitteltes historisches Wissen gesetzt wird [1.2: OSBORNE, Greece, 1–17; HALL, History, 1–16].

<small>Antike Texte – moderne Forschung</small>

Die Konsequenz daraus heißt, dass die Erzählungen über den ‚Anfang' Griechenlands keine hinreichende Grundlage für die Rekonstruktion der historischen Zustände und Abläufe bieten. Deshalb spricht R. OSBORNE [1.2: Greece, 35] von einer „slate rubbed clean", wie in der Archäologie am Ende des 11. Jh. von einem „Nullpunkt" gesprochen werden kann [s. 3.4]. Osborne wählte für seine Darstellung der frühen Geschichte ‚der Griechen' den Titel „Greece in the Making" und J. HALL [2.2: Identity, 143–181] forderte auf, das "Coming of the Greeks" in ein „Becoming of the Greeks" zu verändern. Wenn man jedoch dem in den Texten aufscheinenden Nebeneinander von mehreren ‚Ethnien' nachspüren will, ist es notwendig, die Mechanismen und Muster aufzuhellen, mit denen in den griechischen Narrativen Vergangenheit zu ‚hellenischen' Tradition(en) gestaltet wurde [5.1.2: DERKS/ROYMANS, Ethnic Constructs; MCINERNEY; Companion; 5.1: MALKIN, Ambiguities].

<small>„Becoming of the Greeks"</small>

5.2 Traditionen und Identitäten

Tradition und Volksgeist

Der Begriff der Tradition wird in der Diskussion in zwei, meist nicht auseinandergehaltenen Bedeutungen verwendet. Im Konzept primordialer Völker ist Tradition Folge und Ausdruck eines anonym wirkenden Volksgeistes, die wie Sprache und Religion für ihre Existenz keine weitere Erklärung benötige; sie binde wie diese die einzelnen Individuen zu einem ethnisch-kulturellen Ganzen zusammen. Übertragen auf ‚die Griechen' kann das zur Behauptung führen, dass es ein griechisches bzw. „panhellenisches" mythologisches System gegeben habe, von dessen Ursprung in weit zurückliegender Vergangenheit ein „mytho-historical continuum" bis in die jeweilige Gegenwart reiche [2.1.2: FINKELBERG, Greeks, 15].

Mündlichkeitsforschung

Konkreter Widerspruch gegen dieses grundsätzlich problematisch-romantische Wunschbild [s. 2.1.3; 2.2.2] kommt von der Mündlichkeitsforschung [1.1: VANSINA, Tradition) und den von dieser ausgehenden Einzeluntersuchungen darüber, wie Tradition und historisches Bewusstsein zustande kommen [5.2: GEHRKE/MÖLLER, Vergangenheit). Nach diesen Untersuchungen ist Tradition weder eine Konstante noch bildet sie das ‚Wesen' eines Volkes ab. Sie wird in der Kommunikation der sozialen Gruppe bzw. der politischen Einheit mit dem Zweck geformt, ein Bezugsfeld zu schaffen, von dem aus die Relationen und Positionen innerhalb der Gruppe begründet werden sollen bzw. können. Um dieses Bezugsfeld der Diskussion möglichst zu entziehen, reicht es weit in die Vergangenheit zurück. Bekannte Mittel dafür sind Genealogien oder Orte des Erinnerns [5.2: STEIN-HÖLKESKAMP/HÖLKESKAMP, Welt], mit denen der Vergangenheit ein auf die Gegenwart bezogener Sinn gegeben wird [2.2: HÖLKESKAMP/RÜSEN/STEIN-HÖLKESKAMP/GRÜTTER, Sinn]. Der auf diese Weise erzeugte ‚Anfang' kann als Instrument in der (politischen) Argumentation eingesetzt werden, um der Gemeinschaft eine sie begründende gemeinsame Herkunft zu geben [5.2: HÖLKESKAMP, Mythos].

5.2.1 Die Bildung von Traditionen

Kollektives Gedächtnis?

Die Debatten über Tradition beziehen sich häufig auf das von Jan ASSMANN propagierte Konzept „Kollektives Gedächtnis". Assmann griff den von MAURICE HALBWACHS (1877–1945) verwendeten Begriff der „mémoire collective", der Überlappungen individueller

Erinnerungen auf. Seine Erweiterungen bestehen im Wesentlichen in der Einführung von zwei Zeitebenen, die er das kulturelle und das kommunikative Gedächtnis nennt. Das kulturelle Gedächtnis enthält danach für die Gemeinschaft fundierende Erinnerungen, in Mythen gegossene Erzählungen über den Ursprung. Aus der sich daraus ergebenden kulturellen Erinnerung heraus würden die einzelnen Individuen Wissen um ihre Zugehörigkeit zur Gruppe entwickeln, weshalb Identität „soziogen" sei [5.2.1: ASSMANN, Gedächtnis, 130–133]. Das mündlich-kommunikative Gedächtnis umfasse dagegen nur den aus der Mündlichkeitsforschung bekannten beschränkten Erinnerungsraum von nicht mehr als drei Generationen. Wegen der Vielzahl der am kommunikativen Gedächtnis mitwirkenden Personen durchziehe es auch nicht alle Teile der Gesellschaft in gleichem Maß wie das kulturelle Gedächtnis.

Assmann beschreibt den Aufbau des kulturellen Gedächtnisses als den Zusammenschluss ethnischer Verbände zu einem größeren ethno-politischen Gebilde und setzt damit die ethnische Hypothese als Gegebenheit voraus. Unter dieser Voraussetzung wird Tradition zu einem Strom in sich von Anfang an verzahnter Texte; denn im Ausgangstext finde sich schon der jeweils letzte Text. Sich von diesem holistischen Konzept distanzierend, wurde vorgeschlagen, besser von einem „sozialen Gedächtnis" zu sprechen, weil das der historischen Realität von nebeneinander existierenden und miteinander konkurrierenden ‚Gedächtnissen' eher gerecht werde [5.2.1: WALTER, Memoria, 20]. *Soziales Gedächtnis*

Die dadurch entstehende Flexibilität des ‚Gedächtnisses' wird häufig mit dem Begriff der Identität zum Ausdruck gebracht. Gegen die Brauchbarkeit dieses Begriffs werden zwei Einwände erhoben: das (alte) philosophische Problem, ob zwei ‚Dinge' tatsächlich ‚gleich' sein können, und sein Gebrauch ohne viel Reflexion für beinahe jede Art von Selbstverständnis; das mache den Begriff zu einem „Plastikwort" bzw. „Passepartout-Wort", mit dem das aufgehellt werden soll, was nach Anwendung aller anderen Mittel unerklärt geblieben war [5.2.1: STACHEL Identität, 396–397]. Einen Ausweg aus dieser Situation erlaubt der von UWE WALTER [5.2.1: Memoria, 12–14] gegebene Hinweis auf die mit der Bildung von Tradition angestrebte Stabilisierung der Kommunikation zwischen den Generationen. Mit einem sich daraus ergebenden ‚weichen' Begriff von Identität kann das – in emischer Perspektive – vorhandene Gefühl der Zugehörigkeit zu einer (wie auch immer gearteten) *Identität*

Gruppe abgebildet werden [5.2.1: STACHEL, Identität, 419–422; DAVIDOVIC, Identität, 53–54].

Erzeugung von Vergangenheitsräumen

Für die historische Rekonstruktion ist von Bedeutung, dass der Begriff Tradition nicht mit einem historisches Wissen transportierenden Mythenvorrat gleichgesetzt wird, da jeder Vergangenheitsraum, dem Tradition zugesprochen wird – zur jeweiligen Gegenwart passend – immer wieder neu erzeugt wird [5.2: ULF, Vergangenheiten; OSMERS, Vergangenheitsbezüge]. Unter dieser Voraussetzung lässt sich der Begriff produktiv einsetzen, indem z. B. die Schaffung von *landscapes* untersucht wird, d. h. wie Erzählungen an und mit konkreten Stellen in der Landschaft verankert werden, um so eine ‚Bestätigung' für die konstruierte Vergangenheit zu erhalten [5.2.1: HAWES, Myths; WIEDEMANN/HOFMANN/GEHRKE, Wandern; 5.2.3: ULF, Deukalion].

5.2.2 Ahnen – Gründer – Götter: von Compounds zu Siedlungen mit Agora und Ethne

Vielfalt von Identitäten

Ausgehend von den archäologischen Befunden [s. 3.1.2] wird die „plurality of local systems" und die damit zusammenhängende Vielfalt von Identitäten durch Formulierungen wie „communities of place", „place identities" oder „forming communities" angezeigt bzw. aufgegriffen [5.2.2: MORGAN, States, 69–71; 1.2: OSBORNE, Greece, 66–130; HALL, History, 67–92]. Parallel dazu beschäftigen sich besonders Philologen mit der Frage, ob und wie das Bewusstsein von Zeit von den Epen an in Texten seinen Niederschlag fand. Hinweise darauf geben neben den aus alter Zeit stammenden Gräbern [s. 4.4] die für das Geschehen in der *Ilias* zentrale Bedeutung besitzende große Mauer um Troia – ein weithin sichtbares Monument, mit dem die Tradition der Belagerung von Troia „Historizität" erlangen sollte [4.7: PATZEK, Homer und Mykene, 182–185]. Unter narratologischem Aspekt richtet sich in aktuellen Untersuchungen der Blick auf die verschiedenen erzählerischen Mittel, mit denen Zeitstufen und die Abfolge von Zeit unterschieden werden [5.2.2: DE JONG/NÜNLIST, Time].

Spiel mit der Vergangenheit

Wie bewusst das Spiel mit Monumenten ‚der Vergangenheit' im Epos war, belegt die während der Geschehnisse vor Troia von den Achäern errichtete Mauer um ihre Schiffe („Schiffslager"). Diese ließ der Dichter auf Wunsch von Poseidon von einer Flut hinweggeschwemmt werden, ohne dass sie Spuren hinterließ, und setzte damit eine klare Grenze zwischen heroisch-mythischer Vergangenheit und menschlicher Gegenwart [5.2.2: SCODEL, Wall; 4: PATZEK, Homer, 66–67 s. 4.7].

Als ein anderer Hinweis auf die bewusste Konstruktion von Vergangenheit werden die Genealogien betrachtet. Hierher gehört die über eine Genealogie erzählte auffällig lange Geschichte von Troia, in der zwei Städte Dardania und Troia in einen Abfolge zueinander gebracht wurden (Il. 20, 215–240). Die Bedeutung dieser Art der flexiblen Strukturierung von Zeit ergibt sich aus der Vielzahl literarisch verfasster Genealogien im 6. Jh., zu denen auch der Hesiod nur zugeschriebene *Frauenkatalog* zählt. In den unterschiedlichen Auffassungen über das Alter der in diesen Werken in ein System gebrachten Genealogien spiegeln sich die unterschiedlichen Vorstellungen über den Verlauf des ‚Anfangs von Griechenland' [z. B. 5.2.2: IRWIN, Dynamics].

Vergangenheitskonstrukt ‚Genealogie'

Gegenüber der auf der ethnischen Hypothese fußenden Meinung, dass Ethne ein Rest der (postulierten) tribalen Struktur der Griechen zur Zeit der Einwanderung gewesen seien [4.1: GSCHNITZER, Sozialgeschichte, 42–43; 1.2: BRINGMANN, Schatten, 47–49], gewann angesichts der vielen Indizien für die Konstruktion des ‚Anfangs' in den Quellen die Auffassung an Boden, dass die Ethne als das Ergebnis von Selbstdefinitionen anzusehen sind, die den Zweck verfolgten, die angestrebte regionale Einheit über ihre (konstruierte) Vergangenheit zu begründen [z. B. 5.3: GANTER, Ethnicity]. Der Beginn für diese Prozesse wird früher angesetzt, wenn die zugehörigen Erzählungen/Mythen bzw. die zu eponymen Heroen führenden Genealogien mit einer ‚alten' Tradition gleichgesetzt werden; doch ihr funktionaler Zusammenhang [s. 2.2.2] erlaubt kaum eine Datierung vor das 6. Jh. [5.2.2: BECK/FUNKE, Introduction, 22–25; HALL, Federalism, 39–41].

Ethne als Eigendefinitionen

Noch leichter als Genealogien erlaubt eine Gottheit als Bezugspunkt die Einbindung von Menschen unterschiedlicher Herkunft in eine Gemeinschaft. Dieser Zweck der Errichtung der Tempel mit Kultbild kommt dann zum Vorschein, wenn nicht – von der ethnischen Hypothese ausgehend – eine Religion ‚der Griechen' als vorgegeben vorausgesetzt, sondern die Bildung einer umfassenden Religion als Anspruch der Epen [s. 4.7] anerkannt wird. In der Rückschau wurde das als die Leistung von Homer und Hesiod – von Xenophanes kritisch, von Herodot zustimmend – explizit anerkannt [4.7: RÖSLER, Kanonisierung]. Erst als damit die Götter

Götter als übergeordnete Bezugspunkte

zu Bezugspunkten jenseits der Identität einzelner menschlicher Gemeinschaften [5.2.2: LINKE, Religion, 4–9] geworden waren, konnten von den überregionalen Heiligtümern Impulse für die Bildung einer die Menschen unterschiedlicher Herkunft zusammenfassenden – hellenischen – Identität ausgehen [s. 5.4.2].

5.2.3 Hellen als Ahne: eine ‚ethnische' Genealogie von begrenzter Reichweite

Hellen-Genealogie nur eine unter vielen

Da der Hesiod zugeschriebene, tatsächlich im 6. Jh. entstandene *Frauenkatalog* nur in Fragmenten erhalten ist, kann nicht eindeutig rekonstruiert werden, wie er aufgebaut war und was er insgesamt umfasste [4.7: RENGAKOS/ERCOLANI/ROSSI, Hesiod, 94–96, 106–110; HUNTER, Catalogue]. Es werden entweder Genealogien ausgehend von Deukalion, Inachos, Pelasgos, Arkas, Atlas, Asopos und athenische Genealogien [5.2.3: WEST, Catalogue] oder um Aiolos, Inachos, Arkas, Atlas, Asopos und die Freier der Helena [5.2.3: HIRSCHBERGER, Katalogos] angenommen. Übereinstimmung besteht darin, dass mit den Genealogien der vor dem troianischen Krieg liegende Zeitraum abgedeckt wurde, in dem die Menschen noch nicht von den Göttern getrennt waren. Von der ethnischen Hypothese ausgehend wird meist vermutet, dass die zu Deukalion führende Genealogie des Hellen (frg. 2, 9, 10a W) die Gesamtheit der Griechen abdecken sollte. Dagegen steht die Auffassung, dass die im *Frauenkatalog* nur für Hellen vorgenommene Rückführung der Genealogie auf Deukalion gegenüber älteren und zeitlich parallelen Konzeptionen (Epen, Tyrtaios, Hekataios von Milet) eine bewusste und fragile Neugestaltung darstellt und dass die zu den Ahnenfiguren wie Kadmos, Aiolos oder Inachos führenden Abstammungslinien von Hellen unabhängige und eigenständige Genealogien sind [1.1: FOWLER, Mythography, Bd. 2, 122–125, 235–248, 357–361; 5.2.3: FOWLER, Thinking]. Es kommt hinzu, dass sich der konkrete Bezugspunkt für die Genealogie des Hellen nicht über die Lokalisierung des „Urvaters" Deukalion bestimmen lässt. Deukalion erscheint in *Ilias* und *Odyssee* in unterschiedlichen Zusammenhängen (Vater des Kreters Idomeneus, Name eines Troers), wurde in den frühen Quellen unterschiedlich lokalisiert und erst im *Frauenkatalog* (frg. 2 W) zum Sohn des Prometheus [1.1: FOWLER, Mythography, Bd. 2, 113–121; 5.2.3: ULF, Deukalion, 40–42].

Unter dem Eindruck der ethnischen Hypothese blieben diese – schon in der Forschung an der Wende zum 20. Jh. n. Chr. hervorgehobenen – Besonderheiten der Genealogie des Hellen und ihres Umfeldes bis in die 1990er Jahre fast unbeachtet [2.2: ULF, Ethnogenese; HALL, Identity]. Im Kontext der Frage nach möglichen Beziehungen zu den vorderorientalischen Beziehungen wurde auf die Verbindung von Xouthos mit Zi(u)sudra aus der sumerischen Sintfluterzählung aufmerksam gemacht. Bei Herodot (7, 94) kam Xouthos einmal gemeinsam mit Danaos auf die Peloponnes, im 3. Jh. bei Berossos von Babylon tauchte er als Xisuthos auf [4: SALLABERGER, Gilgamesch, 50, 76–77, 122]. Schon F. PRINZ [5.3: Gründungsmythen, 357–358] verortete ihn in Kleinasien und sah seine Funktion als eine „inaktive" Figur darin, eine klare Distanz zwischen Doros und Ion in der Abfolge der Generationen herzustellen.

Herkunft und Funktion des Xouthos

Obwohl die Genealogie als Kinder des Hellen zuerst Doros, dann Xouthos und Aiolos nennt, wird sie – ausgehend von Herodot – meist auf nur drei Namen als Repräsentanten der Gesamtheit der ‚Griechen' reduziert: Dorier, Ioner und Äoler, die nach Herodot (1, 6) von Kroisos in Asien (= Kleinasien) unterworfen wurden. Diese nur für Kleinasien vorgenommene Dreiteilung [2.2: ULF, Ethnogenese, 266–271] kehrt im linguistisch problematischen Argument wieder, dass in ihr die drei (Haupt-)Dialekte des Griechischen abgebildet seien [s. 2.1.2]. Doch Herodot reihte Doriern, Ionern und Äolern gleichwertig die Lakedaimonier an, womit angezeigt wird, dass die Hellenen nicht nur aus diesen drei Gruppen bestehen (können).

Reduktionistischer Gebrauch der Hellen-Genealogie

Wenn nicht über die ethnische Hypothese die Identifikation von Hellenen und Griechen vorausgesetzt wird, stellt sich die Frage, warum und wie die Genealogie des Hellen gegenüber den anderen Genealogien derartige Dominanz erreichen konnte – mit der Folge, dass Hellenen als die Nachkommen Hellens zu einem Gesamtnamen für die ‚Griechen' werden konnte. Die Quellen geben darauf keine klare Antwort (Thuk. 1, 31), sondern mühen sich geradezu mit diesem Problem ab. HALL [2.2: Hellenicity, 125–162] geht von der Lokalisierung von Hellas in der *Ilias* neben der Landschaft Phthiotis aus und schließt aus der Bedeutung der (nur zu rekonstruierenden) Amphiktyonie von Anthela, dass sich der Name Hellenen unter dem Einfluss der Thessaler ausgebreitet habe. Obwohl keine Motivation dafür ersichtlich ist, folgt FOWLER [1.1: Mythography, Bd. 2, 125–130] dieser Argumentation mit dem Zusatz, dass über Delphi die Verbreitung auf Olympia übergegangen sei.

Wieso Dominanz der Hellen-Genealogie?

Demgegenüber wird unten [s. 5.5.2] das konkret belegbare Interesse von Sparta und Athen am Hellenen-Begriff vorgeführt, worauf sich die auf die Relation zwischen Doros und Ion ausgerichtete Genealogie offenkundig bezieht.

5.3 Wanderungen am ‚Anfang': die Begründung politischer Ansprüche

Wanderungserzählungen zielen auf Ethnizität

Anders als die Geschichte von Genealogien oder die Schilderung der Vertreibung bzw. Flucht einzelner Personen beschäftigen sich Erzählungen über Wanderungen von ganzen Gruppen nicht mit der Erklärung und/oder Begründung einer einzelnen Siedlung, sondern zielen vorrangig auf Ethnizität [1.1: FOWLER, Mythography, Bd. 2, 569–572]. Wenn die vorhandenen Texte für sich analysiert werden – ohne deren nur knappe Aussagen mit Hilfe ausführlicherer, aber viel jüngerer Texte inhaltlich zu ‚vervollständigen' –, tritt diese Absicht deutlich hervor. Die Tendenz der ‚Vervollständigung' der knappen Texte aus dem 6. und 5. Jh. beruft sich auf die häufig angeführte Annahme, dass die Erzählungen als Teil der „Tradition" ein konkretes Geschehen als „historischen Kern" mündlich tradieren würden. Die ‚ganze' Geschichte sei aber in parallelen Überlieferungen erhalten geblieben, die Eingang in viel jüngere Texte gefunden hätten [5.3: GANTER, Ethnicity, 238–239]. Dahinter steht die problematische Hypothese eines mehr oder weniger stabilen Traditionsstromes [s. 5.2.1]. Darauf beruft sich implizit die – vordergründig auf linguistischen Argumenten beruhende [s. 2.1.2] – Behauptung, dass die „griechischen Stämme" aus dem Norden eingewandert seien· obwohl nach den Wanderungserzählungen bei Herodot und Thukydides gerade aus dem Norden keine ‚neuen' Populationen nach Griechenland gekommen sein sollen.

Keine Spiegelung einer Kolonisation

Mit der Suche nach dem „historischen Kern" wird auch dann operiert, wenn die Wanderungserzählungen eine schon im 8. Jh. einsetzende „griechische Kolonisation" spiegeln sollen. So geht I. MALKIN [5.3: World, 53–64] von solchen Elementen historischen Wissens in der „Tradition" aus und argumentiert für eine Transformation der Wanderungen in die Gründung von Kolonien und wegen deren netzwerkartigen Verbindungen für eine von den Kolonien ausgehende Wirkung auf die Ausbildung eines Einheitsbewusstseins im „Mutterland", d. h. der südlichen Balkanhalbinsel. Das ist nicht nur wegen des durch den archäologischen Befund sichtbar werdenden Parallelität unterschiedlicher sozio-politischer Gemeinschaften problematisch, sondern auch weil sich das dabei vorausgesetzte Muster der Koloniegründung erst in Parallele mit der Ausweitung politischen Einflusses auf größere Territorien ab dem 5. Jh. ausbildete [s. 4.6].

Schon F. PRINZ [5.3: Gründungsmythen, 15] hatte gegenüber solchen Argumentationen auf die nicht wenigen chronologischen und inhaltlichen Widersprüche innerhalb und zwischen den verschiedenen Wanderungserzählungen hingewiesen, und darauf, dass diese sich dann auflösen, wenn die Erzählungen nicht aus der nur konstruierten ethnischen Vergangenheit verstanden, sondern in ihre datierbaren Entstehungskontexte und die sich aus diesen ergebenden Motivationen zur Gestaltung von Vergangenheit eingeordnet werden.

Chronologische und inhaltliche Widersprüche

5.3.1 Von Herakles und Herakliden, Achäern und wandernden Doriern – politische Ansprüche Spartas

Die Interpretation eines Fragments von Tyrtaios (frg. 10 G-P), in dem die Namen Hyllos, Pamphylos und Dymas genannt werden, ist zentral dafür, ob die Lakedaimonier ‚von Anfang an' als dorisch eingeschätzt werden (können) oder nicht. Denn diese Namen werden – die Genealogie des Hellen voraussetzend – häufig als die eponymen Heroen der „dorischen Phylen" in Sparta betrachtet [2.2: HALL, Hellenicity, 82–89; 5.3.1: GROTE, Phylen, 91–93, 221–226]. Dagegen spricht das von F. PRINZ [5.3: Gründungsmythen, 221–233] ausführlich begründete Prinzip, dass es zur Beurteilung dieser Erzählungen nötig ist, deren zeitliche Relation zueinander zu beachten. Ausgehend davon, dass der troianische Krieg für alle Erzählungen den chronologischen und inhaltlichen Bezugspunkt darstelle, konnte er zeigen, dass die Erzählung vom Herakliden Hyllos zuerst eine eigenständige Erzählung ohne Bezug zur Rückkehr der Herakliden und den Doriern war.

Tyrtaios frg. 10 G-P

Dorier werden in den Epen auch nur einmal in der *Odyssee* (19, 177) neben Achäern, Eteokretern, Kydoniern und Pelasgern auf Kreta genannt. In der *Ilias* (2, 594; 18, 45) hat ein Ort in dem Nestor zugeschriebenen Gebiet den Namen Dorion, und Thetis eine Schwester namens Doris. Auf eine ethnische Gruppe der Dorier wird daher über die Erzählung des aus Argos auf der Peloponnes wegen der Ermordung des Likymnios vertriebenen Tlepolemos ‚rückgeschlossen'. Tlepolemos hat nach der *Ilias* (2, 653–670) nach

Erzählung von Tlepolemos aus Argos

seiner Vertreibung aus Argos und langem Umherirren auf dem Meer schließlich drei Orte auf Rhodos gegründet, was als Siedeln nach Phylen (*kataphyladon*) bezeichnet wird [s. 4.6]. Diese Formulierung wird mit den drei in späterer Zeit für Sparta bekannten Phylen verbunden. Diese werden für typisch „dorisch" gehalten [Kritik 1.2: HALL, History, 47–48] und daraus geschlossen, dass Tlepolemos die „dorischen Phylen" nach Rhodos gebracht hätte bzw. er selbst ein Dorier gewesen sein müsse. PRINZ [5.3: Gründungsmythen, 90–97] wies dagegen darauf hin, dass Tlepolemos schon vor dem troianischen Krieg von der Peloponnes nach Rhodos geflohen war, als es – nach der Sagenchronologie – auf der Peloponnes noch keine Dorier geben konnte. Solche grundlegenden Widersprüche sind nicht einfach Missverständnisse oder Nichtwissen, das sich über Erzählungen aus augusteischer und noch späterer Zeit ‚korrigieren' bzw. ‚ergänzen' ließe [s. 5.5.3].

Dorisierung der Herakliidenerzählung

Die Spiegelung der zeitlich aufeinander folgenden politischen Ansprüche der Spartaner – auf die Führung auf der Peloponnes durch deren „Dorisierung" [5.3.1: THOMMEN, Umgang] und auf Mittelgriechenland durch die Stilisierung der in Doris umbenannten Landschaft Dryopis als Metropolis [2.2: ULF, Ethnogenese, 256–264] – führte zum Widerspruch dieser „dorisierten" Herakliidenerzählung mit der Vorstellung der Zunahme der von Hellas ausgehenden Hellenen [s. 5.2.3]. Derartige Fragen der Sagenchronologie werden ignoriert, wenn von einem „tradierten Wissen" über ‚am Anfang' stattgefundene ‚reale' Wanderungen ausgegangen wird. Dieses wird von den Wanderungserzählung geradezu abgekoppelt und zu dessen Bestätigung häufig auf die Archäologie verwiesen [5.3.1: PARKER, Datierung], was von archäologischer Seite jedoch beinahe einhellig abgelehnt wird [Überblick 5.3.1: EDER, Wanderung].

5.3.2 Ioner und die politischen Ansprüche Athens

Unterschiedliche Ioner

Nicht nur die unterschiedlichen Sprachen der Ioner im homerischen *Hymnos an Apoll* verbinden diese mit den seit neuassyrischer Zeit genannten Jamnāja; die Namen werden auch linguistisch über die postulierte Zwischenform Iawones miteinander in Verbindung gebracht. Andere sprachliche Beziehungen ins Linear B, Ugaritische oder Ägyptische sind umstritten. Im Persischen bezeichnete der Name (Yaunā) Menschen westlich des Territoriums der Achämeniden. Je bekannter dieser Raum wurde, desto stärker wurde differenziert zwischen Ionern des Festlandes, Ionern, die am Meer wohnen, und Ionern, die jenseits des Meeres wohnen [5.3.2: ROLLINGER, Herkunft, 244–245, 286–297]. Von der Nennung von Ionern – in eine Reihe gestellt mit Böotern, Lokrern, Phthiern und Epeiern – in der *Ilias* (13, 685–686) ausgehend wird im Namen der Ioner keine Fremdbezeichnung gesehen [s. 5.5.1], sondern angenommen, dass dieser als Eigenbezeichnung eines „griechischen Stammes" [5.3.2: GSCHNITZER, Iones] in die assyrischen, hebräischen und ägyptischen Texte gelangt sei [4: KIRK/JANKO, Commentary, Bd. 4, 132–133].

Dagegen stehen wiederum mit der Sagenchronologie operierenden Überlegungen. Ein wichtiges Argument stellt die Erzählung des Echemos von Tegea (in Arkadien) bei Herodot (9, 26) dar. Dieser habe in einem Zweikampf mit Hyllos verhindert, dass die Herakliden noch vor dem troianischen Krieg auf die Peloponnes zurückkehren konnten. Dies ist die sagenchronologische Voraussetzung für die Verbindung zwischen Hyllos und den Doriern und damit für die Vertreibung der Ioner aus der Peloponnes. Dies deckt sich mit der Genealogie des Hellen im *Frauenkatalog* [s. 5.2], wonach Ion – anders als Doros – nur ein Enkel von Hellen ist. Xouthos, der Vater Ions, kam aus Kleinasien. Von solchen Argumenten ausgehend hielt PRINZ [5.3: Gründungsmythen, 357–58, 362, 367] das *Asie* genannte Kleinasien für die ursprüngliche Heimat der Ioner – ohne noch eine Verbindung zu den Jamnāja ziehen zu können.

Ioner in Asie

Auf die Widersprüchlichkeit der Texte bezogen betont R. OSBORNE [1.2: Greece, 50–51], dass von der Vertreibung der Ioner von der Peloponnes erst dann erzählt werden konnte, als die Erzählung über Ansprüche der zurückgekehrten Herakliden auf der Peloponnes allgemein akzeptiert worden war. Das konnte kaum vor dem 6. Jh. der Fall gewesen sein und wurde im 5. Jh. im Kontext der sich steigernden Spannungen zwischen Sparta und Athen sogar intensiv diskutiert [1.1: FOWLER, Mythography, Bd. 2, 569–572; 5.3.2: SWEENEY, Myths, 9–11]. Die Breite der Diskussionen geht aus den bei Herodot sichtbaren Widersprüchen zur Stilisierung der Ioner als großer Einheit hervor [5.3.2: THOMAS, Ethnicity; 5.2: OSMERS, Vergangenheitsbezüge, 105–134]. Einmal sind die Athener die älteste ethnische Gruppe (*genos*), die einzige, die nicht Mitbewohner der Hellenen war (Hdt. 7, 161), dann sollen sich zur Zeit, als die Athener bereits zu den Hellenen gerechnet wurden, in Attika Pelasger angesiedelt haben (Hdt. 2, 51). Zudem unterschied Herodot (8, 44) vier aufeinanderfolgende Phasen,

Erzählung benötigt Akzeptanz

von den Pelasgern zu den Kekropiden, den Athenern und dann zu den Ionern.

Politische Interessen und Perspektiven

Somit erklären sich die Widersprüche aus den unterschiedlichen politischen Interessen und Perspektiven [2.2: HALL, Identity, 5–56; 5.3.2: CONNOR, Era; BREMMER, Myth], die sich auch in den Erzählungen über die Gründung kleinasiatischer Poleis niederschlagen. Der Weg der Gründer der kleinasiatischen Siedlungen/Städte führte bei dem in der zweiten Hälfte des 7. Jh. lebenden, aus dem kleinasiatischen Kolophon stammenden Mimnermos direkt von der Peloponnes nach Kleinasien, ohne dass auf Ioner Bezug genommen wurde. Eine Wanderung mit Beteiligung des „ionischen" Athen findet sich erst im 5. Jh. bei Herodot (1, 145): Der bei Mimnermos direkt aus Pylos nach Milet gekommene Neleus wurde nun zum Sohn des Kodros und Basileus von Athen (Hdt. 9, 97). Für Mimnermos kann ein solcher Konnex nur hergestellt werden, wenn die bei dem im 1. Jh. lebenden Strabon überlieferten Fragmente von Mimnermos über den von Strabon ausgeführten Kontext der ionischen Wanderung in diesem Sinn ‚ergänzt' werden.

Keine Einwanderung

Die ethnische Hypothese führt zwangsläufig zu Überlegungen über die zeitliche Relation zwischen Doriern und Ionern. Wird zwar eingeräumt, dass sich die postulierte Einwanderung der „griechischen Stämme" aus dem Norden archäologisch nicht nachweisen lässt [5.3.1: EDER, Wanderung], so wird doch von einer ionischen Wanderung nach Kleinasien ausgegangen [5.3.2: DEGER-JALKOTZY, Wanderung]. Hier werden archäologische Befunde namhaft gemacht, um eine Ausbreitung von „Ionern" in der Zeit nach dem Kollaps der ‚mykenischen' Paläste nach Kleinasien wahrscheinlich zu machen [5.3.2: HERDA, Kariska-Karien; KERSCHNER, Wanderung]. Dagegen sprechen die problematische ethnische Ausdeutung archäologischer Befunde [s. 3.1.1] und diese selbst, weil sie keine intensiven Transfers von der Balkanhalbinsel nach Kleinasien erkennen lassen [5.3.2: LEMOS, Migrations; CRIELAARD, Ionians, 55–57].

5.4 Alteritätserfahrungen: Impulse zur Formierung einer hellenischen Identität

Das Eigene und das Andere

Gemäß der ethnischen Hypothese bilden das Eigene wie das Andere jeweils eine abgrenzbare Einheit. Äußere Einflüsse und daraus folgende Vermischung erscheinen danach als die Gefahr, an Identität einzubüßen. Daher besteht die Tendenz, derartige Begegnungen abzuwerten. Bezogen auf ‚die Griechen' wurde diese Debatte insbesondere mit Blick auf mögliche Beeinflussungen durch die östlich des Mittelmeeres gelegenen kulturelle Welten geführt. Die Belege für deren Existenz sind weit mehr als nur Indizien; sie reichen von Parallelen in der Strukturierung des Kosmos [5.4: BURKERT, Babylon, 29–34; HAUBOLD, Greece], dem Wissen über assyrische Herrschaftspraxis [5.4: ROLLINGER, Motivik], über Besitz oder zumindest Kenntnis von wertvollen materiellen Gütern oder Architekturteilen (wie am Haus des Alkinoos in der *Odyssee*) bis zum Vorbild von literarischen Motiven, wie das Gilgamesch-Epos für das Verhältnis von Achill und Patroklos und die Unterweltsfahrt in den Epen [5.4: WEST, Face, 164–167, 336–338; 4: PATZEK, Textvorlagen]. Da ein Kulturtransfer aus diesem Raum nicht zu leugnen ist, wurde die Spezifik ‚der Griechen' mit der Vorstellung zu bewahren versucht, dass diese alles Fremde in etwas „Griechisches" umgewandelt hätten. Damit ist nicht der Einsatz und die Umgestaltung solcher „Vorbilder" entsprechend der eigenen Erzählintentionen [4.7: CAIRNS/SCODEL, Defining: Teil 1] und „Weltanschauungen" [5.4: NIPPEL, Griechen] gemeint, sondern eine grundlegende, „wesensmäßige" Veränderung [5.4: DIHLE, Griechen, 52–53; MEIER, Kultur, 68–76, 84–93], die man auch als „das griechische Wunder" [5.4: ZAICEV, Wunder; kritischer Überblick in 5.4: WEILER, Soziogenese, 211–215] bezeichnet hat. Parallel dazu wurden Zweifel an der Möglichkeit eines intensiven Kulturtransfers über das Mittelmeer geäußert, und in der Erfahrung von Alterität ein Mittel zur Stärkung der Kohäsion der vorher schon (latent) vorhandenen ethnischen Zusammengehörigkeit gesehen.

Abwehr externer Einflüsse

Angestoßen durch die Forschungen in der Geschichtswissenschaft trat demgegenüber seit den 1980er Jahren die Auffassung immer mehr in den Vordergrund, dass Kulturtransfer ein überall und zu allen Zeiten zu beobachtender, ‚normaler' Vorgang sei. Um die dabei ablaufenden Prozesse näher erfassen zu können, wurden nicht mehr ‚Volk' oder ‚Kultur' als klar abgrenzbare Einheiten begriffen [5.4: HALL, Cultures], sondern das Verhalten einzelner Gruppen, dann auch der Individuen selbst ins Blickfeld gerückt. Es wurde individuelle Spielräume unter den Begriffen *agency* oder Konsumption hervorgehoben und mit dem Terminus des „Kulturellen Akteurs" die Bezugsverhältnisse zwischen Individuum und seinem jeweiligen Umfeld in den Vordergrund gestellt [5.4: KISTLER/

Kulturtransfer

ULF, Akteurinnen]. Auf diese Weise wird sichtbar, dass es zu allen Zeiten Transfers zwischen sozialen Gruppen und Einheiten gab und dass diese – je nach Situation – unterschiedlich ausfallende Anpassungen und Veränderungen der Identitäten hervorrufen.

5.4.1 Kontaktsituationen am Rand des griechischen Siedlungsraumes

Kontaktzonen Das Konzept der Kontaktzonen geht zuerst auf in der Literaturwissenschaft formulierte Überlegungen zurück [5.4.1: PRATT, Eyes]. In der Gestalt des „Middle Ground" hat es inzwischen besonders in die archäologische Diskussion Eingang gefunden. Da unter ihm meist nur vage ein „Third Space" [5.3: MALKIN, World, 45–48, 215–216], d. h. ein von Gewaltausübung freier Begegnungsraum verstanden wird, bleibt sein Erklärungsgehalt vage. Durch die Erweiterung des Konzepts über Erkenntnisse der Ethnologie, Soziologie und Sozialpsychologie kann eine Skala von Kontaktzonen zwischen Heterarchie und Hierarchie hergestellt werden, mit deren Hilfe eine kausale Verbindung zwischen dem Typ der Kontaktzone und der Art der Rezeption materieller und ideeller Güter und ihrer Auswirkung auf die Identität der Rezipienten wahrscheinlich zu machen ist [5.4.1: ULF,

Formen der Rezeption Rethinking]. Entlang der Kriterien der persönlichen Distanz bzw. Nähe und der Absenz bzw. der Anwendung von Gewalt zur Abhebung der einzelnen Typen der Kontaktzonen voneinander ergeben sich unterschiedliche Formen der Rezeption und Auswirkung des Anderen auf die eigene Identität. Sie sind am einfachsten, wenn auch unvollständig mit den in der Archäologie gebrauchten Grundformen der Rezeption der (freien) Imitation, der (zum Teil übernehmenden) Adaption und der (innovativen) Derivation umrissen.

Konsumption und Lebensstil Ein anderer Weg, um den Umgang von Individuen und Gruppen mit dem Anderen näher beschreiben zu können, führt über das Konzept der Konsumption. Unter Konsumption wird verstanden, welche materiellen und ideellen Güter rezipiert und wie diese im eigenen Lebenskontext bewertet und in ihn eingebettet werden [5.4.1: WALSH, Consumerism]. In der Art der Konsumption kommen die Merkmale und Regeln des eigenen sozialen und kulturellen Felds zum Vorschein [4.4: KISTLER/ÖHLINGER/HOERNES/MOHR, Debating, 514–517]. Mit dem Konzept kann das Nebeneinander von Lebensstilen in archäologischen Befunden aufgezeigt werden, z. B. nebeneinander vorhandene Keramiktraditionen, das bewusste

Aufgreifen von Bildmotiven aus dem Nahen Osten schon ab dem 10. Jh. [5.4.1: CRIELAARD, Production, 50–52, 65] oder konkrete Vorbilder für einzelne Motive [5.4.1: KISTLER, Kriegsbilder]. Übertragen auf Texte lässt sich mit dem Konzept der Umgang mit (dem) Fremden präziser erfassen, wenn z. B. in den homerischen Epen Motive der assyrischen Herrschaftspraxis verwendet werden, um solches Verhalten als negativ zu markieren [5.4.1: ULF, Standards, 477–479; ULF, Konsumption]. Dies alles hat seine Gültigkeit auch für die Wahrnehmung griechischer Produkte und wurde in solchem Kontext auch als „ideology of import" [5.4.1: LIVERANI, Network] bezeichnet.

Unter den verschiedenen Kontaktzonen dürften die *Gateway Communities* eine besondere Rolle als Vermittler zwischen kulturellen Welten und deren Wertesystemen gespielt haben. Unter ökonomischen Vorzeichen ist das allgemein akzeptiert [1.2: VON REDEN, Wirtschaft, 126–127]. Weniger beachtet blieb der Aspekt, dass diese Art der Kontaktzone durch die Errichtung von einem oder mehreren Heiligtümern von Gewaltausübung frei gehalten wurde, was den Kommunikationsfluss und die Bereitschaft zur Rezeption begünstigt haben muss [4.4: KISTLER/ÖHLINGER/HOERNES/MOHR, Debating, 505–507]. Ein ähnlich intensiver Austausch an Information ist auch für die Orte anzunehmen, in denen lokale Bevölkerung und Zuwanderer nebeneinander lebten [5.4.1: DEMITRIOU, Identity], wie z. B. an den Ostküsten Süditaliens und Siziliens, in Pithekussai/Ischia oder auch in der viel diskutierten Siedlung Al Mina an der Mündung des Orontes in der Levante [5.4.1: VACEK, Al Mina].

Multikulturelle Orte

5.4.2 Heiligtümer: multidimensionale Begegnungen in sakralen Räumen

Heiligtümer in ihrer Funktion für das jeweilige sozio-politische Umfeld zu betrachten [5.4.2: SCHWEIZER, Räume, 928–929] löst diese aus der einfachen Kategorisierung nach den in ihnen verehrten Gottheiten. Sie als Heiligtum der Hera, des Apoll, des Zeus usw. zu benennen, ist ein für die Zeit vor der Archaik nicht unproblematisches Vorgehen, weil die Rückprojektion von Götternamen der archaischen Zeit in die vorangehende schriftlose Welt die Annahme einer kultisch-religiösen Kontinuität voraussetzt [5.4.2: GRAF, Religion, 350–351; DE POLIGNAC, Cults, 25–31; s. 4.7; 5.2.2]. Dies lenkte den Blick stärker auf die über die Archäologie mögliche

Funktion im sozio-politischen Umfeld

Interne Organisation

Rekonstruktion der internen Organisation. Insbesondere die großen Heiligtümer finanzierten sich weitgehend selbst. Sie verfügten über Land zur Haltung von Tieren, die von den Besuchern als Opfertiere erworben werden konnten. Im und um das Heiligtum befanden sich Produktionsstätten zur Herstellung von Votivgaben [5.2.2: MORGAN, States, 119–120, 149–155]. Das Personal des Heiligtums nahm die Opfergaben entgegen, sorgte für die Deponierung der Votive und die Entsorgung der verderblichen Gaben. Priester standen bereit, um Opfer und andere religiöse Zeremonien durchzuführen.

Vermittlung von Informationen

Heiligtümer waren danach mehr als bloß religiöse Stätten; sie besaßen als „communities of cult" [5.2.2.: MORGAN, States, 107] einen eigenen Platz im Verband der verschiedenen sozio-politischen Organisationsformen, von den Compounds bis zu den Siedlungen mit Agora [s. 3.4 und 3.5; 5.4.2: SINN, Kultorte]. Abhängig von ihrer Reichweite wird ihrer Funktion als lokale, regionale oder überregionale Heiligtümer nachgegangen [5.4.2: FUNKE, Integration; ULF, Überlegungen; HAAKE/JUNG, Heiligtümer]. Diese hatte auch Einfluss auf deren religiöse Bedeutung und ihre Funktion als Vermittler von Informationen aus und über die Fremde [5.4.2: MYLONOPOULOS, Heiligtum]. Dafür liefert die unterschiedlich hohe Zahl an fremden, als Weihegaben deponierten Gütern einen direkten Beleg [5.4.2: OSBORNE, Archaic Greece, 86–89; 4.6: MORGAN, Iron Age, 53–54]. Deren ‚Biographien' wird unter verschiedenen Aspekten nachgeforscht [s. 3.6.1]

Heiligtümer als „strukturelle Löcher"

Besondere Bedeutung besaßen in diesem Kontext nicht nur die Heiligtümer, welche an Austauschrouten lagen wie z. B. das Heraion auf Salamis, sondern auch jene, welche als Kommunikationsorte zwischen sozio-politischen Einheiten fungierten, wie z. B. Kalapodi in der Phokis. In der Terminologie der soziologischen Netzwerktheorie bildeten die überregionalen Heiligtümer „strukturelle Löcher" (*structural holes*), durch die neues Wissen in die eigene Welt eingespeist wurde. Dieser Ansatz liefert eine Erklärung für die Bedeutung der Heiligtümer, ohne die in der älteren Diskussion vorhandene Fokussierung auf das Heiligtum von Delphi und dessen postulierte Bedeutung als „religiöses Zentrum" der „griechischen Nation". Wie die neuen Informationen jeweils verarbeitet und weitergegeben bzw. verändert wurden, muss je nach der Position der Weihenden und der Betrachter eines im Heiligtum deponierten Gegenstandes und mit Rücksicht auf die jeweilige

Kontaktsituation [5.4.2: KAPLAN, Dedications; KERSCHNER, Weihungen, 272–274] eigens analysiert werden.

5.5 Hellenische Ethnogenese – ein anhaltender Prozess

Als Anstoß für die Selbstdefinition der im ‚griechischen' Siedlungsraum lebenden Menschen als Hellenen werden häufig die Perserkriege genannt, weil davon ausgegangen wird, dass sich durch die äußere Bedrohung ein neues Bewusstsein der Zusammengehörigkeit einstellte. Diese Form der Identitätsbildung bezeichnete J. HALL [2.2: Identity, 47–51] als „oppositionelle Identität". Er hebt diese von der auf Genealogien beruhenden „aggregativen Identität" ab – ein Terminus, für den er auf die für das ganze 19. Jh. einflussreiche Griechische Geschichte von GEORGE GROTE verweist. Dieser sprach von „friendship and fraternity" der Nachkommen von Hellen, die zwar nicht politisch geeint gewesen seien, aber über die genealogische Verbindung ein „Hellenic aggregate" gebildet hätten [5.5: GROTE, History, 239, 263, 271; Kritik am Nationskonzept: WALBANK, Problem]. Diese Sicht beruht auf einer implizit vorausgesetzten ethnischen Zusammengehörigkeit, die mit „Erinnerungen" bzw. "Tradition" rechnet, die über die *Dark Ages* bis in die ‚mykenische' Welt zurückführen [so 5.5: HALL, Determinacy, 282–283].

Oppositionelle und aggregative Identität

Doch wie die vielfältige Ereignisgeschichte im Mittelmeer und die nebeneinander existierenden verschiedenen sozio-politischen Formationen [s. 2] erkennen lassen, gab es weder einheitliche ‚griechische' Verhältnisse noch einen einheitlichen Prozess von Veränderungen, der ganz „Griechenland" erfasste [5.5: DE POLIGNAC, Forms]. Es wird darauf hingewiesen, dass zwischen Kleinasien, der Balkanhalbinsel, Unteritalien und Sizilien nicht nur geographische Unterschiede, sondern auch funktionale Differenzen aufgrund unterschiedlicher Interessenslagen bestanden [5.5: MORRIS, Early polis]. Diese führten auch zu unterschiedlichen Formen der Kontakte mit dem Fremden und von diesen Kontakten ausgelösten unterschiedlichen Wahrnehmungen, Rezeptionen und Wirkungen des Anderen [s. 5.4].

Keine einheitliche Identität

Daher blieben neben Anzeichen für eine ‚alle Griechen' umfassende „oppositionelle Identität" die bekannten Identitätsmuster weiterhin bestehen [5.5: VLASSOPOULOS, Ethnicity; 5.2: OSMERS, Vergangenheitsbezüge, 252–280]. Die unterschiedlichen

Nebeneinander von Erzählungen über den ‚Anfang'

Erzählungen über ‚die Anfänge' verschwanden nicht mit den in den Perserkriegen gemachten Erfahrungen. Die Erzählung des Hellen blieb weiterhin nur eine unter mehreren, bis zum ‚Anfang' führenden Erzählungen [s. 5.2.3]. Die im 5. Jh. politische Bedeutung erhaltenden Wanderungserzählungen widersprachen sich nicht nur, sondern standen auch nicht im Einklang mit der Genealogie des Hellen [s. 5.3]. Zudem kamen weitere mit Genealogien operierende Erzählungen hinzu [s. 5.5.2]. Die Parallelität und Widersprüchlichkeit der verschiedenen Erzählungen werden in der Diskussion wegen der für selbstverständlich gehaltenen Prämisse der ethnischen Identität ‚der Griechen' nur als unterschiedliche Traditionen angesehen, ohne ihnen ausreichend Bedeutung innerhalb der komplexen hellenischen Ethnogenese zuzumessen.

5.5.1 ‚Reale' und fiktionale Großeinheiten im Epos

Mythen – nicht Mythos

Die parallele Verwendung der drei Namen Achäer, Danaer und Argeier als Bezeichnung für die Gesamtheit der Belagerer von Troia und die Tatsache, dass Achäer und Danaer Derivate von Namen aus dem 2. Jahrtausend mit unterschiedlicher Bedeutung sind [s. 2.1.3], machen es unwahrscheinlich, dass diese nebeneinander gebrauchte Selbstbezeichnungen für eine ‚hellenische' Einheit waren [5.5.1: FOWLER, Achaeans]. Auch deswegen ist es problematisch, dem „frühgriechischen Mythos" die Funktion eines „Identifikationsmodells" für die „Herausbildung eine neuen panhellenischen Gemeinschaftsbewusstseins" zuzuordnen [4.7: REINHARDT, Mythos 106, 115, 247–48] bzw. die Erzählung vom troianischen Krieg als „the foundational narrative of the new Greek civilization" zu interpretieren [5.5.1: FINKELBERG, Trojan War, 895]. Die Namen dienten nicht zur Bezeichnung einer ethnischen Einheit, und die in der *Ilias* konkret beschriebenen Einheiten waren nicht gleich strukturiert und blieben fragil. Ein wichtiges Indiz dafür ist, dass die einzelnen Kontingente der Troia verteidigenden Allianz unterschiedliche Sprachen sprachen (Il. 2, 803–804). Die Ähnlichkeit mit den keine ethnische Einheit darstellenden Jamnāja bzw. den vielsprachigen sich auf der Insel Delos versammelnden Ionern (Hymn. Apoll, 162–164) kommt dafür als Analogie rasch in den Sinn [s. 5.3.2].

„Schiffskatalog"

Die Frage, welche Art von Allianz die Belagerer Troias zusammenbindet, wird von der Diskussion über den sog. „Schiffskatalog"

(Il. 2, 484–760) beinahe vollständig verdrängt. Mündliche Tradition aus der mykenischen Zeit voraussetzend wird debattiert, ob hinter diesem die politische Landschaft der mykenischen Zeit [Überblick 4: KULLMANN, Ilias, 92–94; skeptisch 5.5.1: EDER, Schiffskatalog] oder der *Dark Ages* steht, warum einige Teile der Peloponnes, der ägäischen Inseln oder Kleinasiens fehlen, und besonders, ob es eine Übereinstimmung der für einzelne Landschaften genannten Orte mit einer konkret benennbaren historischen Situation gibt [Überblick 5.5.1: DICKINSON, Catalogue]. Fasst man jedoch die *Ilias* und mit ihr den Katalog als einen vom Dichter bewusst geschaffenen Text auf, rücken Fragen wie die nach dem Grund der Präsentation des Schiffskatalogs im 9. Kriegsjahr und der Hervorhebung von Agamemnon und damit von Mykene gegenüber Menelaos als dem Hauptbetroffenen und von Sparta ins Blickfeld. Dann lässt sich auch die Struktur des Heeresverbands, die der – fragilen – Allianz eines Ethnos gleicht [4.2: ULF, Gesellschaft, 118–125; 5.5.1: DONLAN, Achilles], ebenfalls als Teil der Textintention interpretieren. Daraus ist abzuleiten, dass im Schiffskatalog die in den archäologischen Befunden sichtbare Vielfalt der politischen Landschaft gespiegelt [s. 2.] und nicht die Fragmentierung der griechischen Welt nachträglich erklärt wurde [so 5.5.1: MALKIN, Returns, 3]. Damit wird die auf einen in mündlichen Epen unbekannten Umfang ausgedehnte Aufzählung der Kontingente [4: KULLMANN, Ilias, 93] zum Teil der Präsentation des umfassenden Wissens des Dichters [s. 4.7]. Dafür dass die Achäer/Danaer/Argeier-Einheit ein Konstrukt des Dichters ist, spricht, dass es nur in dieser Verbindung mit dem troianischen Krieg (in der *Ilias*) existierte. Nach der Eroberung Troias zerstreuten sich die Kontingente wieder und kehrten in ihre jeweils eigenen Namen tragenden Kleineinheiten zurück.

Vielfalt der politischen Landschaft

5.5.2 Umdeutungen und Erweiterungen der Genealogie des Hellen

Die als zentraler Beleg für ein unter dem Druck der Perserkriege zum Vorschein gekommenes ethnisches Selbstverständnis zitierte Äußerung der Athener vor der Schlacht von Plataä (Hdt. 8, 144, 3) erhält ihren Sinn aus dem Kontext des Vorwurfs, mit den Persern zu sympathisieren. Die Athener antworteten darauf, dass sie Hellas nicht in die Sklaverei bringen, sondern Rache für die Zerstörung der Tempel nehmen wollen. Darüber hinaus gebe es noch „das

Die Athener werden zum Paradigma

Hellenische" (gleiches Blut und gleiche Sprache, gemeinsame Göttertempel und Opfer, gleichartige Sitten), das zu verraten für die Athener nicht recht wäre. Unter der Voraussetzung einer ethnischen Zusammengehörigkeit erscheint dieses „den Athenern" in den Mund gelegte Statement wie eine Selbstverständlichkeit [2.2: HALL, Hellenicity, 189–191]. Im Wissen um die enge Beziehung der Genealogie des Hellen zu Sparta und Athen und deren Streit um die Vorrangstellung in der Genealogie [s. 5.2.3] kann die Berufung auf das „Hellenische" kaum anders als eine Herausforderung der Spartaner durch die Athener um die Anführerschaft interpretiert werden [5.2.3: ULF, Deukalion, 42–45]. Die sich hier andeutende Vereinnahmung des Wissens über „das Hellenische" wird in der Analyse der Rede des Perikles, die ihn Thukydides (2, 34–46) 431, am Ende des ersten Jahres des peloponnesischen Krieges anlässlich der Ehrung der gefallenen Athener vortragen ließ, auch gar nicht bestritten. In ihr pries Perikles Athen dafür, dass es sich nicht an den Verhaltensformen und Regeln (*nomoi*) anderer orientiere, sondern selbst das vorbildhafte Beispiel (*paradigma*) schlechthin darstelle. Das mache Athen zur Erzieherin (*paideusis*) „für ganz Hellas". Das war offensichtlich ein Versuch, eine ‚offizielle' Version des Hellenenbegriffs kreieren, die alle anderen ersetzen sollte.

Einspruch von Hellanikos von Lesbos

Auf die damit verbundene Debatte über die ‚richtige' Hellen-Genealogie weist bei Hellanikos von Lesbos (FGrHist 4, 74) neben der Vorrangstellung des Äolos gegenüber Doros, dass er die genealogische Ableitung von Deukalion mit anderer Ausrichtung auch noch so gestaltete, dass Makedon zum Sohn des Äolos wurde [1.1: FOWLER, Mythography, Bd. 2, 155–157; 5.5.2: MÖLLER, Beginning]. Das ist ein deutliches Signal, dass mit Genealogien – politisch – argumentiert wurde [5.5.2: HALL, Ethnicities] und ein Argument gegen die Skepsis [5.5.2: MALKIN, Introduction, 11], dass in der Formierung von Ethnizität [s. 2.2] Genealogien eine Rolle gespielt hätten.

Ethnizität der Ethne

Die für die Frage der Bedeutung der Genealogien als Instrument der Bildung von Ethnizität wichtige Intensivierung der Beschäftigung mit den sog. Ethne geht in die 1990er Jahre zurück, als man begann, diese gegenüber der in der traditionellen Sicht „die griechische Staatsform" darstellende Polis [s. 2.1] als eigenständiges politisches Gebilde zu analysieren [5.5.2: FUNKE, Stamm]. Dabei wurde die ältere Auffassung nicht nur infrage gestellt, dass die Ethne tribale Überreste aus der angeblichen Wanderungszeit

‚der Griechen' darstellen würden [s. 2.1], sondern es wurden auch die Prozesse nachgezeichnet, welche zur Ethnizität dieser regionalen Gebilde führten. Die dafür beanspruchte gemeinsame Herkunft wurde oft ohne Bezug zur Genealogie des Hellen zu dem Zeitpunkt formuliert, als die Ethne politische Institutionen auszubilden begannen.

Solche Vergangenheitskonstruktionen wurden frühestens im ausgehenden 6. Jh., deutlicher im 5. Jh., aber noch weiterhin im 4. Jh. und bis in hellenistisch-römische Zeit gebildet [5.1.2: McInerney, Companion; 5.5.2: Zingg, Schöpfung]. Die frühesten derartigen Ethnogenesen scheinen sich in Böotien [5.5.2: Kühr, Kadmos], Achaia oder auch Ätolien vollzogen zu haben, dann auch in Messenien [5.5.2: Luraghi, Messenians]. Jüngere Gebilde waren Arkadien oder Akarnanien [5.5.2: Freitag, Akarnanen]. Eine gewisse Bestätigung für diese Chronologie lässt sich aus dem Zeitpunkt der baulichen Ausgestaltung der als Orte der Kommunikation und Aushandlung fungierenden Heiligtümer ableiten [5.5.2: Funke/Haake, States; s. 5.4.2]. Für Sizilien lässt sich über die Rede des Hermokrates bei Thukydides (4, 59–64) der Versuch nachvollziehen, eine Identität neu zu konstruieren. Um gegenüber der Bedrohung durch die Athener im peloponnesischen Krieg gewappnet zu sein, schlug er vor, sich als „Sikelioten" zusammenzuschließen – ein Vorschlag, der nicht zum Erfolg führte [5.5.2: Hall, Western Greeks, 48; Ulf, Identity, 219–222].

Anhaltende Produktion von Vergangenheitskonstruktionen

Auf die Frage, in welchem Ausmaß die Selbsteinschätzung von Individuen (emische Perspektive) von solchen Konstruktionen beeinflusst wurde, kann das inschriftliche Material bis zu einem gewissen Grad Antwort geben. Als Bezugspunkt für die Nennung einer Person stand hier die Polis gegenüber dem Ethnos im Vordergrund. Die Angabe der Herkunft über das Ethnos wurde durch die Nennung der Polis ergänzt oder das Ethnos durch eine Untergliederung spezifiziert [5.5.2: Siewert, Richter, 97–102]. Dies deutet darauf hin, dass in der individuellen Perspektive die Zugehörigkeit zum Ethnos nicht an erster Stelle stand.

Inschriften

5.5.3 Die hellenische Selbstfindung als „Griechen" im Imperium Romanum

Die Überlegung des Thukydides (1, 3, 3), dass Homer die Barbaren deswegen nicht kannte, weil es den Gegenbegriff der Hellenen

Barbarisierung der Barbaren

noch nicht gab, setzt die Vorstellung einer oppositionellen Identität voraus, wie sie als Voraussetzung für die Ausbildung eines Bewusstsein des Hellenischen meist genannt und mit den Perserkriegen verbunden wird [s. 5.5; kritischer Überblick 5.5.3: SKINNER, Invention, 3–58]. Als Beleg wird angeführt, dass die explizit negative Bewertung des Barbaren im Kontext der Unterwerfung der kleinasiatischen Ioner durch die Perser aufkam [5.5.3: KIM, Invention, 31–37], und ebenso, dass das Bild des grausamen und feigen, unbeherrschten und in Luxus lebenden Barbaren im 5. Jh. in die schon bekannten mythischen Erzählungen projiziert wurde, um so die Opposition von barbarischem Despoten und in Freiheit (der attischen Demokratie) lebenden Hellenen aufbauen zu können [5.5.3: RAAFLAUB, Entdeckung, 72–79]. Die Analyse der 300 erhaltenen (von insgesamt ca. 1.000) Tragödien aus dem 5. Jh. hat gezeigt, dass das mit den Perserkriegen in Umlauf gekommene Negativbild des Barbaren zu einem, wenn nicht zentralen, so doch stets abrufbaren Element für die Gestaltung der Dramen geworden war [5.5.3: HALL, Inventing; SCHMAL, Feindbilder].

Keine lineare Entwicklung

Dieses Bild einer linearen Entwicklung wurde von zwei Richtungen her korrigiert bzw. erweitert. Im ersten Beleg des Wortes (Il. 2, 867) ist nur von der konkreten Alteritätserfahrung entsprechenden, barbarischen, d.h. unverständlich sprechenden Kariern als *barbarophonoi* die Rede, ohne eine generelle Bewertung solcher Menschen vorzunehmen. Wie diese ausfiel, hing von den jeweils konkreten Erfahrungen mit dem Fremden ab, und damit auch davon, an welchem Ort in der Welt man das Andere/Fremde gerade ansetzte. Die explizit negative (oder auch utopisch positive) Bewertung setzte die Loslösung von diesen konkreten Erfahrungen voraus [2.2.2: TIMPE, Barbar, 207–215]. Die negative Zeichnung des Barbaren in der attischen Tragödie stand in direktem Bezug zu dem von Athen fortgeführten Kampf gegen die Perser, wofür der 478 nach dem Sieg über die Perser gebildete Bund der Hellenen (Thuk. 1, 94–96) in den von Athen dominierten Attisch-delischen Seebund umorganisiert worden war.

Relativierung des athenischen Anspruchs

Die dem parallel gehende Inanspruchnahme „des Hellenischen" durch Athen zeigt sich in der viel zitierten und diskutierten Rede des Perikles, die ihn Thukydides (2, 34–46), am Ende des ersten Jahres des peloponnesischen Krieges (431) anlässlich der Ehrung der gefallenen Athener vortragen ließ, in der Athen als vorbildhaftes Beispiel zur Erzieherin „für ganz Hellas" stilisiert wurde [s. 5.5.2]. Wie sehr diese kulturelle, nicht ethnische Fundierung des Hellenischen ein Konstrukt war, erweisen die Untersuchungen, welche sich mit dem ‚realen‘ Leben beschäftigen. Thukydides selbst relativierte den athenischen Anspruch in dieser Rede durch den Verweis darauf, dass sich die Bräuche über die Zeiten veränderten und in seiner Gegenwart von Ort zu Ort verschieden waren [5.5.3: ULF, Korrelationen, 114–117].

Die sich darin andeutende Mehrzahl von parallelen Diskursen in den Texten [5.5.3: MUNSON, Doves] darüber, wer die Barbaren bzw. die Hellenen sind, wurde auch durch archäologische Bildanalysen freigelegt [5.5.3: MILLER, Athens; SHAPIRO, Invention]. Direkt nach den Perserkriegen wurden die Perser als tapfere Kämpfer dargestellt, in der Mitte des 5. Jh. wurden jedoch heroisch-nackte Hellenen bekleideten und ängstlichen Persern gegenübergestellt. Im späten 5. Jh. begannen Verkörperungen der Barbaren wie die Amazonen persische mit thrakischen Elementen vermischte Kleidung zu tragen. Stimmte diese Veränderung der Bilder mit der politischen Hellenen-Ideologie überein, so stand ihr die als „Perserie" (M. MILLER) bezeichnete Übernahme verschiedener Elemente von fremder, besonders persischer Kleidung (z. B. Chiton mit Ärmeln, unterschiedliche Übergewänder oder lange Hosen) und Verhaltensformen (z. B. Verwendung von Sonnenschirmchen, Fliegenklatschen, das Halten von Pfauen) in den Lebensstil reicher Athener gegenüber.

Unterschiedliche Barbarendiskurse

Diese Widersprüchlichkeit [5.5.3: BRIDGES/HALL/RHODES, Responses] kann nicht durch den Hinweis auf die Verbindung von Metropolis und Apoikie als Grundlage für die Verbreitung gleichartiger Regeln und Bräuche (*nomima*) in der griechischen Welt [5.3: MALKIN, World, 53–64] aufgehoben werden, wo zudem dieses Argument auf dem an das Orakel von Delphi angehängten Konstrukt der Kolonisation [s. 4.6; 5.5.3: GIANGIUGLIO, Identities, 123–125] beruht. Da auch die Opposition Hellenen-Barbaren die Unsicherheit nicht aufheben konnte, wer zu den Hellenen zu rechnen sei und wo die Grenzen von Hellas liegen [5.5.3: HALL, Inventing, 165–181], trat das zweite Grundargument in der Rede des Perikles für den Anspruch Athens, die Erzieherin/Schule (*paideusis*) von Hellas zu sein, in den Vordergrund [2.2: HALL, Hellenicity, 201–202]. Dieser Anspruch ist in den Kontext der ins 6. Jh. zurückreichenden Debatten über die Relation zwischen *physis* (Natur) und *nomos* [5.5.3: RAAFLAUB, Denken, 319–323;

Definition des Barbaren über die Kultur

2.2: HALL, Hellenicity, 196–198] einzubetten. Daraus ließ sich ableiten, dass es zwar eine allgemein menschliche Natur gebe, es jedoch die Erziehung – unabhängig von der Herkunft – ausmache, wer zum Hellenen werde. Mit dieser Art der kulturellen Definition wurde eine neue Grundlage für die Abgrenzung von Hellenen und Barbaren geschaffen – ohne Genealogien und ethnische Zuschreibungen und damit auch ohne die Frage nach dem Anfang. Dennoch bot auch die kulturelle Definition der Hellenen keine Sicherheit für die Bestimmung von Hellenen oder Barbaren. Sie blieb willkürlich bzw. von den jeweils aktuellen (politischen) Wünschen bestimmt.

Propagierung hellenischer Gemeinsamkeit

Es wurde vielfach untersucht [Überblick 5.5.3: ORTH, Isokrates], dass die nach der Niederlage der Athener am Ende des peloponnesischen Kriegs ausgeweitete Vorstellung einer alle Hellenen umfassenden (modern: „panhellenischen") Gemeinsamkeit [2.2: HALL, Hellenicity, 205–220] hinter der (im Anschluss an Gorgias, Andokides und Lysias) von Isokrates (436–338) erhobenen Forderung stand, dass sich die Hellenen insgesamt zu einem allgemeinen Frieden (*koiné eiréne*) finden sollen, um unter der Führung von Athen und Sparta Krieg gegen die barbarischen Perser [differenzierend 5.5.3: MADREITER, Stereotypisierung, 180–184] aufzunehmen und die wieder unter deren Herrschaft gefallenen kleinasiatischen Hellenen zu befreien [5.5.3: FLOWER, Simonides]. Aus diesem Kontext hellenischer Gemeinsamkeit heraus ordnete der eine gute Generation jüngere Demosthenes (384–322) die vier Feste – in Olympia, Nemea, Isthmia, Delphi – in das Umfeld eines umfassenden kulturell-politischen Hellenismus ein. Diese Feste hatten diese Bedeutung nicht ‚von Anfang an', sondern entwickelten sich – wegen ihrer Lage zwischen den Interessenszonen von Sparta und Athen [5.5.3: ULF, Merkmale] – vom 7. zum 6. Jh. von lokal-regionalen Festen zu bis zu Festen mit einem hellenischen Einzugsbereich [5.5.3: KYRIELEIS, Anfänge; SCOTT, Delphi].

Reduktion des Hellenischen im Hellenismus

Der vom Makedonen Alexander III. geführte Eroberungszug bis an die Grenzen Indiens (336–323) veränderte die Voraussetzungen für die Definition des Hellenischen neuerlich. In den nach Alexanders Tod (323) auf dem riesigen Gebiet von Ägypten über die Levante nach Mesopotamien, den Iran und Kleinasien bzw. Anatolien entstandenen multikulturellen Monarchien mit einer griechisch sprechenden Machtelite [5.5.3: GEHRKE, Geschichte, 30–45; KLINKOTT, Griechen] war nicht nur die Begegnung unterschiedlicher Sprachen tägliche Erfahrung, sondern auch das Zusammenleben verschiedener Kulturwelten, so dass hier das Konzept der Erziehung (*paideia*) dominierte [2.2.2: TIMPE, Barbar, 221–222]. Innerhalb der daraus folgenden Tendenz zu einem Kosmopolitismus stellte sich die Frage neu, ob den Hellenen die Beherrschung der griechischen Sprache ausmache oder die „hellenischen" Sitten und Gebräuche (*Hellenismos*), oder sie verlor an Bedeutung. In der Beschreibung der nur durch das griechische Festland führenden Rundreise (*Periegesis*) des im 3. Jh. lebenden Herakleides Criticus war Hellas nur eine einmal nach Hellen benannte und von ihm gegründete Stadt und ein Teil von Thessalien; hellenisch zu sein hieß jetzt nur, einen der vielen griechischen Dialekte (attisch, dorisch, äolisch, ionisch) zu sprechen [5.5.3: MCINERNEY, Callimachus]. Diesem Verlust der Bedeutung des Hellenischen entsprach der vielfach durchgesetzte Anspruch von Poleis auf dieselbe (pan)hellenische Bedeutung ihrer wichtigen Feste und Sportveranstaltungen, wie sie früher nur neben Nemea und Isthmia besonders Olympia und Delphi besaßen [5.5.3: VAN NIJF/WILLIAMSON, Re-inventing], oder der Anspruch nicht-hellenischer Orte auf eine ‚hellenische' Vergangenheit [5.5.3: SCHEER, Past].

Die skizzierte Entwicklung zeigt, dass die Bestimmung des Hellenischen (*to hellenikon*) ein „reactive phenomenon" [5.5.3: KONSTAN, Ethnos, 30] war und kein – wie in der älteren Forschung meist verstanden – Zusammenführen der (seit jeher existierenden) „Nation". Keiner der verschiedenen Hellenen-Diskurse konnte zur „Meistererzählung" werden, weil die verschiedenen Methoden der Definition als je nach Situation abrufbare Argumentationsformen nebeneinander bestehen blieben [5.5.3: KIM, Ethnicity].

„Reactive Phenomenon"

Nach der gewaltsamen Eingliederung der griechischen Welten in den Herrschaftsbereich Roms griffen die Analysen des Verhältnisses zwischen Römern und Hellenen römische Äußerungen auf, in denen den Hellenen eine kulturelle Überlegenheit und den Römern der Wille und die Fähigkeit, sich in diese kulturelle Welt einzugewöhnen, attestiert wurde [5.5.3: VOGT-SPIRA/ROMMEL, Rezeption]. Jüngere Untersuchungen beschäftigen sich mit den Auswirkungen der politischen Situation auf die Selbsteinschätzung der Hellenen und orientieren sich in der Bewertung der griechisch schreibenden Autoren nicht mehr an dem Maßstab der historischen Glaubwürdigkeit und der mit diesem in Zusammenhang stehenden Methode, die Akkuratheit der historischen Darstellungen an der Qualität der

Verhältnis zwischen Römern und Hellenen

in ihnen verarbeiten Quellen zu messen [sog. „Quellenforschung": s. 1.2: LENDLE, Einführung, 240–242]. Sie arbeiten heraus, dass Rom und die Römer den entscheidenden Bezugspunkt für die Positionierung von älteren Texten bzw. Textteilen im neuen Text darstellten. [5.5.3: SPAWFORTH, Greece].

Wer sind die Römer? Dieser Bezugspunkt ‚Römer' ist jedoch nicht einfach zu fassen [5.5.3: WIATER, Ideology, 208–223]. So argumentierte Cicero, dass nach dem Kriterium der Sprache die Römer Barbaren wären; stünden jedoch den Barbaren Menschen mit kultivierten Sitten (*mores*) gegenüber, dann seien die Graeci nicht weniger Barbaren als die Romani (De re publica 1, 58; Tusc. 1, 1–2). Aber die Römer hätten über Klugheit, militärische Stärke und ererbte Tugenden (*virtus*) eine auf Gottesfurcht (*pietas*) und *virtus* beruhende Herrschaft errichtet, was sie verpflichte, die Welt (*orbis terrarum*) zu zivilisieren. In diesem Bild stand eine politisch geeinte mittelmeerische Kulturwelt dem Barbaricum außerhalb des römischen Herrschaftsraumes gegenüber [2.2.2: TIMPE, Barbar, 223–230]. Nach innen musste das Verhältnis zwischen den Bürgern von Rom und den anderen Angehörigen eines als Kulturraum verstandenen Imperiums geklärt werden. Die für die Zeit des Augustus ausgemachte Tendenz, das vorhandene Wissen auf den verschiedensten Gebieten (Geographie, Religion und Rituale, Grammatik, Philosophie, Mythen usw.) umfassend zu sammeln und zu ordnen, erhält daraus ihren Impuls und Sinn [5.5.3: MOST, Principate].

Eine hellenisch-griechische Welt Die Hellenen mussten ihren Platz in der Welt in Auseinandersetzung mit diesen römisch geprägten Ordnungsmustern finden [5.5.3: SCHMITZ/WIATER, Introduction, 31–32]. Dabei spielte die Mythographie deswegen eine besondere Rolle, weil nur sie zum ‚Anfang' zurückführte, über den das Verhältnis zwischen Römern und Hellenen bestimmt werden konnte. Die dafür durch die Modifizierung der Herkunftserzählungen erzeugte „hellenische" Welt repräsentierte „Inseln des Wissens", mit deren Namen Assoziationen evoziert wurden, über welche sich die mythischen Erzählungen über alle Widersprüche hinweg miteinander verbinden ließen [5.5.3: DELATTRE, Islands]. In seiner Mythographie (*Bibliotheke*) bestimmte der vermutlich im 1. Jh. n. Chr. schreibende sogenannte Pseudo-Apollodor [1.1: GRAF, Mythologie, 184–185] die Grenzen der bewohnten Welt (*Oikumene*) nicht durch Ethnien oder topographische Merkmale, sondern eher durch die *paideia*, so wie das auch der Geograph Strabon von Amaseia tat [5.5.3: VAN DER VLIET, Romans]. Analysen der zahlreich erhaltenen Epigramme bestätigen dieses Bild: Für Krinagoras von Mytilene z. B. war die ganze Welt „hellenisch-griechisch", obwohl von den Römern beherrscht und auch von Unterschieden zwischen Hellenen gekennzeichnet [5.5.3: BOWIE, Men, 190–191, 195].

Ähnliches galt auch für die nun auf die Darstellung der gesamten bekannten Welt ausgerichtete Historiographie [5.5.3: MOST, Principate, 167–171]. Die Historiographen einte das Lob Roms für dessen militärische Leistungen, für die Erweiterung des Blickfeldes über die Grenzen der eigenen lokal-hellenischen Welt hinaus und für dessen Zivilisierungsmission. Auch sie integrierten die Römer über das jetzt auf Rom zentrierte Konzept der Paideia in ihre als Einheit gedachte hellenische Welt [5.5.3: SCHMITZ/WIATER, Introduction, 32]. Für die Position der Hellenen wurde unterschiedlich argumentiert: Diodorus Siculus berief sich z. B. für den Vorrang der Hellenen gegenüber den Römern auf die gemeinsame Abstammung aller Menschen, Dionysius von Halikarnass auf die Herkunft der Römer aus Arkadien. In dieser Tendenz konnte sogar Latein zu einem Dialekt des Griechischen erklärt werden oder die Römer zu Kolonisten aus Achaia [5.5.3: HIDBER, Impacts, 118].

Integration der Römer

Durch diese Forschungen am Beginn des 21. Jahrhunderts erhält der schon früher auch für die griechischen Texte in augusteischer Zeit beobachtete Klassizismus [1.1: DIHLE, Literatur, 62–74] weiterführende Bestätigung. Dieser besteht in einer Tendenz zur Kanonisierung der Sprache und der als „Kulturerbe" weiterzugebenden (pseudo-) historischen Inhalte. Der attische Dialekt wurde zum Ideal erklärt [5.5.3: HINTZEN, Latin], die stark mit Bildern arbeitende Sprache der hellenistischen Zeit als Asianismus abgelehnt. Die genannten systematisierenden Sammlungen beruhen auf einer Selektion von ‚Wissen' aus den Werken anerkannter älterer Autoren, die den jüngeren vorgezogen wurden, auch wenn diese Augenzeugen gewesen waren [5.5.3: MOST, Principate]. Die eigene hellenische Geschichte wurde auf wenige Ereignisse (wie Perserkriege, Krieg gegen Philipp von Makedonien) und einige Persönlichkeiten reduziert; die Geschichte Athens rückte ins Zentrum. Da und dort wurde über diese Vorgänge hinsichtlich ihrer „Glaubwürdigkeit" und ihrer Begrenzung auf die gebildeten hellenischen und römischen Eliten reflektiert, ohne dass dadurch

Klassizismus und Kanonisierung

die Grundtendenz hätte verändert werden können. Denn der so entstandene Kanon entsprach einer von der Frage des Anfangs ‚befreiten', zeitlose Stabilität erhaltenden Hellenizität, in der die emisch-hellenische mit der etisch-römisch/griechischen Perspektive verwoben wurde. Wohl deshalb besaß er eine weit über die Antike hinausreichende Wirksamkeit.

III Quellen und Literatur

1 Quellen und Überblicksdarstellungen

1.1 Quellen

M. G. Amadasi Guzzo, Iscrizioni semitiche di nord-ovest in contesti greci e italici (X-VII sec. a.c.), in: Dialoghi di archeologia 5 (1987) 13–27
A. Bartoněk, Handbuch des mykenischen Griechisch, Heidelberg 2003
BNJ = Brill's New Jacoby, hrsg. v. I. Worthington: brillonline.com/browser/brill-s-new-jacoby
A. Dihle, Die griechische und lateinische Literatur der Kaiserzeit, München 1989
V. Duhoux/A. Morpurgo Davies (Hrsg.), A Companion to Linear B: Mycenaean Greek Texts and Their World, Louvain-la-Neuve/Dudley MA 2008
F. Graf, Griechische Mythologie, 4. Aufl. Düsseldorf/Zürich 1997
FGrHist = F. Jacoby, Die Fragmente der Griechischen Historiker, Bd. 1–3, Berlin/Leiden 1923–1958, Bd. 4 Leiden/Berlin/Köln 1999
R. L. Fowler, Early Greek Mythography, Bd. 1: Text and Introduction, Oxford 2000, Bd. 2: Commentary, Oxford 2013
S. Hiller/O. Panagl, Die frühgriechischen Texte aus mykenischer Zeit, Darmstadt 1976
A. Heubeck, Schrift. Archaeologia Homerica Bd. 3, Kapitel X, Göttingen 1979
L. H. Jeffrey, The Local Scripts of Archaic Greece: A Study of the Origin of the Greek Alphabet and its Development from the Eighth to the Fifth Centuries BC, rev. ed., with a supplement by A.W. Johnston, Oxford 1990
O. Lendle, Einführung in die griechische Geschichtsschreibung, Darmstadt 1992
LfrgE = Lexikon des frühgriechischen Epos, Bd. 1–4, Göttingen 1955–2010
K. Meister, Die griechische Geschichtsschreibung, Stuttgart/Berlin/Köln 1990
B. Powell, Homer and the Origin of the Greek Alphabet, Cambridge 1991
W. Rösler, Mündlichkeit und Schriftlichkeit, in 4: Rengakos/Zimmermann, Handbuch, 201–213
E. van Dongen, The overland route. Intra-anatolian interaction ca. 1000–540 BC and the transmission of the alphabet, in: Ancient West & East 12 (2013) 47–70
J. Vansina, Oral Tradition as History, Madison 1985
R. Wachter, Das griechische Alphabet, in: Der Neue Pauly 1 (1996) 537–547
J.-P. Wilson, Literacy, in 1.2.: Raaflaub/van Wees, Archaic Greece, 543–563
E. Wirbelauer, Eine Frage der Telekomunikation? Die Griechen und ihre Schrift im 9.-7. Jahrhundert v. Chr., in 1.2: Rollinger/Ulf, Griechische Archaik, 187–206
B. Zimmermann (Hrsg.), Handbuch der griechischen Literatur der Antike, Bd. 1: Die Literatur der archaischen und klassischen Zeit, München 2011 [mit Angabe aller Siglen für die Ausgaben antiker Texte]

1.2 Historische Überblicksdarstellungen und häufig zitierte Sammelbände

K. Bringmann, Im Schatten der Paläste. Geschichte des frühen Griechenland, München 2016
J. Fischer, Griechische Frühgeschichte bis 500 v. Chr., Darmstadt 2010

L. M. Günther, Griechische Antike, Tübingen/Basel 2008
J. Hall, A History of the Archaic Greek World, ca. 1200–479 BC, 2. Aufl. Oxford 2014
D. Lotze, Griechische Geschichte: Von den Anfängen bis zum Hellenismus, 8. Aufl. München 2016
Ch. Marek, Geschichte Kleinasiens in der Antike, München 2010
R. Osborne, Greece in the Making, 1200–479, 2. Aufl. London/New York 2009
S. Price/P. Thonemann, Die Geburt des klassischen Europa, Darmstadt 2018
K. Raaflaub/H. van Wees (Hrsg.), A Companion to Archaic Greece, Malden/Oxford/Chichester 2013
R. Rollinger/Ch. Ulf (Hrsg.), Griechische Archaik. Interne Entwicklungen – externe Impulse, Berlin 2004
W. Scheidel/I. Morris/R. P. Saller (Hrsg.), The Cambridge Economic History of the Greco-Roman World, Cambridge 2013
A. Schnapp-Gourbeillon, Aux origines de la Grèce. La genèse du politique, Paris 2002
W. Schmitz, Haus und Familie im antiken Griechenland, München 2007
W. Schmitz, Die griechische Gesellschaft, Heidelberg 2014
W. Schuller, Griechische Geschichte, 5. Aufl. München 2002
S. Settis (Hrsg.), I greci: storia, cultura, arte, società, 4 Bde, Turin 1996–2002
A. Snodgrass, Archaic Greece. The Age of Experiment, Berkely/Los Angeles 1980
E. Stein-Hölkeskamp, Das archaische Griechenland. Die Stadt und das Meer, München 2015
L. Thommen, Archaisches und klassisches Griechenland, Stuttgart 2019
Ch. Ulf (Hrsg.), Wege zur Genese griechischer Identität, Berlin 1996
S. von Reden, Antike Wirtschaft, Berlin/Boston 2015
I. Weiler, Griechische Geschichte, 2. Aufl. Darmstadt 1988

2 Wo liegt der ‚Anfang'?

J. Cobet, Das europäische Narrativ, in: N. Berg/O. Kamil/M. Kirchhoff/S. Zepp (Hrsg.), Konstellationen, Göttingen 2011, 191–211
H. Görgemanns, Anfang, in: Reallexikon für Antike und Christentum, Suppl.-Bd. 1 (2001) 401–448
D. Engels (Hrsg.), Von Platon bis Fukuyama. Biologistische und zyklische Konzepte in der Geschichtsphilosophie der Antike und des Abendlandes, Brüssel 2015
M. Foucault, Archäologie des Wissens, Frankfurt a. M. 1995
F. Jaeger/J. Rüsen, Geschichte des Historismus, München 1992
D. Timpe, Über Anfänge in der Geschichte, in: J. Bleicken (Hrsg.), Colloquium aus Anlaß des 80. Geburtstages von Alfred Heuß, Kallmünz 1993, 9–27
W. Pohl, Identität und Widerspruch: Gedanken zu einer Sinngeschichte des Frühmittelalters, in: W. Pohl (Hrsg.), Die Suche nach den Ursprüngen. Von der Bedeutung des frühen Mittelalters, Wien 2004, 23–35

2.1 Zentrale Teile der „Meistererzählung" vom frühen Griechenland

K. H. Jarausch/M. Sabrow, „Meistererzählungen" – Zur Karriere eines Begriffs, in: K. H. Jarausch/M. Sabrow (Hrsg.), Die historische Meistererzählung. Deutungslinien der deutschen Nationalgeschichte nach 1945, Göttingen 2002, 9–32

M. Middell, M. Gibas, F. Hadler (Hrsg.), Zugänge zu historischen Meistererzählungen, Leipzig 2000
H. W. Blanke/F. Jaeger/Th. Sandkühler, Dimensionen der Historik. Geschichtstheorie, Wissenschaftsgeschichte und Geschichtskultur heute, Köln 1998
Ch. Lorenz, Konstruktion der Vergangenheit. Eine Einführung in die Geschichtstheorie, Köln 1997

2.1.1 Imaginierte Völker in Konkurrenz um den Anfang: ‚Minoer' oder ‚Mykener'

J. Bennet, Linear B and Homer, in: Y. Duhoux/A. Morpurgo Davies (Hrsg.), A Companion to Linear B. Mycenaean Greek Texts and their World, Louvain-la- Neuve/Walpole, MA 2014, 187–233
J. Cobet, Heinrich Schliemann. Archäologe und Abenteurer, 2. Aufl. München 2007
J. Cobet, Vom Text zur Ruine, in 2.1.3: Ulf, Streit um Troia, 19–38
C. Gere, Knossos and the Prophets of Modernism, Chicago: University Press 2011
C. Gere, The Tomb of Agamemnon. Mycenae and the Search for a Hero, Cambridge 2006
B. Hänsel, Troia im Tausch- und Handelsverkehr der Ägäis oder Troia ein Handelsplatz?, in 2.1.3: Ulf, Streit um Troia, 105–119
R. Jung, Das Megaron – ein Analogie(kurz)schluss der ägäischen Archäologie, in: A. Gramsch (Hrsg.), Vergleichen als archäologische Methode, Oxford 2000, 71–95
J. A. MacGillivray, Minotaur. Sir Arthur Evans and the Archaeology of the Minoan Myth, London 2001, 77–82, 92–100
J. K. Papadopopoulos, Inventing the Minoan, in: Journal of Mediterranean Archaeology 18 (2005) 87–149
St. Samida, Heinrich Schliemann, Tübingen, Basel 2012
T. Schmitt, Kein König im Palast. Heterodoxe Überlegungen zur politischen und sozialen Ordnung in der mykenischen Zeit, in: Historische Zeitschrift 288 (2009) 281–346
Ch. Ulf, Von Knossos nach Mykene – die memoria der Mauern, in 5.2: Hölkeskamp/Stein-Hölkeskamp, Die griechische Welt, 18–38
J. Whitley, The Minoans – a Welsh invention? A view from east Crete, in: Y. Hamilakis/N. Momigliano (Hrsg.), Archaeology and European Modernity: Producing and Consuming the 'Minoans', Padua 2006, 55–67

2.1.2 (Ein-)Wanderungen ‚der Griechen' bzw. ihrer ‚Stämme'

S. Aro/A.-M. Wittke, Luwischer Kulturraum, in 3: Wittke, Frühgeschichte, 618–629
B. Eder, Argolis, Lakonien, Messenien. Vom Ende der mykenischen Palastzeit bis zur Einwanderung der Dorier, Wien 1998
M. Finkelberg, Greeks and Pre-Greeks, Cambridge 2005
J. L. García-Ramón, Altgriechische Dialekte, in: Der Neue Pauly Bd. 4 (1998), 1231–1236
J. Leerssen, Nation and Ethnicity, in 5: Berger/Lorenz, Ethnicity, 75–103
N. Luraghi, The local scripts from nature to culture, in: Classical Antiquity 29 (2010) 68–91
J. P. Mallory, In Search of the Indo-Europeans: Language, Archaeology and Myth, London 1989
H. C. Melchert (Hrsg.), The Luwians, Leiden/Boston 2003
J. Osterhammel, Die Verwandlung der Welt. Eine Geschichte des 19. Jahrhunderts, München 2009

H. N. Parker, The linguistic case for the Aeolian migration reconsidered, in: Hesperia 77 (2008) 431–464
R. Schmitt, Einführung in die griechischen Dialekte, Darmstadt 1977
A. Schleicher, Die Sprachen Europas in systematischer Übersicht, Bonn 1850
K. v. See (Hrsg.), Europäische Heldendichtung, Darmstadt 1978
K. Sieber, Abschied vom Stammbaum, in: Humboldt Kosmos 95 (2010) 44–47
M. West, Indo-European Poetry and Myth, Oxford 2007

2.1.3 Ein Krieg um Troia am Anfang der griechisch-europäischen Geschichte

M. Alparslan/M. Doğan-Alparslan, The Hittites and their geography: problems of Hittite historical geography, in: European Journal of Archaeology 18 (2015) 90–110
F. Breyer, Kilikien, Hethiter und Danaer in ägyptischen Quellen der Spätbronzezeit, in: Ulf/Rollinger, Troia, 149–180
J. Cobet/H.-J. Gehrke, Warum um Troia immer wieder streiten?, in: Geschichte in Wissenschaft und Unterricht 53 (2002) 290–325
A. Demandt, Europa: Begriff und Gedanke in der Antike, in: P. Kneissl/V. Losemann (Hrsg.), Imperium Romanum. Studien zu Geschichte und Rezeption, Stuttgart 1998, 137–156
D. F. Easton/J. D. Hawkins/A. G. Sherratt/S. Sherratt, Troy in Recent Perspective, in: Anatolian Studies 52 (2002) 75–109
B. Hänsel, Troia im Tausch- und Handelsverkehr der Ägäis oder Troia ein Handelsplatz?, in: Ulf, Streit, 105–119
I. Hajnal, Namen und ihre Etymologien – als Beweisstücke nur bedingt tauglich?, in: Ulf/Rollinger, Troia, 241–263
I. Hajnal, Troia aus sprachwissenschaftlicher Sicht. Die Struktur einer Argumentation, Innsbruck 2003
J. Haubold, War of Wissenschaft: the new quest for Troy, in: International Journal of the Classical Tradition 8 (2002) 564–579
S. Heinhold-Krahmer, Aḫḫiyawa – Land der homerischen Achäer im Krieg mit Wilusa?, in: Ulf, Streit, 193–214
S. Heinhold-Krahmer, Zur Gleichsetzung der Namen Ilios-Wiluša und Troia-Taruiša, in: Ulf, Streit, 146–168
D. Hertel, Troia. Archäologie – Geschichte – Mythos, München 2001
F. Kolb, Tatort „Troia. Geschichte – Mythen – Politik, Paderborn, München, Wien, Zürich 2010
M. Korfmann, Troia als Drehscheibe des Handels im 2. und 3. vorchristlichen Jahrtausend, in: Troia. Traum und Wirklichkeit (Ausstellungskatalog), Stuttgart 2001, 355–368
G. B. Lanfranchi, The Expansion of the Neo-Assyrian Empire and its peripheries, in: Ulf/Rollinger, Troia, 225–239
J. Latacz, Warum Homer?, in: Latacz/Greub/Blome/Wieczorek, Homer, 15–17
J. Latacz, Troia und Homer. Der Weg zur Lösung eines alten Rätsels, 6. Aufl. Leipzig 2010
J. Latacz/Th. Greub/P. Blome/A. Wieczorek (Hrsg.), Homer. Der Mythos von Troia in Dichtung und Kunst, München 2008
G. A. Lehmann, Umbrüche und Zäsuren im östlichen Mittelmeerraum und Vorderasiens zur Zeit der „Seevölker"-Invasionen um und nach 1200 v. Chr., in: Historische Zeitschrift 262 (1996) 1–38

F. STARKE, Troia im Kontext des historisch-politischen und sprachlichen Umfeld Kleinasiens im 2. Jahrtausend, in: Studia Troica 7 (1997) 447–487
G. STEINER, Namen, Orte und Personen in der hethitischen und der griechischen Überlieferung, in: ULF/ROLLINGER, Troia, 265–291
CH. ULF, Was ist ‚europäisch' an Homer?; in: L. ARNOLD (Hrsg.), Homer und die deutsche Literatur, München 2010, 5–20
CH. ULF (Hrsg.), Der Neue Streit um Troia. Eine Bilanz, 2. Aufl. München 2004
CH. ULF/R. ROLLINGER (Hrsg.), Lag Troia in Kilikien? Der aktuelle Streit um Homers Ilias, Darmstadt 2011
G. WEBER, Der Troianische Krieg: Historische Realität oder poetische Fiktion, in 4: RENGAKOS/ZIMMERMANN, Handbuch, 228–256
G. WEBER, Neue Kämpfe um Troia, in: Klio 88 (2006) 7–35
M. ZIMMERMANN, Der Troia-Krieg in der Legitimation des archaischen Griechenlands bis zur Türkei der Gegenwart, in: N. BUSCHMANN/N. LANGEWIESCHE (Hrsg.), Der Krieg in den Gründungsmythen europäischer Nationen und der USA, Frankfurt a. M./New York 2003, 398–418

2.1.4 Ein Staat am Anfang der (griechischen) Geschichte

S. DEGER-JALKOTZY, Die Erforschung des Zusammenbruchs der sogenannten mykenischen Kultur und der sogenannten dunklen Jahrhunderte, in 4: LATACZ, Zweihundert Jahre, 127–154
W. GAWANTKA, Die sogenannte Polis, Stuttgart 1985
F. GSCHNITZER, Zur homerischen Staats- und Gesellschaftsordnung. Grundcharakter und geschichtliche Stellung, in 4: LATACZ, Zweihundert Jahre, 182–204
M. H. HANSEN, Polis. An Introduction to the Ancient Greek City State, Oxford 2006
M. H. HANSEN (Hrsg.), A Comparative Study of thirty city-state cultures, Copenhagen 2000
K.-J. HÖLKESKAMP, Institutionalisierung durch Verortung. Die Entstehung der Öffentlichkeit im frühen Griechenland, in 2.2: HÖLKESKAMP/RÜSEN/STEIN-HÖLKESKAMP/GRÜTTER, Sinn, 81–104
G. A. LEHMANN, Archaische und Klassische Zeit, in: H.-G. NESSELRATH (Hrsg.), Einleitung in die griechische Philologie, Stuttgart/Leipzig 1997, 365–401
CH. LUNDGREEN, Staatsdiskurse in Rom? Staatlichkeit als analytische Kategorie für die römische Republik, in: C. LUNDGREEN (Hrsg.), Staatlichkeit in Rom?, Stuttgart 2014, 15–61
A. MOLHO, K. RAAFLAUB/J. EMLEN (Hrsg.), City-States in Classical Antiquity and Medieval Italy, Stuttgart 1991
I. MORRIS, Greek multicity states, in 2.2.1: BANG/SCHEIDEL, State, 383–311
W. SCHEIDEL, Studying the state, in: P. F. BANG/W. SCHEIDEL, The State in the Ancient Near East and Mediterranean, Oxford 2013, 5–57
CH. ULF, Die Vorstellung des Staates bei Helmut Berve und seinen Habilitanden in Leipzig: Hans Schaefer, Alfred Heuß, Wilhelm Hoffmann, Franz Hampl, Hans Rudolph, in: P. HAIDER/R. ROLLINGER (Hrsg.), Althistorische Studien im Spannungsfeld zwischen Universalgeschichte und Wissenschaftsgeschichte, Stuttgart 2001, 378–454
CH. ULF, Ideologie als Grundlage für Abgrenzung und Spezifik der Antike, in: B. NÄF (Hrsg.), Antike und Altertumswissenschaft in der Zeit von Faschismus und Nationalsozialismus, Mandelbachtal/Cambridge 2001, 305–343

E. Ch. L. van der Vliet, The early Greek Polis: regime building, and the emergence of the state, in: N. Terrenato/D. C. Haggis (Hrsg.), State Formation in Italy and Greece, Oxford/Oakville 2011, 119–134

U. Walter, Der Begriff des Staates in der griechischen und römischen Geschichte, in: Th. Hantos/G. A. Lehmann (Hrsg.), Althistorisches Kolloquium als Anlass des 70. Geburtstages von Jochen Bleicken, Stuttgart 1998, 9–27

K.-W. Welwei; Die griechische Polis, 3. Aufl. hrsg. v. K.-J. Hölkeskamp/M. Meier, Stuttgart 2017

2.2 Die Alternative: Gesellschaften im Wandel und (ethno-)genetische Prozesse

J. Hall, Ethnic Identity in Greek Antiquity, Cambridge 1997

J. Hall, Hellenicity Between Ethnicity and Culture, Chicago/London 2002

K.-J. Hölkeskamp/J. Rüsen/E. Stein-Hölkeskamp/ H. Th. Grütter (Hrsg.). Sinn (in) der Antike, Mainz 2003

Ch. Ulf, Griechische Ethnogenese versus Wanderungen von Stämmen und Stammstaaten, in 1.2: Ulf, Genese, 240–280

2.2.1 Von Big Man Gesellschaften zu Ethnos und Polis

M. Finley, The Ancient Economy, Berkeley 1999

M. Harris, Kulturanthropologie. Ein Lehrbuch, Frankfurt a. M./New York 1989

A.W. Johnson/T. Earle, The Evolution of Human Societies, 2. Aufl. Stanford 2000

A. Joyce/S. D. Gillespie (Hrsg.), Beyond Kinship. Social and Material Reproduction in House Societies, Piladelphia 2000

K.-H. Kohl, Ethnologie – die Wissenschaft vom kulturell Fremden, München 1993

Ch. Ulf, Gesellschaft und Herrschaft, in 3: Wittke, Frühgeschichte, 853–888

V. Vlachou (Hrsg.), Pots, Workshops and Early Iron Age Society: Function and Role of Ceramics in Early Greece, Brüssel 2015

R. Westgate/N. Fisher/J. Whitley (Hrsg.), Building Communities. House, Settlement and Society in the Aegean and Beyond, London 2007

2.2.2 Ethnizität und Ethnogenese

A. Erskine, Troy between Greece and Rome. Local Tradition and Imperial Power, Oxford 2001

L. Foxhall/H.-J. Gehrke/N. Luraghi (Hrsg.), Intentional History. Spinning Time in Ancient Greece, Stuttgart 2010

E. Hobsbawm/T. Ranger (Hrsg.), The Invention of Tradition, Cambridge 1983

K.-H. Kohl, Ethnizität und Tradition aus ethnologischer Sicht, in: A. Assmann/H. Friese (Hrsg.), Identitäten, Frankfurt a. M. 1998, 269–287

W. Pohl, Von der Ethnogenese zur Identitätsforschung, in: W. Pohl/M. Diesenberger/B. Zeller (Hrsg.), Neue Wege der Frühmittelalterforschung – Bilanz und Perspektiven, Wien, 2018, 7–41

W. Pohl/H. Reimitz (Hrsg.), Strategies of Distinction, Leiden/Boston/Köln 1998

M. SCHUSTER, Ethnische Fremdheit – ethnische Identität, in: M. SCHUSTER (Hrsg.), Die Begegnung mit dem Fremden, Stuttgart/Leipzig 1996, 207–221
W. SOLLORS (Hrsg.), Theories of Ethnicity, Houndmills/London 1996
D. TIMPE, Der Barbar als Nachbar, in: CH. ULF (Hrsg.), Ideologie – Sport – Außenseiter. Aktuelle Aspekte einer Beschäftigung mit der antiken Gesellschaft, Innsbruck 2000, 203–230

3 Der ‚Anfang' Griechenlands und die Archäologie

J. BINTLIFF, The Complete Archaeology of Greece: From Hunter-Gatherers to the 20th Century A.D., Chichester 2012
T. BRYCE, The Routledge Handbook of Peoples and Places of Ancient Western Asia, London/New York 2009
S. DEGER-JALKOTZY/I. LEMOS (Hrsg.), Ancient Greece. From the Mycenaean palaces to the age of Homer, Edinburgh 2006
O. DICKINSON, The Aegean from Bronze to Iron Age. Continuity and change between the twelfth and eighth centuries BC, London/New York 2006
T. HÖLSCHER, Klassische Archäologie. Grundwissen, 4. Aufl. Stuttgart 2015
A. MAZARAKIS AINIAN (Hrsg.), The "Dark Ages" Revisited, vol. 1–2, Volos 2011
C. W. SHELMERDINE (Hrsg.), The Cambridge Companion to the Aegean Bronze Age, Cambridge/New York 2008
J. WHITLEY, The Archaeology of Ancient Greece, Cambridge 2001
A.-M. WITTKE (Hrsg.), Frühgeschichte der Mittelmeerkulturen. Historisch-archäologisches Handbuch, Stuttgart/Weimar 2015

3.1 Kategorienbildung – Interpretation – Historische Aussage

3.1.1 Chronologie und Epochenbezeichnungen

I. HODDER, The Distribution of Material Culture Items in the Baringo District, Western Kenya, in: Man. New Series, 12.2 (1977) 239–269
J. PAPADOPOULOS, Greece in the Early Iron Age: Mobility, Commodities, Polities, and Literacy, in: B. KNAPP/P. VAN DOMMELEN (Hrsg.), The Cambridge Prehistory of the Bronze and Iron Age Mediterranean, Cambridge 2015, 178–195
C. W. SHELMERDINE, Background, Sources, and Methods, in 3: SHELMERDINE, Companion, 1–18
M. B. TOFFOLO/A. FANTALKIN/I. LEMOS u.a., Towards an Absolute Chronology for the Aegean Iron Age: New Radiocarbon Dates from Lefkandi, Kalapodi and Corinth, in: PLoS ONE 8(12): e83117. https://doi.org/10.1371/journal.pone.0083117

3.1.2 Siedlungsmorphologie und Architektursoziologie

A. GILIBERT, Archäologie der Menschenmenge. Platzanlage, Bildwerke und Fest im Syro-Hethitischen Stadtgefüge, in: O. DALLY/S. MORAW/H. ZIEMSSEN (Hrsg.), Bild – Raum – Handlung. Perspektiven der Archäologie, Berlin/Boston 2012, 107–136

T. Hölscher, Öffentliche Bauten in frühen griechischen Städten, Heidelberg 1998

S. Paz/R. Greenberg, Conceiving the City: Streets and Incipient Urbanism at Early Bronze Age Bet Yerah, in: Journal of Mediterranean Archaeology 29.2 (2016) 197–223

B. Schäfers, Stadtsoziologie. Stadtentwicklung und Theorien – Grundlagen und Praxisfelder, Wiesbaden 2006

P. Trebsche/N. Müller-Scheeßel/S. Reinhold (Hrsg.), Der gebaute Raum. Bausteine einer Architektursoziologie vormoderner Gesellschaften, Berlin 2010

3.1.3 Gräber: problematische Indikatoren für Gesellschaftsformen

B. D'Agostino, Archäologie der Gräber: Tod und Grabritus, in: A. H. Borbein/T. Hölscher/P. Zanker (Hrsg.), Klassische Archäologie. Eine Einführung, Berlin 2000, 313–331

K. Hofmann, Gräber und Totenrituale: Zu aktuellen Theorien und Forschungsansätzen, in: M. K. H. Eggert/U. Veit (Hrsg.), Theorie in der Archäologie: Zur jüngeren Diskussion in Deutschland, Berlin 2013, 269–298

3.1.4 Ein Beispiel: „Das früheisenzeitliche Athen"

A. Alexandridou, Some insights into the early Attic society (10th–7th centuries BC), in: A. Mazarakis Ainian/A. Alexandriou/X. Charalambidou (Hrsg.), Regional Stories towards a New Perspective of the Early Greek World, Volos 2017, 155–176

Ch. Dickenson, Pausanias and the „Archaic Agora" at Athens, in: Hesperia 84.4 (2015) 723–770

E. Kistler, Die ‚Opferrinne-Zeremonie'. Bankettideologie am Grab, Orientalisierung und Formierung einer Adelsgesellschaft in Athen, Stuttgart 1998

Th. N. Mitchell, Democracy's beginning. The Athenian story, London 2015

G. C. R. Schmalz, "The Athenian Prytaneion Discovered?", in: Hesperia 75 (2006) 33–81

E. L. Smithson, The Tomb of a Rich Athenian Lady, ca. 850 BC, in: Hesperia 37 (1968) 77–116

3.2 Bronzezeitliche Paläste

3.2.1 Kreta und die Zeit der Neuen Paläste

J. Driessen, The court compounds of Minoan Crete: Royal palaces or ceremonial centres?, in: Athena Review 3 (2003) 57–61.

D. Panagiatopoulos, Der minoische ‚Hof' als Kulisse zeremonieller Handlung, in: J. Maran (Hrsg.), Constructing Power. Architecture, Ideology and Social Practice, Hamburg 2006, 31–48

I. Schoepp, Building the Labyrinth: Arthur Evans and the Construction of Minoan Civilization, in: American Journal of Archaeology 122 (2018) 5–32

3.2.2 Burgähnliche Paläste auf dem griechischen Festland

T. Schmitt, Wer steckt hinter Agamemnons *Maske*? Zur politischen Herrschaft in mykenischer Zeit, in: S. Rebenich (Hrsg.) Monarchische Herrschaft im Altertum, Berlin 2017, 83–104

R. Hope Simpson, Mycenaean Messenia and the Kingdom of Pylos, Philadelphia 2014

3.3 Festlandsgriechische ‚Megaron'-Bauten in der Nachpalastzeit

3.3.1 Kollaps der Paläste

G. D. Middleton, Understanding Collapse. Ancient History and Modern Myths, Cambridge 2017

A. Philippa-Touchais, 'Cycles of Collapse in Greek Prehistory': Re-assessing Social Change at the Beginning of the Middle Helladic and the Early Iron Age, in 3: Mazarakis Ainian, The "Dark Ages", vol. 1, 31–44

3.3.2 Das nachpalatiale Tiryns

J. Maran, Architektonischer Raum und soziale Kommunikation auf der Oberburg von Tiryns. Der Wandel von der mykenischen Palastzeit zur Nachpalastzeit, in: F. Arnold (Hrsg.), Orte der Herrschaft. Charakteristika von antiken Machtzentren, Rahden 2012, 149–162

J. Maran, Ceremonial feasting equipment, social space and interculturality in Post-Palatial Tiryns, in: J. Maran/Ph. W. Stockhammer (Hrsg.), Materiality and Social Practice Transformative Capacities of Intercultural Encounters, Oxford/Oakville 2012, 121–136

J. Maran, Mycenaean Citadels as Performative Space, in: J. Maran (Hrsg.), Constructing Power: Architecture, Ideology and Social Practice, Münster 2006, 93–116

J. Maran, Urgeschichte – Frühgeschichte: Geschichte? Das Beispiel des mykenischen Griechenland, in: O. Dally/T. Hölscher/S. Muth/R. M. Schneider (Hrsg.), Medien der Geschichte. Antikes Griechenland und Rom, Berlin/Boston 2014, 170–189

3.3.3 Der Golf von Euböa in der Endphase der Bronzezeit

I. Lemos, Communities in transformation. An archaeological survey from the 12th to the 9th century BC, in: Pharos 20,1 (2014) 161–191

M. Kramer-Hajos, Mycenaean Greece and the Aegean World: Palace and Province in the Late Bronze Age. Cambridge 2016

A. Mazarakis Ainian, The form and structure of Euboean society in the Early Iron Age based on some recent research, in: Alle origini della Magna Grecia. Mobilità, migrazioni, fondazioni. Atti del 50. Convegno di Studi sulla Magna Grecia, Tarent 2012, 73–99

S. Sherrat, LH IIIC Lefkandi: an overview, in: D. Evely (Hrsg.), Lefkandi IV. The Bronze Age. The Late Helladic IIIC Settlement at Xeropolis, Athen 2006, 303–309

3.4 Apsidialbauten, Compounds und Streusiedlungen in der Frühen Eisenzeit

3.4.1 Die frühe Eisenzeit im Golf von Euböa

C. M. Antonaccio, Achieving ancestorhood in ancient Greece, in: E. Hill/J. B. Hageman (Hrsg.), The Archaeology of Ancestors, Florida 2016, 102–123

C. M. Antonaccio, Iron Age reciprocity, in: Journal of Mediterranean Archaeology 29.1 (2016) 104–111

T. Kienlin/P.-A. Kreuz, (Objekt-)Biographien und Rekontextualisierung, in: T. Kienlin/ P.-A. Kreuz/D. Boschung (Hrsg.), Biography of Objects. Aspekte eines kulturhistorischen Konzepts, Paderborn 2015, 67–86

I. S. Lemos, Athens and Lefkandi. A tale of two sites, in 3: Deger-Jalkotzy/Lemos, 505–530
D. Mulliez, Euboia, in: Archaeological Reports 56 (2009–2010) 86–92
A. Van de Moortel/E. Zahou, The Bronze Age – Iron Age Transition at Mitrou, in East Lokris, in 3: Mazarakis Ainian, The "Dark Ages", vol. 1, 331–347

3.4.2 Bevölkerungsschwund in Nichoria undRückfall in die Transhumanz?

L. Foxhall, Households, Hierarchies, Territories and Landscapes in Bronze Age and Iron Age Greece, in: A. B. Knapp/P. van Dommelen (Hrsg.), The Cambridge Prehistory of the Bronze and Iron Age Mediterranean, Cambridge 2015, 417–436
B. Hildebrandt, Damos und Basileus. Überlegungen zu den Sozialstrukturen in den Dunklen Jahrhunderten Griechenlands, München 2007
W. A. McDonald/W. D. E. Coulson, The Dark Age at Nichoria: a perspective, in: W. A. McDonald/W. D. E. Coulson/J. Rosser (Hrsg.), Excavations at Nichoria in Southwestern greece III. Dark Age and Byzantine Occupation, Minneapolis 1983, 316–329

3.4.3 Oropos und Zagora: Compounds und/oder Proto-Poleis?

K. Mann, Mutable spaces and unseen places: A study of access, communication and spatial control in households at Early Iron Age (EIA) Zagora on Andros, in: Archaeological Review from Cambridge 30.1 (2015) 52–62
A. Mazarakis Ainian, The domestic and sacred space of Zagora in the context of the Southeuboean Gulf, in: Zagora in Context: Settlements and Intercommunal Links in the Geometric Period (900–700 BC), (Mediterranean Archaeology 25) Athen 2012, 119–136
A. Mazarakis Ainian, Das Heim der Helden. Architektur und Gesellschaft in der Früheisenzeit, in: Zeit der Helden. Die „dunklen Jahrhunderte" Griechenlands 1200–700 v. Chr., hrsg. v. Badisches Landesmuseum Karlsruhe, Karlsruhe 2008, 129–145

3.5 Gemeinschaftsarchitektur: Hekatompedos und Agora

3.5.1 Eretria auf Euböa: Tempel oder Kult- und Versammlungshaus?

J. P. Crielaard, Cities, in 1.2: Raaflaub/van Wees, Companion to Archaic Greece, 349–372
A. Mazarakis Ainian, Early Greek temples, in: M. Miles (Hrsg.), A Companion to Greek Architecture, Oxford 2016, 15–30
K. Reber, Vom Versammlungsraum zum Tempel – Überlegungen zur Genese der monumentalen Tempelarchitektur, in: B. Jaeder (Hrsg.), Religion. Lehre und Praxis, Athen 2009, 95–110
A. M. Snodgrass, Archaeology and the rise of the Greek state, in: A. M. Snodgrass, Archaeology and the Emergence of Greece, Edinburgh 2006, 198–220
S. Verdan, Geometric Eretria. Some thoughts on old data, in: Zagora in Context: Settlements and Intercommunal Links in the Geometric Period (900–700 BC), (Mediterranean Archaeology 25) Athen 2012, 181–189

3.5.2 Megara Hyblaia auf Sizilien: gleich große Grundstücke – gleichwertige Siedler?

M. FITZJOHN, Equality in the colonies: concepts of equality in Sicily during the eighth to six centuries BC, in: World Archaeology 39.2 (2007) 215–228

A. HAUG, *Faszination der Geometrie*. Sizilianische Stadtgründungen als systematische. Planentwürfe?, in: Hephaistos 25 (2007) 45–67

D. MERTENS, Städte und Bauten der Westgriechen. Von der Kolonisationszeit bis zur Krise um 400 vor Christus, München 2006

H. TRÉZINY, L'*agora* de Megara Hyblaea, in: C. AMPOLO (Hrsg.), *Agora* greca e *agorai* di Sicilia, Pisa 2012, 119–122

3.5.3 Azoria auf Kreta: Polisgesellschaft ohne Agora

B. L. ERICKSON, Crete in Transition: Pottery Styles and Island History in the Archaic and Classical Periods, Princeton 2010

A. FARNOUX/N. KYRIAKIDIS/V. ZAGORAPHAKI, Nouvelles recherches à Dreros, in: Revue Archéologique, 2012, 179–184

R. D. FITZSIMONS, Urbanization and the emergence of the Greek Polis: The case of Azoria, Crete, in: A. CREEKMORE/K. D. FISHER (Hrsg.), Making Ancient Cities: Studies of the Production of Space in Early Urban Environments, Cambridge 2014, 220–256

D. C. HAGGIS, The Archaeology of Urbanization: Research Design and the Excavation of an Archaic Greek City on Crete, in: D. C. HAGGIS/C. M. ANTONACCIO (Hrsg.), Classical Archaeology in Context: Theory and Practice in Excavation in the Greek World, New York 2015, 219–258

D. C. HAGGIS/M. S. MOCK, The early Iron Age-Archaic transition at Azoria in Eastern Crete, in 3: MAZARAKIS AINIAN, The "Dark Ages", vol. 1, 515–527

G. SEELENTAG, Regeln für den Kosmos. Prominenzrollen und Institutionen im archaischen Kreta, in: Chiron 39 (2009), 65–99

G. SEELENTAG, Das archaische Kreta. Institutionalisierung im frühen Griechenland, Berlin/Boston 2015

E. C. L. VAN DER VLIET, The seventh Century BC as a Dark Age: a historian's perspective, in: M. KLEIBRINK (Hrsg.), Caeculus III, Debating Dark Ages. Papers on Mediterranean Archaeology, Groningen 1996–1997, 25–33

S. WALLACE, Ancient Crete. From Successful Collapse to Democracy's Alternatives, Twelfth to Fifth Centuries BC, Cambridge 2010

3.5.4 Hekatompedoi und Ethne: ‚regionale Agorai' und (k)ein dritter Anfang

K. FREITAG, Ethnogenese, Ethnizität und die Entwicklung der griechischen Staatenwelt in der Antike. Ein Forschungsüberblick, in: Historische Zeitschrift 285 (2007) 373–399

I. A. PAPAPOSTOLOU, Early *Thermos*: New Excavations 1992–2003, Athens 2012

CH. ULF, The Development of Greek *Ethnê* and their Ethnicity: An Anthropological Perspective, in: P. FUNKE/N. LURAGHI (Hrsg.), The Politics of Ethnicity and the Crisis of the Peloponnesian League, Cambridge MA 2009, 215–249

3.6 Der Wandel im Kontext

3.6.1 Mittelmeerische Verflechtungen, Machtbildung und lokale Veränderungen

C. ANTONACCIO, Warriors, traders, ancestors: the 'heroes' of Lefkandi, in J. M. HØTJE (Hrsg.), Images of Ancestors, Arhus 2002, 13–42

E. H. CLINE, Sailing the Wine-Dark Sea: International Trade in the Late Bronze Age Aegean, Oxford 1994

J. P. CRIELAARD, Surfing on the Mediterranean web: Cypriot long-distance communications during the eleventh and tenth Centuries B.C., in: L. BONFANTE/V. KARAGEORGHIS (Hrsg.), Italy and Cyprus in Antiquity 1500–450 BC, Nicosia 2001, 187–206

T. HODOS, Globalization: some basics, in: T. HODOS (Hrsg.), The Routledge Handbook of Archaeology and Globalization, London/New York 2016, 3–11.

S. H. MURRAY, The Collaps of the Mycenaean Economy, Cambridge 2017

D. PANAGIOTOPOULOS, The stirring Sea. Conceptualising transculturality in the Late Bronze Age Eastern Mediterranean, in: K. DUISTERMAAT/I. REGULSKI (Hrsg.), Intercultural Contacts in the Ancient Mediterranean, Leuven 2011, 31–51

B. PATZEK, Forschungs- und wissenschaftsgeschichtliche Aspekte, in 3: WITTKE, Frühgeschichte, 116–130

D. J. PULLEN, 'There's no such thing as a free lunch': reciprocity in Mycenaean political economies, in: Journal of Mediterranean Archaeology 29 (2016), 78–88

3.6.2 Die Agora als siedlungsmorphologisches Prinzip

J. MCK. CAMP II, The Greek Agora, in: M. M. MILES (Hrsg.), A Companion to Greek Architecture, Oxford 2016, 300–313

I. FUMADÓ ORTEGA, Qui êtes vous? Où habitez vous? Données sur l'architecture et la morphologie urbaine de la Carthage archaïque: Apports et limites pour l'étude des phénomènes identitaires, in: G. GARBATI/T. PEDRAZZI (Hrsg.), Transformations and Crisis in the Mediterranean 'Identitiy' and Interculturality in the Levant and Phoenician West during the 8th–5th Centuries BCE, Rom 2016, 173–194

K. HÖLKESKAMP, *Ptolis* and *agore*. Homer and the Archaeology of the City-State, in: F. MONTANARI (Hrsg.), Omero tremila anni dopo, Rom 2002, 297–342

U. KENZLER, Vom dörflichen Versammlungsplatz zum urbanen Zentrum. Die Agora im Mutterland und in den Kolonien, in: F. KRINZINGER (Hrsg.), Die Ägäis und das westliche Mittelmeer. Beziehungen und Wechselwirkungen 8. bis 5. Jh. v. Chr., Wien 2000, 23–28

R. OSBORNE, Early Greek colonization? The nature of Greek settlement in the West, in 1.2: VAN WEES/FISHER, Archaic Greece, 251–269

L. PORCIANI, Early Greek Colonies and Greek Cultural Identity: Megara Hyblaia and the Phaeacians, in: Dialogues histoire ancienne 41 (2015) 9–18

G. SHIPLEY, Little Boxes on the Hillside: Greek Town Planning, Hippodamos, and Polis Ideology, in: M. H. HANSEN (Hrsg.), The Imaginary *Polis*, Kopenhagen 2005, 335–403

H. TRÉZINY, Lots et îlots à Mégara Hyblaea. Questions de métrologie, in: La colonisation grecque en Méditerranée occidentale, Rom 1999, 141–183

4 Die Lebenswelten des ‚Anfangs' im Spiegel von Homer und Hesiod

A. BIERL, New trends in Homeric scholarship, in: BIERL/LATACZ, Basel Commentary: Prolegomena, 177–203

A. BIERL/J. LATACZ (Hrsg.), Homers Ilias: Gesamtkommentar (Basler Kommentar), Prolegomena München/Leipzig, weitere Bände: Berlin bis 2018 (englische Übersetzung: Homer's Iliad. The Basel Commentary, Berlin/Boston (ab 2015)

W. BURKERT, Das hunderttorige Theben und die Datierung der Ilias, in: W. BURKERT, Kleine Schriften I: Homerica, hrsg. v. Ch. Riedweg, Göttingen 2001, 59–71

M. FINKELBERG (Hrsg.), The Homer Encyclopedia, Bd. 1–3, Oxford 2011

R. FOWLER (Hrsg.), The Cambridge Companion to Homer, Cambridge 2004

O. HACKSTEIN, Der sprachhistorische Hintergrund, in: RENGAKOS/ZIMMERMANN, Homer Handbuch, 32–45

J. HAUBOLD, Homer after Parry: tradition, reception, and the timeless text, in: B. GRAZIOSI/ E. GREENWOOD (Hrsg.), Homer in the Twentieth Century, Oxford 2007, 27–46

G. S. KIRK, The Iliad: A Commentary, Bd. 1–6, Cambridge 1985–1993

W. KULLMANN, Ilias, in: RENGAKOS/ZIMMERMANN, Homer Handbuch, 78–119

J. LATACZ (Hrsg.), Zweihundert Jahre Homer-Forschung. Rückblick und Ausblick, Stuttgart/ Leipzig 1991

A. C. LONEY/ST. SCULLY (Hrsg.), The Oxford Handbook of Hesiod, Oxford 2018

F. MONTANARI (Hrsg.), Brill's Companion to Hesiod, Leiden/Boston 2009

I. MORRIS/B. POWELL (Hrsg.), A New Companion to Homer, Leiden, New York/Köln 1997

G. NAGY, Homeric Questions, in: Transactions of the American Philological Association 122 (1992) 17–60

B. PATZEK, Altorientalische „Textvorlagen" für die Ilias?, in 2.1.3: ULF/ROLLINGER, Troia, 391–407

B. PATZEK, Homer und seine Zeit, München 2003

K. RAAFLAUB, Homeric Society, in: MORRIS/POWELL, Companion, 624–648

M. REICHEL, Pseudo-Homerica und sonstige Epik, in: RENGAKOS/ZIMMERMANN, Handbuch, 66–78

A. RENGAKOS, Odyssee, in: RENGAKOS/ZIMMERMANN, Handbuch, 120–149

A. RENGAKOS/B. ZIMMERMANN (Hrsg.), Homer Handbuch. Leben – Werk – Wirkung, Stuttgart/ Weimar 2011

R. M. ROSEN, Homer and Hesiod, in: MORRIS/POWELL, Companion, 463–488

W. SALLABERGER, Das Gilgamesch-Epos. Mythos, Werk und Tradition, München 2008

R. SIMON/W. SEIDENSPINNER/CH. NIEM (Hrsg.), Episteme der Romantik, Münster/New York 2014

H. VAN WEES, Greek Warfare. Myths and Realities, London 2004

M. WEST, The date of the Iliad, in: Museum Helveticum 52 (1995) 203–219

4.1 Urbane Siedlungen in einer bäuerlichen Welt?

J. P. CRIELAARD, Homeric and Mycenaean long-distance contacts: discrepancies in the evidence, in: BaBesch: Annual Papers on Mediterranean Archaeology 75 (2000) 51–63

M. FINLEY, Die Welt des Odysseus, Neuauflage Frankfurt a. M. 2005

L. FOXHALL, Cultures, landscapes, and identities in the Mediterranean world, in: Mediterranean Historical Review 18.2 (2003) 75–92
F. GSCHNITZER, Griechische Sozialgeschichte, Stuttgart 2013
I. MORRIS, Early Iron Age Greece, in: SCHEIDEL/MORRIS/SALLER, Economic History, 211–241
W. SCHEIDEL, Demography, in: SCHEIDEL/MORRIS/SALLER, Economic History, 38–86
W. SCHEIDEL, The Greek demographic expansion: models and interpretation, in: Journal of Hellenic Studies 123 (2003) 120–140
W. SCHEIDEL/I. MORRIS/R. P. SALLER (Hrsg.), The Cambridge Economic History of the Greco-Roman World, Cambridge 2013
W. SCHMITZ, Nachbarschaft und Dorfgemeinschaft im archaischen und klassischen Griechenland, Berlin 2004
CH. ULF, The world of Homer and Hesiod, in 1.2: RAAFLAUB/VAN WEES, Greece, 81–99

4.2 Öffentlichkeit und Agora: die Bestimmung des relational Besten

H. BECK/P. SCHOLZ/U. WALTER (Hrsg.), Die Macht der Wenigen, München 2008
W. DONLAN, The Aristocratic Ideal and Selected Papers, Wauconda Il. 1999
D. E. ELMER, The Poetics of Consent. Collective Decision Making and the *Iliad*, Baltimore 2013
N. FISHER/H. VAN WEES, The trouble with 'aristocracy', in: N. FISHER/H. VAN WEES (Hrsg.), 'Aristocracy' in Antiquity, Swansea 2015, 1–57
J. HAUBOLD, Homer's People. Epic Poetry and Social Formation, Cambridge 2000
K.-J. HÖLKESKAMP, *Agorai* bei Homer, in: W. EDER/K.-J. HÖLKESKAMP (Hrsg.), Volk und Verfassung im vorhellenistischen Griechenland, Stuttgart, 1997, 1–19
J. LATACZ, Homer. Der erste Dichter des Abendlands, 2. Aufl. Zürich 1989
E. STEIN-HÖLKESKAMP, Adelskultur und Polisgesellschaft, Stuttgart 1989
E. STEIN-HÖLKESKAMP/K.-J. HÖLKESKAMP, Ethos – Ehre – Exzellenz. Antike Eliten im Vergleich, Göttingen 2018
CH. ULF, Die homerische Gesellschaft, München 1990
CH. ULF, Elite oder Eliten in den Dark Ages und der Archaik. Realitäten und Modelle, in: E. ALRAM/G. NIGHTINGALE (Hrsg.), Kemeilion. Elitenbildung und elitärer Konsum von der Mykenischen Palastzeit bis zur Homerischen Epoche, Wien 2007, 317–324
CH. ULF, Führung statt Herrschaft. Widerstreitende Diskurse bei Homer und Hesiod und ihr historischer Kontext, in: ST. REBENICH (Hrsg.), Monarchische Herrschaft im Altertum, Berlin/Boston 2017, 141–165
CH .ULF, Herkunft und Charakter der grundlegenden Prämissen für die Debatte über die historische Auswertung der homerischen Epen, in: Klio 84 (2002) 319–354
U. WALTER, Aristokratische Existenz in der Antike – und der Frühen Neuzeit – einige unabgeschlossene Überlegungen, in: H. BECK/P. SCHOLZ/U. WALTER, Macht, 367–294

4.3 Geschenke: Mittel der sozialen Bindung

A. Appadurai, The Social Life of Things. Commodities in Cultural Perspective, Cambridge 1986
P. Heady, Barter, in: J. G. Carrier (Hrsg.), A Handbook of Economic Anthropology, Cheltenham/Northampton 2005, 262–274
C. Humphrey/St. Hugh-Jones (Hrsg.), Barter, Exchange and Value. An anthropological approach, Cambridge 1992
M. Mauss, Die Gabe. Form und Funktion des Austauschs in archaischen Gesellschaften, Frankfurt a. M. 1984 (1. Aufl. frz. 1925)
I. Morris, Gift and commodity in archaic Greece, in: Man 21 (1986) 1–17
M. Sahlins, Stone Age Economics, New York 1972
M. Strathern, Qualified value: the perspective of gift exchange, in: Humphrey/Hugh-Jones, Barter, 169–191
B. Wagner-Hasel, Der Stoff der Gaben. Kultur und Politik des Tauschens im archaischen Griechenland, Frankfurt a. M./New York 2000

4.4 „Gabenfresser": auf dem Weg zur sozialen Abgrenzung

D. Boehringer, Heroenkulte in Griechenland von der geometrischen bis zur klassischen Zeit, Berlin 2001
P. Carlier, *anax* und *basileus* in the Homeric Poems, in 3: Deger-Jalkotzy/Lemos, Ancient Greece, 101–109
W. Donlan, The politics of generosity in Homer, in: Helios. Journal of the Classical Association of Southwestern United States 9 (1982) 1–15
W. Donlan, The structure of authority in the Iliad, in: W. Donlan, The Aristocratic Ideal and Selected Papers, Wauconda 1999, 249–265
B. Hayden, Richman, poorman, beggarmen, chief: the dynamics of social inequality, in: G. M. Feinman/T. D. Price (Hrsg.), Archaeology at the Millennium, New York 2001, 231–272
M. W. Helms, Long-distance contacts, elite aspirations and the age of discovery in cosmological contexts, in: E. M. Shortman/P. A. Urban (Hrsg.), Resources, Power and Interregional Interactions, New York 1992, 157–174
E. Kistler/B. Öhlinger/M. Hoernes/M. Mohr, Debating "Sanctuaries and the Power of Consumption", in 4.5.1: Dies. (Hrsg.), Sanctuaries, 492–540
B. Linke, Zeus als Gott der Ordnung, in: K. Freitag/P. Funke/M. Haake (Hrsg.), Kult – Politik – Ethnos. Überregionale Heiligtümer im Spannungsfeld von Kult und Politik, Stuttgart 2006, 89–120
W. Schmitz, Verpaßte Chancen. Adel und Aristokratie im archaischen und klassischen Griechenland, in 4.2: Beck/Scholz/Walter, Macht, 35–70
Ch. Ulf, Die relativ Besten grenzen sich ab. Aristokratisierung durch die Aufhebung des Wettbewerbs im archaischen Griechenland, in: G. Seelentag/J. Meister (Hrsg.), Konkurrenz und Institutionalisierung, 2020

H. van Wees, Greed, generosity and gift-exchange in early Greece and the Western Pacific, in: W. Jongman/M. Kleijwegt (Hrsg.), After the Past, Leiden/Boston/Köln 2002, 341–378

H. van Wees, The Mafia of early Greece, in: K. Hopwood (Hrsg.), Organized Crime in Antiquity, London 1999, 1–51

4.5 Gewaltbereite Männer – gemeinschaftsorientierte Frauen?

A. W. H. Adkins, Merit and Responsibility. A Study in Greek Values, Oxford 1960

D. L. Cairns, Der iliadische Zorn und die transkulturelle Emotionsforschung, in: M. von Koppenfels/C. Zumbusch (Hrsg.), Handbuch Literatur und Emotionen, Berlin 2016, 179–208

M. Clarke, Manhood and heroism, in 4: Fowler, Companion, 74–90

S. Deger-Jalkotzy, Late Mycenaean warrior tombs, in 3: Deger-Jalkotzy/I. Lemos, Ancient Greece, 151–179

E. R. Dodds, Die Griechen und das Irrationale, Darmstadt 1970

N. Felson/L. Slatkin, Gender and Homeric epic, in 4: Fowler, Companion, 91–114

N. Fisher/H. van Wees (Hrsg.), 'Aristocracy' in Antiquity. Redefining Greek and Roman Elites, Swansea 2015

E. Flaig, Ehre gegen Gerechtigkeit. Adelsethos und Gemeinschaftsdenken in Hellas, in: J. Assmann/B. Janowski/M. Welker (Hrsg.), Gerechtigkeit, München 1998, 97–140

E. Hartmann, Frauen in der Antike, München 2007

P. Mauritsch, Sexualität im frühen Griechenland, Wien/Köln/Weimar 1992

B. Patzek, Quellen zur Geschichte der Frauen, Bd. 1: Antike, Stuttgart 2000

V. Samaras, Piracy in the Aegean during the postpalatial period and the early Iron Age, in: A. Babbi/F. Bubenheimer-Erhart/B. Marín-Aguilera/S. Mühl (Hrsg.), The Mediterranean Mirror. Cultural Contacts in the Mediterranean Sea between 1200 and 750 BC, Mainz 2015, 189–204

H. van Wees, Rivalry in history: an introduction, in: N. Fisher/H. van Wees (Hrsg.), Competition in the Ancient World, Swansea 2011, 1–36

H. van Wees, Status Warriors. War, Violence and Society in Homer and History, Amsterdam 1992

G. Wickert-Micknat, Die Frau. Archaeologia Homerica, Göttingen 1982

4.6 Formen von Mobilität

F. De Angelis, Ancient past, imperial present. The British Empire in T.J. Dunbabin's The Western Greeks, in: Antiquity 72 (1998) 539–549

C. Dougherty, The Poetics of Colonization, Oxford 1993

R. Garland, Wandering Greeks, Princeton/Oxford 2014

E. Kistler, Griechen auf Sizilien, in 3: Wittke, Frühgeschichte, 399–408

I. Malkin, Foundations, in 1.2: Raaflaub/van Wees, Companion, 373–394

M. Mauersberg, Die „griechische" Kolonisation. Ihr Bild in der Antike und der modernen altertumswissenschaftlichen Forschung, Frankfurt a. M. 2019

M. Mauersberg, The *ktisis* of Massalia revisited, in: Ancient West & East 14 (2015) 145–168

C. Morgan, The early Iron Age, in 1.2: Raaflaub/van Wees, Companion, 45–63
B. Schweizer, Besiedlung und Mobilität, in 3: Wittke, Frühgeschichte, 831–839
E. Stein-Hölkeskamp, Im Land der Kirke und der Kyklopen. Immigranten und Indigene in den süditalischen Siedlungen des 8. und 7. Jahrhunderts v. Chr., in: Klio 88 (2006) 311–327
G. Tsetskhladze, Introduction. Revisiting ancient Greek colonisation, in: G. Tsetskhladze (Hrsg.), Greek Colonisation, Bd. 1, Leiden/Boston 2006, xxii-lxxxiii.
Ch. Ulf, Migration - not colonisation. What motivated people to leave their community according to the texts of Archaic Greece, in: J. Boardman/J. Hargrave/A. Avram/ A. Podossinov (Hrsg.), Connecting the Ancient World West and East, Leuven 2020

4.7 Dichter als kluge Ratgeber: die Schaffung von Paradigmen

M. C. Amodio (Hrsg.), New Directions in Oral Theory, Arizona 2005
R. Bichler/W. Sieberer, Die Welt in Raum und Zeit im literarischen Reflex der episch-früharchaischen Ära, in 1.2: Ulf, Wege, 116–155
J. M. Brem(m)er, The so-called ‚Götterapparat' in Iliad XX-XXII, in: J. M. Bremer/I. de Jong/ J. Kalff (Hrsg.), Homer: Beyond Oral Poetry, Amsterdam 1987, 31–46
J. Bremmer, Greek Religion, Oxford 1994
W. Burkert, Griechische Religion der archaischen und klassischen Epoche, 2. Aufl. Stuttgart 2011
D. L. Cairns, Introduction, in: D. L. Cairns (Hrsg.), Oxford Readings in Homer's Iliad, Oxford 2001, 1–56
D. L. Cairns/R. Scodel (Hrsg.), Defining Greek Narrative, Edinburgh 2014
J. P. Crielaard, Past or present? Epic poetry, aristocratic self-representation and the concept of time in 8th and 7th centuries BC, in: F. Montanari (Hrsg.), Omero, tremila anni dopo, Rom 2002, 239–296
G. Danek, Die Ilias als Produkt einer mündlichen Epen-Tradition, in 2.1.3: Ulf/Rollinger, Troia, 293–310
I. de Jong, Homer and narratology, in 4: Morris/Powell, Companion, 305–325
I. de Jong, The homeric narrator and his own *kleos*, in: Mnemosyne 59 (2006) 1–35
K. Dowden, Olympian gods, Olympian pantheon, in: D. Ogden (Hrsg.), A Companion to Greek Religion, Malden/Oxford/Carlton 2007, 41–55
L. Edmunds, Myth in Homer, in 4: Morris/Powell, Companion, 415–441
A. Ercolani/L. E. Rossi, Hesiod, in 4: Rengakos/Zimmermann, Handbuch, 78–100, 110–123
R. Friedrich, Formelsprache, in 4: Rengakos/Zimmermann, Handbuch, 45–64
J. Haubold, Greek epic: a near eastern genre, in: Proceedings of the Cambridge Philological Society 48 (2002) 1–19
R. Hunter, The Hesiodic Catalogue of Women, Cambridge 2005
T. Itgenshorst, Denker und Gemeinschaft, Paderborn 2014
W. Kullmann, Ergebnisse der motivgeschichtlichen Forschung zu Homer (Neoanalyse), in 4: Latacz, Zweihundert Jahre, 425–455
J. Latacz, Die Ilias: Inhalt und Aufbau, in 2.1.3: Latacz/Greub/Blome/Wieczorek, Homer, 114–138

B. PATZEK, Griechischer Logos und das intellektuelle Handwerk des Vorderen Orients, in 1.2: ROLLINGER/ULF, Archaik, 427–441

B. PATZEK, Homer und Mykene. Mündliche Dichtung und Geschichtsschreibung, München 1992

K. RAAFLAUB, Die Anfänge des politischen Denkens bei den Griechen, in: I. FETSCHER/ H. MÜNKLER (Hrsg.), Pipers Handbuch der politischen Ideen, Bd. 1: Frühe Hochkulturen und europäische Antike, München/Zürich 1988, 189–271

M. REICHEL, Homer, in 4: RENGAKOS/ZIMMERMANN, Handbuch, 12–61

U. REINHARDT, Der antike Mythos. Ein systematisches Handbuch, Freiburg 2011

A. RENGAKOS, Hesiods Erzähltechnik, in 4: RENGAKOS/ZIMMERMANN, Handbuch, 101–110

W. RÖSLER, Kanonisierung und Identität: Homer, Hesiod und die Götter der Griechen, in 5.2: HÖLKESKAMP/RÜSEN/STEIN-HÖLKESKAMP/GRÜTTER, Sinn, 105–116

TH. A. SCHMITZ, Homerische Poetik, in 4: RENGAKOS/ZIMMERMANN, Handbuch, 64–78

S. STODDART/J. WHITLEY, The social context of literacy in Archaic Greece and Etruria, in: Antiquity 62 (1988) 761–772

CH. ULF, Was ist und was will ‚Heldenepik': Bewahrung der Vergangenheit oder Orientierung für Gegenwart und Zukunft?, in 2.1.3: ULF, Streit, 262–284

CH. ULF, Zur Hybridität von Homers Ilias, in: R. ROLLINGER/B. GUFLER/M. LANG/I. MADREITER (Hrsg.), Interkulturalität in der Alten Welt, Wiesbaden 2010, 283–322

A. WOLF, Heldensage und Epos. Zur Konstituierung einer mittelalterlichen volkssprachlichen Gattung im Spannungsfeld von Mündlichkeit und Schriftlichkeit, Tübingen 1995

5 Die Formierung einer hellenischen Identität

ST. BERGER/CH. LORENZ (Hrsg.), Nationalizing the Past. Historians as Nation Builders in Modern Europe, Basingstoke 2010

M. B. BREWER, Intergroup Relations, 2. Aufl. Buckingham/Philadelphia 2003

R. DREWS, The Coming of the Greeks: Indo-European Conquests in the Aegean and the Near East, Princeton 1988

C. HIRSCHI, The Origins of Nationalism. An Alternative History from Ancient Rome to Early Modern Germany, Cambridge 2012

L. FISCHER/G. WISWEDE, Grundlagen der Sozialpsychologie, 3. Aufl München 2009

J. LEERSSEN, Nation and Ethnicity, in: ST. BERGER/CH. LORENZ (Hrsg.), The Contested Nation. Ethnicity, Class, Religion and Gender in National Histories, Basingstoke 2008, 75–103

5.1 Ethnische Projektionen

F. ADROM/K. SCHLÜTER/A. SCHLÜTER (Hrsg.), Altägyptische Weltsichten, Wiesbaden 2008

A. M. BAGG, Die Assyrer und das Westland. Studien zur historischen Geographie und Herrschaftspraxis in der Levante im 1. Jtsd. v.u.Z., Leuven/Paris/Walpole 2011

M. LANG/R. ROLLINGER, Im Herzen der Meere und in der Mitte des Meeres, in:R. ROLLINGER/ B. GUFLER/M. LANG/I. MADREITER (Hrsg.), Interkulturalität in der Alten Welt, Wiesbaden 2010, 207–264

5.1.1 Fremdbezeichnungen – keine Namen ‚echter' 'Völker

M. BLECH, Iberischer Kulturraum, in 3: WITTKE, Frühgeschichte, 170–176
K. JANSEN-WINKELN, Egypt and North Africa: cultural contacts (1200–750), in: A. BABBI/
   F. BUBENHEIMER-ERHART/B. MARÍN-AGUILERA/S. MÜHL (Hrsg.), The Mediterranean Mirror:
   Cultural Contacts in the Mediterranean Sea between 1200 and 750 B.C., Mainz 2015, 35–50
M. KERSCHNER, Griechen in Kleinasien, in 3: WITTKE, Frühgeschichte, 632–644
I. MALKIN, Greek ambiguities: between "Ancient Hellas" and "Barbarian Epirus", in: I. MALKIN
   (Hrsg.), Ancient Perceptions of Greek Ethnicity, Cambridge MA 2001, 187–212
J. C. QUINN/N. C. VELLA (Hrsg.), The Punic Mediterranean. Identities and Identification from
   Phoenician Settlement to Roman Rule, Cambridge 2014
R. ROLLINGER, Near Eastern Perspectives on the Greeks, in: B. BOYES/B. GRAZIOSI/P. VASUNA
   (Hrsg.), Oxford Handbook of Hellenic Studies, Oxford 2009, 32–47
H. SADER, Phönizische Städte, in 3: WITTKE, Frühgeschichte, 668–693
D. TIMPE, Rom und die Barbaren des Nordens, in: M. SCHUSTER (Hrsg.), Die Begegnung mit dem
   Fremden, Stuttgart/Leipzig 1996, 34–50

5.1.2 Eine bunte ‚ethnische' Landschaft am ‚Anfang Griechenlands'

T. DERKS/N. ROYMANS (Hrsg.), Ethnic Constructs in Antiquity. The Role of Power and Tradition,
   Amsterdam 2009
F. LOCHNER-HÜTTENBACH, Die Pelasger, Wien 1960
J. MCINERNEY (Hrsg.). A Companion to Ethnicity in the Ancient Mediterranean, Malden/Oxford/
   Chichester 2014

5.2 Traditionen und Identitäten

H.-J. GEHRKE/A. MÖLLER (Hrsg.), Vergangenheit und Lebenswelt. Soziale Kommunikation,
   Traditionsbildung und historisches Bewußtsein, Tübingen 1996
M. OSMERS, „Wir aber sind damals und jetzt die gleichen." Vergangenheitsbezüge in der
   polisübergreifenden Kommmunikation der klassischen Zeit, Stuttgart 2013
K.-J. HÖLKESKAMP, Mythos und Politik – (nicht nur) in der Antike, in: Historische Zeitschrift 288
   (2009) 1–50
E. STEIN-HÖLKESKAMP/K.-J. HÖLKESKAMP (Hrsg.), Die griechische Welt. Erinnerungsorte der
   Antike, München 2010
CH. ULF, Mythisch-historische Vergangenheiten als Teil funktionaler Erinnerungskulturen im
   archaischen und klassischen Griechenland, in: E. DEWES/S. DUHEM (Hrsg.), Kulturelles
   Gedächtnis und interkulturelle Rezeption im europäischen Kontext, Berlin 2008, 1–21

5.2.1 Die Bildung von Traditionen

J. ASSMANN, Das kulturelle Gedächtnis, 6. Aufl. München 2007
A. DAVIDOVIC, Identität – ein unscharfer Begriff, in: S. BURMEISTER/N. MÜLLER-SCHEßEL (Hrsg.),
   Soziale Gruppen, Kulturelle Grenzen, Tübingen 2006, 39–58
G. HAWES (Hrsg.), Myths on the Map: The Storied Landscape of Ancient Greece, New York 2017

P. STACHEL, Identität. Genese, Inflation und Probleme eines für die zeitgenössischen Sozial- und Kulturwissenschaften zentralen Begriffs, in: Archiv für Kulturgeschichte 87 (2005) 395–425

U. WALTER, Memoria und res publica. Zur Geschichtskultur im republikanischen Rom, Frankfurt a. M. 2004

F. WIEDEMANN/K. P. HOFMANN/H.-J. GEHRKE (Hrsg.), Vom Wandern der Völker, Berlin 2017

5.2.2 Ahnen – Gründer – Götter: von Compounds zu Siedlungen mit Agora und Ethne

H. BECK/P. FUNKE, An introduction to federalism in Greek antiquity, in: H. BECK/P. FUNKE (Hrsg.), Federalism in Greek Antiquity, Cambridge 2015, 1–29

I. DE JONG/R. NÜNLIST (Hrsg.), Time in Ancient Greek Literature, Leiden/Boston 2007

J. HALL, Federalism and ethnicity, in: BECK/FUNKE, Federalism, 30–48

E. IRWIN, The social and political dynamics of the Catalogue, in: R. HUNTER, The Hesiodic Catalogue of Women, Cambridge 2005, 35–84

B. LINKE, Antike Religion, München 2014

C. MORGAN, Early Greek States Beyond the Polis, London/New York 2003

R. SCODEL, The Aechaean wall and the myth of destruction, in: Harvard Studies in Classical Philology 86 (1982) 33–50

5.2.3 Hellen als Ahne: eine ‚ethnische' Genealogie von begrenzter Reichweite

M. HIRSCHBERGER, Gynaikon Katalogos und Megale Ehoiai. Ein Kommentar zu den Fragmenten zweier hesiodischer Epen, München 2004

CH. ULF, Deukalion und (k)ein leeres Land, in: M. ASCHE/U. NIGGEMANN (Hrsg.), Das leere Land. Historische Narrative von Einwanderergesellschaften, Stuttgart 2015, 31–45

M. WEST, The Hesiodic Catalogue of Women, Oxford 1985

R. L. FOWLER, Genealogical thinking. Hesiod's Catalogue and the creation of the Hellenes, in: Proceedings of the Classical Philological Society 44 (1998) 1–19

5.3 Wanderungen am ‚Anfang': die Begründung politischer Ansprüche

A. GANTER, Ethnicity and local myth, in 5.1.2: MCINERNEY, Companion to Ethnicity, 228–240

I. MALKIN, A Small Greek World. Networks in the Ancient Mediterranean, Oxford 2011

F. PRINZ, Gründungsmythen und Sagenchronologie, München 1979

5.3.1 Von Herakles und Herakliden, Achäern und wandernden Doriern – politische Ansprüche Spartas

B. EDER, Dorische Wanderung, in: Der Neue Pauly 3 (1997) 787–791

O. GROTE, Die griechischen Phylen, Stuttgart 2016

V. PARKER, Zur Datierung der dorischen Wanderung, in: Museum Helveticum 52 (1995) 130–154

L. Thommen, Spartas Umgang mit der Vergangenheit, in: Historia 49 (2000) 40–53

5.3.2 Ioner und die politischen Ansprüche Athens

J. N. Bremmer, Myth as propaganda: Athens and Sparta, in: Zeitschrift für Papyrologie und Epigraphik 117 (1997) 9–17

W. R. Connor, The Ionian era of Athenian civic identity, in: Proceedings of the American Philosophical Society 137 (1993) 194–206

J. P. Crielaard, The Ionians in the Archaic period. Shifting identities in a changing world, in: T. Derks/Nico Roymans (Hrsg.), Ethnic Constructs in Antiquity. The Role of Power and Tradition, Amsterdam 2009, 37–84

S. Deger-Jalkotzy, Ionische Wanderung, in: Der Neue Pauly 6 (1999) 648–651

F. Gschnitzer, Iones, in: Der Neue Pauly 5 (1998) 1077–1078

A. Herda, Kariska-Karien und die sogenannte Ionische Migration, in: F. Rumscheid (Hrsg.), Die Karer und die Anderen, Bonn 2009, 27–108

I. Lemos, The migrations to the west cost of Asia Minor: tradition and archaeology, in: J. Cobet/V. von Graeve/W. D. Niemeier/K. Zimmermann (Hrsg), Frühes Ionien: Eine Bestandsaufnahme, Mainz 2007, 713–726

R. Rollinger, Zu Herkunft und Hintergrund der in altorientalischen Texten genannten ‚Griechen', in: R. Rollinger/A. Luther/ J. Wiesehöfer (Hrsg.), Getrennte Wege? Kommunikation, Raum und Wahrnehmung in der Alten Welt, Frankfurt a. M. 2007, 259–330

N. Mac Sweeney, Foundation Myths and Politics in Ancient Ionia, Cambridge 2013

R. Thomas, Ethnicity, genealogy, and Hellenism in Herodotus, in: I. Malkin (Hrsg.), Ancient Perceptions of Greek Ethnicity, Cambridge MA 2001, 213–233

J. Vanschoonwinkel, Greek migrations to Aegean Anatolia in the early dark age, in: G.R. Tsetskhladze (Hrsg.), Greek Colonisation, Bd. 1, Leiden/Boston 2006, 115–141

5.4 Alteritätserfahrungen: Impulse zur Formierung einer hellenischen Identität

W. Burkert, Babylon, Memphis, Persepolis. Eastern Contexts of Greek Culture, Cambridge MA/London2004

A. Dihle, Die Griechen und das Fremde, München 1994

J. Hall, Culture, cultures and acculturation, in 1.2: Ulf, Wege, 35–46

J. Haubold, Greece and Mesopotamia, Cambridge 2013

E. Kistler/Ch. Ulf, Kulturelle Akteurinnen und Akteure – Die emische Konstruktion von Kultur und ihre Folgen, in: Ch. Ulf/E.-M. Hochhauser (Hrsg.), Kulturelle Akteure, Würzburg 2012, 21–69

Chr. Meier, Kultur, um der Freiheit willen. Griechische Anfänge – Anfang Europas?, München 2009

W. Nippel, Griechen, Barbaren und „Wilde", Frankfurt a. M. 1990

M. L. Pratt, Imperial Eyes. Travel Writing and Transculturation, 2. Aufl. London/New York 2008

R. Rollinger, Altorientalische Motivik in der frühgriechischen Literatur am Beispiel der homerischen Epen, in 1.2: Ulf, Wege, 156–210

I. Weiler, Soziogenese und soziale Mobilität im archaischen Griechenland, in 1.2: Ulf, Wege, 211–239

M. West, The East Face of Helicon. West Asiatic Elements in Greek Poetry and Myth, Oxford 1997

A. ZAICEV, Das griechische Wunder. Die Entstehung der griechischen Zivilisation, Konstanz 1993

5.4.1 Kontaktsituationen am Rand des griechischen Siedlungsraumes

J. P. CRIELAARD, Production, circulation and consumption of Early Iron Age Greek pottery, in:
J. P. CRIELAARD/V. STISSI/ G. J. VAN WIJNGAARDEN (Hrsg.), The Complex Past of Pottery, Amsterdam 1999, 49–81

D. DEMITRIOU, Negotiating Identity in the Ancient Mediterranean, Cambridge 2012

E. KISTLER/B. ÖHLINGER/M. HOERNES/M. MOHR, Debating „Sanctuaries and the Power of Consumption, in: DIES. (Hrsg.), Sanctuaries and the Power of Consumption, Wiesbaden 2015, 492–540

E. KISTLER, Kriegsbilder, Aristie und Überlegenheitsideologie im spätgeometrischen Athen, in: Göttinger Forum für Altertumswissenschaft 4 (2001) 159–185

M. LIVERANI, The trade network of Tyre, in: M. KOGAN (Hrsg.), Ah Assyria ... Studies in Assyrian History and Ancient Near Eastern Historiography, Jerusalem 1991, 65–79

CH. ULF, Der Streit um Standards: die homerischen Epen als Diskussionsforum, in:
T. L. KIENLIN/A. ZIMMERMANN (Hrsg.), Beyond Elites. Alternatives to Hierarchical Systems in Modelling Social Formations, Bd. 2, Bonn 2012, 471–482

CH. ULF, Formen von Konsumption, Lebensstilen und Öffentlichkeiten von Homer bis Theognis, in: Klio 97 (2104) 416–436

CH. ULF, Rethinking cultural contacts, in: Ancient West & East 8 (2009) 81–132

A. VACEK, Al Mina, in 3: Wittke, Frühgeschichte, 723–725

J. ST. P. WALSH, Consumerism in the Ancient Mediterranean. Imports and Identity Construction, Routledge 2014

5.4.2 Heiligtümer: multidimensionale Begegnungen in sakralen Räumen

J. P. CRIELAARD, Powerful things in motion: a biographical approach to eastern elite goods in Greek sanctuaries, in 5.4.1: KISTLER/ÖHLINGER/MOHR/HOERNES, Sanctuaries, 351–372

F. DE POLIGNAC, Cults, Territory, and the Orgins of the Greek City-State, Chicago/London 1995

P. FUNKE, Integration und Abgrenzung. Vorüberlegungen zu den politischen Funktionen überregionaler Heiligtümer in der griechischen Staatenwelt, in: Archiv für Religionsgeschichte 11 (2009) 285–297

F. GRAF, Religion und Mythologie im Zusammenhang mit Homer, in 4: LATACZ, Zweihundert Jahre, 331–362

M. HAAKE/M. JUNG (Hrsg.), Griechische Heiligtümer als Erinnerungsorte. Von der Archaik bis in den Hellenismus, Stuttgart 2011

PH. KAPLAN, Dedications to Greek sanctuaries by foreign kings in the 8th through 6th centuries BCE, in: Historia 55 (2006) 129–152

M. KERSCHNER, Lydische Weihungen in griechischen Heiligtümern, in: A. NASO (Hrsg.), Stranieri e non cittadini nei santuari greci, Florenz 2006, 253–291

J. MYLONOPOULOS, Das griechische Heiligtum als räumlicher Kontext antiker Feste und Agone, in: Thesaurus Cultus et Rituum Antiquorum, Bd. 8: Festivals and Contests, Los Angeles 2011, 43–78

R. OSBORNE, Archaic Greece, in 1.2: SCHEIDEL/MORRIS/SALLER, History, 277–301

B. Schweizer, Sakrale Räume und Kulturkontakte, in 3: Wittke, Frühgeschichte, 923–950
U. Sinn, Kultorte (Griechenland), in: J. Ch. Balty (Hrsg.), Thesaurus Cultus et Rituum Antiquorum, Bd. 4, Los Angeles 2005, 1–127
Ch. Ulf, Überlegungen zur Funktion überregionaler Feste in der frühgriechischen Staatenwelt, in: W. Eder/H.-J. Hölkeskamp (Hrsg.), Volk und Verfassung im vorhellenistischen Griechenland, Stuttgart 1997, 37–61

5.5 Hellenische Ethnogenese – ein anhaltender Prozess

G. Grote, A History of Greece. A new edition in twelve volumes, vol. 2., London 1884
J. Hall, The determinacy of space and state formation in archaic Greece, in: M. Fernández-Götz/D. Krausse (Hrsg.), Eurasia at the Dawn of History. Urbanization and Social Change, Cambridge 2017, 279–290
I. Morris, The early polis as city and state, in: J. W. Rich/A. Wallace-Hadrill (Hrsg.), City and Country in the Ancient World, London 1991, 25–57
F. de Polignac, Forms and processes: some thoughts on the meaning of urbanization in early archaic Greec, in: R. Osborne/B. Cunliffe (Hrsg.), Mediterranean Urbanization 800–600 BC, Oxford 2011, 45–69
K. Vlassopoulos, Ethnicity and Greek history: re-examining our assumptions, in: Bulletin of the Institute of Classical Studies 58 (2015) 1–13
F. Walbank, The problem of Greek nationality, in: Phoenix 5 (1951) 41–60

5.5.1 ‚Reale' Allianzen und eine fiktionale Großeinheit im Epos

O. T. P. K. Dickinson, Catalogue of Ships, in 4: Finkelberg, Homer Encyclopedia, Bd. 1, 150–155
W. Donlan, Achilles the ally, in: Arethusa 35 (2002) 155–200
B. Eder, Noch einmal: der homerische Schiffskatalog, in 2.1.3: Ulf, Streit, 287–308
M. Finkelberg, Trojan War, in 4: Finkelberg, Homer Encyclopedia, Bd. 3, 892–895
R. L. Fowler, Achaeans, in 4: Finkelberg, Homer Encyclopedia, Bd. 1, 2–4
I. Malkin, The Returns of Odysseus, Berkeley/Los Angeles/London 1998

5.5.2 Umdeutungen und Erweiterungen der Genealogie des Hellen

K. Freitag, Die Akarnanen: ein Ethnos ohne religiöses Zentrum und gemeinsame Feste?, in: Funke/Haake, Greek Federal States, 65–83
P. Funke, Stamm und Polis. Überlegungen zur Entstehung der griechischen Staatenwelt in den „Dunklen Jahrhunderten", in: J. Bleicken (Hrsg.), Colloquium aus Anlaß des 80. Geburtstages von Alfred Heuß, Kallmünz 1993, 29–48
P. Funke/M. Haake, Greek Federal States and Their Sanctuaries. Identity and Integration, Stuttgart 2013
J. Hall, Contested ethnicities. Perceptions of Macedonia within the evolution of Greek identity, in 5.1.2: Malkin, Ancient Perceptions, 159–186
J. Hall, How ‚Greek' were the early western Greeks?, in: K. Lomas (Hrsg.), Greek Identity in the Western Mediterranean, Leiden/Boston 2004, 35–54

Th. Heine Nielsen, Arkadia and its Poleis in the Archaic and Classical Periods, Göttingen 2002
A. Kühr, Als Kadmos nach Boiotien kam, Stuttgart 2006
N. Luraghi, The Ancient Messenians. Constructions of Ethnicity and Memory, Cambridge 2008
I. Malkin, Introduction, in 5.1.2.: Malkin, Ancient Perceptions, 1–28
A. Möller, The Beginning of Chronography: Hellanicus' Hieraiai, in N. Luraghi (Hrsg.), The Historian's Craft in the Age of Herodotus, Oxford 2001, 241–62
P. Siewert, „Richter über die Hellenen" (*Hellanodikas*) und andere überstaatliche Gemeinschaftsbezeichnungen in Olympia, in: M. G. Angeli Bertinelle/A. Donati (Hrsg.), Il Cittadino, lo straniero, il barbaro, fra integrazione ed emarginazione nell'antichità, Rom 2005, 93–104
Ch. Ulf, Identity building as a means of conflict resolution, or: Thucydides' struggle with Hellenic discourses, in: E. P. Moloney/M. St. Williams (Hrsg.), Peace and Reconciliation in the Classical World, London/New York 2017, 217–230
E. Zingg, Die Schöpfung der pseudohistorischen westpeloponnesischen Frühgeschichte, München 2016

5.5.3 Die hellenische Selbstfindung als „Griechen" im Imperium Romanum

E. Bowie, Men from Mytiline, in: Schmitz/Wiater, Struggle, 181–195
E. Bridges/E. Hall/P. J. Rhodes (Hrsg.), Cultural Responses to the Persian Wars, Oxford 2007
Ch. Delattre, Islands of Knowledge, in 5.2.1: Hawes, Myths on the Map, 261–280
M. A. Flower, The fifth-century origins of the fourth-century panhellenism, in: Classical Antiquity 19 (2000) 65–101
M. Giangiuglio, Collective identities, imagined past, and Delphi, in: L. Foxhall/H.-J. Gehrke/N. Luraghi (Hrsg.), Intentional History, Stuttgart 2010, 121–135
H.-J. Gehrke, Geschichte des Hellenismus, München 1990
E. Hall, Inventing the Barbarian. Greek Self-Definition through Tragedy, Oxford 1991
Th. Hidber, Impacts in: Schmitz/Wiater, Struggle, 115–123
B. Hintzen, Latin in: Schmitz/Wiater, Struggle, 125–141
V. Huet/E. Vallet-Cagnac (Hrsg.), Et si les Romains avaient inventé la Grèce?, Paris 2005
R. L. Hunter/C. C. de Jonge (Hrsg.), Dionysius of Halicarnassus and Augustan Rome: Rhetoric, Criticism and Historiography, Cambridge/New York 2019
H. J. Kim, The invention of the 'Barbarian' in late sixth-century BC Ionia, in: E. Almagor/J. E. Skinner (Hrsg.), Ancient Ethnography: New Approaches, London/New Delhi/New York/Sydney 2013, 25–48
H. Klinkott, Griechen und Fremde, in: G. Weber (Hrsg.), Kulturgeschichte des Hellenismus, Stuttgart 2007, 224–241
D. Konstan, *To hellenikon ethnos*: ethnicity and the construction of ancient Greek identity, in 5.1.2: Malkin, Ancient Perceptions, 29–50
H. Kyrieleis, Anfänge und Frühzeit des Heiligtums von Olympia, Berlin/New York 2006
J. McInerney, Callimachus and Diaspora Poetics, in: G. Hawes (Hrsg.), Myths on the Map: the Storied Landscape of Ancient Greece, New York 2017, 122–140
I. Madreiter, Stereotypisierung – Idealisierung – Indifferenz. Formen der Auseinandersetzung mit dem Achaimeniden-Reich in der griechischen Persika-Literatur, Wiesbaden 2012

M. MILLER, Athens and Persia in the Fifth Century BC, Cambridge 1997
G. W. MOST, Principate and System, in: SCHMITZ/ WIATER, 163–179
R. V. MUNSON, Black Doves Speak. Herodotus and the Languages of Barbarians, Cambridge MA/London 2005
W. ORTH (Hrsg.), Isokrates. Neue Ansätze zur Bewertung eines politischen Schriftstellers, Trier 2003
K. RAAFLAUB, Die Entdeckung der Freiheit, München 1985
K. RAAFLAUB, Politisches Denken im Zeitalter Athens, in: I. FETSCHER/H. MÜNKLER (Hrsg.), Pipers Handbuch der politischen Ideen, Bd. 1, München/Zürich 1998, 273–368
T. SCHEER, The past in a Hellenistic present, in: A. ERSKINE (Hrsg.), A Companion to the Hellenistic World, Malden/Oxford/Carlton 2003, 216–231
S. SCHMAL, Feindbilder bei den frühen Griechen, Frankfurt a. M. 1995
A. SCHMITZ/N. WIATER, Introduction: approaching Greek identity, in: A. SCHMITZ/N. WIATER (Hrsg.), The Struggle for Identity. Greeks and their Past in the First Century BCE, Stuttgart 2011, 15–45
M. SCOTT, Delphi and Olympia. The Spatial Politics of Panhellenism in the Archaic and Classic Periods, Cambridge 2010
H. A. SHAPIRO, The invention of Persia in Classical Athens, in: M. Eliav-Feldon/J. Ziegler (Hrsg.), The Origins of Racism in the West, Cambridge 2007, 57–87
J. E. SKINNER, The Invention of Greek Ethnography, Oxford 2012
A. J. S. SPAWFORTH, Greece and the Augustan Cultural Revolution, Cambridge/New York 2012
CH. ULF, Korrelationen des Wandels. Die Formierung von Identität und Fremdheit bei Thukydides, in: T. L. KIENLIN (Hrsg.), Fremdheit – Perspektiven auf das Andere, Bon 2015, 109–124
CH. ULF, Merkmale supralokaler und überregionaler Heiligtümer im Kontext der Formierung der Polis, in: M. HAAKE/K. FREITAG (Hrsg.), Griechische Heiligtümer als Handlungsorte, Stuttgart 2019, 31–56
E. CH. L. VAN DER VLIET, The Romans and us: Strabo's geography and the construction of ethnicity, in: Mnemosyne 56 (2003) 257–272
O. M. VAN NIJF/C. G. WILLAMSON, Re-inventing traditions: connecting contests in the Hellenistic and Roman world, in: D. BOSCHUNG/A. W. BUSCH/M. J. VERSLUYS (Hrsg.), Reinventing "The Invention of Tradtion?", Paderborn 2015, 95–111
G. VOGT-SPIRA/B. ROMMEL (Hrsg.), Rezeption und Identität, Stuttgart 1999
N. WIATER, The Ideology of Classicism, Berlin/New York 2011

Abbildungen

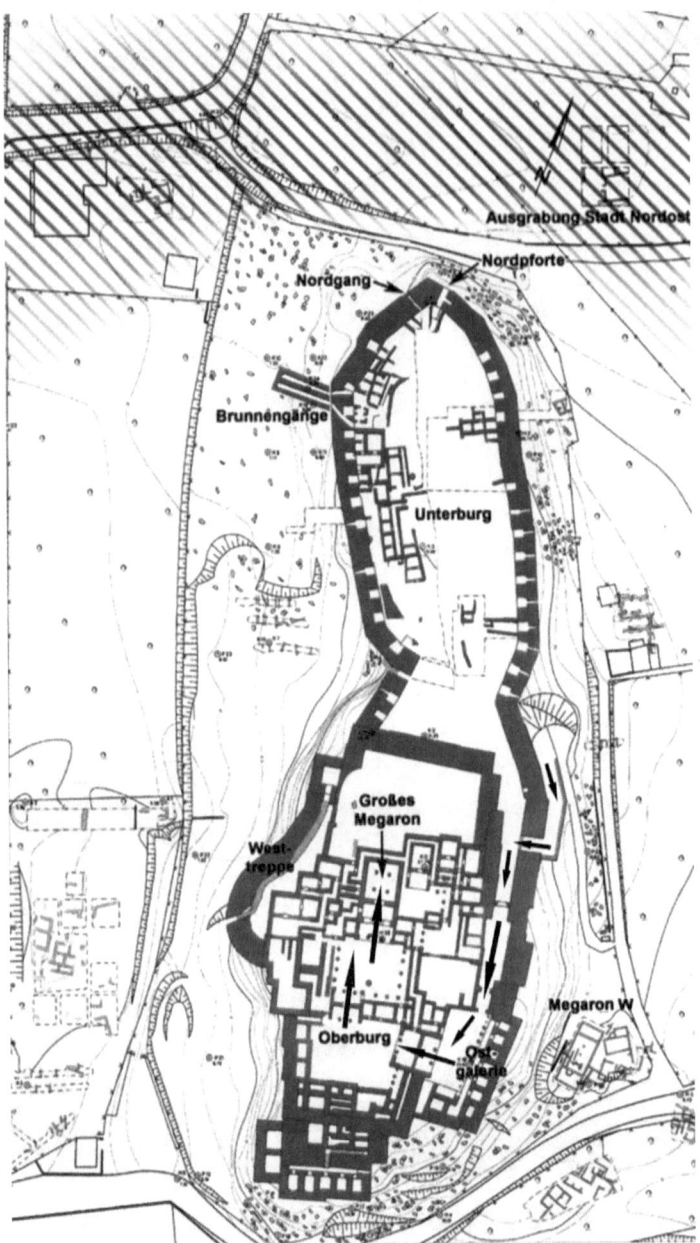

Abb. 1: Plan von Tiryns mit der Status determinierenden Wegführung (s. Pfeile) zum ‚Megaron'. (J. Maran, Nach dem Ende: Tiryns – Phönix aus der Asche, in: Badisches Landesmuseum Karlsruhe [Hrsg.], Zeit der Helden – Die „dunklen Jahrhunderte" Griechenlands 1200–700 v. Chr., Darmstadt 2008, 65)

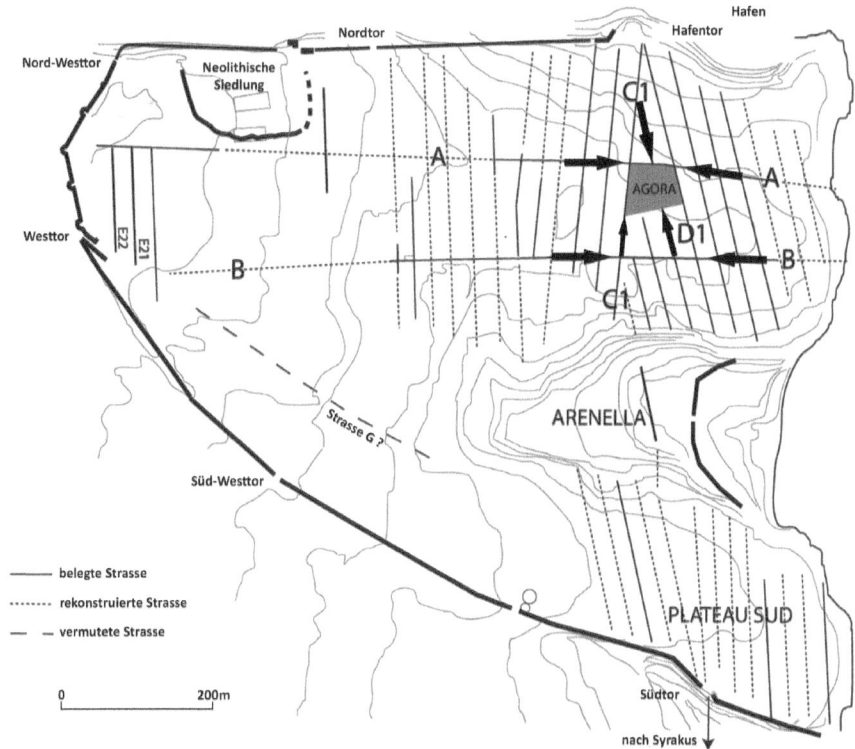

Abb. 2: Agora-zentriertes Straßensystem (s. Pfeile) von Megara Hyblaia um 700.
(H. Tréziny, L'agora de Megara Hyblaea, in: C. Ampolo [Hrsg.], Agora greca e agorai di Sicilia, Pisa 2012, 119–122 Abb. 48)

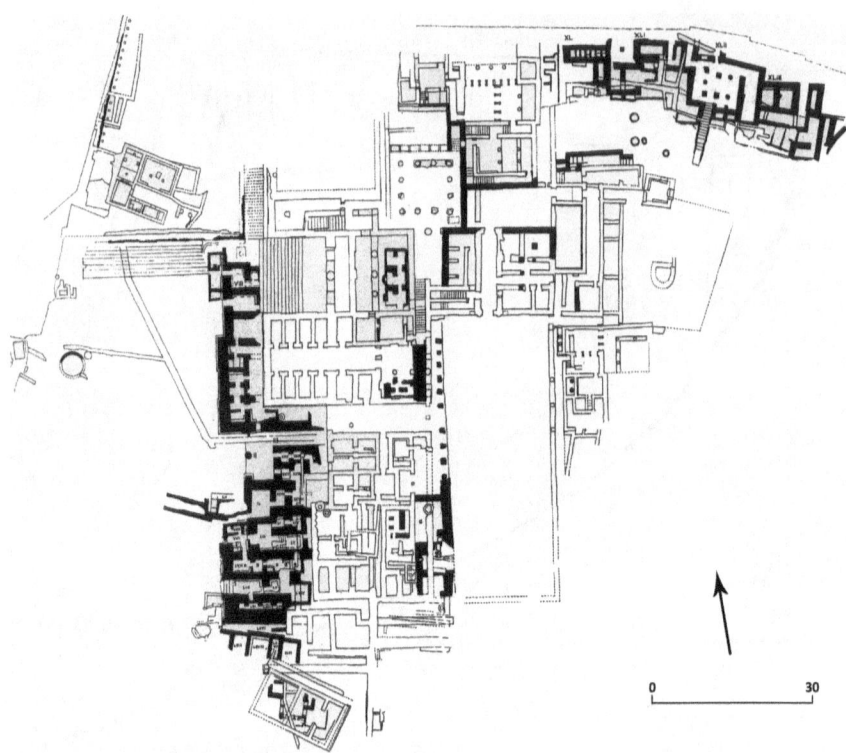

Abb. 3: Phaistos; Älteste Palastphase (2000–1800) in Schwarz hervorgehoben.
(T. Guttandin u.a. [Hrsg.], Inseln der Winde. Die maritime Kultur der bronzezeitlichen Ägäis, Heidelberg 2011, 36, Abb. 44)

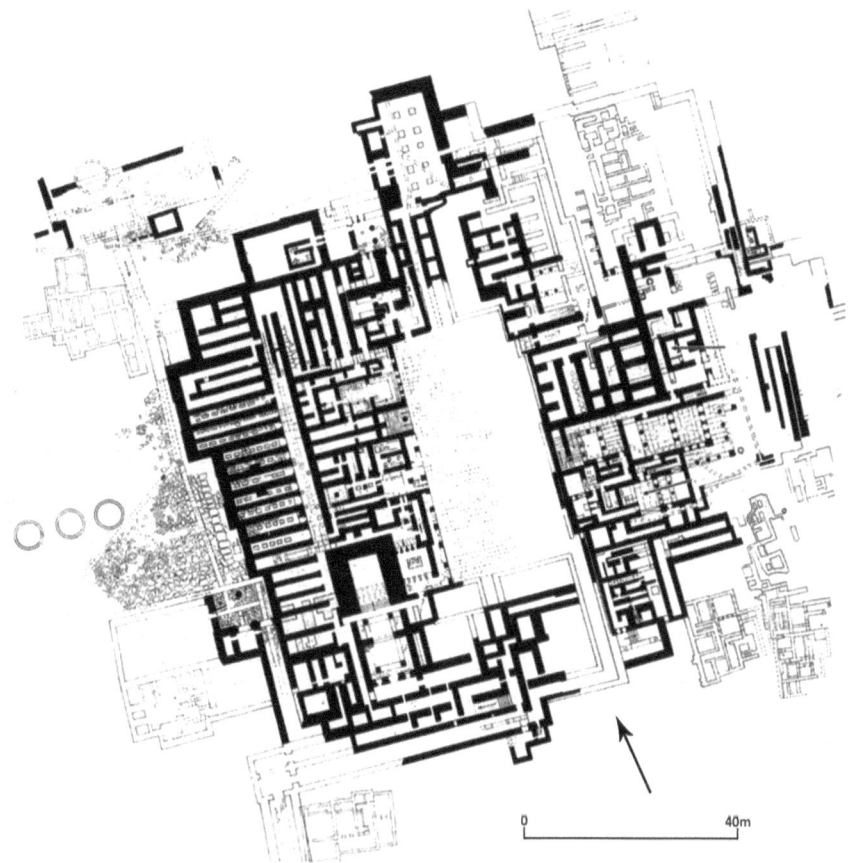

Abb. 4: Knossos (1800–14 Jh.); minoischer Palast.
(D. Panagiatopoulos, Der minoische ‚Hof' als Kulisse zeremonieller Handlung, in: J. Maran u. a. [Hrsg.], Constructing Power. Architecture, Ideology and Social Practice, Hamburg 2006, 31–48, Abb. 48)

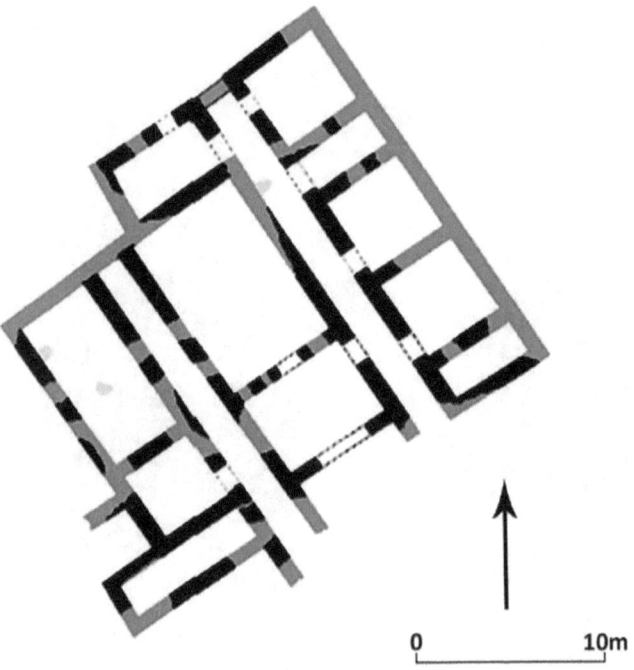

Abb. 5: Menelaion bei Sparta; der Proto-Palast Mansion I.
(J. Wright, The Formation of the Mycenaean Palaces, in: S. Deger-Jalkotzy – I. Lemos, From Mycenean Palaces to the Age of Homer, Edinburgh 2006, 7–52, Abb. 1.2a)

Abbildungen — 271

Abb. 6: Pylos um 1200; Wege (schwarze Kreise und Striche) zum Machtzentrum.
(J. L. Bintliff, The Complete Archaeology of Greece. From Hunter-Gatherers to the 20th Century
A.D., Chichester 2012, 183, Abb. 7.2)

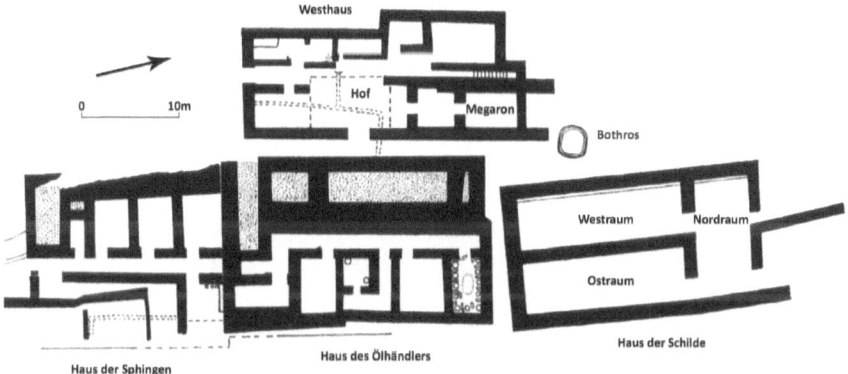

Abb. 7: Mykene; Westhaus mit ‚Megaron'.
(B. E. Burns, Life outside a Mycenaean palace: elite houses on the periphery of citadel sites.
In: British School at Athens Studies, Vol. 15, Building Communities: House, Settlement and
Society in the Aegean and Beyond, Athens 2007, 111–119, Abb. 12.3)

Abb. 8: Tiryns; nachpalastzeitliche Ruinen mit ‚Megaron'.
(J. Maran, Ceremonial feasting equipment, social space and interculturality in Post-Palatial Tiryns, in: J. Maran – Ph. W. Stockhammer [Hrsg.], Materiality and Social Practice Transformative Capacities of Intercultural Encounters, Oxford – Oakville 2012, 121–136, Abb. 11.9)

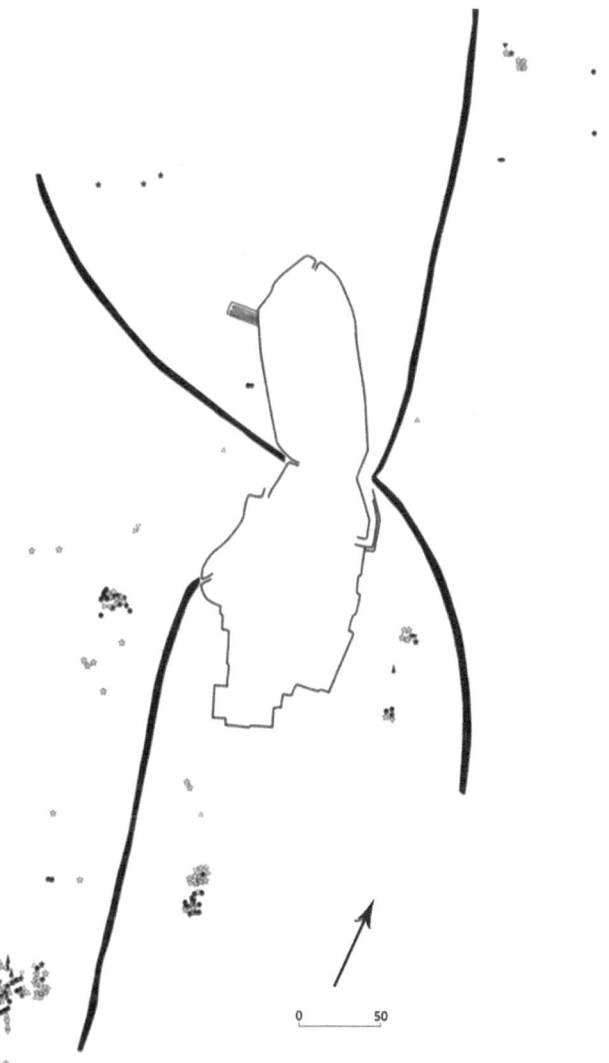

Abb. 9: Gräbergruppen (eingeschwärzte Kreise) im Gebiet der Unterstadt von Tiryns.
(B. Hildebrandt, Damos und Basileus. Überlegungen zu Sozialstrukturen in den Dunklen Jahrhunderten Griechenlands, München 2007, Taf. 16)

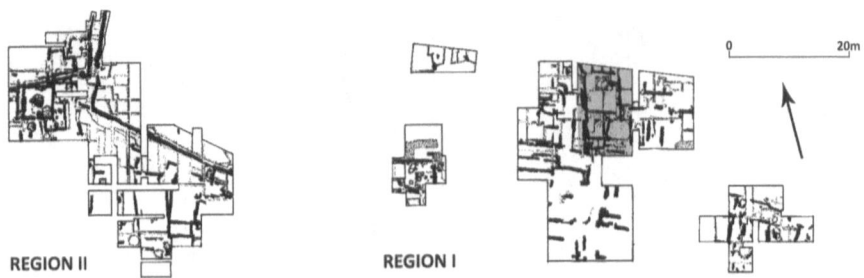

Abb. 10: Gesamtplan von Lefkandi (Xeropolis: 12. – 10. Jhs.); Bereich mit dem ‚Megaron' grau eingefärbt. (I. Lemos, Euboea and Central Greece in the Postpalatial and Early Greek Periods. Archaeological Reports Vol. 58 [2011–2012], 19–27, Abb. 31)

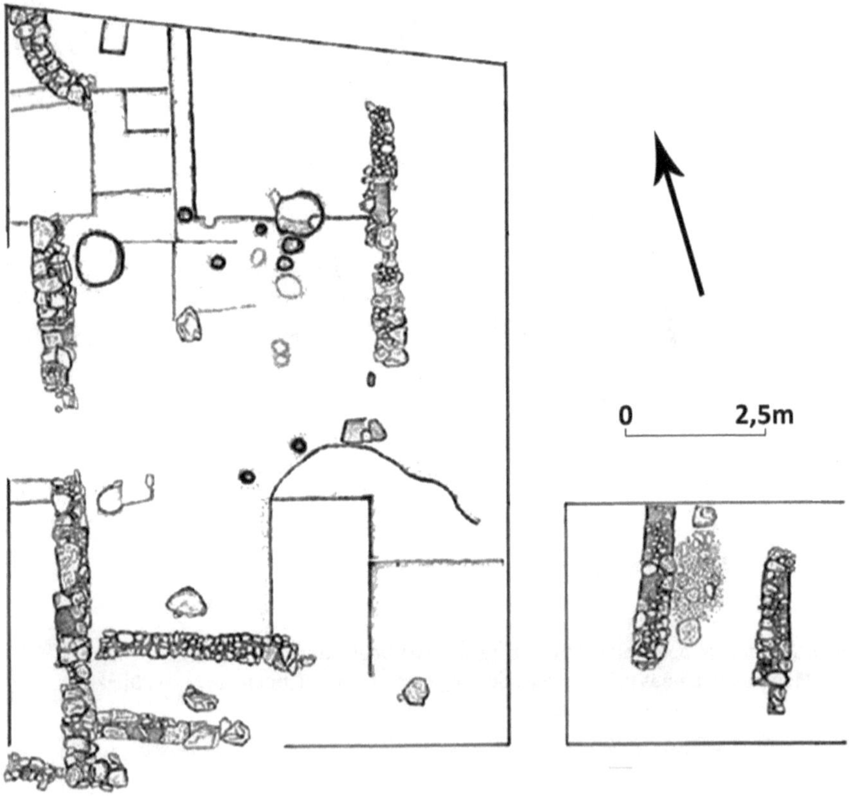

Abb. 11: Lefkandi; Steinplan des protogeometrischen ‚Megaron'.
(I. Lemos, Lefkandi, in: J. Whitley u. a., Archaeology in Greece 2006–2007, Archaeological Reports Vol. 53 [2006–2007], 38, Abb. 45)

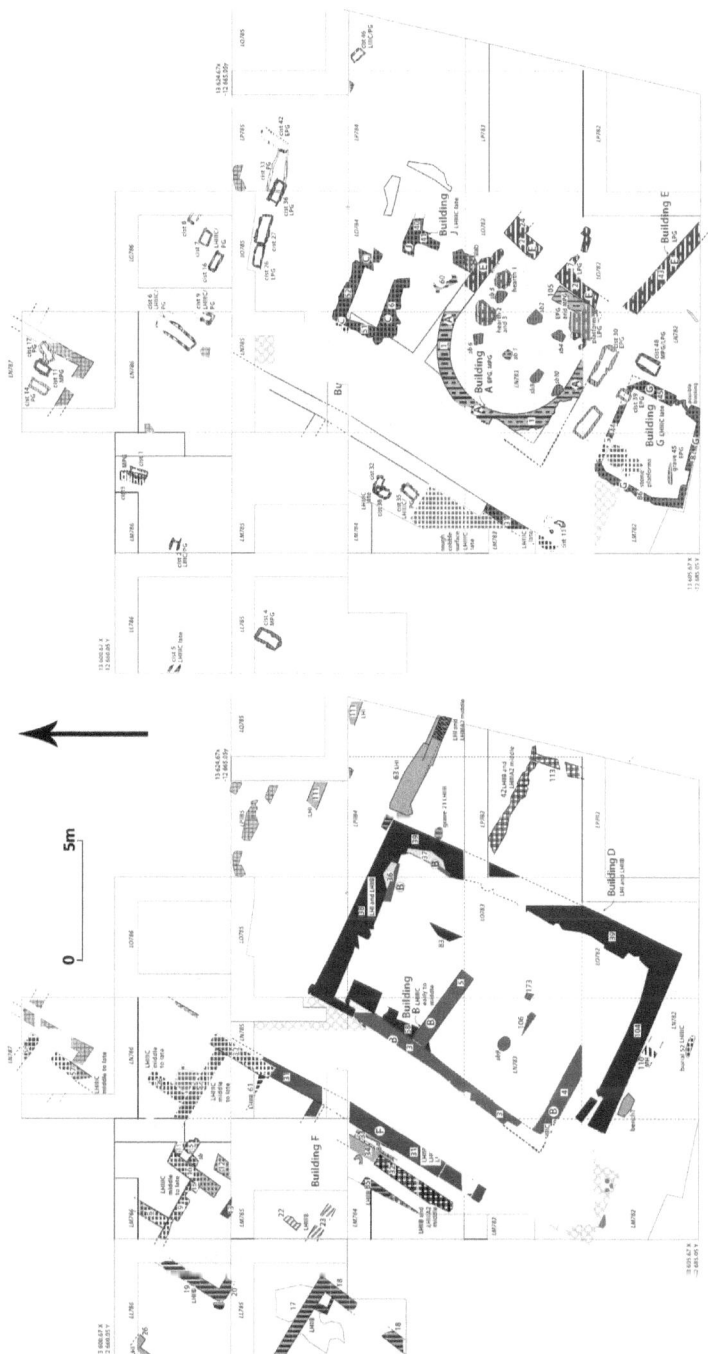

Abb. 12: Mitrou; Späthelladisch III bis Proto-Geometrisch.
(A. Van de Moortel – E. Zahou, The Bronze Age – Iron Age Transition at Mitrou in East Lokris: Evidence for Continuity and Discontinuity, in: A. Mazarakis Ainian [Hrsg.], The "Dark Ages" Revisited. Acts of an International Symposium in Memory of William D.E. Coulson, University of Thessaly, Volos, Greece, 14–17 June 2007, Volos 2011, 331–347, Abb. 5)

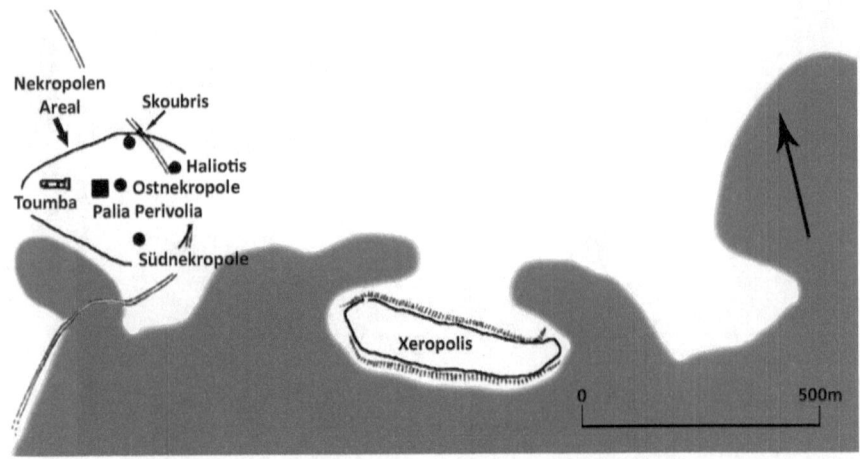

Abb. 13: Lefkandi; Siedlung und Nekropolen Areal in protogeometrischer Zeit.
(S. Price – P. Thonemann. The Birth of Classical Europe. A History from Troy to Augustine, London 2011, 47 Abb. 5 [neu umgezeichnet und eingedeutschte Ortsnamen])

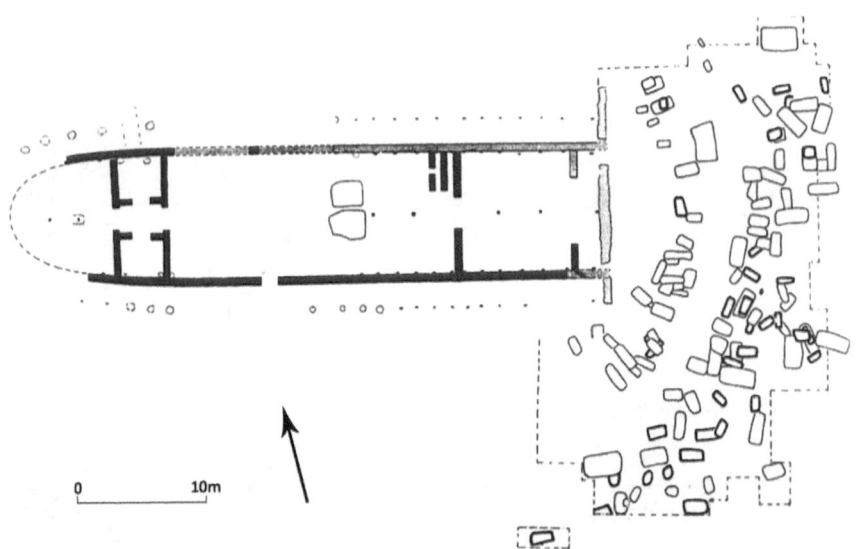

Abb. 14: Lefkandi; Heroon und Toumba-Nekropole.
(M. R. Popham – I. Lemos, Lefkandi III: Plates, British School at Athens supp. Vol. 29, Athens 1996, Taf. 4)

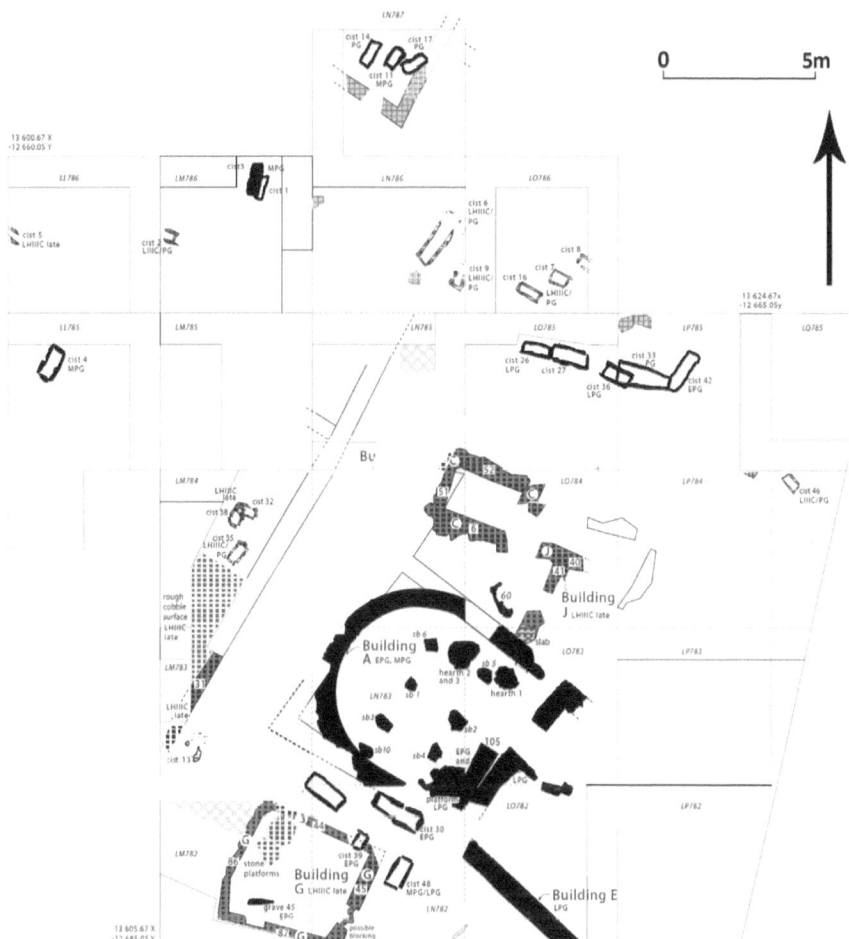

Abb. 15: Mitrou; protogeometrische Siedlungsstrukturen und Gräber (schwarz eingefärbt).
(A. Van de Moortel – E. Zahou, The Bronze Age –Iron Age Transition at Mitrou in East Lokris: Evidence for Continuity and Discontinuity, in: A. Mazarakis Ainian [Hrsg.], The "Dark Ages" Revisited. Acts of an International Symposium in Memory of William D.E. Coulson, University of Thessaly, Volos, Greece, 14–17 June 2007 [Volos 2011] 331–347, Abb. 5)

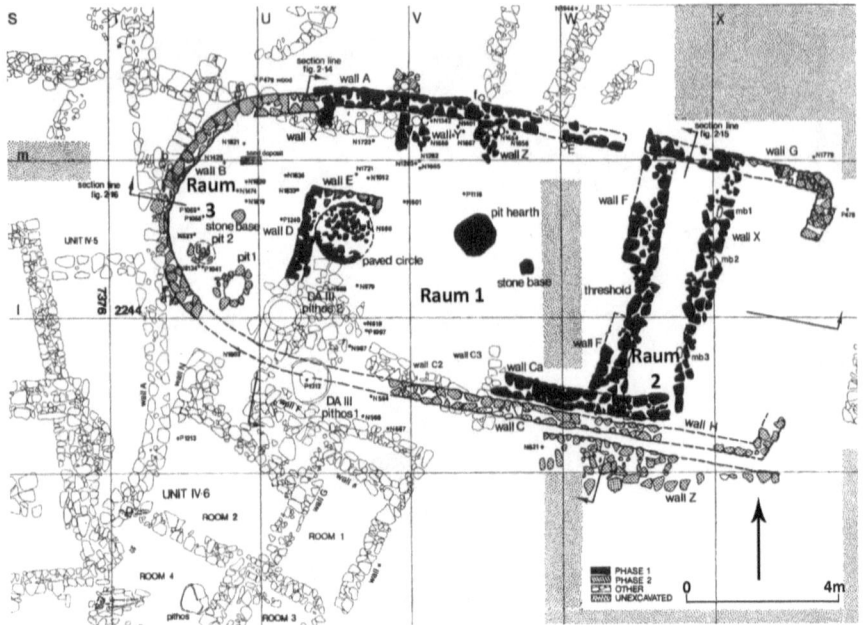

Abb. 16: Nichoria; Unit IV, Früheisenzeitiliches Herrenhaus (schwarz und grau eingefärbt) über spätbronzezeitlichen Siedlungsresten.
(A. Mazarakis Ainian, From Rulers' Dwellings to Temples. Architecture, Religion and Society in Early Iron Age Greece [1100–700 B.C.] [= Studies in Mediterranean Archaeology 122.] Jonsered 1997, Abb. 259)

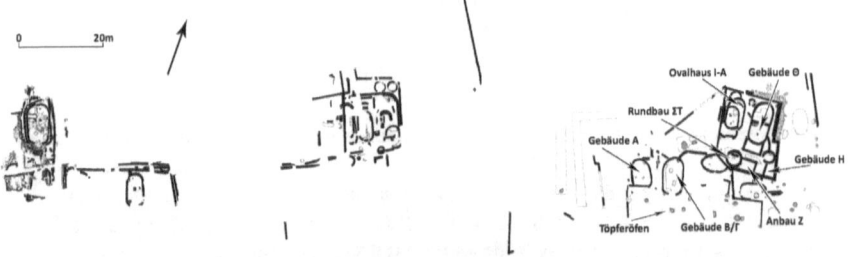

Abb. 17: Oropos; Gesamtplan der Phasen von 750 bis Anfang des 7. Jh.
(Nach: A. Mazarakis Ainian, Conservatism versus innovation: architectural forms in early Archaic Greece, in: X. Charalambidou – C.Morgan (Hrsg.), Interpreting the Seventh Century BC. Tradition and Innovation, Oxford 2017, 173–185 Abb. 17.1 [Phase des 7. – 6. Jhs. wurde gelöscht])

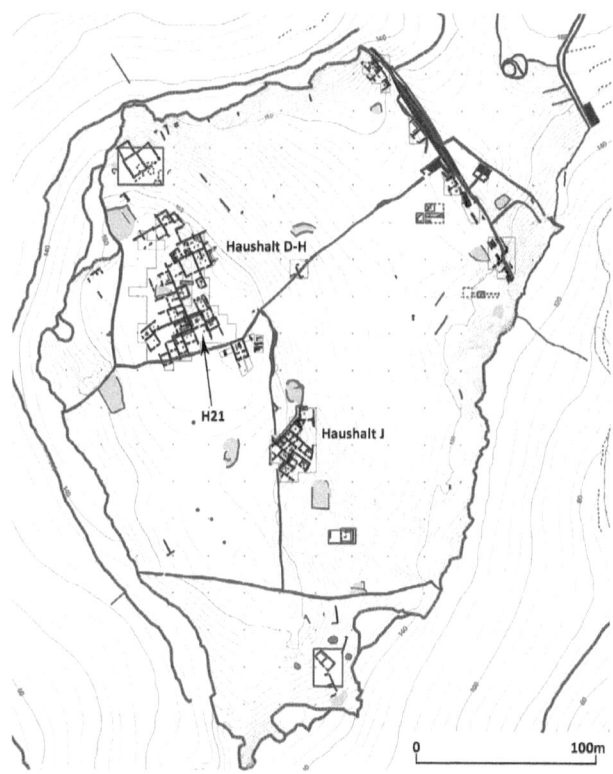

Abb. 18: Zagora, Gesamtplan.
(S.A. Paspalas, M.C. Miller & L.A. Beaumont, 'Zagora Archaeological Project: 2014 Season', Bulletin. The Australian Archaeological Institute at Athens 11 [2015], 12–15, Abb. 1)

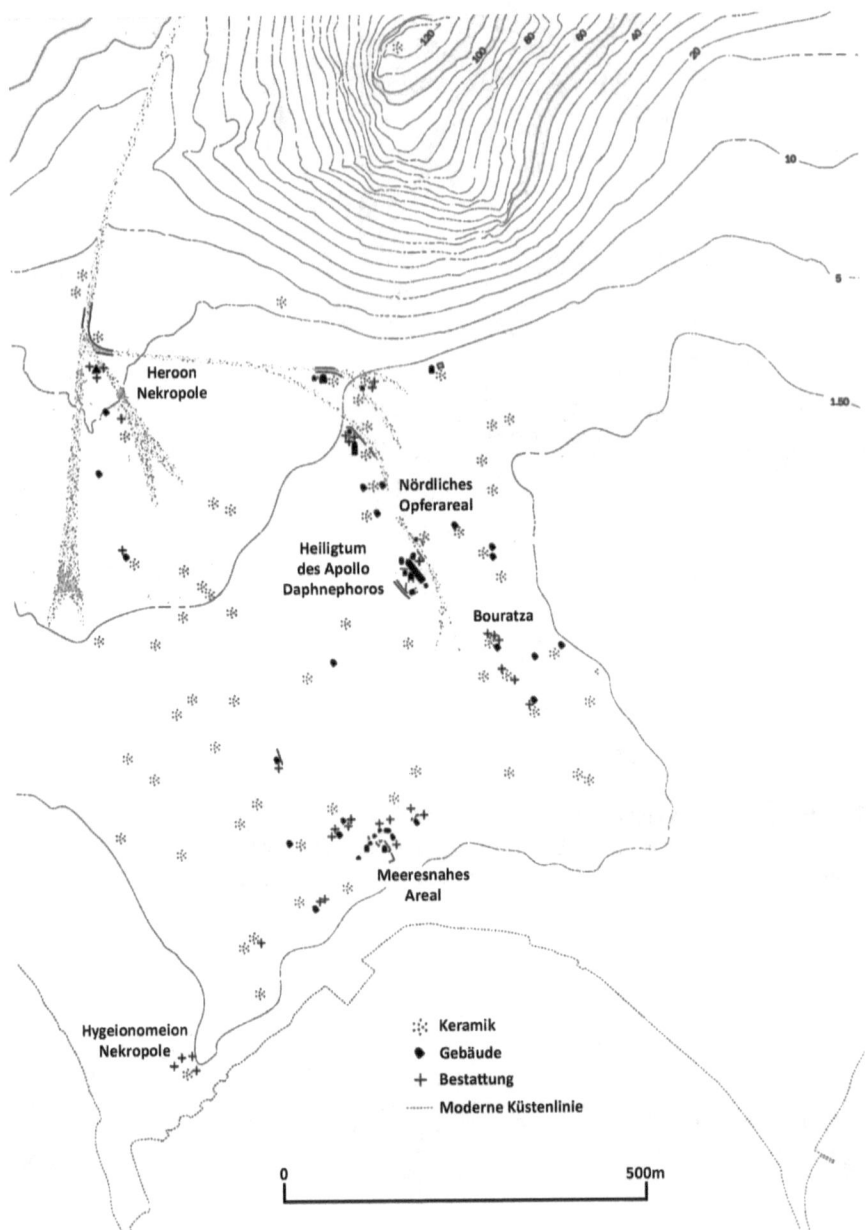

Abb. 19: Eretria; Gesamtplan.
(S. Verdan, Geometric Eretria: Some thoughts on old data, in: Mediterranean Archaeology, Vol. 25, Zagora in Context: Settlements and Intercommunal Links in the Geometric Period [900–700 BC], Proceedings of the conference held by The Australian Archaeological Institute at Athens and The Archaeological Society at Athens: Athens, 20–22 May, 2012 [2012], 181–189, Abb. 1)

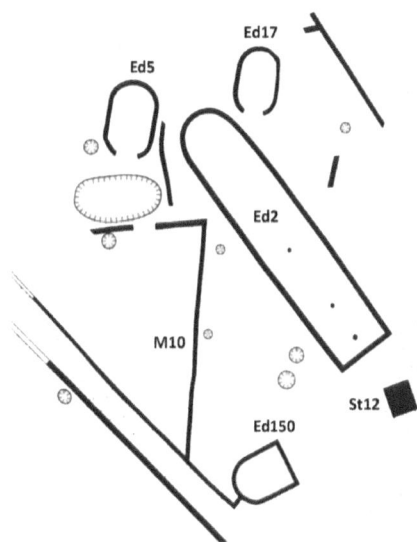

Abb. 20: Eretria; Quartier mit Daphnephoreion.
(S. Verdan, Geometric Eretria: Some thoughts on old data, in: Mediterranean Archaeology, Vol. 25, Zagora in Context: Settlements and Intercommunal Links in the Geometric Period [900–700 BC], Proceedings of the conference held by The Australian Archaeological Institute at Athens and The Archaeological Society at Athens: Athens, 20–22 May, 2012 [2012],181–189, Abb. 3)

Abb. 21: Megara Hyblaia, Gesamtplan.
(H. Treziny. Archaeological data on the foundation of Megara Hyblaea. Certainties and hypotheses, in: L. Donnelan – V. Nizzo – G.-J. Burgers (Hrsg.), Conceptualising early Colonisation, Brüssel-Rom 2016, 167–178, Abb. 1)

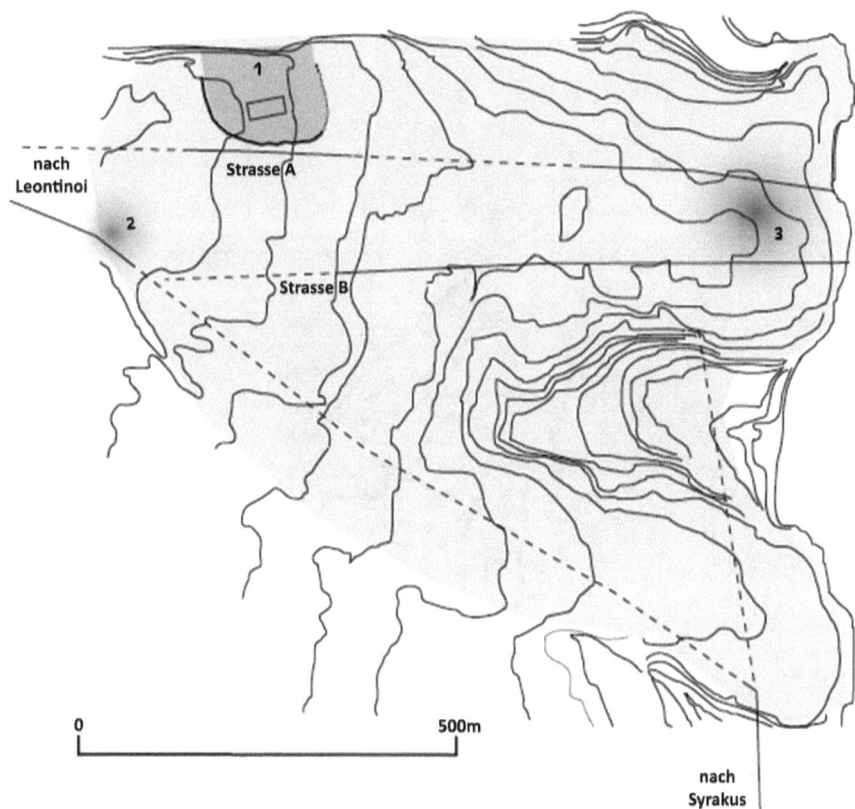

Abb. 22: Megara Hyblaia; Hüttenweiler 1–3.
(H. Tréziny, Aux origines de Mégara Hyblaea, in: A. Mazarakis Ainian [Hrsg.], The "Dark Ages" Revisited. Acts of an International Symposium in Memory of William D.E. Coulson, University of Thessaly, Volos, Greece, 14–17 June 2007 [Volos 2011] 497–520, Abb. 3)

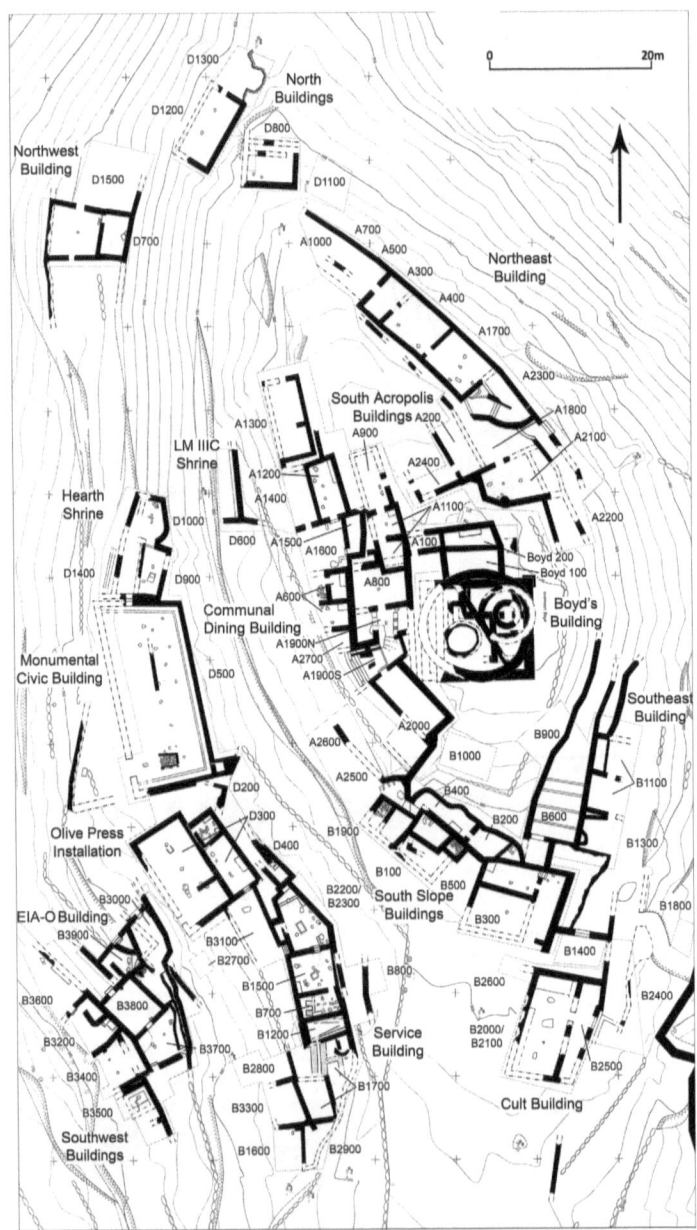

Abb. 23: Azoria, Gesamtplan.
(D. C. Haggis, The Structuring of Urban Space in Archaic Crete: an Example of Settlement Development from the Early Iron Age to Archaic Periods, in: Mediterranean Archaeology, Vol. 25, Zagora in Context: Settlements and Intercommunal Links in the Geometric Period [900–700 BC], Proceedings of the conference held by The Australian Archaeological Institute at Athens and The Archaeological Society at Athens: Athens, 20–22 May, 2012 [2012], 201–214, Abb. 3)

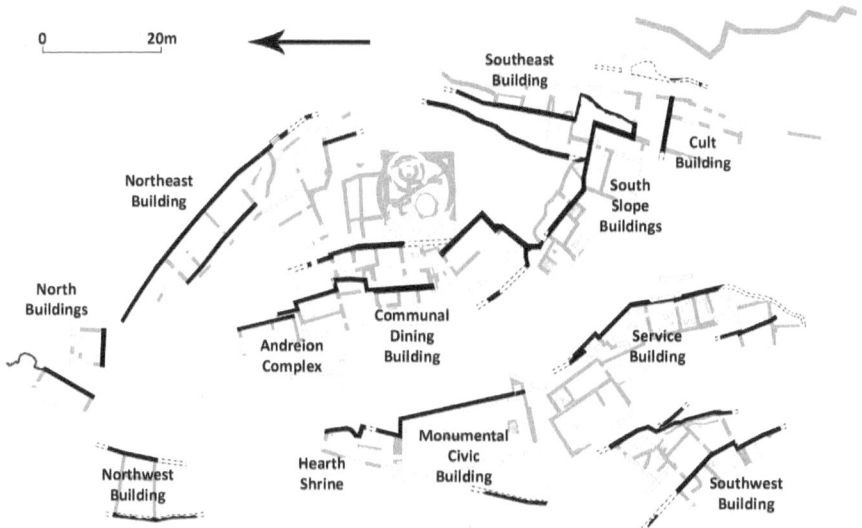

Abb. 24: Azoria, Terrassierungsmauern.
(D. C. Haggis, The Structuring of Urban Space in Archaic Crete: an Example of Settlement Development from the Early Iron Age to Archaic Periods, in: Mediterranean Archaeology, Vol. 25, Zagora in Context: Settlements and Intercommunal Links in the Geometric Period [900–700 BC], Proceedings of the conference held by The Australian Archaeological Institute at Athens and The Archaeological Society at Athens: Athens, 20–22 May, 2012 [2012], 201–214, Abb. 2)

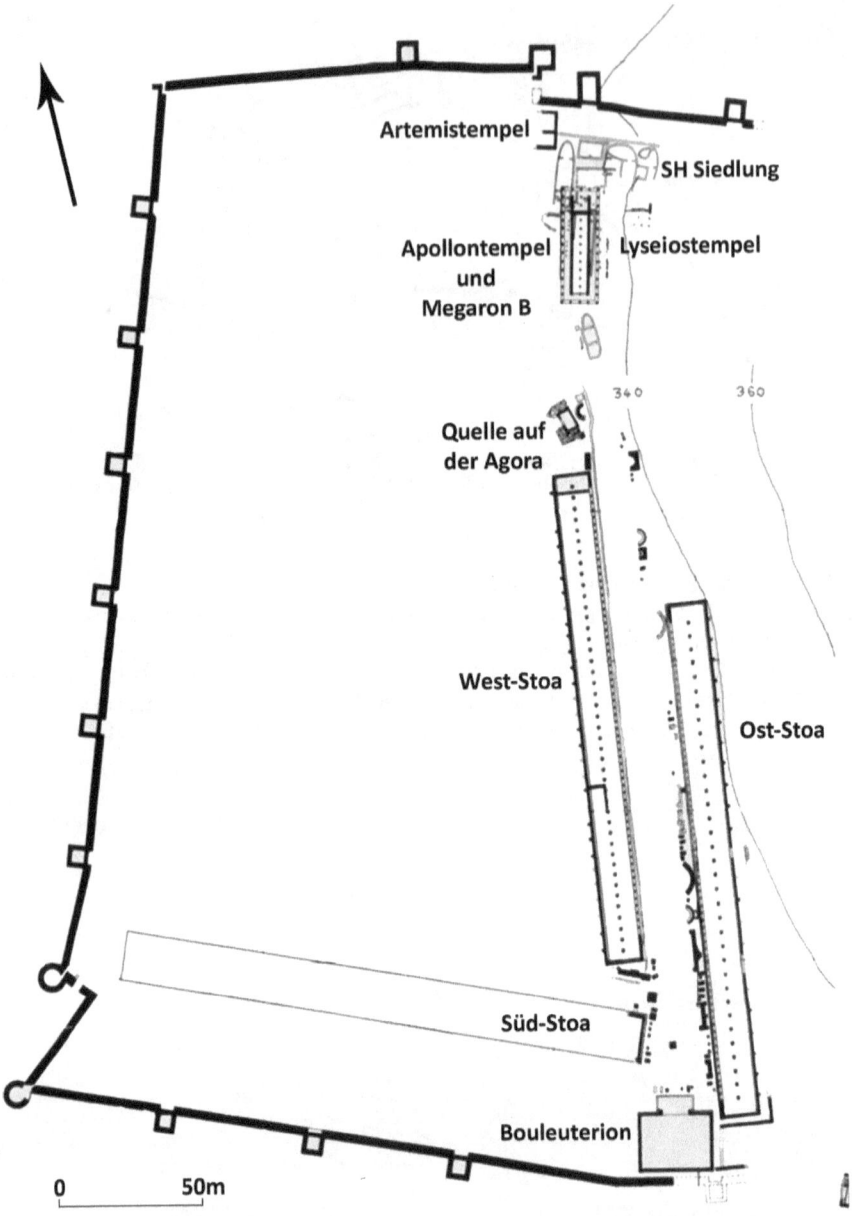

Abb. 25: Thermos; Gesamtplan, späte Bronzezeit bis 3. Jh.
(I. A. Papapostolou, Early Thermos. New Excavations 1992–2003, Athens 2012, Taf. 2)

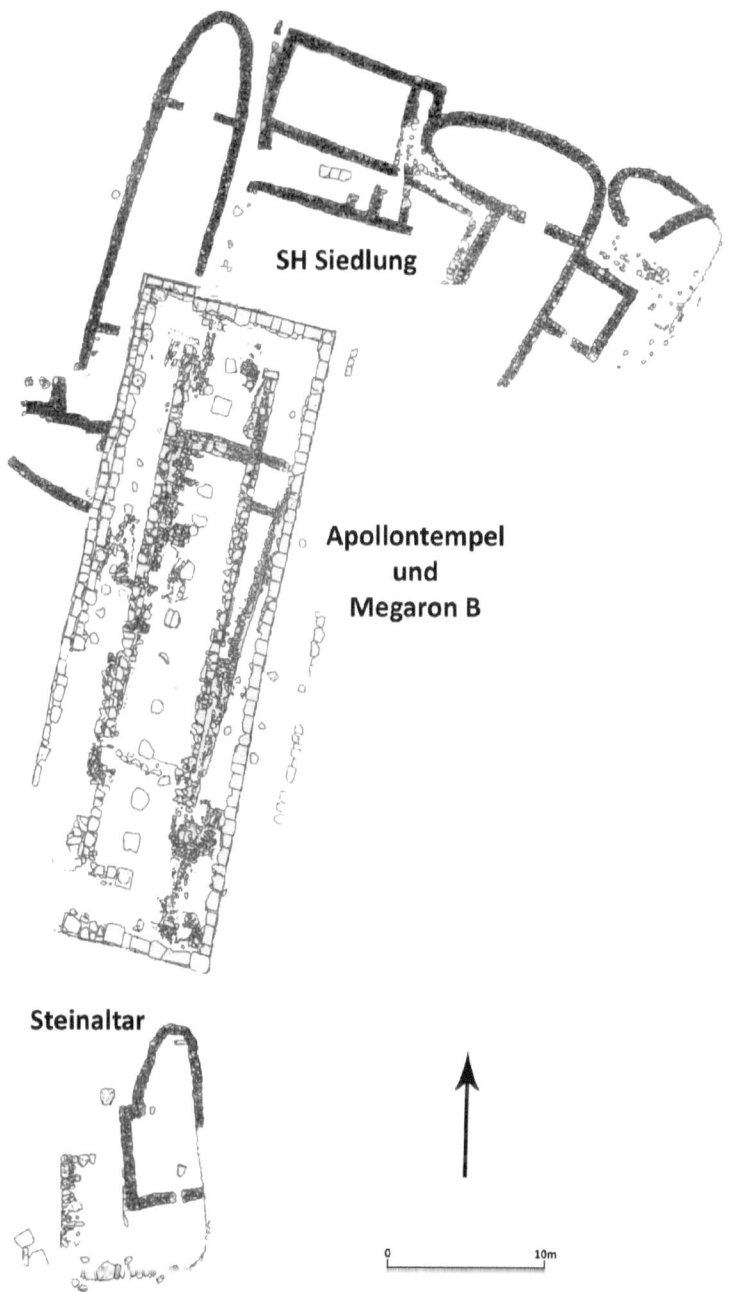

Abb. 26: Thermon; Steinplan der Baustrukturen beim späteren Tempel.
(I. A. Papapostolou, Early Thermos. New Excavations 1992–2003, Athens 2012, Taf. 3)

Register

Antike Autoren und Kollektivnamen

Abioi 204
Achäer/Achaioi 9, 69f., 75, 77, 81, 84, 87–89, 92, 97f., 107, 111–113, 115, 124, 126–128, 143, 146f., 190, 214, 219, 228f.
Achämeniden 101, 220
Äoler 103, 217
Ätoler/Aitoler 86, 107, 178
Aigialeer 103, 116
Aischylos 117 (Perser, v. 1025)
Akarnanen 178
Alkman frg. 1 PMGF: 113
Amazonen 233
Andokides 234
Aqai(ja) waša 147
Argeier/Argiver, s. auch Achäer, Danaer 9, 69, 86, 97, 126–128, 147, 228f., 233
Aristophanes, Vögel, 999–1009: 6
Aristoteles, Athenaion Politeia 161
Aristoteles, Meteorologica, 353a, 27–34: 102f.
Aristoteles, Politeia, 150, 189
Arwadier 210
Assyrer 100f., 125, 148, 209f.
Atriden 113f.
Böoter 116
Cicero (De re publica 1, 58; Tusc. 1, 1–2) 236
Danaer, s. auch Achäer, Argiver 126–128, 147f., 228f.
Demosthenes 132, 234
Diodorus Siculus 237
Dionysios v. Halikarnass 237
Dorier 6, 24, 103, 112–115, 117, 125, 130f., 143f., 156f., 217, 219f.
Epeier 216, 221
Eteokreter 219
Euripides, Ion 111
Gilgamesch-Epos 184, 223
Gorgias 234
Graikoi/Graeci 102, 132, 210f., 236
Hekataios v. Milet 216
Hellanikos v. Lesbos 129 (FGrHist 4, 125), 230 (FGrHist 4, 74)

Hellenen 6, 12, 20f., 24, 50, 97f., 102–104, 109–11, 114–118, 126, 128–132, 139, 156, 178, 201, 209f., 217f., 220f., 227, 231–237
Herakliden 112–115, 129, 219, 221
Herodot: 4, 21f., 27, 50, 102f., 112–118, 205, 215, 217f., 221
   1, 1–5: 6
   1, 6: 217
   1, 7–94: 210
   1, 56: 114
   1, 142–147: 114, 116, 117f., 222
   1, 163: 210
   1, 56–58: 102
   1, 153: 21
   1, 171: 2
   2, 35: 98
   2, 51: 221
   2, 171: 114
   3, 22: 2
   5, 2: 50, 109
   5, 72: 115
   6, 51, 53: 115
   7, 8: 50, 109
   7, 51: 117
   7, 93: 114
   7, 94–95: 103, 116, 217
   7, 161: 221
   8, 43, 56, 58: 114
   8, 44: 221f.
   8, 45: 114
   8, 73: 114
   8, 108: 50, 109
   8, 109: 128
   8, 140–144: 128–130
   9, 26: 221
   9, 97: 222
Hesiod: 69, 71f., 75–77, 79f., 85–87, 89f., 92f., 96–99, 110f., 135, 183, 185, 188, 190, 195, 199, 202f., 205
Hesiod, Frauenkatalog: 110, 129, 215f. (frg. 2 W), 221
Hesiod, Theogonie: 72f.

22–30: 99
80–96: 77, 92
521–569: 89
569–590: 92, 99
886–893: 91
Hesiod, Werke (*erga kai hemeraî*): 69, 72, 183, 205
1–10: 99
11–26: 89
37–39: 86
45–49: 89
60–68: 99
105–200: 99
201–211: 87
224–272 86
298–312: 79
341–350: 85
355: 84
372–379: 92, 199
382–396: 79
617–693: 202
650–659: 93
694–699: 92
Hethiter 146–148
Homer, Ilias: 3, 7–9, 13, 69–73, 75, 77, 81, 83, 85f., 88, 91f., 97–99, 101, 103, 106f., 110f., 116, 126–128, 145–149, 155, 183f., 189f., 194, 199, 203–205, 214, 216f., 221, 228f.
1, 1: 127
1, 150–169: 81
2, 100–107: 84
2, 203–206: 85, 196
2, 270: 88
2, 461: 116
2, 484–760: 109, 127, 229
2, 530: 103
2, 594: 219
2, 653–670: 95, 219
2, 803–804: 126, 228
2, 867: 232
Il. 3, 97–110: 77, 90
3, 721–731: 77
4, 257–267: 80
4, 433–435: 75
4, 341–346: 77
4, 467–471: 93
5, 263–273: 82

5, 341–342: 188
5, 472–476: 126
5, 499–502: 75
6, 51–65: 89
5, 160–170: 95, 97
6, 208: 77, 85
6, 168–179: 207
6, 234–236: 83
6, 242–250: 75
6, 440–465: 87
6, 486–493: 87
7, 313–320: 80
7, 442: 184
7, 464: 184
7, 466–475: 84
8, 161–163: 81
9, 53–62: 78
9, 63–64: 89
9, 70–73: 77
9, 121–156: 83
9, 264–298: 83
9, 381–384: 184
9, 446–483: 95
9, 496–498: 87
9, 526–599: 107
10, 414–415: 106
11, 19–20: 81
11, 166–167: 106
11, 665–760: 94
11, 784: 77
11, 806–808: 190
12, 17–33: 184
12, 310–328: 77
13, 44: 2
13, 83–115: 88
13, 230–250: 77
13, 685–686: 116, 221
13, 95–125: 78
13, 685: 101, 116
14, 82–108: 86
14, 115–125: 85,
15, 84–112: 92
15, 200–204: 91
15, 285–296: 86
15, 303–305: 86
16, 454–457: 106
16, 672–675: 106
17, 220–226: 77

17, 248–251: 77
18, 45: 219
18, 107–119: 90
18, 250–313: 77
18, 288–292: 126
18, 503–508: 190
18, 478–608: 74
19, 179–233: 80
19, 206–214: 87
20, 215–240: 215
20, 230: 85
20, 215–241: 126
21, 441–457: 88
23, 6–11: 80
Il. 23, 64–107: 184
23, 257–897: 90
23, 296–299: 80
Il. 23, 602–611: 89
23, 74.749: 122
24, 22–119: 81, 92
24, 128–131: 89, 199
24, 277–279: 122
24, 134–137: 87
24, 253–262: 84
24, 527–551: 99
24, 655, 801–804: 80

Homer,
Odyssee: 7, 13, 69, 71, 73–77, 86, 92f., 98f., 103, 111, 124, 127f., 183, 203, 205, 216, 219, 223
1, 170: 124
1, 180–186: 93
1, 231–243: 106
1, 344: 103
1, 346–353: 205
2, 32: 190
2, 276–277: 77, 86
3, 130–156: 128
4, 589–592: 84
4, 613–619: 84
4, 615–619: 81
4, 686–691: 84
6, 1–10: 95, 201
6, 255–270: 73
6, 291–296: 73
6, 301–309: 73

7, 43–45: 73
7, 66–75: 90
7, 84–132: 73
8, 5–16: 190
8, 246–253: 90
8, 474–481: 80
8, 548: 82
8, 550–556: 124
9, 105–115: 74
9, 112: 190
9, 267–268: 195
10, 80–94: 74
10, 114–124: 190
13, 7–15: 83
13, 256–286: 95
13, 340: 88
14, 187: 124
14, 252–359: 94
15, 104–108: 81
15, 99–129: 84
15, 125–129: 81
15, 403–484: 93
15, 468: 78
15, 506–507: 80
16, 73–76: 78
16, 86–87: 79
16. 230–232: 81
16, 376–382: 94
16, 425–427: 93
17, 296–299: 74
17, 339: 74
17, 320–321: 76
17, 382–386: 76, 93
17, 415–444: 93
18, 85–87: 87
18, 115–116: 87
18, 215–216: 82
18, 281–283: 82
19, 107–114: 90
19, 135: 76, 93
19, 185–202: 83
19, 199–359: 88
22, 55–58: 84
22, 474–477: 87
23, 118–120: 79
24, 432–436: 89, 94
14, 452: 99

24, 529–548: 95, 99
Homerischer Hymnus an Apoll: 116 (Hymn. Apoll. 146–147), 220, 228 (Hymn. Apoll., 162–164)
Ia(w)ones 101, 115, 210, 220
Iberer 102, 210
Illyrer 210
Ioner 101–103, 114–118, 125, 129, 131, 143, 156, 210, 217, 220–222, 228, 232
Isokrates 234
Ithakesier 71, 92, 95, 98f.
Jamnāja 101, 115f., 210, 220f., 228
Kadmeer 103, 114
Kallinos v. Ephesos (frg. 1) 125
Kar(i)er 125, 211, 232
Krinagoras von Mytilene 237
Kureten 107
Kydonier 219
Kyklopen 74, 95, 190
Laistrygonen 74, 190
Lakedaimonier 103, 112f., 217, 219
Leleger 211
Lokrer 116
Lyder 103, 210
Lysias 234
Magneten 128
Makedonen 132, 234
Messapier 210
Mimnermos v. Smyrna 125 (frg. 3 G-P), 222
Minoer 2f., 100, 138–140, 157
Mykener 2–4, 6, 30, 63f., 100, 138–140
Myrmidonen 80
Pelasger 103, 116, 211, 219, 221f.
Perser 6, 20f., 118, 128–130, 210, 232–234
Phäaken 71, 73f., 81–83, 90, 95, 127, 190, 201, 205
Phemios 205
Phoker 114, 128
Phöniker/Phönizier 82, 93f., 102, 122, 182, 210
Phthier 116
Pindar 112–115 (Pyth. 1, 61–66; 5, 69–72; 11, 30–34; Isthm. 9, 1–5)
Priamiden 126
Ps. Apollodor (Bibliotheke) 236f.
Punier 210
Pylier 80, 93
Römer 7, 27, 131f., 200, 210f., 235–238
Sappho 116 (frg. 98, 12 V)
Selloi 102
Sidonier 122, 210
Sikelioten 231
Solon 116 (frg. 4, 2 D/4aW), 161
Spartaner 21, 113, 115, 118, 128f., 131, 220, 230
Stesichoros frg. 190; 216 PMG: 113
Strabon v. Amaseia 222, 237
Taphier 93
Thebaner 103, 110
Thesproter 94
Thessaler 128, 217
Tirynther 36, 166
Thukydides: 2, 4, 103, 112, 114–118, 129–131, 178, 218, 230f., 233
1,2: 117
1, 3–4: 6, 103, 231
1, 5: 178
1, 12: 117
1, 31: 217
1, 41: 2
1, 94–96: 232
1, 95, 1: 118
1, 96: 129
1, 107, 1–3: 113, 115
2, 34–46: 230, 232
2, 51: 118
3, 86, 3: 118
3, 91–92: 113, 115
3, 94, 4–5: 178
3, 104: 117
4, 59–64: 231
6, 2–4: 117
6, 20, 3: 118
7, 57: 117
7, 161: 118
8, 2: 2
8, 44: 118
Troer, Troerin 7, 70, 77, 80, 85, 87–89, 98, 126f., 216
Tyndaride 113–115
Tyrer 210
Tyrtaios v. Sparta: 112, 113 (frg. 1 G-P, 8 G-P), 114, 125 (frg. 6/7 G-P), 216, 219 (frg. 10 G-P)
Vergil, Äneis 7
Xenophanes v. Kolophon 215
Yauna 101, 115, 220

Autoren

Adkins, A. W. H. 198
Adrom, F. 210
Alexandridou, A. 161
Alparslan, M. 145
Amadasi Guzzo, M. G. 134
Amodio, M. C. 207
Antonaccio, C. M. 168, 180
Appadurai, A. 192
Aro, S. 143
Assman, J. 212f.
Bagg, A. M. 148, 209f.
Beck, H. 198, 215
Bennet, J. 140
Berger, St. 207, 217
Bichler, R. 204
Bierl, A. 185
Bintliff, J. 161, 163–165, 179
Blech, M. 210
Boehringer, D. 197
Bowie, E. 237
Brem(m)er, J. N. 205f., 222
Brewer, M. B. 209,
Breyer, F. 147f., 209
Bridges, E. 233
Bringmann, K. 144
Burkert, W. 184, 206, 223
Cairns, D. L. 199, 203, 205, 223
Carlier, P. 194, 196
Clarke, M. 199
Cline, E. H. 180
Cobet, J. 136, 139f., 149
Connor, W. R. 222
Coulson, W. D. E. 170
Crielaard, J. P. 173, 180f., 187, 197, 205, 222, 225
D'Agostino, B. 160
Danek, G. 203
Davidovic, A. 214
De Angelis, F. 200
De Jong, I. 203, 205, 214
De Polignac, F. 225, 227
Deger-Jalkotzy, S. 150, 197, 222
Delattre, Ch. 236
Demandt, A. 146
Demitriou, D. 225
Derks, T. 211

Dickenson, Ch. 162
Dickinson, O. T. P. K. 144, 158, 160, 165, 170, 180, 229
Dihle, A. 223, 237
Dodds, E. R. 198
Doğan-Alparslan, M. 145
Donlan, W. 190, 196
Dougherty, C. 200
Dowden, K. 206
Drews, R. 207
Driessen, J. 162
Earle, T. 153
Easton, D. F. 146
Eder, B. 144
Edmunds, L. 220, 222, 229
Elmer, D. E. 190
Emlen, J. 151
Engels, D. 136
Ercolani, A. 206, 216
Erickson, B. L. 177
Erskine, A. 155
Farnoux, A. 178
Felson, N. 198
Finkelberg, M. 212
Finley, M. 154, 191
Fischer, J. 144
Fisher, L. 208
Fisher, N. 154, 191, 198
Fitzjohn, M. 175
Fitzsimons, R. D. 177
Flaig, E. 198
Flower, M. A. 234
Foucault, M. 138
Fowler, R. L. 216–218, 221, 228, 230
Foxhall, L. 156, 170, 187
Freitag, K. 179, 231
Friedrich, R. 203
Fumadó Ortega, I. 182
Funke, P. 150, 215, 226, 230f.
Ganter, A. 215, 218
García-Ramón, J. L. 143
Garland, R. 202
Gawantka, W. 150
Gehrke, H.-J. 149, 156, 212, 214, 234
Gere, C. 139
Giangiuglio, M. 233

Gibas, M. 138
Gilibert, A. 159
Gillespie, S. D. 154
Görgemanns, H. 136
Graf, F. 225, 236
Greenberg, R. 160
Grote, G. 227
Grote, O. 219
Grütter, H. Th. 153, 212
Gschnitzer, F. 149, 188, 215, 221
Günther, L. M. 200
Haake, M. 226, 231
Hackstein, O. 184
Hadler, F. 138
Haggis, D. C. 177
Hajnal, I. 145, 147
Halbwachs, M. 212
Hall, J. 194f., 211, 214f., 217, 219f., 222f., 227, 230–234
Hänsel, B. 140
Hansen, M. H. 151
Harris, M. 153f.
Hartmann, E. 198
Haubold, J. 149, 185, 189f., 203, 223
Haug, A. 175
Hawes, G. 214
Hawkins, J. D. 146
Hayden, B. 152, 195
Heady, P. 193
Heinhold-Krahmer, S. 145–147
Helms, M. W. 195, 205
Herda, A. 222
Hertel, D. 149
Hidber, Th. 237
Hildebrandt, B. 170
Hiller, S. 133
Hintzen, B. 237
Hirschberger, M. 216
Hirschi, C. 208
Hobsbawm, E. 155
Hodos, T. 180
Hoernes, M. 134, 196, 224f.
Hofmann, K. P. 214
Hofmann, K. 160
Hölkeskamp, K.-J. 152f., 181, 189, 191, 212
Hölscher, T. 158f., 162, 181
Hope Simpson, R. 166

Hugh-Jones, St. 192
Humphrey, C. 192
Hunter, R. 216
Irwin, E. 215
Itgenshorst, T. 206
Jaeger, F. 137, 150
Janko, R. 221
Jansen-Winkeln, K. 210
Jarausch, K. H. 136, 138f., 153
Jellinek, G. 151
Johnson, A. W. 153
Joyce, A. 154
Jung, R. 139, 226
Kaplan, Ph. 227
Kenzler, U. 181
Kerschner, M. 210, 222, 227
Kienlin, T. L. 169
Kim, H. J. 232, 235
Kirk, G. S. 221
Kistler, E. 134, 162, 196f., 200, 223–225
Klinkott, H. 234
Kohl, K.-H. 154f.
Kolb, F. 146
Korfmann, M. 148
Kramer-Hajos, M. 168
Kretschmer, P. 143
Kreuz, P. A. 169
Kühr, A. 231
Kullmann, W. 184, 204, 229
Kyriakidis, N. 178
Kyrieleis, H. 234
Lanfranchi, G. B. 148
Lang, M. 209
Latacz, J. 145, 147, 189, 203
Leerssen, J. 141, 208
Lehmann, G. A. 147
Lemos, I. 158, 167–169, 222
Lendle, O. 216
Linke, B. 196
Lochner-Hüttenbach, F. 211
Lorenz, Ch. 207
Lundgreen, Ch. 151
Luraghi, N. 143, 156, 231
Mac Sweeney, N. 222
MacGillivray, J. A. 139
Madreiter, I. 234
Malkin, I. 200f., 210f., 218, 224, 229f., 233

Mann, K. 171f.
Maran, J. 166f.
Marek, Ch. 145
Mauersberg, M. 200f.
Mauritsch, P. 199
Mauss, M. 191
Mazarakis Ainian, A. 167, 171, 173f., 179
McDonald, W. A. 170
McInerney, J. 211, 231, 235
Melchert, H. C. 143, 146
Mertens, D. 175, 182
Middell, M. 138
Middleton, G. D. 165f.
Miller, M. 233
Mitchell, Th. N. 161
Mock, M. S. 177
Mohr, M. 196, 225
Molho, A. 151
Morgan, C. 105, 202, 214, 226
Morris, I. 151f., 186f., 227
Most, G. W. 236f.
Müller-Scheeßel, N. 159
Mulliez, D. 168
Munson, R. V. 233
Murray, S. H. 180f.
Mylonopulos, J. 226
Nagy, G. 185
Niem, Ch. 183
Nippel, W. 223
Nünlist, R. 214
Öhlinger, B. 134, 196, 224f.
Orth, W. 234
Osborne, R. 153, 182, 186, 201, 211, 214, 221, 226
Osmers, M. 214, 221, 227
Osterhammel, J. 144
Panagiotopoulos, D. 162, 180
Panagl, O. 133
Papadopoulos, J. K. 139, 158
Papastolou, I. A. 179
Parker, H. N. 144
Parker, V. 220
Patzek, B. 157, 179, 183f., 198, 204f., 214f., 223
Paz, S. 160
Pohl, W. 137, 153, 155f.
Porciani, L. 182
Powell, B. 134

Pratt, M. L. 224
Price, S. 149
Prinz, F. 217, 219–221
Pullen, D. J. 180
Quinn, J. C. 210
Raaflaub, K. 151, 185, 196, 206, 232, 234
Ranger, T. 155
Reber, K. 174, 179, 197
Reichel, M. 183, 203, 206
Reimitz, H. 156
Reinhardt, U. 203, 206, 228
Reinhold, S. 159
Rengakos, A. 183, 203, 216
Rhodes, P. J. 233
Rollinger, R. 149, 209f., 221, 223
Rommel, B. 235
Rosen, R. M. 183
Rösler, W. 133f., 205, 207, 215
Rossi, L. E. 206, 216
Roymans, N. 211
Rüsen, J. 137, 149, 153, 212
Sabrow, M. 137f., 152
Sader, H. 210
Sahlins, M. 192
Sallaberger, W. 184, 217
Samaras, V. 197
Samida, St. 139
Schäfers, B. 159
Scheer, T. 235
Scheidel, W. 151, 186f., 202
Schleicher, A. 141
Schlüter, A. 210
Schlüter, K. 210
Schmal, S. 232
Schmalz, G. C. R. 162
Schmitt, R. 143
Schmitt, T. 140, 163–165
Schmitz, A. 236f.
Schmitz, Th. A. 203
Schmitz, W. 154, 188, 194, 200
Schoepp, I. 162
Scholz, P. 198
Schuster, M. 154
Schweizer, B. 200, 225
Scodel, R. 203, 215, 223
Scott, M. 235
See, K. v. 141

Seelentag, G. 151, 178
Seidenspinner, W. 183
Shapiro, H. A. 233
Shelmerdine, C. W. 158
Sherratt, A. G. 146
Sherratt, S. 146
Shipley, G. 182
Sieber, K. 142
Sieberer, W. 204
Siewert, P. 231
Simon, R. 183
Sinn, U. 226
Skinner, J. E. 232
Slatkin, L. 198
Smithson, E. L. 161
Snodgrass, A. M. 186
Spawforth, A. J. S. 236
Stachel, P. 213, 214
Starke, F. 146
Steiner, G. 145, 147f.
Stein-Hölkeskamp, E. 136, 153, 189, 191, 200, 211
Stoddart, S. 207
Strathern, M. 192
Thomas, R. 221
Thommen, L. 220
Thonemann, P. 149
Timpe, D. 137, 155, 210, 232, 235f.
Trebsche, P. 159
Tréziny, H. 176, 182
Tsetskhladze, G. R. 200f.
Ulf, Ch. 139, 145, 149, 153, 156, 179, 188, 189–191, 195f., 201, 203, 205, 207, 214, 216f., 220, 224–226, 229–231, 233f.
Vacek, A. 225
van den Moortel, A. 169

van der Vliet, E. Ch. L. 177, 237
van Nijf, O. M. 235
van Wees, H. 184f., 191, 195f., 198
Vansina, J. 135, 212
Verdan, S. 174
Vlachou, V. 154
Vlassopoulos, K. 227
Vogt-Spira, G. 235
von Reden, S. 154, 187, 202, 225
Wachter, R. 135
Wagner-Hasel, B. 191
Walbank, F. 227
Wallace, S. 177
Walsh, J. St. P. 224
Walter, U. 105, 151, 191, 198, 213
Weber, G. 145, 149
Weber, M. 194
Weiler, I. 223
Welwei, K.-W. 150, 197
West, M. 141, 183, 216, 223
Westgate, R. 154
Wiater, N. 236f.
Wickert-Micknat, G. 198
Wiedemann, F. 214
Williamson, C.G. 235
Wilson, J.-P. 133, 135
Wirbelauer, E. 135
Wiswede, G. 208
Wittke, A.-M. 143
Wolf, A. 206
Wolf, F.A. 185
Zagoraphaki, V. 178
Zahou, E. 169
Zaicev, A. 223
Zimmermann, M. 149
Zingg, E. 231

Orte

Achaia 51, 59, 103, 116, 130, 231, 237
Acheloos (Fluss) 102
Adana (Kilikien) 9, 148
Ägäis 1, 2, 5, 27, 33, 54, 56f., 59, 68, 93, 103, 112, 116–119, 121, 129, 134, 186, 197, 204
Ägypten 3, 33, 54, 88, 94, 100, 112, 115, 121, 147, 158, 164, 179, 234
Atolien/Aitolien 51, 130,179, 231
Aḫḫiyawa 8f., 146–148
Aigina 113
Aiolie (Insel) 111
Akarnanien 130, 179, 231
Al Mina 119f., 135, 225
Alalach (Türkei) 54
Albanien 108
Amarna (Ägypten) 147
Amurrû 101
Amyklai 113, 115
Anatolien 3, 5, 8, 54, 101, 143, 148, 234
Ano Mazaraki 51
Argolis 30, 105, 106, 133, 143f.
Argos 68, 83, 97, 110, 112f., 115, 127, 186, 207, 219, 220
Arkadien 5, 51, 109, 112, 130, 186, 221, 231, 237
Arkananien 51
Asien/Asie s. Kleinasien
Askra 69, 75, 85, 93
Aspledon 128
Assyrien 101, 121
Athen 22, 30, 61, 68, 110f., 115, 117, 125, 128–132, 134, 160–162, 186, 218, 221f., 230, 232, 234
Attika 5, 30, 106, 116, 129f., 186, 221
Azoria (Kreta) 48, 50, 176–178
Babylonien 121
Balkanhalbinsel 1, 3f., 9, 20, 22, 26f., 54, 56, 61, 108, 111f., 118f., 139, 147, 157, 174, 180, 187, 204, 207, 211f., 222, 227
Böotien/ Boiotien 5, 30, 51, 75, 93, 114, 128, 133, 148, 188, 202, 231
Chalkidike 103
Chania 134
Çineköy 148
Danuna 148

Dardanellen 8
Dardania 215
Delos 108, 116f., 122, 228
Delphi 217, 226, 233–235
Deukalion 110, 114, 129, 214, 216
Dikti-Gebirge 48
Dodekanes 118
Dodona 102, 103
Dorion 219
Doris 113–115, 117, 219f.
Dreros 50, 178
Dryopis 114, 220
Dulichion (Insel) 94
Kavousi, Ebene von 48
Eber-nāri 101
Eleutherna 61
Ephyre in Elis 95
Epirus 102f., 186, 204, 210
Eretria (Euböa) 43f., 47, 61, 66f., 122f., 133f., 171, 173f.
Erineos 113f.
Etrurien 120
Euböa/Euboia 36, 38, 43f., 93, 118, 122, 134f., 167–169, 171, 173, 186
Mirabello, Golf von 48
Gordion 133
Gortyn 178
Gravisca 120
Griechenland 1f., 4, 6f. 13, 20, 22, 101, 108, 111f., 118, 131, 133, 135–138, 144, 157, 178, 184, 191, 215, 218, 227
– Mittelgriechenland 25, 98, 103, 111, 114f., 220
– Nordgriechenland 25, 51f., 186
– Nordwesten Griechenlands 5, 102
– Westgriechenland 25, 51, 118, 186
Großbritannien 200
Hattuscha 164
Hellas 7, 21f., 24, 102f., 111f., 117, 128, 131, 157, 217, 220, 229f., 232f., 235
Hellespont 7, 103, 140, 145, 148
Hestiaiotis 114
Ḫiyawa 148
Iberische Halbinsel 118
Ilios 146

Inachos 110, 216
Indien 4, 234
Ionien 116f.
Iran 4, 234
Iria 51
Ischia 44, 119, 134, 225
Isthmia 51, 112, 234f.
Italien 7, 108, 121f.
– Süditalien 181, 225
– Unteritalien 108, 118f., 134, 200, 227
Ithaka 59, 71, 74f., 81f., 88, 94f., 133, 205
Jaman 101
Kalabrien 108
Kalapodi 22, 51, 64f., 108, 226
Kalydon 107
Kap Artemision 117
Kaukasus 121
Kerameikos 134, 162
Kilikien 209
Kleinasien 4, 6–8, 93, 101, 112, 114, 116–118, 125, 129f., 145, 188, 202, 210, 217, 221f., 227, 234
Knossos 2, 5, 28, 30, 61, 133f., 138f., 157, 162, 165
Kolophon 222
Korinth 133
Kreta 2, 28–30, 48, 54, 60, 88, 94, 105, 112, 118f., 121, 124, 133–135, 139f., 142, 151, 159, 162, 165f., 176–178, 180, 204, 219
Kykladen 5, 142, 186
Kyme 93, 188, 202
Lakonien 59
L'Amastuola 108, 119
Latium 7, 134
Lefkandi 24, 36–41, 56–59, 61, 64, 66, 133, 167–169
Lemnos (Insel) 83, 93, 122
Lesbos (Insel) 5, 49, 129, 148, 230
Levante 33, 38, 57, 67, 100–102, 118–121, 134, 209f., 225, 234
Libyen 3
Lokris 110, 169
Lydien/Maionien 126
Lykien 97, 112, 127, 207
Makedonien 186, 237
Makriyanni (Athen) 161
Mallia 27

Medinet Habu 147
Megara Hyblaia 44–47, 50, 67, 120, 174–176, 182
Menelaion 30
Mesara-Ebene 178
Mesopotamien 102, 234
Messenien 40, 58f., 106, 112, 133, 186, 231
Metapont 108, 120, 182
Methone 133
Midea 30, 32
Milawata/Milawanda 146
Milazzo 134
Mitrou 37, 39f., 41, 56, 61, 169
Mittelmeer (raum) 29, 55, 61, 92, 97, 100, 102, 111f., 118, 120f., 124, 134, 140, 179f., 185, 187, 196, 209, 210, 223, 227
Mykene 2, 3–5, 9, 11, 30, 32, 84, 113, 133, 139, 147, 157, 163f., 189, 205, 214, 229
Naxos 44, 45, 51, 120, 197
Nemea 112, 234, 235
Nichoria 40f., 56, 58–60, 64, 169, 170
Nordafrika 94
Nordsyrien-Kilikien 135
Olymp 114
Olympia 22, 108, 112, 121, 123, 128, 134, 217, 234f.
Orchomenos 30, 65, 128
Orontes 120, 225
Oropos 41, 42f., 59f., 170f.
Ossa 114
Osteria dell'Osa/Gabii 133
Otranto 108
Palästina 125
Palia-Perivolia-Nekropole (Lefkandi) 57
Paroika 197
Peloponnes 4, 5, 9, 62f., 103, 111–114, 116f., 129, 148, 164, 204, 217, 219–222, 229
Phaistos 28, 105, 133, 142, 178
Pherai 121
Phönikien 94, 112, 121, 140, 196
Phrygien 121, 126, 133
Phthia 103, 112
Phthiotis 110, 114, 217
Pindos 114
Pithekussai 44, 119f., 133f., 225
Pontecagnano 134
Pylos 5, 32, 40, 80, 94, 113, 133, 164, 222

Pyrgi 120
Qatra (Syrien) 54
Rhodos 95, 112, 133–135, 220
Rom 7, 132, 210, 235–237
Sam'alla (Zincirli) 148
Samos 22, 51, 121–123
Samothrake 142
Sardinien 118
Scheria (Insel) 73, 95, 201
Šeḫa 8, 146
Sidon 81, 93, 122
Siris/Policoro 120
Sizilien 44, 67, 97, 108, 113, 118–120, 174, 181f., 200, 204, 225, 227, 231
Spanien 102, 119
Sparta 30, 68, 70, 80f., 110–115, 118, 125, 128–132, 218–221, 229f., 234
Sporaden 186
Südrussland 5
Syrakus 113, 120
Syrie (Insel) 82, 93
Syrien 54121, 126
Tabālu 184
Tarent 108, 119f.
Taruiša 146
Tauros 184
Tel Kabri 54

Tel Sukas 119
Tell el-Dab'a 54
Theben 5, 30, 110, 112f., 134, 140, 147f., 183f.
Thera 30
Thermon/Thermos 51–53, 65, 108, 179
Thessalien 4, 5, 51, 98, 103, 110f., 113, 121, 129f., 186, 235
Tiryns 30, 32–36, 40, 55f., 105, 142, 166
Torone 61
Torre di Satriano 108
Tragana 58
Trichonischer See (Ätolien) 51
Troia 3, 4, 6–9, 69–75, 80, 83, 85, 88f., 92–94, 109, 122, 124, 126, 128, 140, 145–149, 183, 189, 214f. 228
Ugarit 140
Unqi/Pattin 120
Urartu 121
Viglatouri (Euböa) 171
Volimmos 59
Vorderer Orient/Naher Osten, s. auch Levante 29, 33, 54, 100, 140, 179, 225
Wiluša 8, 146f.
Wilušiya 146
Xeropolis 37, 38, 167f.
Zagora (Andros) 41f., 59f., 170–173
Zypern 5, 33, 38, 81, 93f., 118f., 121, 135

Sachregister

Abstammungsgruppe 39, 50f., 53, 58, 61, 168, 175–177
Abstammungslinie, s. auch Genealogie 38, 57, 64, 168f., 216
Adel, s. Aristokratie
Adelsethik 189
Adelsstaat 10f., 150
Aegyptiaca 54, 57, 59, 60
agathos 77, 190
aristos 86, 190
agency, s. auch Historische Akteure 223
Aggrandizer 152, 195
Agon, s. auch Wettbewerb 116, 179
Agora 11, 21–23, 27, 43, 44, 45–48, 50f., 66–69, 71–79, 84, 86, 88f., 91f., 96, 105–107, 161f., 172f., 175–179, 181f., 188–191, 200, 214, 226
Ahnen 64, 105f., 110, 126, 130, 156, 179, 196, 214, 216; Ahnenfigur: 20, 106, 110, 156, 196, 216; Ahnengräber: 106; Ahnenkult: 106, 164
Aitolischer Bund 51f., 65
Akropolis 162, 166
Alleinherrschaft, s. Monarchie
Allianzen 14–18, 56, 81, 97, 105, 109, 125f., 131, 179, 193, 195, 228f.
Alltag 31, 42, 79, 163, 167
Alphabet 5, 13, 58, 69, 112, 133–135, 142f., 184,
Altar 35, 42–44, 47, 53, 66, 166
Altes Testament 141
Alteritätserfahrung 118, 123f., 125, 222f., 232
Amalgam-Theorie 184f.
Amphiktyonie von Anthela 217
anax, anassein 85, 193f., 196
Anfang/Ursprung 1f., 3f., 6f., 9f., 19f., 21f., 24, 26, 50, 53, 68f., 100, 102, 104, 106, 110–112, 116, 124, 130, 135–137, 139, 141, 144f., 149, 151, 156, 158, 178, 193f., 204, 206f., 211–213, 218–221, 227f., 234, 236,
Anführer, s. auch Basileus 13–16, 21, 31, 36, 39f., 42, 48, 50, 52f., 55, 58, 64f., 69f., 71–73, 75–77, 80, 83, 85f., 89, 91, 95f., 98, 115f., 126, 162f., 168, 171, 173, 175f., 180, 189f., 194, 196f.
Annalen 8f., 146
Ansehen/Anerkennung, s. auch *time* 15, 48, 60, 79, 84, 86, 88, 90, 134, 181
Anthesterien 117
Anthropologie/Ethnologie 10, 13, 25–27, 149, 153f., 157, 179, 192, 194, 196, 209, 224
aosseteres, s. auch Gefährten/*hetairoi* 79
Apaturia 117
Apoikie 44–46, 114, 117, 181f., 200f., 233
Arbeit 15, 17, 29, 55, 76, 79, 109, 162, 187
Archaik (Periode) 10, 12, 22, 43, 66, 124, 162, 172, 178f., 185, 187, 201, 225,
Archaismen 185
Archäologie des Wissens 128
Archäologie (Wissenschaft) 7. 13f., 136f., 144, 148, 153f., 170, 201, 211, 220, 224f.,
Architektursoziologie 159
areté 90, 198
Aristokratie 10, 79, 91, 183, 188–191, 193f., 196f.
aristos/aristoi 85f., 190
Aristokratisierung 193, 196
Asianismus 237
Assyrisches Reich 67, 101, 148, 184, 225
Assyrische Westexpansion 101, 125, 148, 180
asty, s. auch Polis 124, 182
ate 87
Attisch-delischer Seebund 129, 232
Attribuierung, s. auch Sozialpsychologie 208
Autarkie 43f., 62, 66, 151, 154
Autochthonie 110
Autorität 13, 55, 60, 62, 64, 90, 96, 99, 105f., 162, 180, 194f.

Bankett 29, 49f., 52, 55f., 59f., 167, 171f., 174, 177f.
Barbaren 6, 10, 24, 103, 125, 129, 131, 155, 165, 178, 209, 231–234, 236
Barter 56, 60
Basileus / Basileis 13, 69f., 72f., 75–77, 80, 82f., 85, 87f., 90–92, 94f., 97, 103, 107, 111, 113, 127, 129f., 142f., 164, 193f., 205, 207, 222

Bauer 17, 59, 31, 72–76, 79, 93, 185, 188
Becher des Nestor 133
Befestigungen 3, 30, 32, 47, 165, 171
Bestattung, s. auch Grab 16f., 26, 33, 36, 38f., 45, 57f., 59, 61, 70, 79f., 90, 98, 106, 160, 168, 176, 191, 196
Bettler, s. *ptochos*
Beute 33, 36, 81, 83, 88, 94, 123, 127, 184
Biblische Tradition, s. auch Altes Testament 4f.
Big Man 12–18, 55, 58–61, 66, 69, 120, 152–154, 168f., 180f., 188, 191–194, 196f., 206
boule 89, 91
Bund, s. auch Allianz 51f., 65, 115, 118f., 126, 129–131, 179, 232
Burg 30, 32, 34–36, 148, 163, 166
Bürger 7, 48, 50, 74, 151, 183, 236

Carrying Capacity 187
Chiefdom 13, 16f., 58, 152, 169, 180f., 193
Chronologie 26, 139, 156–159, 183, 231
Clan 14f., 126
Compound 37f., 41, 45, 105f., 120, 161, 168, 170, 200, 214, 226

Dark Ages, s. Dunkle Jahrhunderte
Dekonstruktion, s. auch Konstrukt 138, 153
Demographie 14f., 23, 33f., 38, 95, 117, 169, 179, 186f., 202
Demokratie 161, 189, 232
demoboros 88
Demos 76–78, 81, 83–86, 88f., 93, 96, 124, 189f., 194f., 198
Demiourgen (*demiourgoi*) 76, 93
Despotie 131, 232
Diacritical Feast 17
diaiteteres 128
Dialekte, griechische 5, 116, 132, 141–144, 217, 235, 237
Dichter 8, 69, 83, 96–99, 112, 127, 145, 183, 185, 203–206, 214, 229
Dichtung 9, 206, 30, 93, 96, 127, 148, 185, 203
Dike (*dikaios*) 72, 76, 81, 86, 91f., 117, 194, 199

Display-Verhalten 79, 94
Dorfgesellschaft, s. Village Society
Dorische Wanderung 5
Dorisierung 115, 220
doron, dotine, s. Gabe
Drei-Wellen Modell 143
Dunkle Jahrhunderte 10, 23–27, 53, 65, 68, 105, 133, 159, 170, 172, 176f.

Eberzahnhelm 177
Edelmetalle 29, 34, 56f., 73f., 84, 133
Eigenbezeichnung 210, 221
Einwanderergesellschaft 144
Eisen 41, 84, 93, 157, 187
Elite 15f., 31, 36, 61, 163, 168, 174, 191, 234, 237
emisch/emic 11f., 22, 153, 238
Emotionen 87, 89, 198f., 209
Enoikismos/Enoikisten 119f.
Entwicklung als Evolution, s. auch Stammbaum 10, 23f., 140–142, 150, 153, 161, 178, 189, 195, 208, 232
Epen 7, 9, 30, 69f., 72, 74f., 95–100, 106f., 112, 123, 125–127, 135, 141, 150, 182–192, 194–196, 198–207, 214–216, 219, 223, 225, 228f.
Erinnerung, s. auch Gedächtnis 64f., 91, 104, 106, 136, 167f., 213, 227
Erzählung, s. auch Narratologie 2–4, 7–9, 21, 70, 72f., 76, 78, 88, 91–93, 95–99, 104–107, 110, 112, 115, 118, 122f., 128–131, 137–140, 144, 149, 153, 155f., 183–185, 187, 189, 203–205, 207, 211, 213–215, 218–222, 227f., 232, 236
Erzählforschung, s. Narratologie
Ethnische Einheiten 109, 130, 210f., 219, 221, 228
Ethnische Hypothese s. auch Volk 1, 19, 124, 140, 143f., 153, 157, 206f., 211–213., 215–218, 222
Ethnische Landschaft 102, 211
Ethnische (Selbst-)Zuschreibung 100, 109f., 124, 130f., 153, 155f., 209, 216, 233f., 229
Ethnos/Ethne 12, 18, 26, 50, 53, 97, 103, 105, 109, 116, 130f., 124, 150, 152f., 155–157, 178f., 189, 214f., 229–231, 235

Ethnizität 19f., 22, 104, 125, 154–156, 208f., 218, 230f.
Ethnoarchäologie, s. auch Anthropologie 157
Ethnogenese 19f., 124, 143, 154–156, 227f.
Ethnonym 101, 147, 209
etisch/etic 11f., 153, 238
Exotica, s. Prestigegüter

Familie Kernfamilie: 13f., 175; Familienoberhaupt: 60, 67f.; Familienverband: 14, 34, 40, 42, 62, 173, 175f.
Fest 16f., 21, 26, 31, 35, 39, 41–44, 47, 52, 60f., 66, 117, 128, 112, 117, 121, 165, 167, 171, 174, 179, 194f., 234f.
Festmahl 14, 31, 52, 79f., 122; Empowering Feast: 14; Patron Role Feast: 17; Promotional Feast: 15; Work Feast: 15, 17
Fiktion 8, 20, 39, 92, 104, 111, 114, 153, 156, 126f., 148, 228
Flucht/Flüchtling 7, 94f., 71, 112, 218
Flut(erzählung) 110, 184, 214
Framing, s. auch Sozialpsychologie 208
Frau/Frauen 3, 6, 38, 70f., 74, 76, 81, 84–87, 89f., 91f., 94f., 123, 161, 163, 188, 197–199, 207
Freier (der Penelope) 71, 75, 78, 80, 82, 84, 87f., 94, 113, 216
Fremdbezeichnung 100, 115, 209, 211, 221
Fremde/Andere, der/die/das 82, 93f., 97, 107, 114, 119, 121, 123–125, 129, 155, 180, 202, 209, 222–224, 226f., 232
Friede 71, 74–76, 90f., 91, 96, 98, 175, 192, 227, 234
Führer, s. Anführer
Führungsposition 13, 60, 62, 69, 85, 117, 153, 165, 192, 198

„Gabenfresser" (*dorophagoi*), s. auch aggrandizer 82–87, 193–197
Gabenökonomie 15, 28f., 33f., 54–56, 60, 72, 79–81, 83f., 86, 107, 127, 165, 171, 191–193, 195
Gaia (Erde) 91, 95, 124
Gartenbau/Hackbau 14
Gastfreundschaft 15, 17, 54f., 60, 80f., 83, 98, 195f.
Gateway Communities 120, 225

Gebäudetypologie 27
Gebäudekomplexe 28f., 31, 34, 37f., 40, 42, 48f., 167
Gebräuche, s. auch Sitte 129, 235
Gefährten/Hetairoi 72, 77, 79f., 82f., 88, 94f., 112, 128, 190f.
Gefolgschaft, s. auch Gefährten 16, 48
Gegenkultur 138
Gemeinschaft 11, 13–15, 20, 37, 40, 42f., 48, 51–53, 60, 62, 66–69, 71–73, 76, 78, 80, 86–89, 91, 94, 97f., 104–109, 112, 124f., 151, 156, 168, 171, 173, 175–179, 181, 191–193, 197, 199f., 202, 209, 212–216, 219, 226, 228f.
Gender, s. Geschlechterforschung
Genealogien 7, 16f., 20, 62, 64, 77, 84f., 95, 98, 110, 117, 112–114, 124, 126, 130, 140f., 148, 156, 164, 167f., 195, 212, 215–218, 227f., 230, 234
Genealogie des Hellen 103, 110f., 114, 126, 128–130, 216–219, 221, 227f., 231
Generosität 28, 41, 79, 83, 167, 192–194
genos 116f., 221
Gerechtigkeit, s. Dike
Geschenk, s. Gabenökonomie
Geschichtsphilosophie 63, 136, 158
Geschlechterforschung, s. auch Frauen, Männer 172, 198f.
Gesellschaft(en) 36, 61, 102, 104, 124, 193, 195, 213; Prozesse: 10–12, 18, 38, 63f., 150, 152, 159, 182, 185f., 188f., 195, 208, 214; Strukturen: 23–25, 33, 50, 65, 151, 159, 162, 171, 181, 187f., 190; Theorie: 12, 14f., 27, 32, 54, 149, 151–154, 159, 188, 194, 198; Typen: 13–18, 23, 26–28., 56, 59, 61, 63, 65–67, 120, 153, 159f., 181, 186, 193, 206, 226
Gewalt, s. auch Macht 70–72, 78, 87–92, 94–96, 98, 120, 125, 197–199, 224f., 235
Gewichts- und Messsystem(e) 47, 55, 58, 68, 182
Götter, s. auch Menschen-Götter-Antithese 17, 22, 73f., 77, 84f., 88, 91f., 107, 111, 113, 121, 123, 142, 164, 173, 179, 190, 193, 205, 215f., 225, 230, 236
Götter, olympische 22, 80, 90f., 98f., 107, 196

Götterkonflikt 70–73, 76f., 80f., 90–92, 95, 98, 205
Grab, s. auch Bestattung 37–40, 57, 64, 106, 136, 158, 160f., 168, 186, 197, 214
Grabbeigabe 38, 57f., 134, 160, 196f.
Grabformen: 32, 38, 48, 58, 64, 106, 163f., 166, 168, 170, 176
Great Provider, s. Chief
Gründungserzählung 7, 20, 95, 105, 107, 112, 117, 144, 156, 201, 218, 214, 217, 222, 236
Gütertausch 21, 29, 52, 54f., 59, 61, 82, 84, 93, 109, 118–121, 123, 182, 187, 193, 202, 225f.

Handel 8, 16f., 29, 38, 55–58, 60, 93, 120f., 148, 154, 180, 187f., 195, 202, 225
Handwerk 16–18, 25, 28, 34, 54, 56, 60, 76, 78, 133, 170, 180, 199, 202
Häuserkomplexe 40–42, 170, 172
Hausgesellschaft 14f., 65, 105f., 154
Head Man 13f., 59
Heiligtum, s. auch sakraler Raum 26, 21f., 45, 49, 51–53, 64, 106, 108f., 120–125, 129, 173, 176, 179, 197, 216, 225f., 231
Heimatort 4, 71, 93, 115, 129, 157, 182, 221
Heirat 14–16, 60, 74, 80, 83–85, 98, 154, 179, 192
Hekatompedos/„Hundertfüßler" 43f., 47, 51–53, 66, 173f., 178f.
Heldenepos, s. Epen
Hellanodiken 128
Hellas 7, 21f., 24, 102f., 111f., 117, 128, 131, 157, 217, 220, 229f., 232f., 235
Hellenenbegriff 6, 12, 20–22, 24, 50, 97f., 102–104, 109–111, 115–118, 126, 128–132, 156, 178, 210, 217f., 220f., 227, 232–237
Hellenen-Genealogie, s. Genealogie des Hellen
Hellenotamiai 129
heqeta 31
Heroisierung 206
Heroon 21, 24, 38f., 57, 168,
Heros 21, 64f., 74f., 99, 107, 112, 140, 189, 196, 205, 215, 219
Herrenhaus 32f., 39f., 41, 43, 48, 55, 59f., 167, 174, 177,

Herrschaft/Herrscher 2–4, 6–8, 23f., 32f., 35f., 40, 54f., 72, 91, 101, 98, 125, 132, 146–148, 162–164, 166, 168f., 180, 184, 194, 223, 225, 234–236
hetairoi, s. Gefährten
Heterarchie 48, 62, 69, 163, 168, 224
Hierarchie, s. auch Soziale Abgrenzung, Politische Einheiten 18, 23, 31f., 60, 62f., 127, 155, 168, 224
Historiographie 2, 6, 27, 102, 112, 114, 131, 135, 137, 156, 237
Historische Akteure 12, 85, 119, 149, 153, 199, 209, 212f., 223f., 231
Historischer Kern 9, 218
Historischer Kontext, s. Kontextualisierung
Historische Methodik 12, 138–140, 145f., 198, 235; Anachronismus/Rückprojektion: 4, 8, 10f., 100, 151, 161, 200, 202, 209, 225, 232; Analogie: 10, 12, 136, 149f., 164, 207, 228; Indikator: 12, 26, 54, 160, 173, 186; Interpretation: 1, 11, 13, 73, 139, 149, 153, 156, 191, 194, 219; Konzept: 11, 14f., 20, 119, 136, 141f., 145, 149f., 153f., 162f., 183, 188, 191, 194, 198, 200f., 212f., 224f., 235, 237
Historische Realität 4, 8, 48, 151, 110, 140, 160, 213f.
Historische Sprachwissenschaft 4f., 13, 101, 115, 145–148, 217, 220f.
Hochkulturen 149
Hof/Hofgesellschaft 29, 35, 162f., 188f.
Höhensiedlungen 48, 50, 68, 176–178
Homerisierung 205f.
homophrosyne 199

Identität(en), kollektiv 15, 19, 52f., 103–107, 120, 123, 125, 128, 171, 213f., 216, 222–224, 227f., 231
Identität, hellenisch 100, 118, 207, 216, 222
Identität, oppositionell 227, 232
Identität, Selbstdefinition, s. auch emisch 19f., 73, 113, 119,124, 128, 131f., 134, 140, 191,208f., 213, 215, 227, 229, 231, 235
ideologia funeraria 160
Individuum, s. Historische Akteure
Indogermanen 5–6, 139, 141f., 144

Informationskosten 135
Innovation 67, 144, 181
Inschriften 5, 24, 58, 101 (Sargon II.), 117, 123, 134, 148 (Çineköy), 178 (Dreros), 231
Institution, politische 10, 18–19, 47, 50, 109, 150–152, 177, 196, 231
Instrumentalists 150
Insula 46f., 175f.
Intellektuelle 99f., 132, 203f., 206f.
Intensivackerbau 16
Intentionale Geschichte 73, 96, 156, 201, 211, 218, 222
Intentionalität 100, 134f., 149, 196

Jagd 13, 15, 170
Jugend 13, 37, 78

kakos/kakotes 77, 79, 87f., 92, 190
Kanonisierung 131, 205, 237
Kartographie 7, 100, 145, 236
Kategorisierung 11f., 26, 85, 109, 156–159, 195f., 206
kerdos 82
Kinder 74, 76f., 85–87, 90f., 110, 188, 195, 217
Kleinstaaten 8, 124
Klimawandel 33, 165
Kognition, soziale 100, 102, 153, 208f.
koiranos 85, 196
Kollaps der Paläste 11–13, 19, 23, 33f., 55, 135, 138, 144, 165f., 168, 186, 197, 222
Kollektives Gedächtnis 168, 212f.
Kolonisation, griechische; s. auch Migration 44–46, 108, 119, 175, 180, 182, 199–201, 218f., 233
Kommunikationsorte, s. auch Agora, Heiligtümer 51f., 59, 65, 109, 120f., 124, 163, 225f.
Konflikt, s. auch Streit 6, 14–16, 30, 69–71, 73, 78, 94–96, 87, 97, 108, 112, 125, 130, 139, 179, 181, 197, 200f.
Konfliktlösung 14f., 52, 66, 69f., 74, 78, 80f., 83, 89, 90, 95, 127, 206
König, s. auch basileus 13, 209f.
Konkurrenz, s. Wettbewerb
Konstrukt, s. auch Dekonstruktion 2f., 19, 104, 127f., 132, 135, 141, 149, 201, 229, 233

Konsumption 187, 223–225
Kontaktzonen, s. auch Rezeption 182, 118–120, 125, 200, 224f.
Kontextualisierung 8, 54, 67, 69, 73, 75, 104, 106, 108f., 111f., 114.f., 118, 128, 131, 138, 143f., 147, 150, 155, 179, 182, 184, 191, 198, 204, 208, 217, 219, 221–223, 225f., 229, 232–234
Historische Kontinuität, s. auch Tradition 15, 22f., 63–65, 99, 137, 150, 155, 166f., 170, 177, 189, 225
Kooperation, s. auch Identität, kollektiv 14f., 20, 52, 96, 109, 194, 209
koreter 31
Kosmos 22, 90, 183, 204, 223
Krieg/Kriegführung 3, 6f., 9, 30, 33, 36, 54f., 69, 71, 78, 84, 86f., 89, 94f., 97, 109, 117, 125f., 139, 146f., 165f., 178, 184, 194f.
Krise, s. auch Kollaps der Paläste 38, 168f.
Kult- und Versammlungshaus, s. auch Hekatompedos 28, 35f., 43, 173
Kultbild, s. auch Tempel 52, 107, 121f., 174, 177, 197, 215
Kultur/Kulturen 3, 11, 19f., 22, 25, 63, 100, 130–132, 135, 137f., 150, 153, 157f., 212, 223, 225, 233–235, 237
Kulturelle Begegnung 53, 120, 182, 225, 234
Kulturpolitische Situation 207
Kulturstufe 10, 24
Kulturtransfer 170, 222–224

Landnahme 6, 200
Landscapes 109, 143, 184, 214, 229
Landwirtschaft 33f., 49, 55, 59f., 165, 170f.
laoi 90, 126f.
lawagetas 31
Lebensstil, s. auch Konsumption 22, 59, 102, 123, 125, 131, 188, 191, 193, 224, 233
Legitimierung 4, 17, 64,
Leichenspiele 93, 122
Leistungsnachweis, s. auch Gabenökonomie 79, 81–83, 127, 139
Linear A Schrift 29, 133, 142
Linear B Schrift 4, 5, 22, 31, 133, 164, 167
Linguistik, s. Historische Sprachwissenschaft

Lokalität 13, 28, 31, 39f., 45, 48, 52f., 59, 61, 67, 69, 105, 108f., 119f., 130, 124, 143, 155, 167, 179f., 194, 200, 214, 225
Loyalität 79, 164
Lügenerzählungen (Odyssee) 94
Luwisch 101, 143
lux ex oriente 179
Luxus, s. auch Prestige 17, 54, 232

Macht Ausübung: 27, 120, 168, 179–181; Formen: 8, 20, 24, 33f., 39, 48, 54, 64, 107, 120, 124, 163, 165–167, 169, 180, 193, 209; Machthaber: 31f., 60, 62, 92, 132, 162, 167, 175, 194; Mittel: 16–18, 23, 29, 35, 39, 98f., 120, 152, 163, 167
Mahl, s. auch Fest 71, 80f., 83, 91, 107, 163
Männer/Männergemeinschaft 21f., 46, 52, 55, 66–68, 71, 74, 80, 86–92, 94, 112, 126f., 190, 198f., 202
Mediation, s. Streit
Meer, s. Mittelmeer
Megaron 23, 30, 32–35, 37, 40, 53, 61, 65, 105, 139, 165–169, 177
Meistererzählung 1f., 11, 13, 137f., 150, 152, 176, 235
mémoire collective, s. Gedächtnis
Menschen-Götter Antithese 85, 98f., 107, 195f., 205f., 214–216
Mental Map 204, 209f.
Metropolis 51, 115, 117, 233
Middle Ground 120, 224
Migration(en), s. auch Wanderung 95, 108f., 118f., 141, 143f., 155, 157, 200f.
Mikrogeschichte, s. auch Lokalität 15, 26
Minoikum, s. Chronologie
Mittelalter, europäisches 7, 13, 20, 97, 189, 206
Mittelmeer 19, 23, 28, 54–56, 58f., 61, 65, 67, 100, 102, 111f., 118, 120f., 124, 134, 140, 177, 179f., 187, 196, 209, 223, 227, 236
Mobilität, s. auch Migration(en) 92–95, 118f., 144, 199–202
Monarchie 4, 10, 18f., 48, 150, 162, 188f., 192
Monopolisierung 36, 39, 83, 168
Monumentalisierung 17, 22, 32, 38, 49–55, 63f., 67f., 164, 168, 173.f., 176, 197

Motiv, literarisch 90, 94, 96f., 202, 204f., 223, 225,
Mündlichkeit 19, 97, 104, 135, 137, 182–185, 189, 206f., 211–213, 218, 229; sekundäre Mündlichkeit: 97, 206
Musen 77, 91, 98f., 127, 205
Mykenische Welt 2–5, 8–11, 13, 20, 30, 32, 36, 84, 105f., 113, 139f., 145, 147f., 157, 186, 189, 229; Kollaps der Paläste: 11f., 55, 65, 105, 118, 135, 144, 194, 197, 222; Paläste: 5f., 19, 23–25, 33, 54, 64, 134, 150, 163f., 169, 189, 192, 198
Mythographie 132, 236
Mythos/Mythen 2f., 4, 6f., 10, 52, 72, 74, 92, 95, 99, 107, 128, 140, 188f., 204–206, 213, 215, 228, 236; Chronologie: 220f., Mythengläubigkeit: 3f., 137–140, 143, 149, 156, 214f., 232, 236; Mythentradition: 104, 107, 112, 183, 212, 214

Nachbarn/*geitones* 34, 72, 75, 79, 85, 125, 160
Nachpalastzeit, s. Chronologie
Nahrungsmittel 13f., 49, 61, 133, 187, 189
Narrativ, s. Erzählung
Narratologie (Erzählforschung) 8f., 69f., 88, 96f., 137, 185, 190, 203, 214
Nation/national 124, 208, 226, 235; Formierung 144, 207f.; Konzepte: 100, 150, 144, 208; Staat: 18f., 150f.
Nekropole, s. Gräber
Netzwerk 58, 61, 142, 218
Nomadische Gruppen 13f.
Normen/soziale Regeln 72, 74, 77f., 81, 84, 86, 89, 91f., 131, 195, 209; *nomima*: 233; *nomos*: 87, 230, 233
„Nullpunkt" 56, 62f., 65, 211

Oberhaupt (Familien), s. auch Big Man, Chief 35f., 43f., 52, 59, 62, 64, 66–68, 105
Objektbiographie 15, 48, 58, 64, 84, 226
Öffentlichkeit Kommunikation: 15f., 47, 53, 96, 98, 105, 120f., 125, 135, 160, 205, 208, 212f., 231; Raum: 106f., 121, 199
Oikist, s. auch Kolonisation 175, 182
Oikos (Konzept) 154, 191

Oikumene 68, 236
Ökonomie, s. Wirtschaft
Oliven 29, 49, 59, 74, 170
Opfer 35, 43, 79, 83, 98, 129, 177, 226, 230; Opferfest 35f., 43f., 52f., 66, 166, 174; Opfermahl: 80, 98, 162, 179
Opposition s. Identität
Ordnung/Ordnungssystem 10–13, 15, 18, 23f., 28, 44, 47f., 50f., 53, 62, 66, 68, 76, 87, 91f., 98f., 151f., 155, 171, 175, 180, 205, 225f.
Orientalia 54, 57, 59, 60, 177

paideia, paideusis 131f., 230, 232f., 235–237
Panhellenes 103
panhellenisch 131, 150, 212, 228, 234
Peloponnesischer Krieg 111, 114f., 117, 131, 230–232, 234
Perserie 233
Perserkrieg 21, 114, 117f., 124f., 128, 131f., 227–229, 232f., 238
Petty Chiefs s. Chief
Phylen 117, 219f.
Piraterie, .s auch Raub 93f., 197
Plansiedlung 45, 47, 67f., 181f.
Platzanlagen, s. Agora
Poetisierung 206
polemos epidemios s. Krieg
Polis Stadt: 11f., 21, 24, 42, 51, 68, 73, 113, 151, 171–173, 178; Sozio-politische Einheit/‚Stadtstaat': 11, 18, 21–23, 25, 42, 48, 67f., 72, 86, 109, 124, 150–153, 162, 176–179, 191, 230f.
Polisgenese 174
Potlach 192
Preise s. Wettbewerb
Prestige, s. auch Luxus, Edelmetall 14, 171
Prestigegüter, s. auch Aegyptiaca, Orientalia 15f., 29, 38f., 41, 43, 54f., 57f., 60f., 65, 84, 134, 154, 163, 165, 167f., 171, 176f., 181, 195,
Prestigegüterökonomie 38, 54–57, 60f., 171
Primordialists 19, 104, 150, 156, 212
Problemlösung s. Streit
Prolepse 96
Publikum 96, 97, 162, 184, 204

qa-si-re-u 13, 31, 193f.
Quellen, historische 1, 9–13, 33, 73, 74, 100–102, 133, 135f., 149, 156, 159, 189, 198, 201f., 205, 215–217, 236

Rache 80, 129, 198, 229
Radiokarbonmethode 158
Ranggesellschaft, s. auch Gesellschaft 29, 32f., 54
Raub, s. auch Piraterie 33, 81, 89, 93–95, 101, 165, 197
Realität, historische 4, 8, 12, 92, 95, 110, 131f., 140, 151, 160, 213
Recht, s. auch Dike, Normen 58, 76, 81, 86, 91f., 179
Rede/Redner 13, 15, 22, 49, 66, 78, 84, 88, 96, 102, 124, 129, 164, 230–233
Redistribution 32–33, 43f., 58–60, 140, 163, 167f., 171
Regel, s. auch Norm 20, 21, 28, 30, 52, 58, 72, 79, 81, 87, 89f., 98, 100, 105, 107, 124, 137, 142, 146, 149, 157f., 160, 175, 180, 208, 224, 230, 233
Region 8, 37, 58, 107, 109, 112, 122, 145, 147, 157, 209
regional 19, 26, 50–53, 55, 97, 105, 109, 118, 124, 130, 178f., 196, 215, 226, 231, 234
Religion Religion und öffentliches Fest: 17, 21, 44, 65, 85, 226; Religion und Volk: 19f., 22, 123, 137, 150, 189, 205f., 208, 212, 225, 236; religiöse Spezialisten 16, 17, 202
Ressourcen, materielle 13, 27, 29, 31, 33, 52, 54f., 109, 133, 71, 84, 126f., 165, 167f., 187f., 194
Rezeption, kulturelle 119, 224f., 227
Reziprozität, s. auch Generosität 28, 79f., 82f., 107, 121, 154, 171, 192f., 195, 197, 199
Rhetorik, s. Rede
Rhizom 142
Ritual/Ritus 23, 29, 31, 38–40, 48, 106, 122, 134, 146, 168, 176, 191, 197, 236
Romantik 19, 104, 136, 183
Rückerinnerung, s. auch Gedächtnis 64, 65, 136, 167

Sage, s. Mythos
Sakrale Räume, s. auch Heiligtum 16, 21, 45, 51, 107f., 120f., 160, 176, 225
Sänger (*aoidos*) 19, 76f., 80, 93, 185, 188f., 203, 205
Schamkultur 198
Schicksal 70, 87, 99, 112, 202
Schiedsrichter 128
Schiedsgerichte 21
Schiff/Schifffahrt 29, 36, 55, 57–59, 71, 80, 82, 93f., 101f., 108, 165, 187, 197, 202, 214
Schiffskatalog (Ilias) 109, 127f., 184, 228f.
Schiffslager (Ilias) 190, 214
Schild des Achill 74, 75, 190
Schrift, s. auch Linear A/Linear B 1, 3, 5, 9f., 10, 12f., 18f., 23, 29, 33, 97, 102, 104, 133–137, 142, 158f., 161f., 183, 185, 201, 203, 207, 225
Schwur 21, 71, 90, 95, 98f.
‚Seevölker' 24, 33, 147, 210
Seher 76, 93, 99
Siedler 44–47, 48, 67, 174f., 181, 201f.
Siedlungsarchäologie 11, 27, 136, 191
Siedlungsbild/struktur 11, 15, 23, 26–32, 34, 37–39, 42, 44–51, 53, 56, 59–62, 66–69, 73–75, 94f., 105–109, 112, 114, 117, 119–121, 123–125, 128, 154f., 158–161, 164f., 168–179, 181f., 185–187, 189, 191, 195, 197, 200–202, 206, 218, 222, 224–227
Siedlungsgemeinschaft 22, 36, 46–51, 56, 58, 62f., 66f., 69, 159f., 168, 171, 178, 181
Siedlungsphasen/-kontinuität 22, 40–42, 170, 172, 201
Siedlungsmorphologie 42, 166, 171, 159, 181f.
Siegeshymnos 113
Sintfluterzählung 111, 217
Sippe, s. auch Abstammungsgruppe 52, 179
Sitte 36, 131, 137, 196, 230, 235f.
Sklave/in 17, 70f., 75f., 82, 84, 88, 93f., 154, 188, 229
Soziale Abgrenzung/Hierarchie 17–19, 55, 57f., 82, 84– 86, 152, 180, 190, 193, 195

Soziale Beziehungen 13–15, 17, 31, 43, 47, 56f., 61–63, 66, 74, 79–81, 107, 119, 121, 123, 145, 154f., 159f., 162, 166–168, 171, 180f., 187, 192f., 195f., 198, 224
Soziale Gruppe/Einheit 14–17, 25f., 53, 63, 67, 106f., 160, 175, 179–181, 194, 196, 202, 208f., 212, 224
Soziale Kognition 153, 208f.
Soziale Struktur/Komplexität 25f., 31, 34, 58, 63, 159, 181, 210
Soziale Transformationsprozesse 30, 144, 159
Sozialpsychologie 153, 208, 209, 224
Soziologie 11, 149, 159, 192, 224
Sozio-politische Gruppierung, s. auch Ordnung 11f., 16f., 22f., 25, 95, 102, 107, 136, 121, 126, 151–153, 169, 183, 200, 208, 219, 225–227
Sprache Sprache und Kultur 103, 178, 209, 235f.; Sprache und Volk 3, 5, 19f., 129, 132, 137, 141–145, 189, 212, 230, 236f.
Staat/Staatsbegriff 10–13, 17–19, 125, 149, 150–152, 161, 164, 189, 194, 206, 208, 230
Staatlichkeit/Statehood 18, 31, 151f.
Stadt, s. auch Polis 7, 9, 11, 18, 21f., 26, 30, 34f., 39, 41–43, 61f., 67–69, 73–78, 86, 87, 107, 113, 124, 126, 145, 148f., 151, 162f., 166, 173, 185, 201, 210, 235
‚Stamm' 4, 10f., 140–144, 155, 178f., 211, 215, 218, 221f., 230
Stammbaum, s. auch Genealogie 4, 5, 82, 140–144
Status 16, 23, 60, 69, 134, 161, 198
Stereotyp 131, 208f.
Lebensstil, s. auch Konsumption 59, 191, 193, 224, 233
Streit/Streitschlichtung 72, 74, 78, 80, 86, 88–90, 92, 113, 149, 199, 202, 230
Streusiedlung 11, 38, 40f., 43, 45, 62, 67, 105, 121, 168, 170f., 192, 201, 206
Subsistenzweise, s. Wirtschaft
Symbol 36, 91, 132, 155, 192,

Tagelöhner (*thes*) 76, 88, 93
Tausch, s. auch Gabenökonomie 29, 191, 193; Gabentausch: 193; Tauschhandel: 108
Technologie/Technologietransfer 15, 58, 61, 63, 157, 168, 180, 202
temenos 51, 73, 82
Tempel, s. auch Kultbild 21, 43, 48, 51f., 67, 73, 95, 107, 121f., 164, 172–174, 176–178, 197, 215, 229f.
Territorium 11, 17, 13, 151, 164, 177, 189, 220
Textilien 35, 133, 157
Thalassokratie 6, 157
themis/themistes 81f., 91f.
Third Space 224
Tholos, s. Grabformen
Thron 23, 32, 35f., 163, 166
timé/timai 77, 92, 198
Topographie 9, 48, 53, 176, 178, 181
Tradition(en) 4, 5, 8, 15, 19f., 24, 30, 42, 64f., 104f., 107, 135, 137f., 140f., 149, 153–156, 170, 176, 182f., 189, 194, 199, 201, 206, 211–215, 218, 224, 227–229
Traditionskern 155, 156
Tragödie 7, 111, 117, 132, 232
Transfer 54f., 64, 119, 170, 180, 202, 222–224,
Transformationsprozesse 6, 11, 23f., 26f., 30, 36, 38f., 53f., 104, 152, 156, 179, 181, 218, 223f., 227; Siedlungsweise: 11, 159, 166, 172, 176; Sprachwandel: 5, 141; Stil: 36, 158; Tradition: 105; Volk/‚Wesen': 20, 103, 124f., 223
Transhumanz 13, 52, 169
Troianischer Krieg 6–9, 70, 80, 83, 117, 126, 140, 145, 183, 189, 216, 219–221, 228f.
Tyrannos 142

Überregionalität: Führungsanspruch: 55, 165; Heiligtum: 52f., 59, 179, 216, 226; Palaststaat: 164
Überschussproduktion (Surplus) 14–17, 31, 33, 49f., 55, 60, 79, 168f., 171, 195, 202
Umbruchphase 27, 61f., 65, 135

Umverteilung, s. auch Redistribution 28f., 31, 33, 35, 39, 41, 47, 50, 60, 62, 65, 162f., 167f.
Unterstützer, s. auch Gefährten, *aosseteres* 14f., 71, 79f., 83, 88, 94, 126, 152, 191f.
Urheimat 5, 115, 141
Ursprache 4, 5, 140–143
Urvater 216
Utopie 71

Verantwortung 16, 21, 44, 71, 87, 198f.
Verband, s. Gemeinschaft
Verfassungsdebatte 161
Verfügungsgewalt, s. auch Macht 15, 194
Vergangenheit Beschreibung, s. auch Meistererzählung 10, 12, 136, 138, 211f., 214f., 219; Vergangenheitsbezug/Konstruktion: 4, 10, 20, 35, 58, 64f., 78, 82, 100, 106, 122, 167, 189, 196, 209, 211f., 214f., 219, 221, 231, 235; Wissen über: 82, 78, 99, 104f., 131, 167
Verhaltensform(en) 16, 20, 70f., 86, 88, 105, 107f., 127, 137, 193, 195, 205f., 230, 233
Verpflichtung, s. auch Anführer 28, 31, 77, 80, 109, 154, 164, 190
Versammlung, s. Agora
Verteidigung 33, 15, 45, 171–173, 197
Vertrag 8, 54, 70, 146, 191
Vertreibung, s. auch Migrationen 94, 111f., 129, 218, 220f.
Verwaltung 5, 29, 31, 33, 67, 122, 195
Verwandtschaft 14, 16, 70–72, 84f., 89, 126, 154, 156, 191
Vielherrschaft/*polykoiranie*, s. auch Macht 196
Village Society 14–16, 22, 31, 34, 56, 59f., 61f., 65f., 124, 178,
virtus 236
Volk, s. auch Ethnische Hypothese Begriff: 19, 100, 124, 189, 191, 208, 223; Epik: 189, 203; Geist: 3, 19, 137, 157, 212; Konzept: 1–3, 5, 12, 63, 100, 104, 136–138, 141f., 150, 157, 211; Tradition: 6, 19, 135, 157, 183, 189, 212
Vorgeschichte 10, 21, 114, 128, 149

Wachstum 186f.
Waffen 35, 41, 49, 57, 59, 90, 121, 168, 171, 176, 197
wanax 31, 164
Wanderung, s. auch Migration(en) 4–6, 95, 111f., 114f., 144
Wanderungserzählung 111, 114, 117, 125, 201, 218–220, 228
Ware 21, 31, 52, 54, 56, 60, 93, 109, 142, 179f., 192f.
Weihegaben 52f., 106, 174, 121f., 193, 226f.
Weiler 11, 14f., 22, 31, 38–41, 43, 44–46, 56, 60, 62f., 66f., 106, 121, 170f., 174f., 186
Wertmaßstab 25, 55, 63, 79, 81, 83f., 122, 132, 175, 189, 192, 205, 209, 225
Wettbewerb/Konkurrenz 2, 16, 14, 77f., 85, 87, 89, 99, 108, 116, 124, 138, 191, 196f., 209
Wettbewerbe, athletische 16, 21, 29, 51, 80, 90, 99, 112, 116, 122, 128, 165, 179, 235
Wir-Gefühl, s. auch Identität 156, 209
Wirtschaft, s. auch Bauer 13, 16f., 25, 31, 37, 56, 62f., 66, 134, 148, 151–154, 170f., 181, 187f., 191f., 202, 225; Subsistenzweise: 13–17, 28, 49, 50, 53, 55, 59f., 79, 154, 169f., 176, 195, 202

Zeitalter 6, 23–25, 64, 99, 100, 205, 214
Zentralgewalt, s. auch Hof 23, 28f., 32, 40, 162f., 169, 197
Zentrum Kommunikationszentrum: 51, 59, 65, 121, 181; Machtzentrum: 17, 32–34, 50–52, 115, 148, 165, 169, 179, 181; palatiales Zentrum: 28–30, 31, 34, 105, 139, 159, 163f., 180; Redistributionszentrum: 28, 140, 162f.; Religiös-rituelles Zentrum: 43f., 51f., 65, 117, 163, 176, 226; Siedlungszentrum: 11, 18, 23, 46f., 50, 67, 53, 151, 178
Zepter 84, 88, 127
Zeremonie 28, 30, 162f., 226, 193
Zerstörung, s. Kollaps der Paläste
Zivilisation 3, 10, 24f., 10, 24, 64, 132, 179, 190, 200
Zusammengehörigkeit, s. auch Gemeinschaft 19f., 52, 104, 106, 125f., 137, 146, 153, 168, 208, 213, 223, 227, 230f.
Zukunft 25, 63, 78, 98, 99
Zuwanderer, s. auch Migrationen 85, 117, 119f., 225

Oldenbourg Grundriss der Geschichte

Herausgegeben von Lothar Gall, Karl-Joachim Hölkeskamp und Steffen Patzold

Band 1a
Wolfgang Schuller
Griechische Geschichte
6., akt. Aufl. 2008. 275 S., 4 Karten
ISBN 978-3-486-58715-9

Band 1b
Hans-Joachim Gehrke
Geschichte des Hellenismus
4. durchges. Aufl. 2008. 328 S.
ISBN 978-3-486-58785-2

Band 2
Jochen Bleicken
Geschichte der Römischen Republik
6. Aufl. 2004. 342 S.
ISBN 978-3-486-49666-6

Band 3
Werner Dahlheim
Geschichte der Römischen Kaiserzeit
3., überarb. und erw. Aufl. 2003. 452 S.,
3 Karten
ISBN 978-3-486-49673-4

Band 4
Jochen Martin
Spätantike und Völkerwanderung
4. Aufl. 2001. 336 S.
ISBN 978-3-486-49684-0

Band 5
Reinhard Schneider Das Frankenreich
4., überarb. und erw. Aufl. 2001. 224 S.,
2 Karten
ISBN 978-3-486-49694-9

Band 6
Johannes Fried
Die Formierung Europas 840–1046
3., überarb. Aufl. 2008. 359 S.
ISBN 978-3-486-49703-8

Band 7
Hermann Jakobs
Kirchenreform und Hochmittelalter
1046–1215
4. Aufl. 1999. 380 S.
ISBN 978-3-486-49714-4

Band 8
Ulf Dirlmeier/Gerhard Fouquet/
Bernd Fuhrmann
Europa im Spätmittelalter 1215–1378
2. Aufl. 2009. 390 S.
ISBN 978-3-486-58796-8

Band 9
Erich Meuthen
Das 15. Jahrhundert
Aufl., überarb. v. Claudia Märtl 2006.
343 S.
ISBN 978-3-486-49734-2

Band 10
Heinrich Lutz
Reformation und Gegenreformation
5 Aufl., durchges. und erg. v. Alfred
Kohler 2002. 283 S.
ISDN 978-3-486-48585-2

Band 11
Heinz Duchhardt/Matthias Schnettger
Barock und Aufklärung
5., überarb. u. akt.. Aufl. des Bandes „Das
Zeitalter des Absolutismus" 2015. 302 S.
ISBN 978-3-486-76730-8

Band 12
Elisabeth Fehrenbach
Vom Ancien Régime zum
Wiener Kongreß
5. Aufl. 2008. 323 S., 1 Karte
ISBN 978-3-486-58587-2

Band 13
Dieter Langewiesche
Europa zwischen Restauration und
Revolution 1815–1849
5. Aufl. 2007. 261 S., 4 Karten.
ISBN 978-3-486-49734-2

Band 14
Lothar Gall
Europa auf dem Weg in die Moderne
1850–1890
5. Aufl. 2009. 332 S., 4 Karten
ISBN 978-3-486-58718-0

Band 15
Gregor Schöllgen/Friedrich Kießling Das Zeitalter des Imperialismus
5., überarb. u. erw. Aufl. 2009. 326 S.
ISBN 978-3-486-58868-2

Band 16
Eberhard Kolb/Dirk Schumann
Die Weimarer Republik
8., aktualis. u. erw. Aufl. 2012. 349 S.,
1 Karte
ISBN 978-3-486-71267-4

Band 17
Klaus Hildebrand
Das Dritte Reich
7., durchges. Aufl. 2009. 474 S., 1 Karte
ISBN 978-3-486-59200-9

Band 18
Jost Dülffer
Europa im Ost-West-Konflikt
1945–1991
2004. 304 S., 2 Karten
ISBN 978-3-486-49105-0

Band 19
Rudolf Morsey
Die Bundesrepublik Deutschland
Entstehung und Entwicklung bis 1969
5., durchges. Aufl. 2007. 343 S.
ISBN 978-3-486-58319-9

Band 19a
Andreas Rödder
Die Bundesrepublik Deutschland
1969–1990
2003. 330 S., 2 Karten
ISBN 978-3-486-56697-0

Band 20
Hermann Weber
Die DDR 1945–1990
5., aktual. Aufl. 2011. 384 S.
ISBN 978-3-486-70440-2

Band 21
Horst Möller
Europa zwischen den Weltkriegen
1998. 278 S.
ISBN 978-3-486-52321-8

Band 22
Peter Schreiner
Byzanz
4., aktual. Aufl. 2011. 340 S., 2 Karten
ISBN 978-3-486-70271-2

Band 23
Hanns J. Prem
Geschichte Altamerikas
2., völlig überarb. Aufl. 2008. 386 S.,
5 Karten
ISBN 978-3-486-53032-2

Band 24
Tilman Nagel
Die islamische Welt bis 1500
1998. 312 S.
ISBN 978-3-486-53011-7

Band 25
Hans J. Nissen
Geschichte Alt-Vorderasiens
2., überarb. u. erw. Aufl.
2012. 309 S.,
4 Karten
ISBN 978-3-486-59223-8

Band 26
Helwig Schmidt-Glintzer
Geschichte Chinas bis
zur mongolischen
Eroberung 250 v. Chr.–1279 n. Chr.
1999. 235 S., 7 Karten
ISBN 978-3-486-56402-0

Band 27
Leonhard Harding
Geschichte Afrikas im 19. und 20.
Jahrhundert
2., durchges. Aufl. 2006.
272 S., 4 Karten
ISBN 978-3-486-57746-4

Band 28
Willi Paul Adams
Die USA vor 1900
2. Aufl. 2009. 294 S.
ISBN 978-3-486-58940-5

Band 29
Willi Paul Adams
Die USA im 20. Jahrhundert
2. Aufl., aktual. u. erg.
v. Manfred Berg
2008. 302 S.
ISBN 978-3-486-56466-0

Band 30
Klaus Kreiser
Der Osmanische Staat 1300–1922
2., aktual. Aufl. 2008. 262 S., 4 Karten
ISBN 978-3-486-58588-9

Band 31
Manfred Hildermeier
Die Sowjetunion 1917–1991
3. überarb. und akt. Aufl. 2016. 255 S.
ISBN 978-3-486-71848-5

Band 32
Peter Wende
Großbritannien 1500–2000
2001. 234 S., 1 Karte
ISBN 978-3-486-56180-7

Band 33
Christoph Schmidt
Russische Geschichte 1547–1917
2. Aufl. 2009. 261 S., 1 Karte
ISBN 978-3-486-58721-0

Band 34
Hermann Kulke
Indische Geschichte bis 1750
2005. 275 S., 12 Karten
ISBN 978-3-486-55741-1

Band 35
Sabine Dabringhaus
Geschichte Chinas 1279–1949
3. akt. und überarb. Aufl. 2015. 323 S.
ISBN 978-3-486-78112-0

Band 36
Gerhard Krebs
Das moderne Japan 1868–1952
2009. 249 S.
ISBN 978-3-486-55894-4

Band 37
Manfred Clauss Geschichte des alten Israel
2009. 259 S., 6 Karten
ISBN 978-3-486-55927-9

Band 38
Joachim von Puttkamer
Ostmitteleuropa im 19. und
20. Jahrhundert
2010. 353 S., 4 Karten
ISBN 978-3-486-58169-0

Band 39
Alfred Kohler
Von der Reformation zum Westfälischen
Frieden
2011. 253 S.
ISBN 978-3-486-59803-2

Band 40
Jürgen Lütt
Das moderne Indien 1498 bis 2004
2012. 272 S., 3 Karten
ISBN 978-3-486-58161-4

Band 41
Andreas Fahrmeir
Europa zwischen Restauration, Reform
und Revolution 1815–1850
2012. 228 S.
ISBN 978-3-486-70939-1

Band 42
Manfred Berg
Geschichte der USA 2013. 233 S.
ISBN 978-3-486-70482-2

Band 43
Ian Wood
Europe in Late Antiquity
2020. ca. 288 S.
ISBN 978-3-11-035264-1

Band 44
Klaus Mühlhahn
Die Volksrepublik China 2017. 324 S.
ISBN 978-3-11-035530-7

Band 45
Jörg Echternkamp
Das Dritte Reich. Diktatur, Volksgemeinschaft,
Krieg
2018. 344 S., 2 Karten
ISBN 978-3-486-75569-5

Band 46
Christoph Ulf/Erich Kistler
Die Entstehung Griechenlands
2019. 328 S., 26 Abb.
ISBN 978-3-486-52991-3

www.ingramcontent.com/pod-product-compliance
Lightning Source LLC
Chambersburg PA
CBHW031325230426

43670CB00006B/245